U0917626

安徽省高等学校“十一五”省级规划教材

教育技术学

（第三版）

主　编　朱式庆

副主编　徐剑虹　包训成
　　　　万士全　黄　玉

中国科学技术大学出版社

内容简介

"教育技术学"是高等师范院校本科生的基础课程之一，该课程的教育目标是使师范生掌握教育技术的基本理论和技术，树立基于信息技术的现代教育思想和观念，提高师范生的信息素养和运用教育技术的能力。

全书共分8章。第一章教育技术概述；第二章教育技术基本理论；第三章教学媒体；第四章教学设计；第五章教育信息技术与课程整合；第六章远程教育和网络教育；第七章教学软件的设计与开发；第八章实验。为便于读者复习巩固和加深理解，书中各章均标出学习目标并配有适量的复习思考题。

本书除作为师范院校公共基础课教材外，也可作为各级教育部门管理人员和教师的参考书。

图书在版编目(CIP)数据

教育技术学/朱式庆主编. —3版. —合肥：中国科学技术大学出版社，2009.1(2010.6修订，2015.7重印)

ISBN 978-7-312-02403-0

Ⅰ.教… Ⅱ.朱… Ⅲ.教育技术学 Ⅳ.G40-057

中国版本图书馆CIP数据核字(2008)第166609号

出版发行：中国科学技术大学出版社

地址：安徽省合肥市金寨路96号，邮政编码：230026

网址：http://press.ustc.edu.cn

印　　刷：合肥华星印务有限责任公司

经　　销：全国各地书店

开　　本：787mm×1092mm　1/16

印　　张：18.25

字　　数：450千

版　　次：2003年8月第1版　2009年1月第3版　2010年6月修订

印　　次：2014年7月第12次印刷

定　　价：29.00元

应用现代教育技术推动教育教学改革

（代　序）

陈至立

21世纪的国际竞争，是经济的竞争，科技实力的竞争，归根结底是人才的竞争。我国面临着把建设有中国特色社会主义事业全面推向21世纪，实现现代化的战略目标，使我们伟大祖国以富强、文明、民主的现代化强国的面貌屹立于世界民族之林的伟大任务。这就对教育如何迎接现代科学技术的挑战，培养高素质的跨世纪人才提出了更高的要求。

早在1983年，邓小平同志就高瞻远瞩地指出，"教育要面向现代化，面向世界，面向未来"。其中面向现代化，一方面指的是为现代化建设事业服务，另一方面也包括要有现代化的教育思想、观念；还包括现代化教育技术手段的应用。

在信息技术高速发展、广泛应用的今天，现代教育技术发展也十分迅猛，引起了教育的深刻变革，给教育观念、教学方法和教学组织形式等方面带来了深远的影响。我们要把握时代脉搏，关注世界教育技术的前沿动态，结合我国的实际情况，大力发展现代教育技术的基础研究及实际应用，为培养适应新世纪需要的高素质人才，为我国早日实现现代化强国的伟大目标做出应有的贡献。

改革开放以来，我国在应用现代教育技术方面取得了很大的成绩，初步建成了以广播电视和卫星电视传播为主的现代远程教育体系，培养了一批教育技术专业人员队伍，教育技术学学科也在不断发展完善。因特网的迅猛发展，促进了我国现代教育信息基础设施和教育信息资源系统的建设。但总的来讲，现代教育技术的应用仍是教育教学中的一个相对薄弱的环节，还没有得到足够的重视。各级各类学校应在已有成绩的基础上，认真落实《全国电化教育"九五"计划》和《中小学计算机教育五年发展纲要》，加强现代教育技术的研究和实践。要深刻认识现代教育技术在教育教学中的重要地位及其应用的必要性和紧迫性；充分认识应用现代教育技术是现代科学技术和社会发展对教育的要求，是教育改革和发展的需要。要重视社会参与，调动社会各界的积极性，加大对应用现代教育技术的投入。各级各类学校的教师要紧跟科学技术发展的步伐，努力掌握和应用现代教育技术，以提高自身素质，适应现代教育的要求。要让学生尽快地了解和掌握现代教育和教育技术，充分发挥学生学习的能动性，提高他们吸取、掌握和运用知识的能力，为素质教育的实施创造更好条件。各地区要从实际情况出发，逐步发展适合本地特点的现代教育技术。

为了更好地介绍先进教育技术手段，推动其广泛应用，反映各地的经验和做法，讨论教育工作者共同关心的问题,《中国教育报》创办了“制高点”专题新闻版。希望广大教育工作者和社会各界人士积极参与、热情关心与支持“制高点”,为推动现代教育技术的应用和发展,为我国教育事业的发展做出新的贡献。

（原载《中国教育报》1998 年 5 月 18 日）

前 言

教育部关于《"十五"期间推进我国教师教育信息化建设工作的意见》中指出，当前信息化已经引起中小学教育思想、观念、内容、方法等方面的深刻变革，需要建设一支数量足够、质量合格的具有较高信息素养的中小学师资队伍。目前，我国以现有师范院校为主体的教师教育机构，存在着信息基础设施和资源建设薄弱，现代信息技术和教育技术在教育教学中尚未普及等方面问题。因此，教师教育必须加快信息化进程，加大信息化建设力度。21世纪是一个高度信息化的社会。越来越多的人们深刻地认识到，以计算机多媒体网络为主要特征的现代教育技术应用于教育，将会大大地促进教育的发展。学习过程将会更加多样化、社会化和主题化。是否重视现代教育技术，关系到能否掌握21世纪教育的未来。在如此重大的教育变革面前，我们的教育要面向现代化，面向世界，面向未来，就应该用现代教育技术武装广大的教育工作者，抢占"制高点"。随着新一轮基础教育课程改革的开展，中小学信息技术教育的普及和应用，给传统的教师教育提出了挑战。作为未来人民教师的师范生，应该了解和掌握现代教育技术，才能够胜任基于信息化环境下的教育工作。

"教育技术学"是高等师范院校本科生的基础课程之一，教材收录了《教育部关于在中小学普及信息技术教育的通知》(教基[2000]33号)，目标是使师范生掌握教育技术的基本理论和技术，树立基于信息技术的现代教育思想和观念，提高信息素养和应用教育技术的能力。这种能力体现了21世纪对教师提出的更新更高的要求，即要求教师在教学设计、教学实施、教学评价过程中充分利用信息技术和信息环境，能够创造性地将教育技术整合到学科教学活动中。

为了提高师范生信息素养和教育技术应用的能力，我们在2003年编写了《教育技术学》一书，经过8年的教学和研究，教育技术专业的同行进行了切磋和交流，吸取了教育技术学新的发展和新的知识，对原教材进行了全新的修改和修订。收录了《中国中小学教师教育技术标准》(本标准是教师资格认证的依据之一)，供师范生学习教育技术和信息技术的应用。

在教材编写方面，笔者借鉴了已经出版发行的教育技术教材，并将十几年来高校开设"电化教育学"和"教育技术学"课程的教学体会与之整合，进行了一些探索，主要表现在以下几个方面：

一是观点较新。本书内容尽可能地吸收了教育技术学科领域研究的最新成果，有教育技术和信息技术教育方面的理论研究和实践成果，以系统的观念把信息理论、传播理论、学习理论和教学理论与教学方法紧密结合和应用，力求介绍教育技术学科前沿的新知识，体现21世纪我国教育信息化的发展趋势，开拓师范生的视野。

二是内容较新。本书将教育技术学科教材的内容进行了精编，简化了常规教育技术媒体的知识介绍，增加了计算机多媒体和网络技术知识的介绍，力求内容精练，具有实用性、前沿性和系统性，实践性强。着重培养在现代信息技术环境中教师所必须具备的信息素养。

同时精选了国内外开展教育技术的案例，为师范生提供模仿、拓展、延伸和创新的原型，增加教材的时代性、可读性和实用性。

三是以教学技能培养为主，改进、增加和充实了实验课的内容，以开发多媒体课件和网络学习的实验为主，给学生进行实验预习提供参考，培养学生的教育信息技术实践能力。

本书的前言、第一章和第二章由朱式庆同志编写（安庆师范学院），第三章由黄玉同志编写（安庆师范学院），第四章、第五章由徐剑虹同志编写（阜阳师范学院），第六章由万士全同志编写（安庆师范学院），第七章、第八章由包训成同志编写（皖西学院），万士全同志增加了两个实验，最后全书由朱式庆同志统稿并对各章节的内容进行了补充和修改、审定。

在本书编写过程中，笔者引用了一些国内外专家、学者的文章和资料，其中的主要来源总编在参考资料目录中列出，如有遗漏，恳请原谅。同时，对这些专家和学者表示衷心的感谢。由于作者经验与学识所限，加上时间仓促，书中谬误之处在所难免，恳请专家和读者指正。作者感谢多年来对开设“教育技术学”课程给予关心、支持和帮助的教育技术同仁。

最后，作者还要感谢中国科学技术大学出版社为本书出版所做的大量工作和努力。

编　者

2010 年 6 月

目　　录

代序 …………………………………………………………………………（Ⅰ）

前言 …………………………………………………………………………（Ⅲ）

第一章　教育技术概述 ……………………………………………………（1）
　第一节　教育技术基本概念 ……………………………………………（1）
　第二节　教育技术发展简史 ……………………………………………（6）
　第三节　运用教育技术构建和谐学习平台 ……………………………（14）
　第四节　教师学习教育技术的意义和要求 ……………………………（21）

第二章　教育技术的理论基础 ……………………………………………（35）
　第一节　教育技术学的信息论和传播理论基础 ………………………（35）
　第二节　教育技术学的学习理论基础 …………………………………（40）
　第三节　教育技术学的视听理论基础——戴尔的“经验之塔”理论 …（55）
　第四节　教育技术学的教学理论基础 …………………………………（57）
　第五节　多元智能理论及教学应用 ……………………………………（65）
　第六节　系统论、系统方法及教学应用 ………………………………（69）

第三章　教学媒体 …………………………………………………………（76）
　第一节　教学媒体概述 …………………………………………………（76）
　第二节　视觉媒体 ………………………………………………………（79）
　第三节　听觉媒体 ………………………………………………………（95）
　第四节　视听媒体 ………………………………………………………（107）
　第五节　综合媒体 ………………………………………………………（118）

第四章　教学设计 …………………………………………………………（127）
　第一节　教学设计概述 …………………………………………………（127）
　第二节　教学设计的内容 ………………………………………………（130）

第五章　教育信息技术 ……………………………………………………（153）
　第一节　教育信息技术概述 ……………………………………………（153）
　第二节　信息化环境教学设计 …………………………………………（161）
　第三节　教育信息技术理论与实践 ……………………………………（164）

第六章　远程教育与网络教育 ……………………………………………（170）
　第一节　现代远程教育 …………………………………………………（170）
　第二节　网络教育资源利用 ……………………………………………（183）
　第三节　校园网络课程建设 ……………………………………………（198）

第七章　教学软件的设计与开发 …… (208)
第一节　计算机辅助教育的内容及发展 …… (208)
第二节　多媒体素材采集 …… (212)
第三节　多媒体教学软件设计与开发 …… (233)

第八章　实验 …… (256)
实验一　多媒体演示系统实验 …… (256)
实验二　微格教学系统及其教学技能训练实验 …… (257)
实验三　数字化拍摄实验 …… (258)
实验四　教学设计实验 …… (259)
实验五　扫描及其文字识别实验 …… (260)
实验六　数字图像加工处理实验 …… (261)
实验七　音频数字化采集及其加工实验 …… (262)
实验八　数字化摄像及其加工处理实验 …… (263)
实验九　视频光盘刻录和格式转换实验 …… (264)
实验十　多媒体课件制作实验(PowerPoint 或 Authorware) …… (264)
实验十一　Flash 动画设计实验 …… (265)
实验十二　建立第一个本地 FTP 服务器 …… (266)
实验十三　NetMeeting 的安装和使用 …… (274)

参考文献 …… (279)

第一章　教育技术概述

学习目标

1. 理解并阐述教育技术的定义及其演变；了解教育技术的研究范畴。
2. 了解美国教育技术的发展历史，阐释教育技术在我国迅速发展的原因。
3. 简述教育技术处理教育教学问题的特点；教育信息化的基本内容。
4. 熟悉教育技术学科的基础理论，教育技术标准，学习教育技术的意义。

第一节　教育技术基本概念

随着科学技术的进步，人类已经进入了信息时代，教育也随之进入了重大变革的新纪元。现代科学技术及其相伴而生的教育技术在教育教学中的应用，不仅丰富了传统的教学手段，增加了信息传递的方式、方法，提高了教育教学的效果和效率，也极大地改变了传统的教育教学模式和人们的思想观念，推动并促进了教育教学改革的不断深入和发展。

作为将在教育第一线上从事教学工作的师范生——未来的教师应该清楚地认识教育技术在学科教学整合中的重要意义，认真地学习并掌握教育技术以完成信息时代给予教师的使命。那么，什么是教育技术？它是怎样产生和发展的？教育技术的理论基础又是什么？教师教育信息化的意义何在？这些，都是我们在探讨教育技术之初应该了解和掌握的重要内容。

一、教育技术的含义

概念是反映对象的本质属性的思维形式，科学认识的成果，都是通过形成各种概念来加以总结和概括的。概念有内涵和外延，明确了概念的内涵和外延，才能正确地运用概念。因此，我们在研究教育技术学这一学科领域之前，有必要先明确三个基本的概念：教育、技术、教育技术的含义及其联系。

教育技术英文名称为 Educational Technology。从词语的构成上看，它是“教育”和“技术”两个词搭配而成的一个复合偏正词组，通常可以理解为“教育的技术”或“教育当中的技术”。

什么是“教育”？通常对“教育”一词有两种界定：一是广义的教育，指“按照一定的社会要求，对受教育者的身心施以影响的一种有目的、有计划的活动。”二是狭义的教育，主要指学校教育。而教学则是学校教育的主要形式，“教学是教师传授和学生学习的共同活动。”我们认为教育就是按照一定的目的要求，对受教育者的德育、智育、体育、美育等诸方面施以影响的一种有计划的活动。

技术的英文为 Technology，其词根为 techne，来源于希腊语。在希腊语中“技术”

(Technology)的本义就是“对纯艺术和实用技巧的论述”,因此,它的词根 tech-就意味着“艺术和手工技巧”。就其含义而言,技术一词习惯上与工艺联系在一起,对此,我国学术界有如下解释:以《辞海》为代表的解释把技术定义为:①泛指根据生产实践经验和自然科学原理而发展成的各种工艺操作方法与技能;②除操作技能外,广义的还包括相应的生产工具和其他物资设备,以及生产的工艺过程或作业程序、方法。

《科学学辞典》和《科技词典》为代表的解释,即把技术定义为:是为社会生产和人类物质文化生活需要服务的,供人类利用和改造自然的物质手段、智能手段和信息手段的总和。前一种定义显然是受了“技术”一词主要是用来表达工业生产中“工艺”说法的影响,把定义定得较窄,几乎只局限于技术的有形的物质性方面。如果按照这种定义来看待教育技术中的“技术”,势必就以为教育技术只包括“硬件”和“软件”,把教育技术等同如录音机和录音带、录像机和录像带、计算机和课件等有形的东西。在这种理解下,教育技术就是教学媒体。对“技术”的后一种定义显然已经意识到现代用法中的“技术”一词所包含的内容除了有形的物质性方面之外,还包含无形的非物质性方面。这种“无形的非物质性”方面技术是客观存在的,是在人们的社会实践中起到实实在在作用的。而且,在某种意义上说,这方面技术的作用并不亚于有形的物质性方面的技术,更不能为后者所取代。因此,在本书中所涉及有关“技术”的含义,指的是有形技术和无形技术的总和。

教育技术基本上包含了两个方面的核心内容,即有形的物质工具手段和无形的非物质的智能方法。这样,用“教育”和“技术”的含义来解释“教育技术”,我们就可以认为:教育技术就是人类在教育活动中所采用的一切技术手段和方法的总和,它分为有形技术(物化形态)和无形技术(智能形态)两大类。有形技术是指凝固和体现在有形物体中的科学知识,它包括从黑板、粉笔等传统教具一直到计算机、卫星通讯等现代各种教育、教学媒体;无形技术是指在解决教育、教学问题的过程中起重要作用的以影响的一种有计划的活动。以抽象形式表现出来的功能形式、技巧、方法和理论等。

人们对教育技术的认识过程:20 世纪 80 年代,随着幻灯投影、广播电视在学校教学中的广泛应用,教育技术迅速在学校普及开来。由于传统的教学活动主要是教师向学生传递教学内容,教育技术往往被看做是提高教学质量的手段。当前,互联网的普及将全球的学校、图书馆、各种信息资源中心连接在一起,学生的课堂教学活动受地域、校别、课程、经济、文化,甚至师资的限制越来越小,学习的概念、方式、评价等等都在被巨大的互联网所改变,人们对教育技术的看法正在发生质的飞跃:人们应该更新教育技术观念,树立“全面的教育技术观”,改变那种认为教育技术就是媒体,甚至只有视听媒体的狭隘观念,教育技术不仅是教师教学的工具或教具,而且是学习者进行学习活动必不可少的丰富的教学资源,是学校和家庭基本的学习和生存环境,以适应信息技术时代教育的要求。

二、教育技术定义

随着教育技术及其理论研究的不断发展,“教育技术”这一概念也在不断地更新、拓展。美国是教育技术产生最早、发展较快、研究比较深入的国家。教育技术作为一个专业和领域的出现,最早可以追溯到 20 世纪 20 年代美国的“视听教育运动”。在 20 世纪 60 年代初开始提出并使用“教育技术”这个术语的时候,它的基本含义只是物化技术在教育中的应用。从 1963 年到 1994 年,美国教育技术界对教育技术进行了多次定义。开始了用系统理论和系统方法来定义这一领域，用系统方法来定义教育技术，标志着人们对教育技术内涵的理解向前大大迈进了一步，也标志着教育技术作为一个学科领域逐渐成熟了。

教育技术领域经历了许多变化，如技术的进步，特别是计算机多媒体技术发挥和利用的潜能，其实践范围的扩展等，美国教育传播与技术协会组织专家，经过五年的搜集资料和研讨工作，在1994年，美国教育传播与技术协会(AECT)发表了西尔斯(Seels)与里齐(Richey)合写的专著《教学技术：领域的定义与范畴》。书中对教育技术给出了一个全新的定义，该定义不仅反映了美国教育技术界，在很大程度上也反映了当前国际教育技术界对教育技术的新看法。因此，按照这个定义来认识当代教育技术学的特点及其研究内容，比较符合当前的世界潮流，也比较适应信息社会发展趋势的。

AECT“94定义”教学技术是为了学习，对有关的过程和资源进行设计、开发、利用、管理和评价的理论与实践(Instructional Technology is the study and Practice of design, development, utilization, management and evaluation of Processes and resources for learning.)。该定义被译成多国文字，在世界各国传播，成为教育技术的定义。

(1) 它与我国常使用的“现代教育技术”术语不同，该定义强调“教学技术”，原作者认为“教学技术”与“教育技术”是同义的，这一领域越来越集中到与教学有关的活动和概念上。

(2) 它将教育技术视为理论与实践相结合的研究领域，视为教育理论与教育实践活动联系的桥梁。

(3) 教育技术的研究对象是与学习有关的过程和资源。所谓过程，是指为达到特定结果的一系列操作活动。例如，人们对教学策略及其与各种学习类型和媒体之间关系的研究便是过程研究的一个例子。所谓资源，是指支持学习的一切资源，包括人力资源(如师资、学生、教学辅助人员等)和非人力资源(如用于教学过程的教材、设备、环境设施等)。教育技术的定义没有特指计算机网络等现代信息技术资源，而是包括与学习有关的一切资源。

(4) 这个定义将教育技术划分为设计、开发、利用、管理和评价5个研究范畴，每一个范畴都有独特的功能和范围，构成了教育科学领域中一个独立的研究领域。

由于AECT“94定义”相比其他定义更加简捷和概括，也更能反应这一领域理论与实践的本质特点，所以得到了教育技术领域的学者和实际工作者的广泛认可和支持。这是迄今为止，人们对教育技术这一概念的内涵做出的最科学的解释。作为一个充满勃勃生机、理论与实践不断发展的新兴学科，我们今天仍然要以发展的观点看待美国AECT“94定义”。人们对教育技术的定义及其内涵的探讨还要继续下去，认识上也还将进一步深化。

综合国内外专家和学者对于教育技术的理解，我们可以看出，作为一门学科，教育技术学的主要任务是在系统科学方法论指导下，运用现代教育科学理论和先进的技术手段与方法，对教育、教学中存在的问题进行分析，提出解决问题的策略和方法，进行实施并给予评价和修改，促进学习者的良好发展，以实现教育、教学的最优化。

三、教育技术学的研究范畴

美国教育传播与技术协会是以教育技术专业领域从业人员和专家学者为主体的专业性团体，因而该协会1994年关于教育技术的定义是针对教育技术专业和专业人员的知识范围和业务范围来做出的。该定义中的设计和开发范畴较为成熟。近年来，美国教育技术领域的发展更加强调教师和学生在学习和工作中充分应用现代教育技术，将现代信息技术整合到教与学过程之中。

我国学者根据美国 AECT1994 年定义，认为教育技术学的研究对象是“学习过程和学习资源”两个范畴，包含了学习过程和学习资源的设计、开发、利用、管理和评价等 5 个方面。如图 1 -1 所示。

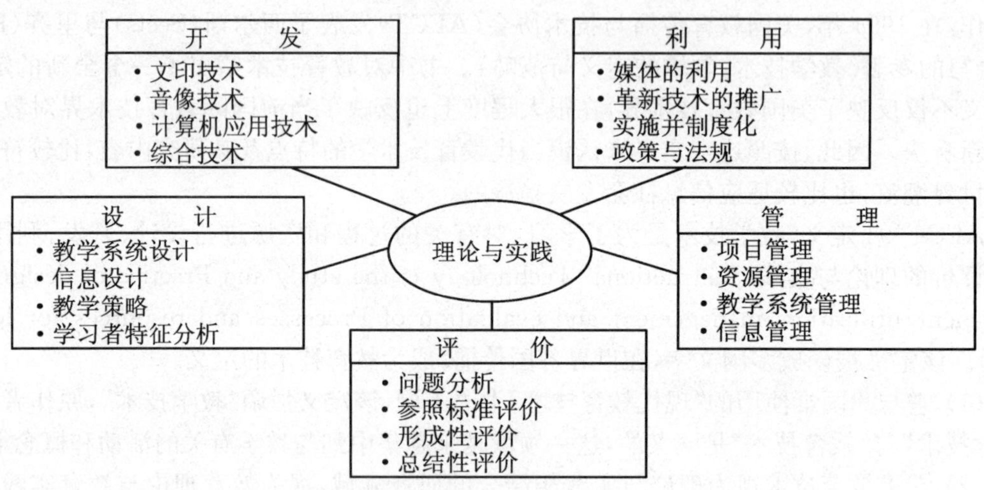

图 1-1 教育技术学的研究对象

(1) 设计研究指运用系统科学方法分析教学问题，确定教学目标，建立解决教学问题策略方案，并对方案进行实施、评价和修正的过程。这里特别强调在充分了解学习者特征基础上进行的教学内容设计(信息设计)和教学策略设计。设计研究是教育技术的核心，是教育技术的整个学科领域中最重要的部分。

(2) 资源开发主要指教学媒体制作，包括印刷媒体的开发、视听媒体(如广播、录音、电视等音像媒体)的开发和基于计算机技术的软硬件开发。目前，该领域强调多种教学媒体与教学活动的整合技术，基于人工智能技术的整合学习系统和电子绩效支持系统成为教育技术开发中的一个重要方面。

(3) 有效利用是指对各种学习资源的有效利用(特别是媒体和新技术的应用)以促进学习的活动，包括在教学中运用学习资源，利用各种媒体；为推广教学中的创新而进行的有计划的活动；实施和制度化；政策和法规的制定与执行等。

(4) 科学管理是指对所有学习资源和学习的全过程进行计划、组织、指挥、协调和控制，具体包括教学系统管理、教学资源管理、教学开发项目的管理和信息管理四个方面。

(5) 合理评价是指对一个事物的价值的确定，一般使用调查和判断方法，包括确定判断质量的标准，收集有关信息，使用标准来决定被评价事物的质量。在学科教育中，评价包括诊断性评价、形成性评价和总结性评价。在教育技术中更强调标准参照评价——即以行为目标为基础，重视为学习者本人提供有关学习进步的情况，而不是以与其他学习者的比较为主要目的，认为评价(甚至教学)应以事先确定的目标为依据。

四、AECT“94 定义”对教育技术的指导意义

1. AECT“94 定义”的性质和研究范畴

理解 AECT“94 定义”，首先就要从学习过程和学习资源这两个方面来正确认识教育技

术的性质与作用。学习过程是学习者学习新知识与新技能的认知过程，主要涉及的是“人”（学习者）；学习资源是学习过程中所要利用的环境和条件，主要涉及的是“物”。由于人类学习资源（如教师、辅导员等）是事先确定无法选择的，学习资源设计一般是指非人类学习资源，即教学媒体和教学环境的设计。就教学环境的设计而言，由于和硬件设备有关的环境（如教室和实验室等）要受经济条件的制约，重点应放在教学模式的设计，而不在硬件设备的建设。当然，硬件设备条件的改善是必要的，但设备是静态的，教学模式中人的交互作用过程和学生学习新知识的认知过程却是动态的。重视教学模式和学习过程的设计与开发，就可以使教学在一定的物资设备环境下通过人的主观能动性发挥出最大的效益，取得更好的教学效果。多年以来，我们往往只注意到教学媒体的选择与设计这一个方面，在一定程度上影响了我国教育技术事业的发展。今天我们要强调学习过程这一方面，全面关心学生的学习过程，这样，才能在各科教学中运用好教育技术手段，取得教学效果的优化。

2. AECT“94 定义”关注教育技术理论应用和教育技术与日常教学的整合

在我国，过去有关电化教育和教育技术的理论研究和实践活动大多是强调电教（教育技术）专业人员应如何做，而忽视了从学科教师和学生的角度来考虑应用教育技术，这样，导致了电化教育未能真正做到“三深入”（深入学科、深入课堂、深入教学）。在深入学习 AECT“94 定义”和总结近年来中国发展教育技术历史经验的基础上，我们应该站在广大教师和学生的角度来研究教育技术的理论和实践，需要更加关注利用领域，学校运用教育技术的核心是将教育技术整合到学生和教师的日常教学之中。设计领域要定位于教学过程的设计，而主要不是媒体产品设计，开发、管理主要应由教育技术专业人员分工负责，作为控制和执行教学过程的教师，也需要了解有关教育技术的评价范畴以帮助自己的教学工作。

五、教育技术相关概念的辨析

1. 教育技术与教学技术

教育技术与教学技术两个术语，在美国有很长一段时间是混用的，而在 1977 年美国教育传播与技术协会出版的《教育技术的定义》一书中，则对两个术语明确的做了区别。教学技术是教育技术的下属概念。教育技术应用的范围很广，包含了宏观、中观与微观不同层次，而教学技术主要是在微观层次上的应用。由于美国教育技术在宏观、中观层次上的实际应用相对较少，而大量的实践是在微观层次的教学过程，其理论与实践的发展亦比较成熟。同时，在教学过程中往往更好、更多的体现了技术因素的作用。所以在 1994 年 AECT 又修改了教育技术的定义，更突出地使用了教学技术这个术语，并认为教育技术与教学技术是同义的，不再加以区分。我国现在已经习惯使用教育技术这个术语。本课程除阐述 94 定义外，亦采用教育技术这个术语，就其内容来看也主要是针对微观层次的阐述。

2. 教育技术与现代教育技术

我国的学者在多年的研究和实践当中，对教育技术也逐渐形成了自己的认识，并针对先进技术和传统技术的结合，提出了“现代教育技术”的概念，现代教育技术“是运用现代教育理论和现代信息技术，通过对教与学过程和教与学资源的设计、开发、利用、评价和管理，以实现教学优化的理论和实践。”我国习惯称呼的现代教育技术，是指以现代教育理论、学习理论为基础，基于现代信息技术环境下的教育技术。这里的现代信息技术主要是指计算机技术、多媒体技术、电子通信技术、网络技术、卫星广播电视技术、人工智能技术、虚拟现实仿真技术等。

现代教育技术与教育技术不属于同一层次上的概念，是教育技术的下位概念。"现代教育技术"或"教育技术现代化"的提法，从属于教育技术的定义范畴，意在突出"现代"的特征，强调其内涵和外延的现代化。

3. 教育技术与电化教育

电化教育是根据教育理论，运用现代教育媒体，并与传统教育媒体恰当结合，有目的地传递教育信息，充分发挥多种感官的功能，以实现最优化的教育活动。教育技术是对学习过程和学习资源的设计、开发、使用、管理和评价的理论与实践。电化教育实质上是一种媒体技术，教育技术包括媒体技术和系统技术，电化教育的理论和实践只是教育技术的一部分内容。教育技术、电化教育和现代教育技术三者的关系大致可以用图 1-2 来描述。

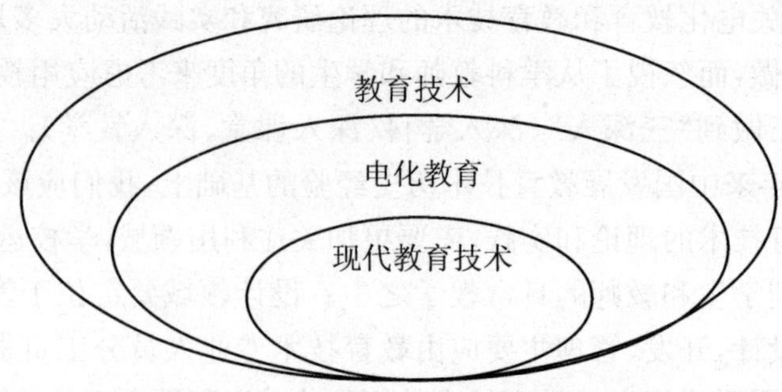

图 1-2 教育技术、电化教育与现代教育技术关系图

第二节 教育技术发展简史

一、教育技术的产生和发展

教育技术的产生和发展，教育史家认为，教育发生了四次革命，现在进行以教育技术为标志的是第四次革命。

第一次革命，专业教师的出现。把教育年轻一代的责任，从家族手中转移到专业教师手中，引起了教育方式的变化。年轻一代的学习，从随着家族在劳动和日常生活中学习，变为随着教师在学校中学习。

第二次革命，文字体系的出现。把书写作为与口语同样重要的教育工具，引起了教育方式的又一次变化，除了口耳相传，又有了书写训练。

第三次革命，印刷术的出现。教科书的普遍运用，引起了教育方式的再一次变化。人们不仅向教师学习，也可以向书本学习，极大地扩大了教育的对象，使知识传播的速度与广度大大增加，传得也更久远，班级授课制也随之产生。

第四次革命，现代教育媒体的出现。使教育方式又发生了一次新的变化。人们不仅向教师和书本学习，还可以向更多的现代教育媒体学习，通过教育机器进行学习，从而使教育摆脱了“手工业方式”的束缚，走上了现代化的道路，向着高效率、优质量的方向发展。

教育技术的产生和发展，大致经历了以下几个阶段(见表1-1)：

表1-1　教育技术产生和发展阶段

发展阶段	年　代	媒　体	代表人物和理论
早期	19世纪以前	语言技术	塞特勒
萌芽	19世纪末	幻灯摄影	大教学论，夸美纽斯
起步视觉教育	20世纪20年代	无声电影，播音	《学校中的视觉教育》
初期发展：视听教学	20世纪30～40年代	有声电影，录音	戴尔《经验之塔》
迅速发展：视听传播	20世纪50～80年代	电视、程序教学机	信息理论，香农
系统发展：教学技术	20世纪80～90年代	电子计算机、录像、电视系统、卫星传播系统、计算机辅助教学	教学系统设计，传播理论、传媒理论、系统论、信息论、控制论
迅速发展：教育信息技术	20世纪90年代～21世纪初	多媒体、网络系统因特网、信息技术	多种认知理论、新的自然科学理论

1. 教育技术萌芽于19世纪末期

19世纪，幻灯介入教育领域，揭开了教育技术的序幕。20世纪初，无声电影开始在教学中应用。从1920年起，美国的一些影片公司提供电影短片供学校放映。一些高等学校开始自制教学影片。一些城市，如芝加哥、洛杉矶、纽约等相继成立了影片馆，收藏影片，并采用轮流或预约的办法向学校提供影片。一些学术团体先后成立，如1920年成立了“全国视觉教育学会”、1922年成立了“美国视觉教育会”等。在部分高等学校开设了视觉教育课。1928年，出版了第一本关于视觉教育的书《学校中的视觉教育》。同期，在英国兴起了播音教育。1920年2月，英国玛可尼公司剑佛电台开始教育播音，每日播两次，每次半小时。1923年，成立了“教育播音咨询委员会”。1929年，成立了“学校播音中央评议会”，每年评审播音教学节目1～4次。

2. 从20世纪初到20年代，教育技术的起步阶段

1928年至1929年间，出现了有声电影。30年代初有声电影很快被用于教学和教育。20年代，录音媒体进入教育领域，包括唱片录音、钢丝录音、磁带录音。

3. 从20世纪30年代到40年代，是教育技术初期发展阶段

在这个阶段，幻灯、电影、广播、录音教育都得到一定的发展，特别是电影教育得到了较大的发展，并显示了它对提高教学效果的作用。1931年7月，美国辛克斯公司的教育电影部把各州的儿童代表请到华盛顿，做了一个电影教学的实验：在儿童看电影的前后，分别用

五种测验表格考查他们的学习成绩，每种测验由 250 个问题组成，250 分为满分。结果，看电影后比看电影前的成绩平均增加了 88 分，说明电影教学可使学生增加知识量 35%。与此同时，美国哈佛大学的鲁耶博士在麻省三个城市的学校里，检验电影教学在初中三年级学生学习自然科学时的效力。检验结果表明，用电影教学的学生要比不用电影教学的学生成绩高 20.5%。40 年代末，美国视听教育家戴尔（Edgar Dale）提出了“经验之塔”（Cone of Experience）的理论，对视听媒体在教学中的作用进行了分析和论证。

4. 从 20 世纪 50 年代到 60 年代，是教育技术的迅速发展阶段

50 年代电视、程序教学机等用于教学；60 年代电子计算机用于教学。50 年代末，美国心理学家斯金纳（B. S. Skiner）的操作条件反射说和他设计的教学机器被引入电化教学领域，在美国掀起了程序教学和利用教学机器进行学习的热潮。60 年代初，香农（Shannon）等的传播理论也被引入教育技术领域。

5. 从 20 世纪 70 年代起，教育技术进入系统发展阶段

闭路电视系统、计算机教学系统、卫星电视教学系统等进入教育领域的媒体。系统论、信息论、控制论的观点和方法被广泛用来研究教育技术活动。

6. 20 世纪 90 年代以后，教育技术进入网络发展阶段

进入教育领域的媒体主要有多媒体网络教育系统。以计算机为核心的多媒体网络教育系统是多媒体技术与网络技术相结合的产物，它集电脑、电视、电传、电话等多种媒体的功能于一身，不仅能处理数据、文字信息，而且能处理图像、声音信息，并能打破时空限制进行信息的储存、提取、传输和交互控制。多媒体网络教育系统进入教育领域，为建立新型教育体制和教育方式奠定了基础，使教育的全民化、终身化、多样化、自主化、国际化成为可能。

90 年代初，美国开始组建的 Internet 网是最早的国际交互网络。目前，该网络已成为世界上规模最大、影响最广的国际性计算机交互式网络。其发展速度十分惊人，已连接 150 多个国家 1200 多万台电脑，有 1 亿多个用户，而且以每月 100 万个新用户的速度在增长。Internet 已成为连接世界各国的信息纽带和向全球提供教育、教学资源的重要网络。美国的大、中、小学已于 1997 年全部接通 Internet 网。英、法、德、日等发达国家的各级各类学校也广泛使用了 Internet 网络。

90 年代以后，建构主义学习理论被引入教育技术（电教）领域，对教育技术（电教）理论建设与实践产生了重要影响，使教育技术（电教）学科建设更加科学化、严密化、理论化。目前，世界各国都大力推广和发展教育技术，用教育技术推动教育改革，大大加快了教育现代化建设的进程。

二、教育技术在中国的兴起和发展

1. 中国教育技术的萌芽阶段

20 世纪 20 年代，受美国视听教育运动的影响，我国教育界也尝试利用电影、幻灯等媒体作为教学工具。后来，还成立了一些专门的机构。此外，在一些大学里，像北京师范大学、南京中央大学，还开设了电化教育的课程。电化教育的概念逐渐被人们接受。解放前，由于当时经济、教育、科技落后，我国的电化教育只是星星点点，在少数几个城市、学校、社教机关有所开展，未能大面积推行。

2. 中国教育技术的初步发展阶段

解放后，1949年11月在文化部科技普及局成立了电化教育处，负责领导全国教育技术（电化教育）工作。从50年代到60年代前期，我国的教育技术（电化教育）得到初步发展。其主要表现是：

（1）幻灯、录音、电影开始进入城市中小学校和高等院校，特别是外语和医科院校。

（2）电教教材、资料开始制作、生产。如汉语语音教学唱片、外语教学唱片、教学幻灯片已成批生产，外语录音带已在校际间复制、交流。

（3）外语院校开始安装同声翻译室、简易型语言实验室等较先进的电教设备，为外语教师利用现代教育媒体更好地提高学生外语水平创造了良好条件。

（4）有的市、区、县成立了专门的电教机构，如北京市、沈阳市成立了电化教育馆，北京市各区、县相继成立了电教站，积极开展电教工作。

（5）一些高等院校开设了电化教育课。

（6）一支数量不大，但有教师、技术人员、工人参加的电教专业队伍开始出现。

（7）1949年，北京人民广播电台和上海人民广播电台举办俄语讲座，后又改为俄语广播学校。每年参加学习的学员达5000人，到1960年，累计招生19万多人。北京市、天津市于1955年分别创办了广播函授学校。

（8）高等教育部于1964年批准在上海外国语学院建造了国内第一幢电化教学楼。20世纪70年代，受“文化大革命”的影响，我国的电化教育几乎没有什么发展。在十年动乱时期，整个教育事业受到严重摧残，电化教育更不例外，电教机构被撤销，人员被解散，设备、资料被破坏，使我国电教进入停滞期，处于瘫痪状态。

3. 中国教育技术的重新起步和迅速发展阶段

20世纪70年代后期，十一届三中全会以后，我国的教育技术（电化教育）重新起步，获得了迅速发展，取得了明显的成绩，具体表现为以下几个方面：

（1）国家重视，政策支持，为教育技术发展创造了良好的环境。

1978年春天，邓小平同志在全国教育工作会议上的讲话中指出：“要制定加速发展电视、广播等现代化教育手段的措施，这是多快好省发展教育事业的重要途径，必须引起充分的重视”。

1983年，邓小平同志给北京景山学校题词：“教育要面向现代化，面向世界，面向未来”。

1984年，邓小平同志在上海视察中国福利会儿童计算机活动中心时指示：“计算机要从娃娃抓起”。

1993年2月13日，中共中央、国务院正式印发了《中国教育改革和发展纲要》，文件中明确提出：“积极发展广播电视教育和学校电化教学，推广运用现代化教学手段，要抓好教育卫星电视接收和播放网点的建设，到本世纪末，基本建成全国电教网络，覆盖大多数乡镇和边远地区”。

1995年，中国教育科研网开通，标志着中国的网络教育应用的开端。

1998年5月，教育部部长陈至立上任伊始，在《中国教育报》上撰文指出“教育技术是教育改革的制高点和突破口”。

2000年，教育部制定了在中小学普及信息技术教育和实施“校校通”工程的战略目标。至今，教育部已经投入了至少3.6亿元从事现代远程教育工程，涉及硬环境建设、资源建设、理论与实践相结合的相关问题研究。

(2) 组织机构建立,为教育技术开展提供了支持。

中国作为一个技术基础相对较弱的发展中国家,短期内能够在教育技术方面取得让世人瞩目的成就,在很大程度上得益于中国完善的教育技术组织机构。中国教育技术的组织机构可以从行政、业务管理和学术社团两方面来说明。首先,从中国教育技术的行政管理和业务开展方面来看,从 1979 年开始,教育部成立了电化教育局和中央电教馆,负责全国的电教管理工作和业务工作。现在,中央和各省市都建立了电化教育馆,到 1985 年底,全国已有 2253 个县(区)建立了电教机构,占全国区县的 95%左右,全国各级各类学校建立了专业性的电化教育机构。中国的教育技术系统是由广播电视教育系统、卫星电视教育系统、学校教育技术系统和教育资源开发系统四大主要领域组成,主体由中国广播电视大学、中国教育电视台、各学校教育技术中心和为教育技术发展服务的企业组成。其次,从中国教育技术的学术社团组织机构来看,中国教育技术的主要学术社团组织就是 1991 年成立的中国电化教育协会(CAET),它是促进全国电教单位、专家协作,推动电教科研进步的群众性学术团体。目前,中国电化教育协会设有秘书处和学术委员会,包括教育技术学研究会、外语、综合大学和师范院校、广播电视教育、中小学、教育电视台(站)、金融、教材等多个专业委员会。目前协会有新老团体会员 101 个,基本上覆盖了广播电视教育、学校教育技术机构和教育卫星电视传输系统三大主要领域。目前,已经初步形成了完整的中国教育技术社团组织框架体系,是中国教育技术组织机构的重要组成部分。1995 年 10 月在北京召开的"中国电化教育协会会员代表大会暨学术研讨会"对转变电教队伍的传统思想观念具有里程碑意义,是中国电化教育协会迅速发展的一个标志,对世纪之交的中国教育技术面临的新形势和新任务进行了研讨,为今后的发展奠定了基础。1991 年,原国家教育委员会"电化教育教材委员会"成立,1993 年更名为"教育部电化教育教学指导委员会",2001 年 4 月,重组为"教育部高等学校教育技术学专业教学指导委员会"。2000 年 5 月,教育部高教司将全国高等学校文科 CAI 与试题库建设协作组、全国高等学校理科 CAI 与试题库建设协作组、全国高等学校工科 CAI 协作组、全国高等农林院校计算机教育研究协作组、全国高等医药院校计算机教育教学指导委员会改建为"全国高等学校教育技术协作委员会",旨在加强统筹规划和宏观管理高等学校的教育技术活动。

(3) 人才培养、学科建设和学术成就。

1978 年全国有教育技术从业人员 1400 多人,据 1995 年的调查,我国已有教育技术机构 74849 个,专职从事教育技术工作的人员达 20 万人。从 1978 年开始,高等院校着手开设教育技术(电化教育)专业。1986 年,国务院学位委员会正式批准北京师范大学、河北大学、华南师范大学设立教育技术学硕士学位授予点,到 2001 年,近 50 所高等院校设置了教育技术专业,近 30 所高等院校具有教育技术学硕士学位授予权,北京师范大学、华东师范大学、华南师范大学、南京师范大学和西北师范大学具有教育技术学专业博士学位授予权,北京师范大学和华南师范大学教育技术专业已经加入国家重点学科行列,从而形成了完整的、多层次的、多方向的教育技术专业人才培养体系。在我国教育技术的发展中,逐步形成了一支庞大的专门人才队伍。据 2005 年的调查,我国已有教育技术机构 74849 个,专职从事教育技术工作的人员达 40 万人,还有数十万兼职从事教育技术工作的教师。教育技术的研究方面,中国的教育技术研究立足于中国的实际,成绩斐然,对中国的教育技术实践起到了指导作用。创办了一批教育技术方面的刊物,主要有《电化教育研究》、《中国电化教育》、《现代教育技术(清华大学)》、《中国远程教育》、《开放教育研究》、《现代远距离教育》、《外语电化教学》、《中小学电教》等。

出版了一批教育技术学方面的专著，主要有《电化教育概论》(萧树滋主编)、《电化教育学》(南国农主编)、《电化教育导论》(李运林、李克东编著)、《教育传播科学研究方法》(李克东编著)、《现代教育技术学》(万嘉若主编)、《教育技术学导论》(尹俊华主编)、《多媒体组合教学设计》(李克东、谢幼如编著)、《教学设计——基本原理和方法》(张祖忻等编著)、《教学设计》(乌美娜主编)、《计算机辅助教育》(何克抗主编)、《现代教育技术》(何克抗主编)、《教育技术》(顾明远主编)等，这些都为实际工作的开展进行了较好的理论准备。

教育技术的研究重点从 90 年代以前的视听教育媒体的理论与应用研究，转向了对多种媒体组合运用和学习过程的研究，特别是对教学系统的设计、开发、运用、评价与管理的研究，开展了大量的试验研究和开发工作。其中影响较大的有：

河北师范大学"外语教育技术课程建设与教学实践"项目获得 1989 年原国家教委优秀教学成果奖。华南师范大学的"多媒体组合教学设计理论和实践"项目获得 1993 年原国家教委优秀教学成果奖。

中央电教馆主持的全国教育科学"八五"规划原国家教委重点科研课题"电化教育促进中小学教学优化"项目和全国教育科学"九五"规划原国家教委重点科研课题"电化教育促进中小学由'应试教育'转向素质教育"项目。

北京师范大学主持的"联合国援助项目北京朝阳区职业教育课程开发"项目。北京师范大学和华南师范大学共同主持的"语文'四结合'教学改革试验研究"项目。

华南师范大学主持的"多媒体和网络环境下大学生学习与创新能力培养的理论与实践探索"于 2001 年获国家级优秀教学成果一等奖。

中国电化教育协会主持的全国教育科学"十五"规划重点科研课题"信息化进程中的教育技术发展研究"项目于 2002 年开始实施。

20 世纪 90 年代以来，随着教育技术的发展，教育技术研究日益广泛和深入，研究的层次不断提高，由媒体对比、专题为主的研究进入到整体、综合为主的更高层次。这些研究具有以下一些明显的特点：

①研究结合教育教学改革进行，成为深化教育改革的一项重要举措和教育改革的突破口。

②重视对以计算机为基础的信息技术在教育教学中的应用、研究。

③重视教学系统设计理论和认知学习理论、建构主义理论的指导作用。

④研究方法和过程日益规范化。

(4) 远程教育获得发展。

1978 年，中国广播电视大学创办。到 90 年代初，已经成为世界上最大的远距离学校。

1986 年，中国教育电视台(CETV)创建。截至 1997 年底，我国已经建立教育电视台、收转台 940 多座，卫星电视地面接收站 1 万多座，放像点 6.6 万多个。

(5) 信息技术教育应用和教育软件发展迅猛。

1978 年，北京师范大学成立现代教育技术研究所。80 年代初期，国家拨款进口先进的视听教学设备，在学校建立计算机室、语音室等用于教学。1981 年，我国有了自己的计算机辅助教学系统和辅助教学管理系统。国家于 1986 年组织一些高等院校和工厂研制生产"中华学习机”。1987年，作为国家“七五”重点攻关项目，我国有计划有组织地开发了一批中华学习机教育软件。进入90年代后，PC系列计算机相继进入学校和家庭，多媒体PC机开始应用于教育。中国的教育软件也开始了真正意义上的市场化。1995年，中国的教育软件市场已基本形成。产品已不仅仅限于教育管理软件，开始向家庭教育、学校课堂教学、社会教育等领域进军。

1996年9月原国家教委基础教育司颁布了《中小学计算机教育软件规划》(1996～2000年)，明确地提出了我国“九五”期间计算机教育软件研制开发的目标和实施目标的主要措施。1996年国家计委又将“计算机辅助教学软件研制、开发与应用”列入国家“九五”重点科技攻关项目，首期投资1500万元，该项目已于1999年7月结题。

(6) 教育技术的发展蓝图。

在1999年6月15日召开的全国第三次教育工作会议上，江泽民同志深刻地指出“国运兴衰、系于教育，教育振兴、全民有责”。江泽民同志还强调指出：“终身学习是当今社会发展的必然趋势。要逐步建立和完善有利于终身学习的教育制度。学校要进一步向社会开放，发挥学历教育、非学历教育、继续教育、职业技术培训教育等多种功能。要以远程教育网络为依托，形成覆盖全国城乡的开放教育系统，为各类社会成员提供多层次、多样化的教育服务。”

1999年6月13日发布的《中共中央、国务院关于深化教育改革全面推进素质教育的决定》中则为教育信息技术的发展提出了更为明确的任务。

①大力提高教育技术手段的现代化水平和教育信息化程度；

②国家支持建设以中国教育科研网和卫星视频系统为基础的现代远程教育网络；

③加强经济实用型终端平台系统和校园网络或局域网络的建设；

④充分利用现有资源和各种音像手段，继续搞好多样化的电化教育和计算机辅助教学；

⑤在高中阶段的学校和有条件的初中、小学普及计算机操作和信息技术教育；

⑥使教育科研网络进入全部高等学校和骨干中等职业学校，逐步进入中小学；

⑦采取有效措施，大力开发优秀的教育教学软件；

⑧运用现代远程教育网络为社会成员提供终身学习的机会，为农村和边远地区提供适合当地需要的教育。

三、教育技术的发展趋势

1. 教育技术学作为交叉学科的特点将越来越突出

教育技术属于交叉学科，是连接教育学、心理学、信息技术和系统科学等学科的桥梁。

作为交叉学科，首先体现在它需要技术的支持，特别是信息技术的支持。教育技术的发展与技术的进步密不可分，在未来的发展中，信息科学和人工智能将发挥越来越重要的作用，教育技术应该关注如何更有效地使用技术以及如何利用技术来促进学习。

其次，教育技术作为交叉学科，体现在它融合了多种思想和理论。从教育技术的发展历程来看，教育技术的理论基础主要有教育理论、学习理论、传播学、系统理论等。时至今日，随着人本思潮的兴起，各种学习理论虽然各执一端，但在教育技术领域内走向了融合，以促进人的发展为目标而各尽其力。人们不仅关注个体的学习心理，还对学生之间如何协同与合作、如何基于问题进行综合性学习等进行着系统的研究。

第三，教育技术交叉学科的特性决定了其研究和实践主体的多元化，协作将成为教育技术发展的重要特色。包括教育、心理、教学设计、计算机技术、媒体理论等不同背景的专家和学者共同研究和实践，开放式的讨论与合作研究已成为教育技术学科的重要特色。

2. 教育技术研究最前沿的两个领域是信息技术与课程整合和网络教育

教育技术作为理论和实践并重的交叉学科，需要理论指导实践，在实践中进行理论研究。目前重视教育技术实践性和支持性研究，所有这些乃至终身教育体系的建立都强调对学习者学习的支持，即围绕如何促进学习展开所有工作。人们将会越来越重视以下三个方面的教育技术的实践性和支持性研究。

(1) 教师培训。世界各国都很重视教师培训。2000 年，美国国际教育技术协会制定了“全体教师的教育技术基本标准”，其中规定了教师应该具备的教育技术基本能力，为了达到该标准需要对教师进行系统的教育技术培训。此外，英国、法国、新加坡、韩国等国家也十分重视对教师的培训工作。据调查，我国教育技术发展较快地区尚有 1/3 的教师对教育技术知识不甚了解或根本不知道。调查也显示，教学第一线的教师大部分欢迎教育技术培训，具有较强的学习动机。因此，如何对教师进行教育技术培训，特别是如何实施有效的培训，需要我们教育技术工作者在实践中进行不断的探索。

(2) 教学资源建设。在教学资源建设方面，特别是教育软件的设计和应用方面值得我们重视。当前教育软件的应用远远没有达到我们所预期的效果。比较突出的问题有：存在科学性错误、适用性较差、交互性不强、制作欠精细、智能性欠佳等。随着网络技术、智能技术、代理技术、虚拟现实技术等的不断发展，新一代以网络为核心的智能教育软件将在教育软件市场占据越来越重要的地位。如何克服教育软件业目前的困难，开发出适合学习者特点和需求的网络教学资源，将成为资源建设中重要的研究任务。此外，为了使得教育资源能够大范围地共享和交流，网络教育技术标准研究成为近几年的热点问题。2001 年，在教育部的组织下，我国成立了现代远程教育标准化委员会，专门从事网络教育技术标准的制定和推广工作。

(3) 学习支持。教育技术在研究与实践中对于学生学习的支持给予了密切的关注，这种支持包括在信息技术背景下特别是网络环境下学生的学习活动、教学组织和教学评价等方面。广大工作在教育一线的教师，能够深切感受到教学中存在的问题，也只有他们才能根据实际情况结合理论知识来解决问题。教育技术工作者应该为广大教师提供各种解决实际教学问题的思路和方法，有力地对学生的学习提供支持。

3. 教育技术全面应用信息技术、多媒体技术和其他的科学技术

当前，世界各国都投入了大量的人力、物力和财力来研究和探索信息技术在教育领域的应用。实践证明，计算机多媒体并不是对所有学科和对象都同样有效，特别是涉及到人文类或者培养个人情感方面的有关学科以及注重实际操作能力培养的学科等。因此，需要把握的是计算机多媒体在教育中的应用，应该针对哪些学科、知识点和学习对象而展开，应该采用什么样的策略来进行，如何进行信息技术与学科教学整合，以期获得对以计算机网络为主要特征的教育技术应用更全面的理解。

第三节 运用教育技术构建和谐学习平台

教育技术随着科技发展形成了独特的教学体系和教学范式，技术哲学关心诸如技术的本质是什么，技术对于人的精神、社会、文化、环境等方面的影响如何之类的宏观问题，用技术哲学观点来考察技术对教育的影响有助于我们从总体上把握技术影响的程度与发展趋向，教育技术发展到多媒体网络教学阶段，为融入人本主义教学思想创造了条件，这就要求在设计、开发、实施、组织、管理和评价等程序中，汲取人本主义思想的合理成分，为学生的创造性学习建构科学的、人本主义的教学环境，创设和谐学习的平台，促使学生有效地学习。

一、技术主义

技术已经渗透到社会的各个方面，极大地改变了人们的生活、工作、学习方式，改变了社会的面貌。技术的飞速发展，超出了人类所能够适应的速度，给社会带来了更为复杂的改变。技术主义是与技术决定论联系在一起的。技术决定论认为，技术是对社会最具影响力的因素，是塑造社会的力量。某些特定技术的发展，如传播技术或媒体技术或更广泛的技术，通常是社会变革的主要原因。极端的看法是，整个社会的形成被看做是由技术决定的：新的技术在每个层面上改变着社会，包括社会制度、人与人之间的交互和社会中的个体，人的因素和社会的调节被看做是第二位的。传播技术领域普遍存在着技术决定论的观点，认为传播技术的改变具有重要的文化影响，例如麦克鲁汉等都认为印刷媒体使得思维更有理性、更符合逻辑，善于抽象思维。他将不同媒体与特定认知结果相联系，认为传播媒本与技术和语言一样，塑造和影响着人类的感知和思维，这种观点被称为媒体决定论。比较适度的媒体决定论认为，媒体的使用对我们能够产生一定的影响，但更重要的是社会情境。

二、人本主义

人本主义思想一般包括对自由和自治的信念，认为人类有能力克服遗传、个人历史和环境的限制而做出有意义的个人选择，强调个体的重要性以及特殊的人类需要。人本主义的教育基于相类似的思想，认为教育的目的是发展自我实现的个体。人本主义的教育是一个终身的过程，其目的是发展能够快乐地过有意义生活的个体。人本主义教育首先考虑的是：发展感情方面的能力，形成情感需求，充分表达美，增强自我导向和控制能力。人本主义教育者的本质特征是对感情的理解、尊重和接受。随着计算机技术的发展，利用多媒体可以真正实现情景化教学和个别化教学。利用计算机网络能够为人们的学习创设广阔而自由的学习环境，提供了丰富的学习资源，使得教学从传统的密集型课堂教学走向了个别化、分散化、社会化和家庭化，不但突破了传统的教学形式，还拓展了教学时空的维度，为同伴教学、分组学习、合作学习、发现学习、探究学习提供了基础。学生自己选择学习方向，参与发现自己的学习资源，阐述自己的问题，决定自己的行动，自己承担选择的后果。这样学生就有责任地参与到学习过程中，容易全身心地把情感和理智投入到创造性学习中去，并对自己的学习结果做出评价。这基本上实现了人本主义所主张的以学生为中心的教学形式和学生自主学习、自我实现、自我评价的目的。教师的主要任务是允许学生自己学习，满足学生的好奇心和求知欲，建立一种开放平等的教学环境，实现教学手段和目的相一致。

三、和谐的学习——自然的呼唤

融入自然、回归自然是人类生存的原动力，苏霍姆林斯基说过："人的心灵深处都有一种根深蒂固的需要，这就是希望自己是一个发现者、研究者、探索者"。人集天地之灵气于一身，人的一切生息都随着自然的规律运动。人类对自然界物质的微观和宏观的探索、发现是为了理解自然，以各种情感和方式体现自然的和谐美，以科学的创新融入自然。人类必须更深入、更广泛的理解自然，与自然和睦相处，而不是与自然对立、驾驭和宰割自然。

教育和学习是人类认识自然、回归自然的桥梁和乐园。教育由粗放管理到细致策划是对自然的返璞归真。教育的生态系统遵循自然规律，进行不断改革，修正违反自然和人的本性的教学方式和环境，不断创立新的符合自然的、人性的教育方式和结构。人文精神是人类认识世界、阐释自然的意义体系和价值体系，人文教育渗透着认知教育、情感教育和人格教育，它与深厚的科学教育联系在一起。从 20 世纪初开始，各个学科从不自觉到自觉地探索着人与自然和谐相知的切合点，创设人文、科学与艺术融合互动的和谐平台，教育专家经过近一个世纪的研究和实践，确认了教育技术学是构建和谐学习的平台。

爱因斯坦既是物理学家又精通音乐，他的创新能力来源于自然科学与人文交融。他说，物理给我以知识，艺术给我以想像力，知识是有限的，而艺术开拓的想像力是无限的。没有想像力就不可能产生创造力。

四、和谐的学习与教育技术定义的演变

和谐是指某个系统中的多个要素以各自特色保持协调互动，朝着最优化的目标以谐振的状态运动。和谐的学习是学习的主体运用多种学习理论、教学理论、传播理论和系统理论，充分利用多种学习资源、恰当应用多种学习方法，以最佳的学习状态，朝着最优化的学习目标迈进。

21 世纪初是信息时代，信息时代对人才素质的基本要求是：会生存、会学习，会处人，会做事。四会的核心是培养学生的自主学习的能力。为了迎接经济全球化和知识经济时代的挑战，国际社会提出了"终身学习"和"学习化社会"的理念，学习不再局限于有限的学校范围内，而是贯穿于人的一生，渗透到社会生活的各个方面，教育正面临着亘古未有的巨变，信息技术、多媒体技术正以惊人的速度改变着人们的教学方式、学习方式、思维方式、交往方式和工作方式，并促进学校教育越来越走向多元化、网络化、个性化。教育技术在这种巨变中起着关键作用，它把教育和技术相关的全部理论、实践内容系统的集成在一起，它能使学习者学会利用教育媒体进行研究学习，学会在网络环境下的自主学习，学会利用各种传播媒体进行交互学习，学会利用信息工具进行创造性学习。

1. 教育、教学模式的快速演变

一定社会发展阶段的生产组织形式及其所使用的劳动工具必然会影响到当时的教育教学的方式和手段的使用。人类社会形态从生产力的角度可以分为农业社会、工业社会、信息社会。在不同的社会形态条件下，不同的生产力基础上形成了与之相适应的生产组织形式。工业社会的教育方式就体现为流水线形式的集体教学，"成批地"培养标准化人才，使用的工具中增加了工业社会生产的投影、幻灯、电影等媒体。美国教育技术的学者在 2001 年就对工业时代与信息时代的学习模式进行比较。如图 1-3 所示。

中国教育专家对新旧教学模式进行比较，如图 1-4 所示。

通过学习模式（图 1-3）和教学模式（图 1-4）的比较，工业社会和信息社会对待学习存在根本区别，我们已经处于信息社会（知识社会），而教育系统还处于工业时代，甚至还存在封建时代以及更落后的东西，这并不奇怪，上层建筑的变革是滞后于经济基础的变革，人们的工作和生活方式必须适应社会的变革，教育只有与社会同步发展，才能适应和促进社会的进步，教育工作者的根本任务就是要敏锐地察觉这种滞后，以开放的、与时俱进的心态跨越滞后。教育技术的专业人员坚持不懈的探索着在教育领域中创建和谐的学习平台。

Cast out 应该废弃的模式	Adopt new 采用新的模式
Industrial age 工业时代	Information age 信息时代
Compartmentalization (vision of labor)劳动分工(把学生当作产品)	Hoism(integration of tasks)任务的整合。(使学生成为完善的人)
Adversarial relationships 对抗关系	Cooperative relationships 合作关系
Bureaucratic organization 独裁组织	Team organization 团队组织
Autocratic leadership 专制领导	Shared leadership 共同领导
Centralized control 集中管理	Autonomy with accountability 带有责任的自治
Autocracy 独裁	Democracy 民主
Conformity 一致性	Diversity 多样性
Complaisance 顺从	Initiative 主动
One-way communication 单向交流	Networking communication 网络双向交流

图 1-3

因　素	旧教学模式	新教学模式
知　识	从教师转移到学生（替代式教学）	由学生和教师共同建构（自主和引导）
学　生	学生是被动的容器，完全由教师灌输和塑造	学习者是自身知识的主动建构者、发现者和传输者
学习的本质	学习是个人的事；需要外界的动力	学习是社会的事，需要和谐的环境激发个体的内在动力
教师的目的	把学生分类，分等级	培养学生的多元智能和才能
功利性	为了个人升学生存（学而优则仕）	为了成为社会的合格公民，完善人格
关　系	师道尊严，耳提面命。学生之间，教师与学生之间关系隔膜。	学生之间或教师与学生之间相互理解，互动的人际交往。
学校环境	竞争的/个人主义的环境	课堂上合作学习，教师间的合作团队
条　件	只要是专家就可以教学	教学能力是复杂的，需要很多的培训

图 1-4

2. 教育技术的内涵是构建和谐学习

美国教育传播技术协会（AECT）2005 年对教育技术的定义是：Educational technology is the study and ethical practice of facilitating learning and improving performance by creating，using and managing appropriate technological processes and resources. 参考译文：教育技术是通过对指定目标合适一致的技术过程和资源进行合理的创设、利用和管理，从而促进学习，改善绩效的研究与合乎规范的实践。这是美国的教育技术专家西尔斯·巴巴拉(Seels. B)在长春 2004 年教育技术国际论坛会议上提出的。说明教育技术的学者已经看到教育技术 AECT94 定义带着工业时代印记的局限性，必须从创设、绩效和道德来规范在教育领域出现的各种技术，对把人作为产品来系统的塑造、制造的工业社会观念加以修正，提出适合于知识和信息学习的环境建设和认知建构的理念。

新时代呼唤和谐学习，面对着瞬息万变的数字化生态环境，使受教育者成为自己教育自己的人，是现代教育区别于传统教育的显著特征。只有以教育信息技术为基础，创设一个有利于学生和谐学习的信息环境和发展平台，转变学生的学习方式，使学生在学习的过程中不仅获得知识，更能获得能力；既培养学生良好的信息素养，又培养学生解决问题和发展创新的能力。

3. 教育技术系统建构和谐教学环境的优势

(1)一个和谐的社会群体，必然是一个能提供倾诉的渠道，并具有相互承接倾诉的机制，学习者通过教育信息技术平台构建自然的学习。多媒体学习和网络教学变说教式、填鸭式为交互式、感受式和沉浸式是水到渠成的自然学习。

(2)教育技术使教师的专业、职业和事业实现三位一体。教育技术是教师职业技能的核心部分，也是联结教师的专业和事业的纽带，今天的教师没有人不会上网查资料，没有人不做教学设计和教学研究的。

(3)教育技术推行终身学习和多样化的学习模式：远程教育、网络学习、CSCL 学习、混合学习、个别化学习、集体教学、协同学习、研究性学习、案例学习等。

(4)教育技术以系统设计教学为核心，按照自然科学规律，营造人性化的教育生态环境，在学习资源的利用、过程的开发、教学策略和方法、评价、反馈等方面运用系统观念调控、优化和促进教学。

(5)教育技术学以开放的、多样化、宽容的，以个人自由和理性为基本价值取向，以人性化、个性化、趣味化的方式传授和认知，代替了满堂灌、人灌和机灌。多媒体教学占总课时的 20%～30%只是一个弹性指标，要以激发学生的学习兴趣和动机，能主动学习为宗旨。课程设计要关注学生心理的、身体的、情感的、创造的、社会的、精神的和道德的全面发展。

(6)教育技术推行人性化的学习，不让一个孩子落下来。学习的空间一定要与教师讲课、媒体教学的可视听的区域互相匹配。我国中学的每个自然班的学生人数应该在 45 人以下，小学控制在 40 人以下，目的是让每一个学生的每一节课都能的得到老师的关注和点拨，这是和谐学习的基本要求，当然学校管理、师资素质和教学条件必须互相配套。

4. 运用教育技术系统地构建和谐教学环境的几点对策

(1)重塑教师的职业和专业内涵，突出科学与人文的交融，消除科学与人文的隔阂与对立。科学和人文是不可分割的，就像一个硬币的两面，他们共同的基础是人类的创造力，他们追求的目标是建立和谐的社会。人文素养指人所具有的人文社会科学知识以及人文精神内化在人身上所表现出来的气质、修养，表现为人的思想品位、道德水准、心理素质、思维方式、人际交往、情感、人生观、价值观等个性品质，与文学、宗教、哲学、艺术和意识形态联系，以人为终极关怀。

(2)学习理科课程，突出科学的实践能力，在科学教育中渗透人文底蕴。改变两耳不闻窗外事，一心只读圣贤书的封闭式学习，科学内容必须嵌入各种适合学生发育水平、有趣和与学生生活相关的课程形式。按学生的能力、学习内容，有计划的安排时间到社区、农村、工厂、大学、企业去学习，把数学、物理、化学、生物、地理的学习与自然联系起来、与社会生态平衡挂钩，使科学方法和思维能力在人文的土壤中深深扎根。读书是完善人的人性、人格和道德的基本途径，也是顺应自然科学规律，改变自己人生的阶梯。

(3)以科学方法解读文科课程学习，培养学生严谨缜密的科学推理和思维方法和行为方式。建立和谐的人文社会价值观念。《全日制义务教育语文课程标准(实验稿)》指出："语文课程应尊重学生在学习过程中的独特体验"。"整体考虑知识与能力、情感与态度、过程与方法的综合"。建立恰当的课程改革方法体系，以科学探究解构语文、历史等知识；再以人文态度整合；以书本知识为出发点、质疑点，鼓励学生充分利用各种信息源，如网络、各种媒体、书籍和图书馆的杂志，围绕着疑问去观察事物，收集数据、分析文中蕴涵的科学知识。

(4)科学技术课程整合人文与科学。巴甫洛夫曾指出："科学随着方法学上获得成就而不断的跃进。方法学每前进一步，我们便仿佛上升了一级阶梯，于是，我们就展开更广阔的眼界，看见从未见过的事物。"可以从八个方面确定科学与技术课程的内容：科学中统一的概念和方法；以探究为特点的科学；物质科学；生命科学，地球与空间科学；科学与技术；从个人角度和社会角度看科学；科学史和科学性质。从小学到高中，内容由浅到深、系统的、全面的介绍给学生，与当时的科学发展同步。把逻辑与心理、科学与实验、个性与共性等处于两极的概念在人文中统合。

(5)本土人文思想与世界人文的融合。人文的本质是人与人之间的平等对话，各抒己见，和谐沟通，知道自己的努力、知道自己的位置。美国是一个由移民组成的国家，各民族文化上的相互渗透及相互包容，使年轻的美国充满生机和活力。美国基础教育最大限度地发挥多元化的特色，造就了美国强大的经济长久不衰，这得惠于美国20世纪末提倡的国家科学教育标准和人文理念。科学发明和科技创新给美国的发展提供了源源不断的推动力。中国是一个多民族的国家，本土的人文融合，包括文化传统、生活习惯、宗教信仰都在产生互补互动，"厚德载物"是中国人民的宽大胸襟。教师必须在教育过程中让学生了解世界人文的变迁与中华民族的渊源，珍视多元化的相互渗透，容许不同的甚至对立的文化作用于学生，宽容的对待不同的人文和科学观点。思想道德教育课程要少说教，多给学生呈现直观的学习内容，为孩子提供有益的道德启蒙，同时与学生一起讨论什么是自我中心、什么是犯罪、什么是嫉妒、什么是环境保护、资源有效利用，礼貌和道歉等等。

(6)推行开放式教学，将中国的科学特色融入世界科学的大海。成功的教师不仅科学知识渊博、知道应该如何学习科学。重要的是从人文的角度观察学生，善于选择指导学生的时机和方法，什么时候要求学生自己去刻苦钻研，什么时候向学生传授新知识，什么时候向他们提供具体的探究手段，什么时候让学生接触其他信息源。这来源于科学的选择内容，设计与修改课程，使之适应学生的兴趣知识水平、理解力与其他能力和他们经历。培养学生究根问底的好奇心，乐于接受新思维和新信息，对各种事物常持怀疑态度、探究的技能。

五、教育信息技术引导学生开展自主学习的策略

1. 运用教育信息技术创设情境，形成自主学习的向心力

认知学习理论提出：人的认知动力系统具有奇异吸引中心，教育信息技术能具体生动地呈现自然信息，形成认知的吸引中心，确立学生的主体地位，变说教为探索，激励学生的学习动机、自信心、关联性和迁移能力。使学生在具体可感的情景中学习，可收到事半功倍的效果。使自主学习、探索学习、协作学习得以真正实现，使终身教育和学习社会化成为可能。

(1)利用信息技术创设情境，能有效激活学生探究的兴趣，引起学生研究的欲望。为学生创设犹如“身临其境”的情景，从而激发学生探究的兴趣，激发学生强烈的好奇心，当这种好奇心一旦发展为认知兴趣，将会表现出强烈的求知欲，进而自主参与课堂教学。如：地理课上讲解地球公转、自转、昼夜交替等教学内容，学生在实际生活中积累了一些感性生活经验，但往往是“知其然”，而难以知其“所以然”。如一昼夜就是地球自转一圈，为了让学生掌握这一知识点，运用电视媒体摄取地球的画面，用 Flash 做成动画，视频展现出地球在不停地转动、昼夜不停地更替。教学时，动态的画面、悦耳的音乐，使学生赏心悦目，真切地体会到一天一夜地球自转了一圈。愉悦的情绪使学生思维活跃，兴趣浓厚，积极参与，自然学得好。

学生的情感态度对教学效果有着直接的影响，要淡化教师的权威意识，调动学生的学习兴趣。营造平等、民主、轻松和谐的教学气氛，可使学生无拘无束，敢说敢做，感知、记忆、思维、想象等认知活动就显得更为兴奋，学习热情高涨，营造和谐的课堂教学气氛。

(2)教师利用教育信息技术创设主动探索空间，促成自主学习。在教学过程中，我们不仅要传授给学生知识，更要教给学生探索知识的方法，培养学生勤于思考、善于发现、敢于质疑、勇于创新的探索精神，让学生经历和体验探究知识的过程，不断摸索和完善探究的方法，学生在探究过程中认真地观察、反复地比较猜测、广泛地采集提取信息、独立地思考归纳、分析和整理，还要倾听他人的想法，这一切却需要足够的时间和更大的空间做保证。

教师要努力创设主动探索空间，让学生有动脑思考、动手操作、动笔尝试、动口表达的时间与空间，使其外部活动逐渐内化为自身内部的智力活动，从而获取知识，发展智能，以更积极的姿态自主参与学习活动。

授人以鱼，不如授之以渔，教师要应用各种学习理论促进信息技术与课程的整合，以建构主义的学习理论为指导，教师给学生提供足够的时间和更大的空间。让学生在探究过程中认真地观察、广泛地采集、提取信息、反复地比较、猜测、独立地思考、倾听他人的想法，归纳、分析和整理信息。如果教师给学生提供自主设计探究的学习课件，学生根据教师给出的研究提示语，采取自主探究的学习方式，将原本抽象化的内容形象化、具体化。教师要创造真实的情境，让学生参与和尝试。如教授几何中的全等图形特征内容，有的教师习惯于先让学生沿着边长量一量，比一比得出结论；再沿着宽边量一量，比一比得出结论。这种教学表面上看似乎学生全体参与，全体动手，实质上是让学生按教师设计好的步子一步一步走到终点的。这种流于表面的浅层参与，难以激发学生的自主参与热情。如果教师充分利用信息技术设计了提供学生自主探究的学习课件，学生根据教师给出的研究提示语，采取自主探究的学习方式，将原本抽象化的图形在电脑上动手操作，根据出示的图形进行拼摆测量填写多参量的表格，再根据表格中填写的数据进行探究，研究图形长和宽与面积的关系，角度的关系，总结出全等图形的一般公式。通过数形结合，操作电脑，突破知识重难点，认知效果好，满足了学生自我实现的需要。这样才能真正发挥学生的主体作用，使所有学生能够自主思考探索得出结论，享受成功的喜悦，继而以更饱满的热情参与学习。

(3)利用教育信息技术重在学法指导,提高自主学习能力。提高学生自主学习能力的关键在于教会学生学习的方法和策略,让学生由"要学"到"学会",过渡到"会学",再上升到"乐学"。不仅提高了学生的学习质量,而且使学生真正成为学习的主人。

知识具有不同程度的抽象性,为适应学生的思维方式,指导学生初步学会抽象概括的思维方法,就需要提供丰富的直观材料,通过观察、操作、比较、分析获得大量感性认识,建立了表象,从而为学生自我发展、主动提高准备了充足的"粮食"。课堂教学利用信息技术从不同角度、深度,以各种不同的形式和途径具体生动地呈现自学信息,可为学生提供丰富的感性知识及经验,使其思维活动建立在雄厚的感性知识基础上,从而提高他们的思维能力。实践证明,利用信息技术提供丰富的直观材料是指导学生逐步学会抽象概括的一个重要策略。

2. 构建网络环境下混合学习和CLCS(计算机协作学习)的模式

以课堂教学为主要手段,以培养学生自主学习能力、协作学习能力、研究性学习能力为目标,构建网络环境下的自主学习模式。这种学习模式可转述为"进入情景—提出问题—自主探究—讨论协作—课堂小结"五个环节。具体做法如下:

首先,明确学习任务,引导学生进入学习情境,要求学生围绕学习任务以分角色或小组等形式提出问题假设,然后根据假设收集相关网络资源,从三条途径实现学习目标:

(1)问题比较简单的,学生自主学习。

(2)问题比较复杂的,学生一个人无法直接从网络上找到解决办法的,以 CLCS 小组的形式开展协作学习。

(3)有些重要问题可采取先自主学习,再协作学习或先协作学习,再自主学习的办法予以解决。

其次,学习之后,教师要组织学生进行自评、互评,或采取一些有效的方式对学生的学习成果进行适当的评价,效果不好的再加以强化练习,效果显著的则引导学生进行知识能力的迁移。最后,提出新的学习任务。

3. 网络环境下学生自主性作业

(1)确立研究学习课程,在研究中培养学生的信息素养,让学生的自主探究协作性学习形成习惯(素质)。让学生根据自己的爱好和特长确定一个研究小课题组,甚至是课程中的知识点(疑点、难点和重点),自主设计研究的范围和要求,利用多种信息资源,如网络资源,以项目作业的形式进行实验、实践、调查分析、评价综合、验证观点,只要做在实处,学习就会十分有效。

根据学生自身特点和课题研究的实际需要,两种研究形式可同时进行:

①依托网络的丰富资源,学生根据自身的爱好和特长,自主选择项目作业课题,开展研究性学习。

②为了使学生的研究更有方向性和目的性,研究成果更具推广价值,由教师确定一个范围,让学生在该范围内选择项目作业课题,开展研究性学习。教师适当提供物质条件和方法指导。

4. 教育信息技术构建学生自主性学习语言的活动设计

(1)利用信息技术指导学生初步学会有条理的思维,训练语言表达能力。语言是思维的外壳,正确的思维方法离不开语言的支持。学习母语和其他语言主要是听说功能的学习。

不同年龄、不同智力基础以及不同个性差异的学生,他们语言表达能力差别很大。语言表达是自主学习和交互的基础，教师要创设自主交互的环境，鼓励学生敢于说出心里话。要给全体学生说话的机会，说错了不要紧，只要大胆说就可以，特别是对于那些不善于言语表达的同学，更需要热心鼓励。

(2)利用信息交流学习语言的方法。学生形成能说的习惯，需要经常性的听说练习。可以让学生学着说，试着说，跟着录音说，自己小声说一说，同桌互相说一说，逐步提高讲题、说理、对话的能力。同时要让学生认真听别人说，提出自己的补充意见或不同意见，使学生听说的能力进入到一个新的层次。逐步使学生从敢说到会说、善说、善辩，日积月累，从而达到促进思维发展的目的。这样之后，学生就有了自主表达的热情和能力，参与讨论活动也就驾轻就熟了。

5. 提倡有效学习，重在对学生的思维方法的启发和指导，提高学习的能力

推行启发式教学，孔子说："不愤不启，不悱不发"，启发式教学的核心是释疑解惑，而释疑解惑的前提就是科学与人文交融。提高学生的反思能力，知道自己的优势和不足。培养学生独立思考和创新思维，把学生作为教学的中心和主体，构建丰富的教学资源和情境，使学生在学习的整个过程中保持着主动性，主动地提出问题，主动地思考问题，主动去探索原理，主动去发现规律。

教育技术就是以和谐的教育、教学为宗旨，把自然的教育理念、人性化的学习理论与科学技术整合为信息互动的平台，提高学习者的素质和社会整体绩效水平。构建和谐的教学与学习环境是我国教育改革的必然。要实现这一目标，还有很长、很艰难的过程，既包括教育者与被教育者思想理念的转变，更要教育管理者实现思想理念的转变。

第四节　教师学习教育技术的意义和要求

一、教师学习教育技术的意义

1. 树立全新教育观念

21世纪中国面临信息社会和知识社会，随着信息技术和高科技快速进入教育领域，它改变教育观念和教学模式和教学方法，教师面临教育信息化的严峻挑战，教师教育必须加快信息化的发展步伐。为了加快教师教育信息化的发展，提高教师教育水平，建设一支高素质的，专业化的教师队伍，扎实推进素质教育，具有重大的战略意义。为此必须加强信息技术在教学中的应用，重视信息技术与学科课程在教育技术的平台上整合，探索和构建信息技术环境下的教师教育新模式，用信息化带动教师教育的现代化，实现教师教育的跨越式发展，以尽快达到教师专业化的要求。

2. 建构新型教学模式

所谓教学模式是指在一定的教育思想、教学理论和学习理论指导下，在某种教学环境和资源的支持下，教与学活动中各要素(教师、学生、内容、媒体)之间稳定的关系和活动进程结构的形式。教学模式也就是按照什么样的教育思想、理论来组织你的教学活动进程，它是教育思想、教学理论、学习理论的集中体现。

传统的教学系统是由教师、学生和教材这三个要素构成的，在现代化教学环境下还要多增加一个要素，这就是教学媒体。既然是一个教学系统，从系统论的观点考虑，几个要素就

不是简单地、孤立地拼凑在一起，而是彼此相互联系、相互作用而形成的有机整体。教学模式正是这四个要素相互联系、相互作用而形成的教学活动进程的稳定结构形式，是四个要素相互联系、相互作用的具体体现。我们强调教学模式的改革，不是不要其他方面的改革，内容、手段、方法的改革也很需要，但如果模式不改变，就等于教育思想、教学观念仍是老一套，即使内容、手段、方法改得再先进，教育的改革不会有突破。传统的教学模式基本上是以教师“教”为主的模式，这种模式把教育过程变成了单纯的“知识继承”的加工过程。虽然它能够在较短的时间内让学生掌握系统、扎实的知识，但该模式忽略了学生自主学习的主动精神。作为认知主体的学生如果在整个教学过程中始终处于比较被动的地位，肯定难以达到比较理想的教学效果，更不可能培养出创造型人才，“复制有余，创新不足”这就是传统教学模式最大弊病。我们现有的教育模式不改变，一流的人才就难以脱颖而出。为了推进我国教育的深化改革，我们应该在先进的教育科学理论的指导下，积极应用现代教育技术，建构基于信息化环境下的新型教学模式，既能发挥教师主导作用（在中小学阶段教师发挥主导作用是必要的，而在高等教育阶段则将教师的“主导作用”改为“指导作用”要更恰当些）又能加强学生自主学习、创新思维的培养，充分体现学生认知主体作用，把传授知识和发展智能与素质培养统一起来，使学生学会通过信息获取、加工处理、问题探究和意义建构的途径获取知识的新型教学模式，使现代教育技术在推进素质教育中发挥作用，作为当前各级各类学校深化教学改革的主要目标。

3. 培养教师的信息素养

江泽民指出，“在推进国民经济和社会信息化的进程中，必须重视提高全民族的信息化知识及使用能力。要在中小学生中普及信息的基本知识教育，也要在广大干部职工中开展学习掌握利用信息的技能活动。总之，要通过信息化建设，使全民族的科学文化素质有一个大的提高。”由于现代信息技术渗透到了社会生活与工作的方方面面，无处不在，无孔不入，信息的获取、分析、加工、利用的能力与传统的“读、写、算”方面的知识与能力一样重要，信息素养成为信息社会每个公民必须具备的一种基本素质，是信息社会对新型人才培养所提出的最基本要求。教育要迎接信息化社会的挑战，惟有实施注重知识创新的信息素养的教育。

信息素质教育的总体目标是培养信息化社会公民的信息素养。其内涵有以下几个方面：

(1) 信息意识情感。信息教育最重要的一点是培养学生的信息意识，即要求受教育者具有一种使用计算机与其他信息技术来解决自己工作、生活中问题的意识。

(2) 信息伦理道德修养。必须培养学生正确的信息伦理道德修养，使他们能够遵循信息应用人员的伦理道德规范，应用信息技术时，不从事非法活动，同时也知道如何防止计算机病毒和其他计算机犯罪活动。

(3) 信息科学技术常识。对于信息技术的原理、名词术语是否明白，对于其发展与作用是否了解，应该使学生具有一定的信息科学技术常识，能够阅读有关的一般性通俗科普信息文章和参加有关的讨论，谈论信息技术的发展与应用。

(4) 具有一定的操作信息能力。即操纵、利用与开发信息的能力。会不会与能不能利用信息技术，获取自己所需要的信息，评价和分析所得到的信息，进而开发与传播信息。在信息化教育中，能够培养学生对信息技术的兴趣和意识，使他们了解和掌握信息技术基本知识和技能，了解信息技术的发展及其应用对人类日常生活和科学技术的深刻影响。网络课程的开展，不仅使学生具有获取信息、传输信息、处理信息和应用信息的能力，还能教育学生正确认识和理解与信息技术相关的文化、伦理和社会等问题，负责任地使用信息技术；培养学生把信息技术作为支持终身学习和合作学习的手段，为适应信息社会的学习、工作和生活打下必要的基础。信息素养的教育注重知识的创新，是教育适应现代化社会发展需求的当务之急，信息化社会的教育应为信息素养的教育，以培训信息素养为宗旨的教育方式是我国教育应对信息化社会发展的必然趋势。

4. 开展信息技术与课程整合

整合（Integration）包含各种形式的媒体，由计算机多媒体创作或传递，由计算机控制的几种媒体形式组成资源的方法。整合是一种和谐，需要被整合的个体对象的主动调节和适应这种和谐；也是一种互动，促使被整合的个体对象主动适应。按照美国新教育百科辞典"课程"条目说："所谓课程是指在学校的教师指导下出现的学习者学习活动的总体，其中包含了教育目标、教学内容、教学活动乃至评价方法在内的广泛的概念"。

西北师大李秉德先生主编的《教学论》认为："课程就是课堂教学、课外学习以及自学活动的内容纲要和目标体系，是教学和学生各种学习活动的总体规划及其过程。"因此，课程意思是指学校学生所应学习的学科总和及其进程和安排。（广义）是指为了实现学校培养目标而规定的所有学科的总和，（狭义）是指某一门学科。从理论上讲，课程整合（Curriculum Integration）意味着对课程设置、各课程教育教学的目标、教学设计、评价等诸要素做系统的考量与操作，也就是说要用整体的、联系的、辩证的观点来认识、研究教育过程中各种教育因素之间的关系。所谓信息技术与课程整合，就是通过学科课程把信息技术与学科教学有机地结合起来，将信息技术与学科课程的教与学融为一体，将技术作为一种工具，提高教与学的效率，改善教与学的效果。它是我国面向 21 世纪基础教育教学改革的新视点，是与传统的学科教学有着密切的联系和继承性，又具有一定相对独立的特点的教学类型。对它的研究与实施将对发展学生主体性、创造性和培养学生创新精神和实践能力具有重要意义，信息技术与课程整合的目标为：培养学生获取、分析、加工和利用信息的知识与能力，为学生打好全面、扎实的文化基础，培养学生的信息素养，具有终身学习的态度和能力；培养学生掌握信息时代的学习方式；培养学生的适应能力、应变能力与解决实际问题的能力。带动数字化教育环境建设，推进教育的信息化进程，促进中小学教学方式的根本性变革，培养学生的创新精神和实践能力，实现信息技术环境下的素质教育与创新教育。在实施信息技术与课程整合过程中，教师的教学观念转变是非常重要的条件。教师要将其他学科的知识有效地融入信息技术课程之中，更好地提高教学效率，让学生具备不断更新知识、创造新知识的能力。

在信息技术与课程整合的过程中，教师要根据当前信息技术的发展和信息技术课程的目标以及学生的特点，结合其他学科的知识设置相关的课题内容，安排学习顺序和课时，不断丰富和更新教材内容。教学方式由以教师为中心转向以学生为主体，教师作为学生学习的指导者、促进者。因此，我们要对全体教师进行信息化教育条件下如何进行教学设计的培训，使每一位教师树立新的教育观念、掌握信息工具的使用，学会在自己的教案设计中体现充分利用现代信息技术和信息资源，科学地安排教学过程的各个环节和要素，实现教学过程的优化。进一步提高教师的信息素养，使他们尽快适应教育改革发展的新形势。

5. 培养创新人才

教育要面世界、面向未来、面向现代化。我们要参与国际竞争，竞争的关键在人才。人才的竞争,归根结底是创新能力之间的竞争。如何培养学生的创新意识、创新精神和创新能力,使之更加适应世界范围内的竞争,将成为我国教育改革最为重要和紧迫的任务之一。有人曾将人才划分为四种类型,即"一"字形人才,其主要特点是知识面宽;"I"字形人才,其主要特点是很专;"T"字形人才,其特点是不仅宽,而且专;最后是"十"字形人才,其特点是不仅宽和专,而且富有创新精神。如果说我们传统教育培养的主要是前三类人才的话,那么入世后则应以主要培养最后一类人才为己任。"创新是一个民族进步的灵魂,是国家兴旺发达不竭的动力"。信息化社会的来临,呼唤着教育必须进行深刻的变革。学校必须培养更多具有创造思想和创造能力的人才,这些人才必须具有较强的信息能力、思考能力、创新的意识和创造的能力。这就要求学校必须探索和构建"创造教育"的新模式。

二、教师学习教育技术的要求

为国家和中华民族培养更多更优秀的创新人才,使我国在21世纪的竞争中立于不败之地。许多教师通过学习现代教育理论,更新观念,认识到现代教育技术的重要作用,体会到其对提高教育教学质量所具有的优越性,在教学中已能经常运用现代教育技术。但是,如何充分发挥现代教育技术的优势,改革课堂教学过程及提高学生自主性学习能力则需进一步深入学习和研究。教师必须树立新的思想观念。

(1) 开放的全球性观念。我国教育将融入国际教育中,直接参与国际教育的竞争。这要求我们的教育发展必须树立全球观,所谓全球观主要是指学校教育教学的质量标准要与国际标准相一致,具有可比性,以提高在国际教育市场中的竞争力。我们应特别加强国际理解教育,使公民拥有理解、包容不同文化、习俗的胸怀和品质,树立世界公民意识。随着科技、经济全球化,学校教育呈现出全球性的特点和趋向。树立全球性观念,要求学校的发展面向世界,参与国际教育竞争,培养具有国际竞争力的人才。

(2) 终身学习观念。在科学技术发展缓慢的时代,人们凭借一次性学校教育所获得的知识,基本上可以享用终身。但处在当今的所谓"知识爆炸"时代,知识、技术的陈旧老化速率大大加快,学校教育只是交给了学生进入人类知识宝库的一把金钥匙。人们在实际工作岗位上所用到的知识,往往不是教科书上所学到的东西。因此,人们要"活到老、学到老",树立以终身教育为信念的教育价值观。以更快的速度更新知识,才能在人和环境的和谐统一中可持续发展。

(3) 以学生为本观念。教学改革的一个重要观念就是以人为本,一方面要确立学生的主体地位,尊重学生的兴趣、爱好和个性特点,创造个性化的教育教学环境和条件。另一方面要培养学生以人为本的思想观念,使学生学会做人,学会求知,学会共处,确立诚信、友善、智慧、责任、开放等优良社会品质。通过教育技术的学习,正确把握和探索教师的主导与学生的主体之间的关系,对于我国教育非常重要。

(4) 教育信息化观念。教育信息化的本质是在现代教育理论的指导下,把现代信息技术积极有效的应用到教育过程中,实现教育的优化。教师要对各种社会变革的信息、特别是教育变革的信息特别敏感,要善于捕捉和利用新的信息,促进学校的改革与发展。中国的教育要求教师加快信息化步伐,用信息技术来革新现行的教学方式、方法,以提高教育教学的效率,进行教育教学改革。

国家对基础教育的纵深方面正在加大改革力度,从事基础教育的教师应该做到以下

几点:

(1) 树立以学会生存、认知、做事、合作四大支柱为核心的教育目标。联合国教科文组织提出21世纪合格公民的四个标准是:学会生存、学会认知、学会做事、学会合作(处人)。学会认知,主要从知识层面理解;学会做事,要求具备工作技能和社会经验;学会合作,强调高度相互依靠的人格和交流网络的形式;学会生存,就是学会做人,成为信息社会的人,它在四大支柱中居于主导地位。这四大支柱不仅反映了教育从原有局限性向新世纪教育目标的转变,也体现了21世纪人类社会秩序和谐构思的设计。

(2) 树立科学教育与人文教育结合的教育观、学习观。世界科技发展史表明,认识世界的重大发现和改造世界的重大成果,都是科学素质与人文素质高度融合的结果。科学教育与人文教育的整合,是教育思想、学习理念、教育观念、教育制度和课程编制等方面的根本变化。

(3) 教师必须掌握教育技术和信息技术。计算机网络信息技术可以培养学生的信息加工、信息分析能力和思维的流畅表达能力,为实现协作式学习提供了良好的技术基础和支持环境。教师在开展信息化教学的过程中,要把培养创新性的人才作为最终目的,培养学生的探索能力,发现问题和解决问题的能力,以及创造性思维能力。

(4)注重创造个性为基本特征的教育方法。美国霍华德加德纳的"多元智力理论"认为人的智力是多元的,每个人都有其独特的智力结构和学习方式。教师应该创设有利的条件,因材施教,使每个人都能充分发挥各自的潜能,通过个人的努力(这努力包括对于学习者学习动机的激发和学习方法的指导)使每个学习者都能成为成功的学习者。教育的特点之一是追求个性化教育,就是要教师承认学生在智力、社会背景、情感和生理等方面存在差异,因势利导,因材施教,使学生生动活泼的发展。以计算机网络为核心的信息技术具有优化教育、教学过程多样化的宝贵特性,这些特性是能真正实施因材施教客观条件,信息技术能充分发挥学生的主动性与创造性,从而为学生创新能力和信息能力的培养营造最理想的教学环境,从而达到素质教育的目标。

附录1 教育部关于在中小学普及信息技术教育的通知

教基[2000]33号

为了进一步贯彻落实邓小平同志"教育要面向现代化,面向世界,面向未来"和"计算机的普及要从娃娃做起"的战略指导思想,落实党的十五届五中全会精神,深化教育改革,全面推进素质教育,适应21世纪的需要,培养具有创新精神和实践能力的高素质人才和劳动者,教育部决定,从2001年开始用5～10年的时间,在中小学(包括中等职业技术学校,下同)普及信息技术教育,以信息化带动教育的现代化,努力实现我国基础教育跨越式的发展。现就有关问题通知如下:

一、采取积极措施,加快推进中小学信息技术课程建设

1. 将信息技术课程列入中小学生的必修课程,推动信息技术与课程教学改革的结合,促进教学方式的变革。要科学规划,全面推进,因地制宜,注重实效,大力加快中小学普及信息技术教育的工作步伐。

2. 在中小学开设信息技术必修课的阶段目标是:2001 年底前,全国普通高级中学和大中城市的初级中学都要开设信息技术必修课。2003 年底前,经济比较发达地区的初级中学开设信息技术必修课。2005 年前,所有的初级中学以及城市和经济比较发达地区的小学开设信息技术必修课,并争取尽早在全国 90%以上的中小学校开设信息技术必修课。各地要根据上述目标,结合本地实际,制定具体的实施规划,加快开设中小学信息技术必修课的步伐。

3. 认真贯彻《中小学信息技术课程指导纲要(试行)》,加快中小学信息技术课程建设。信息技术课程教材目前要以计算机和网络技术为主,让学生了解和掌握信息技术的基本知识和技能,激发学生学习信息技术的兴趣,培养学生收集、处理和应用信息的能力以及利用计算机进行自主学习、探讨的能力。教育学生正确认识与技术相关的伦理、文化和社会问题,负责任地使用信息技术。鼓励信息技术课程教材多样化。省级教育行政部门要加强统筹与协调,根据本地的具体情况和教学安排选用信息技术教材,抓好精品教材的推广和使用。有条件的省、自治区、直辖市可以根据《中小学信息技术课程指导纲要(试行)》,指导编写适合本地特点的信息技术课程教材,也可以省际联合编写。我部将在适当的时候组织对信息技术课程教材的评估,并按教材管理的规定规范信息技术课程教材的工作。

4. 努力推进信息技术与其他学科教学的整合,鼓励在其他学科的教学中广泛应用信息技术手段并把信息技术教育融合在其他学科的学习中。各地要积极创造条件,逐步实现多媒体教学进入每一间教室,积极探索信息技术教育与其他学科教学的整合,努力培养学生的创新精神和实践能力,促进中小学教学方式的根本性变革,全面提高中小学迎接 21 世纪挑战的能力。

二、全面启动中小学“校校通”工程,为中小学普及信息技术教育、推动教育信息化建设奠定基础

5. “校校通”工程的目标是:用 5～10 年时间,使全国 90%左右的独立建制的中小学校能够上网,使中小学师生都能共享网上教育资源,提高中小学的教育教学质量。具体目标是:2005 年前,争取东部地区县以上和中西部地区中等以上城市的中小学都能上网;西部地区及中部边远贫困地区的县和县以下的中学及乡镇中心小学与中国教育卫星宽带网联通。2010 年前,争取使全国 90%以上独立建制的中小学校都能上网。不具备条件的少数中小学校也可配备多媒体教学设备和教育教学资源。

6. 高度重视信息技术教育资源的开发建设。中小学信息技术教育资源的开发和建设要以媒体素材和网络课程为主要内容,体现素质教育要求。这些资源包括:小学、初中、高中主要学科课程和义务教育阶段其他学科的优秀课程资源。教育资源的开发和建设,要贯彻统筹规划、分工合作、鼓励竞争、资源共享的方针,首先要充分利用已有社会资源,要引入招标竞争机制,鼓励社会各界积极参与。所有的基础教育资源都要向社会公布,避免重复开发,同时要使实现“校校通”的中小学师生共享,有条件的应向中小学师生免费。

7. 要按照教育部提出的目标要求,因地制宜地制订本地区本校信息技术教育设备配置标准和实现中小学“校校通”的建设规划,设备的配备要与未来技术的发展相衔接,建设规划要与小城镇的建设、学校布局结构调整和薄弱学校改造相结合,并充分发挥现有信息技术教育设备的作用。要因地制宜地建设好中小学校园网。鼓励有条件的城镇地区,把辖区内若干中小学校作为一个整体,建设三网(计算机网、闭路电视网、广播网)合一的"城域网"。

三、进一步加强中小学信息技术教育师资队伍建设

8. 采取切实措施加强中小学信息技术教育师资队伍建设。凡具备条件的师范院校要积极开办信息技术等相关专业,扩大招生规模。鼓励和引导师范类和非师范类院校信息技术等相关专业的毕业生到中小学任教。各级各类师范院校要将信息技术作为学生的必修课程,使大部分学生能基本胜任教育现代化、信息化的要求。鼓励和支持师范院校师生到中小学尤其是农村中小学进行有关信息技术方面的培训、咨询、普及等工作。积极研究探索计算机信息网络环境下的教育教学改革问题,不断提高信息技术教育水平。

9. 大力开展对在职中小学教师进行信息技术的全员培训。结合中小学教师继续教育工程,对全体中小学教师进行一轮以计算机和网络为主的培训;抓紧做好对中小学信息技术课程教师进行新大纲和新教材的培训工作。

各级教育行政部门应制定信息技术课程教师的配备标准,在教学工作量计算、职务聘任和工资待遇等方面与其他学科教师同等对待。

四、加强领导,多渠道筹措资金,大力推进中小学普及信息技术教育工作

10. 各级教育行政部门和中小学校要充分认识普及中小学信息技术教育的重要性和紧迫性,要把信息技术教育作为全面推进素质教育,提高教育质量的一项重大举措。要加强领导,统筹规划,认真制定当地普及中小学信息技术教育的实施规划,并纳入本地区"十五"教育发展规划。中小学信息技术教育的具体工作由各地基础教育行政部门牵头负责,其他有关部门密切配合。各省(区、市)教育行政部门和各中小学校要明确一位负责同志抓信息技术教育工作。

11. 各地要多渠道筹措中小学信息技术教育资金。要统筹安排中小学校信息技术教育的设备配置经费;在每年安排教育经费时要充分考虑中小学信息技术教育经费的需求,并努力做到逐年有所增加;要从本地实际出发,多种形式筹措中小学信息技术教育所需经费。国家将对贫困地区实施"校校通"工程给予支持,同时,积极鼓励社会各界以适当的方式参与"校校通"工程的实施,向中小学,特别是边远贫困地区的中小学捐赠所需设备和教育教学资源,这些地区也要以多种形式筹措资金用于工程的建设。要积极争取社会各界对中小学信息技术教育的大力支持。中国教育科研网对所有中小学国内上网实行免费。用多种方式包括低息贷款,购买信息技术教育设备。

12. 为保证如期实现中小学普及信息技术教育的目标,教育部将把中小学普及信息技术教育工作纳入督导评估范围,推进中小学信息技术教育和实施"校校通"工程。各地也要结合当地实际,制订相应的评估检查办法,积极推动中小学普及信息技术教育工作。

13. 为推动中小学普及信息技术教育工作,各地要有计划地建好一批"示范校"和"实验区",使其在当地中小学信息技术教育工作中起到实验性和示范性作用,促进各地如期或提前实现中小学普及信息技术教育的目标。

学会认知,即获取理解的手段;学会做事,以使能够对自己所处的环境产生影响;学会共同生活,以便与他人一道参加人类的所有活动并在这些活动中进行合作;最后是学会生存,也是前三种学习结果的主要表现形式。这四种学习虽然是每个人一生中的知识支柱,是每个人生存与发展的基础。但是,我们认为仅仅有以上的四种学习是不够的。因为对于不同的学习者,其对学习的要求是不同的。对于那些较容易满足现状的学习者来说,可能这四种学习就够了,对于那些对学习有更高要求的学习者来说,还应该有一个更高层次的要求那就是学会创新。

附录 2 中国中小学教师教育技术标准(本标准是教师资格认证的依据之一)

教学人员

Standards of Educational Technology for K12 Teacher

Teacher

总 纲

一、背景

以多媒体计算机和网络通信为代表的信息技术体现了当代最伟大、最活跃的生产力。信息技术的迅猛发展与普及,不仅改变人们的工作和生活方式,也改变教与学的方式;而且,对教育思想观念、教育理论、教育内容、教育方法和教育手段等也都产生了深刻的影响。基于信息技术的教育打破了时空界限,提高了人们学习的主动性和积极性,促进了教与学方式的变革,提高了教育的效率。

教育技术就是运用教育理论及各种技术,通过对教与学过程和资源的设计、开发、利用、管理和评价,以实现教学优化的理论与实践。发展和应用教育技术是推进学校教育信息化的重要内容。普及教育技术,促进教育的改革与发展,已经成为当今世界各国普遍的共识和不可逆转的趋势与潮流。

教育信息化的发展对教师教育信息化提出了严峻挑战,教师教育必须加快信息化的发展步伐。加快教师教育信息化的发展,提高教师教育水平,对建设一支高素质的,专业化的教师队伍,扎实推进素质教育,具有重大的战略意义。为此必须加强信息技术在教学中的应用,重视信息技术与学科课程的整合,积极探索和构建信息技术环境下的教师教育新模式,用信息化带动教师教育的现代化,实现教师教育的跨越式发展,以尽快达到教师专业化的要求。

二、标准的目标

制定“中国中小学教师教育技术标准”的目标是:加强中小学教师对技术的理解和应用的自觉性;加强教师信息素养的培养;使中小学教师逐步掌握并不断提高运用信息技术与学科教学进行有效整合的能力;加强技术对教育的服务与支持。

三、标准的意义

1. 制定中小学教师教育技术标准是教师专业化发展的必要条件

教师专业化是大势所趋，教育技术的应用能力是教师专业化水平的一项重要内容。教育技术的普及不仅仅是手段和方法的运用，更重要的是教育思想观念的转变。只有在正确的教育思想、观念指引下，才有可能把教育技术有效地运用到学科教学中去。这样做的结果不仅可以极大地提高教学质量，同时也能使教师的专业技能水平迅速提升。

2. 制定中小学教师教育技术标准是教师培训的依据

教师教育的重要途径之一就是培训。教师教育技术培训工作的关键在于要有统一的教育技术标准，才能使培训工作在目标、方法、内容、模式和评价等方面有所依循。

3. 制定中小学教师教育技术标准，是适应基础教育课程改革的需要

新课程的核心是要充分体现学生的主体地位，倡导自主、探究、合作的学习方式；引导学生主动地、生动活泼地发展；与此同时要求教师改变在课堂上的行为模式，利用现代教育技术就是改变行为模式的一个重要方面。制定教师教育技术标准将有效地提高教师的教育技术能力，所以是基础教育课程改革的需要。

4. 制定中国中小学教师的教育技术标准，是适应教育技术培训市场化的需要

制定教师教育技术标准对于规范所有参与教师教育的培训机构和单位，确定统一的培训内容、培训模式、质量要求和认证资格具有重要意义。

四、标准的性质

"中小学教师教育技术标准"中的"技术"属于技术的广义内涵，即"技术是一种能力"。基于这种定位，"中小学教师教育技术标准"针对广大中小学教师、管理人员及技术人员提出技术应用与教育教学的能力要求，其目的是促进教育目标的实现。

五、标准的内容结构

为了适应中小学教师专业发展和基础教育课程改革的需要，并充分考虑地区之间发展不平衡的特点，注意到多层次的、区别不同地域的特点和职前教育应与职后教育作一体化设计的特点，本标准针对三种不同类型教师提供概要性要求。

(1)《中国中小学教师教育技术规范(教学人员版)》适用对象为中小学普通教师，即一般学科教师，不包括从事学校教育信息管理系统的设计、开发与维护人员。对于普通教师的教育技术规范要求主要侧重于对技术的理解和掌握，以及技术在教学中的应用等方面。

(2)《中国中小学教师教育技术规范(管理人员版)》适用对象为中小学从事教育与教学管理的工作人员。对于管理人员的教育技术规范要求主要侧重于在实际工作中应用技术，增强工作效率以及利用技术服务于教育的管理工作。

(3)《中国中小学教师教育技术规范(技术人员版)》适用对象为基础教育系统内从事技术支持的各类人员，包括各级各类中小学校网络管理人员、电教人员、各级电化教育馆、各级教育信息中心等从事中小学信息技术支持的人员。对于技术支持人员的教育技术规范要求主要侧重于信息基础设施的建设、管理与维护，中小学信息技术教学系统的设计、开发、应用、管理与评价，教学资源的设计与开发，以及信息技术教育应用的研究等方面。

前　言

本标准由教育部师范教育司提供并归口。

本标准由全国教师教育信息化专家委员会负责起草。

本标准起草单位:北京师范大学、华南师范大学、中央电教馆、中国教育技术协会、教育部信息管理中心、华东师范大学、西南师范大学、天津师范大学、西北师范大学、南京师范大学、华中师范大学、北京大学、北京教育学院、浙江师范大学、陕西师范大学、内蒙古师范大学、河南师范大学、四川师范大学、高等教育出版社。

本标准主要起草人:何克抗、李克东、邱玉辉、王珠珠、薛玉梅、黄荣怀、游泽清、叶九成、祝智庭、李吉桂、谢幼如、谢少华、刘雍潜、张为群、张卫、杨改学、马希荣、张剑平、张舒予、刘革平、傅德荣、汪琼、郭文革、沙景荣、曾兰芳、瞿堃、张小真、李龙、孙玉强、王世伦、孟宪凯、汪启富、冯德民、王安琳、刘艳。

引　言

中小学教师教育技术标准可帮助中小学教师明确如何在工作中应用技术,提高工作的效率和效果。这些标准包括:

《中小学教师教育技术标准·教学人员》,规定从事教学活动的普通教师教育技术应用要求,目的在于增强教学的效果和效率;

《中小学教师教育技术标准·管理人员》,规定从事普通教学管理的管理人员教育技术应用要求,目的在于增强教学管理的效果和效率;

《中小学教师教育技术标准·技术人员》,规定从事教学辅助工作的技术教师教育技术应用要求,目的在于增强技术支持和辅助教学的效果和效率。

三个标准独立使用,可用于与相关人员有关的教育技术培训与培养、人事评估和能力要求。

中小学教师教育技术标准是对相关人员教育技术一般性规定,使用单位可依据标准实施指导建议。对于有信息技术环境的地区,信息技术应用标准应参照信息技术应用标准的要求。

1. 范围

本标准表述了中小学教师教育技术标准中有关教学人员的要求。标准中的教学人员是指基础教育系统内从事学科教学工作的教师。本标准适用于:

A. 基础教育系统中从事学科教学人员;

B. 对教学人员进行培训与培养的组织;

C. 对教学人员进行教育技术方面内容审核的各级教育组织;

D. 制定相关标准的人员。

2. 引用标准无

3. 术语与定义

3.1 教育技术

教育技术是关于学习过程和学习资源的设计、开发、利用、管理和评价的理论与实践。在教育教学中，针对教学实际需求和条件，应用教育技术的方法和原则，通过有效选择和开发必要的资源，选择合适的教学模式、方法和评价手段，可提高教育、教学的效率和效果。

在进入信息时代，特别需要注重信息技术及其应用。

3.2 教学系统

教育系统的子系统。既可理解为由教师、教材设计者和课程专家及其他人开发编制的供学生学习的教学计划(可以是学校的全部教学工作，也可以是一门独立课程，甚至只涉及几小时的教学)，也可理解为任何一个为达到一定教学目的、教学目标而组织的机构和方法。把教学看成一个系统是教学设计的需要，便于考虑整体实施的步骤，考虑各部分的关系，对整体作评价和最优选择。

3.3 教学系统设计

教学系统设计又叫教学设计，是运用系统方法，将学习理论与教学理论的原理转换成对教学目标(或教学目的)、教学条件、教学方法、教学评价等教学环节进行具体计划的过程。其根本目的是通过对学习过程和学习资源所做的系统安排，创设各种有效的教学系统，以促进学习者的学习。

3.4 信息

信息是对事物属性及其动态的表征。在教育中包括表示教学内容的信息，描述师生特性的信息，反映教学过程动态的信息等。

3.5 信息资源

信息资源是指通过一系列的认知和创造之后以符号形式储存在一定载体上，可供利用的全部信息，它由信息内容、符号、载体等要素构成。

3.6 信息技术

信息技术是指研究信息如何产生、获取、表示、传输、变换、识别和应用的科学技术。其中应用在教育领域的信息技术主要包括音像技术、卫星电视广播技术、多媒体计算机技术、人工智能技术、网络技术和虚拟现实仿真技术等。

3.7 信息处理

信息处理是指基于一定的目的，对信息进行收集、编码、存储、整理、分类、分析等系统化的操作。

3.8 教育信息

教育信息是指反映教育/教学系统中诸要素属性及其相互关系与系统动态的数据资料。

3.9 信息化

信息化是指将信息资源和信息技术，应用于社会各个领域和部门的过程。

3.10 教育信息化

教育信息化是指在教育与教学的各个领域中，积极开发并充分应用信息技术和信息资源，促进教育现代化以培养大批适应信息社会需求人才的过程。

3.11 信息素养

广义的信息素养包括信息意识、信息能力和信息道德等三方面的素质，狭义的信息素养通常只指信息能力。

3.12 信息意识

信息意识是人脑特有的对信息和信息活动的态度控制系统，即对客观事物中有价值信息的觉察、认识和力图加以利用的强烈愿望。

3.13 信息能力

信息能力是指对信息的获取、分析、加工、创造、传递、利用与评价的能力。

3.14 信息道德

信息道德是在信息领域调整人们之间相互关系的行为规范和社会准则，它是信息化社会最基本的伦理道德之一。信息道德的主要内容是：诚实守信、实事求是；尊重人、关心人；己所不欲，勿施于人；在信息传递、交流、开发利用等方面服务群众、奉献社会，同时实现自我。

3.15 信息安全

信息安全就是要保障电子信息的有效性，它涉及到信息的保密性、完整性、可用性和可控性。保密性就是对抗对手的被动攻击，保证信息不泄漏给未经授权的人。完整性就是对抗对手主动攻击，防止信息被未经授权的篡改。可用性就是保证信息及信息系统确实可以为授权使用者所用。可控性就是对信息及信息系统实施安全监控。

3.16 信息技术与课程整合

信息技术与课程整合是指在学科教学过程中通过把信息技术、信息资源和课程内容有机结合，来构建一种良好的学习环境和有效的学习方式。

3.17 信息技术教育

信息技术教育是指以培养学生的信息技术知识与能力、即以提高学生信息素养为目标的教育。

3.18 学习资源

学习资源是在学习过程中可被学习者利用的一切要素，主要包括下列内容：

A. 信息：主要指教学内容。例如：概念、规则、原理等；

B. 材料：信息的载体。例如：课本、录音带、CAI课件等；

C. 设备：加工、传递信息的工具。如：幻灯、投影仪、录音机、录像机、计算机、网络等；

D. 人员：促进学习的人。如：专家、教师、小组、同伴等；

E. 场所：学习所处的物理环境。如：教室、图书馆等；

F. 资金：学习所需的费用。如：学费、培训费等。

学习资源必须与具体的学习过程结合起来，才能有现实的教学意义。对学习过程和学习资源的有效分析和设计是教育技术应用的基础。

4. 规范要求

4.1 意识与态度

4.1.1 教育技术的重要性

4.1.1.1 能够认识到教育技术的有效应用，对于推进教育信息化的重要作用

4.1.1.2 能够认识到教育技术的有效应用，对于促进教育改革的重要作用

4.1.1.3 能够认识到教育技术的有效应用，对于顺利实施新课程标准的重要作用

4.1.2 应用意识

4.1.2.1 具有在教学中开展信息技术与课程整合的兴趣与愿望

4.1.2.2 具有在教学中应用技术进行教学改革研究的兴趣与愿望

4.1.2.3 具有运用技术不断丰富教学资源的意识与愿望

4.1.2.4 密切关注新技术的价值，不断挖掘教育中应用的潜力

4.1.3 评价与反思

4.1.3.1 具有对技术在教学中应用的效果与效率进行评价与反思的意识

4.1.3.2 具有对学习资源利用进行评价与反思的意识

4.1.3.3 具有对教学统计信息的评价与分析的意识

4.1.4 终身学习

4.1.4.1 具有积极学习信息技术的意识

4.1.4.2 具有利用技术进行终身学习，实现持续性专业发展与个人发展的能力

4.2 知识与技能

4.2.1 理论知识

4.2.1.1 了解现代教学理论和新型教育观念

4.2.1.2 了解中小学学生认知发展规律及学习理论

4.2.1.3 了解教育传播理论和系统方法

4.2.2 基本技能

4.2.2.1 掌握信息检索、加工与利用的方法

4.2.2.2 掌握教学系统设计一般方法

4.2.2.3 掌握常见教学媒体选择与开发的方法

4.2.2.4 掌握资源管理、过程管理和项目管理的方法

4.2.2.5 掌握对教学媒体、学习资源、统计数据与教学效果的评价方法

4.3 应用与创新

4.3.1 教学实践

4.3.1.1 有效地分析课程的教学目标、教学内容，根据学生特点和教学条件设计合理的教学过程，并积极寻求优化教学的措施

4.3.1.2 积极开展不同学科内容之间的整合，并积极实现信息技术与课程的有效整合

4.3.1.3 掌握、应用和整合与学科教学相关的技术资源和校内外学习资源

4.3.1.4 在教学过程中，不断为学生创设各种应用技术进行实践的机会

4.3.1.5 应用技术辅助开展对学生的评价和对课程的评价

4.3.2 教学管理

4.3.2.1 制定与实施教学活动中学习资源的管理计划

4.3.2.2 制定与实施技术环境中学生学习活动的管理策略

4.3.2.3 制定与实施教学过程管理与改进的策略

4.3.3 教学科研

4.3.3.1 针对实际情况进行教育技术应用模式的研究

4.3.3.2 针对教学中教育技术应用效果的研究

4.3.3.3 针对技术环境下教学方法的研究

4.3.4 合作与交流

4.3.4.1 与同事在教学和科研方面广泛开展合作与交流

4.3.4.2 与教育管理人员就教育管理工作进行沟通

4.3.4.3 与技术人员在学习资源的设计、选择与开发等方面进行合作与交流
4.3.4.4 与学生和家长就学习进行交流与合作
4.3.4.5 与学科专家、教育技术专家就信息技术与课程整合进行交流与合作
4.4 社会责任
4.4.1 公平利用
4.4.1.1 促进不同性别、经济状况的学生在利用技术和资源上享有均等的机会
4.4.2 有效应用
4.4.2.1 促进不同背景、性格和能力的学生利用技术和学习资源均能得到良好发展
4.4.3 健康使用
4.4.3.1 促进学生健康地使用技术与信息,减小技术和信息带来的负面影响
4.4.4 规范行为
4.4.4.1 学习、示范、传授与技术利用有关的社会、法律和道德内容
4.4.4.2 规范技术利用的言论与行为方式
5. 应用案例及说明
5.1 Ⅰ类案例(只涉及本学科)
案例名称
运用年级段
涉及的绩效指标项(行为指导项)
相关学科(新课标相关条目)
案例来源
案例内容及使用说明
5.2 Ⅱ类案例(涉及多个学科)
案例名称
运用年级段
涉及的绩效指标项(行为指导项)
相关学科(新课标相关条目)
案例来源
案例内容及使用说明

复习思考题

1. 教育技术定义是如何描述的?
2. 教育技术学主要研究的范畴有哪些?
3. 如何推进我国教师教育信息化进程?
4. 简述教育技术的发展趋势。
5. 简述教师学习教育技术的重要作用。
6. 教育技术标准对教师的素质有哪些提高?

第二章　教育技术的理论基础

学习目标

1. 掌握教育技术学的信息论和传播学理论基础
2. 熟悉学习理论
3. 了解教学理论
4. 理解系统科学理论
5. 会应用多元智能理论

教育技术学是一门新兴的综合性应用科学，它综合了多门相关学科的相关理论，许多随信息技术的发展而建立起来的新观念、新理论。它们交叉渗透，形成了本学科的基础理论体系，推动着本学科的持续发展。教育技术的理论基础的多样性表明教育技术作为一门新兴学科正在日趋成熟。新理论的出现并不意味着旧理论的失效，恰恰相反，它们在很大程度上是各有长处、优势互补。我们应该全面地了解各种理论的内涵和应用价值，并加以合理地综合和利用。下面有选择地介绍一些对教育技术学的发展起重要作用的传播理论、学习理论、教学理论、系统科学理论和多元智能理论。

第一节　教育技术学的信息论和传播理论基础

用传播学理论来研究媒体与教学过程，探索媒体在教学过程中的作用和机理，是教育技术学的一个传统研究途径，并由此诞生了教育传播学。传播一词译自英语 Communication，也有人把它译成交流、沟通、传通、传意等，它来源于拉丁文 Communicure，意思是共用或共享。现在一般将传播看做是特定的个体或群体，即传播者运用一定的媒体和形式向受传者进行信息传递和交流的一种社会活动。

一、教育传播学理论的形成与发展

许多研究者利用传播理论的概念及有关模型中的要素来解释教学过程，并提出了许多关于教学传播过程的理论模式，为教育传播学奠定了理论基础。主要有以下几个代表人物和观点。

威尔伯·施拉姆(Wilbur Lang Schramm，1907～1987)：他是传播学科的集大成者和创始人，人们称他为“传播学鼻祖”、“传播学之父”。他建立了第一个大学的传播学研究机构，编撰了第一本传播学教科书，授予了第一个传播学博士学位，也是世界上第一个具有传播学教授头衔的人。施拉姆对传播学的巨大贡献在于他把美国的新闻学与社会学、心理学、政治学等其他学科综合起来进行研究，在前人传播研究的基础上，归纳、总结、修正并使之系统化、结构化，从而创立了一门新学科——传播学。他创立传播学的标志是 1949 年由他编撰的第一本权威性的传播学著作——《大众传播学》的出版。这本书收录了政治学家、心理学家、社会学家、语言学家以及许多其他学科的专家对传播学的研究成果。施拉姆当时还仅限于挖掘前人和他人的传播研究成果，并加以整理，使之系统化。施拉姆于 1954 年在他的《大众传播的过程与效果》一文中提出了一个强调“经验范围”的传播模式。该模式是对香农-韦弗模式的改进，如图 2-1 所示。

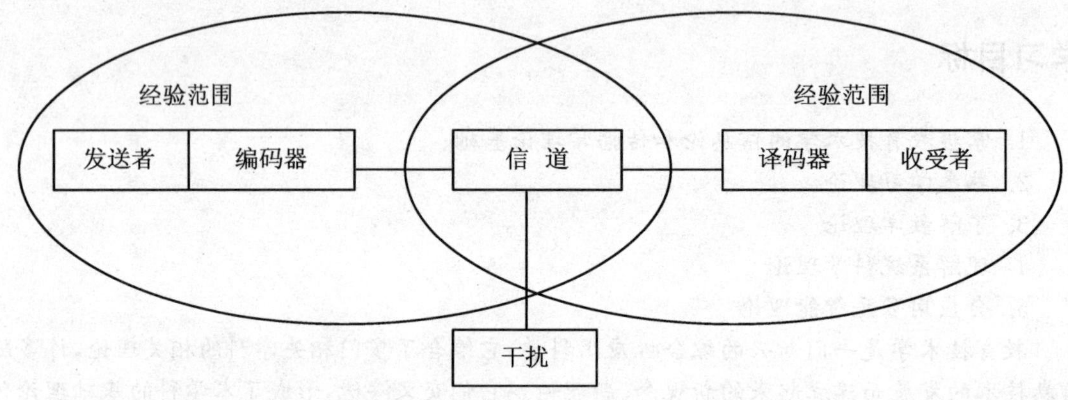

图 2-1 施拉姆传播模式

这一模式强调传受双方只有在其共同的经验范围之内，才能达到真正的交流，因为只有这个范围内的信息才能为信息发送者与接受者所共享。

施拉姆模式同样能说明香农-韦弗模式所关心的技术问题，但主要是用来说明传意、信息的接受、对信息符号的理解等方面，涉及传播的心理因素。所以，施拉姆模式较适合于说明教学传播过程。

根据这一模式，教学过程中教师应充分考虑学生的知识基础、年龄、动机、兴趣、经验等，尽可能在师生双方“经验范围”相同的部分构成有效的教学传播，并以此为基础逐步扩大学生的“经验范围”。

1. 香农-韦弗传播模式

20 世纪 40 年代，数学家香农通过对电报通信问题的研究，提出了一个关于通信过程的数学模型。此模型最初是单向直线式的，不久，他与韦弗合作改进了模型，添加了反馈系统。此模型后来被称为香农-韦弗模式。如图 2-2 所示。

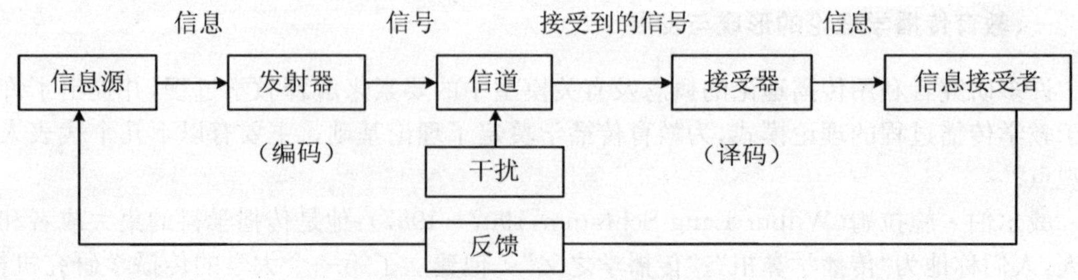

图 2-2 香农-韦弗传播模式图

香农-韦弗的传播模式把传播过程分为七个组成要素：信源、编码、信道、译码、信宿、反馈、干扰。他们认为，传播的过程是“信源”即传者，把要提供的信息经过“编码”，即制成某种符号(语言、文字、图画、手势……)而送出,"信宿"即受者,对这个信息符号经过"译码",即解释符号而接收。受者收到信息后,必然在心理、生理上产生反应,并通过各种形式给传者"反馈"。此外,在传播过程中还存在"干扰",干扰信号可以影响到信源、编码、信道、译码、信宿等各部分。这里为了简化,只集中表示对信道的干扰。香农-韦弗还认为,有效的传播必须是传者和受者的"经验范围"有相当的重叠部分,即传者与受者双方已有的经验有若干共同的地方,否则,受者是难以正确地解释和理解他所收到的信息的。

2. 贝罗的传播模式

贝罗的传播模式综合了哲学、心理学、语言学、人类学、大众传播学、行为科学等新理论,解释在传播过程中的各个不同要素。这一模式把传播过程分解为四个基本要素:信源、信息、通道和受播者。如图 2-3 所示。

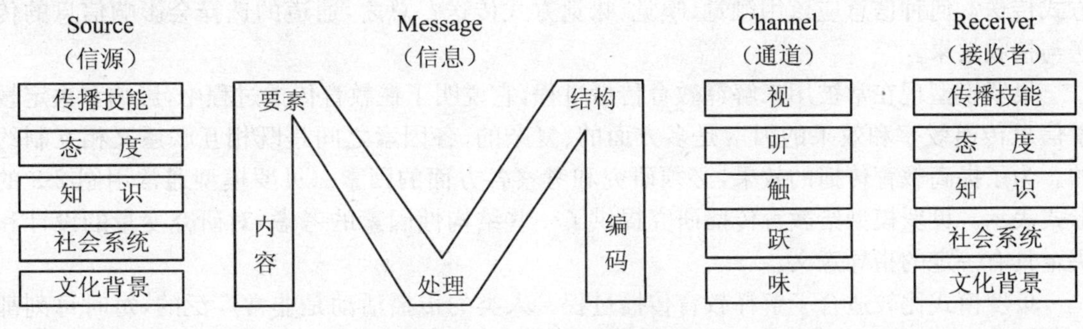

图 2-3　贝罗的传播模式图

(1) 信源和编码者。研究信源和编码者,需要考虑他们的传播技术(对信源部分是指说话和写作,对受播者部分是指收听和阅读)、他们的态度、他们的知识水平、他们所处的社会系统及他们的文化背景等。

贝罗模式也叫 SMCR 模式,S 代表信息源(Source),M 代表信息(Message),C 代表通道(Channel),R 代表接受者(Receiver)。贝罗模式明确而形象地说明了影响信息源、接受者和信息实现其传播功能的条件,说明信息传播可以通过不同的方式和渠道,而最终效果不是由传播过程中某一部分决定的,而是由组成传播过程的信息源、信息、通道和接受者四部分以及它们之间的关系共同决定的,传播过程中每一组成部分又受其自身因素的制约。

①传播技术:信源与编码者不论以说话还是写作来传播,必须讲究传播的方式,才能保持信息本身的真实性和趣味性。传播技术包括语言(如语言的清晰和说话的技巧)、文字(如写作的技巧)、思想(如思维周密)、手势(如动作自然)及表情(如逼真)等。

②态度:传播者是否喜爱传播的主题?是否有明确的传播目的?对受播者是否有足够的了解?

③知识:传播者对传播的内容是否彻底了解?是否有丰富的知识?

④社会背景:传播者在社会中的地位、影响与威信如何?

⑤文化:传播者的学历、经历和文化背景怎样?

(2) 受播者与译码者。信源、编码者与译码者、受播者,虽然在传播过程的两端,但是在传播过程中,信源——传播者可以变为受播者,受播者也可以变为传播者——信源。所以影响受播者、译码者的因素与传播者、编码者相同,也是传播技术、态度、知识、社会背景与文化诸项。

(3) 信息。影响信息的因素有如下几项：

①符号:包括语言、文字、图像与音乐等。

②内容:信息内容是“传播者”为达到其传播目的而选取的材料,它除了包括信息的成分之外,还包括信息的结构。

③处理:是“传播者”对选择及安排的符号所做的种种决定,应注意具有恰当的处理方式。

(4) 通道。通道就是传播信息的各种工具,如各种感觉器官,载送信息的声、光、空气、电波、报纸杂志、播音、电影、电视、电话、唱片、图画、图表等等。在传播过程中,信息的内容、符号及处理,均能影响通道的选择。比如,何种信息该用语言传送？何种信息应该用视觉的方式传送？何种信息应该用触觉、嗅觉、味觉方式传送？总之,通道的选择会影响信息的传送与接收效果。

贝罗模型现在常被用来解释教育传播过程,它说明了在教育传播过程中,影响和决定教学信息传递效率和效果的因素是多方面的、复杂的,各因素之间是既相互联系又相互制约的。为了提高教育传播的效果,必须研究和考察各方面的因素。贝罗模型通常用图 2-3 的形式表示。贝罗模型给教育传播研究提供了一些结构性因素的考虑,对研究变量的设计和决定具有一定的指导意义。

贝罗模式比较适合于解释教育传播过程。人类的传播活动是非常广泛的,每时每刻都在进行着,传播虽不一定都是教学活动,但教学活动却一定是一种传播。教师要成为一个良好的传播者,有效地传播知识、技能,改变学生的思想、行为,就必须掌握传播理论与方法。

二、教育传播理论在教学中的应用

1. 教育传播系统的组成图(图 2-4 所示)

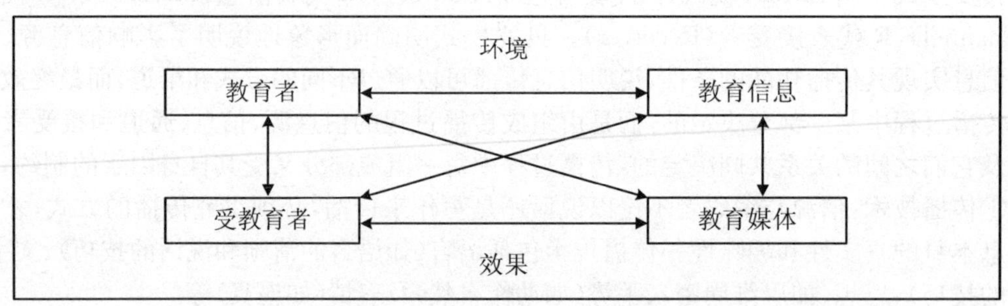

图 2-4 教育传播系统构成图

当媒体应用于传递以教学为目的的信息时,称之为教育传播媒体,它成为连接传者与受者之间的中介物。人们把它当成传递和取得信息的工具。在一般的教学理论研究中,将教育者、学习者、学习材料三者作为教学系统的构成要素,它们在教学环境中,带有一定的目标性,经过适当的相互作用过程而产生一定的教学效果。为后面讨论方便起见,我们称之为教学系统的三元模型。在现代教育传播活动中,媒体起着相当大的作用,因此必须将媒体作为教学传播系统的要素之一,于是我们得到如图 2-4 所示的教育传播系统四元模型。四元模型实际上是由三元模型衍化而来的,因为我们把学习材料看做媒体化的教学信息,把学习材料这一要素分成了"教学信息"(即内容)与作为内容载体的"媒体"两部分。这四个组元在适当的教学环境中相互作用而产生一定的教学效果。

2. 拉斯韦尔传播模式

(1)说明了教学过程所涉及的要素。美国政治学家 H·拉斯韦尔提出了表述一般传播过程中的五个基本元素"5W"(图 2-5)直线性的传播模式,有人在此基础上发展成"7W"模式(见表图 2-1)。其中每个"W"都代表教学过程中的一个相应要素,这些要素自然也成为研究教学过程、解决教学问题的教学设计所关心的重要因素。

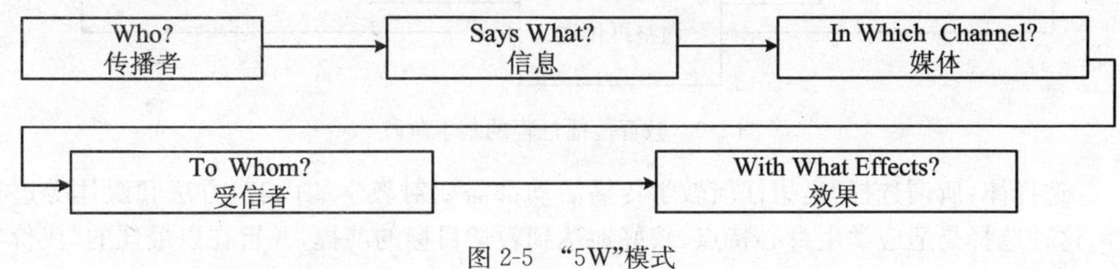

图 2-5　"5W"模式

表 2-1　"7W"模式

教学目的	Why	为什么
控制分析	Who	老师或其他信息源
内容分析	Says What	教学内容
媒体分析	In Which Channel	通过什么渠道,教学媒体
教学环境	Where	在什么情况下
受众分析	To Whom	教学对象即学生
效果分析	With What Effects	产生什么效果,教学效果

(2) 指出了教学过程的双向性。早期的传播理论认为传播是单向的灌输过程。它认为受者只是被动地接受信息,只能够接受传播者的意图。这种传播思想忽视了受传者的主动性和自主性,显然是一种片面的认识。受传者不仅接受信息、解释信息,还对信息做出反应,说明传播是一种双向的互动过程,借着反馈机制使传播过程能够不断循环进行。教学信息的传播同样是通过教师和学生双方的传播行为实现的,所以教学过程的设计必须重视教与学两方面的分析和安排,并充分利用反馈信息,随时进行调整和控制,以达到预期的教学目标。

(3) 确定了教学传播过程的基本阶段。教学传播过程是一个连续动态的过程。教育传播过程的基本阶段如图 2-6 所示。

(4) 揭示了教学传播过程的若干规律。现代教学中随着传播学逐渐和教育学的结合,已经把教学看成为信息的传播过程,形成了综合运用传播学和教育学的理论和方法来研究和揭示教育信息传播活动的过程与规律,以求取得最优化的教学效果。

①共识律:所谓共识,一方面指尊重学生已有的知识、技能的水平和特点,另一方面指教师根据教学目标、内容特点,通过各种方法和媒体来为学生创设相关的学习环境,传授知识,以便使学生已经具有的知识技能与即将学习的材料产生有意义的联结,从而达到传播的要求。

②谐振律：所谓谐振，是指教师传递信息的“信息源频率”同学生接受信息的“固有频率”相互接近，两者在信息的交流和传通方面产生共鸣。它是教学传播活动得以维持和发展，获得较优传播效果的必备条件。

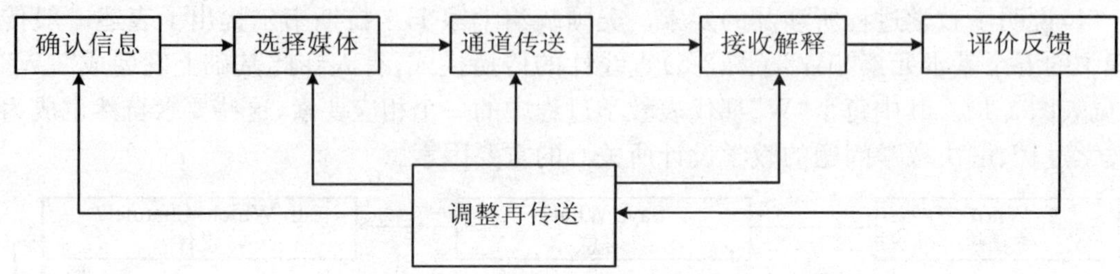

图 2-6　教育传播过程的基本阶段

③选择律：所谓选择，是指任何教学传播活动都需要对教学的内容、方法和媒体等进行选择，这种选择是适应学生身心特点、较好地达到教学目标的前提，并旨在以最佳的“代价与效果比”成功地实现目标，即最小代价原则。

④匹配律：所谓匹配，是指在一定的教学传播活动环境中，通过剖析学生、内容、目标、方法、媒体、环境等因素，使各种因素按照各自的特性，有机和谐地对应起来，使教学传播系统处于良好的循环运转状态之中。

第二节　教育技术学的学习理论基础

教育技术学的理论体系中，学习理论处于核心地位。教育技术学必须根据科学的学习理论进行学习过程和学习资源的设计、开发、利用、管理和评价，帮助学生进行有效的学习。纵观教育技术学的理论发展，行为主义、认知主义以及正在兴起的建构主义学习理论为教育技术学的形成和发展奠定了坚实的基础。

一、行为主义学习理论

(一)桑代克的联结主义学习理论

爱德华·桑代克(Edward L. Thorndike，1874～1949)，美国心理学家，是心理学史上第一位用动物实验来研究学习的人。在桑代克之前，许多学者认为，人类是通过经验而获得知识的，学习是由观念联想 (Association)构成的。观念联想和习惯(Habit)是当时对自由意志和理性提出的两个挑战，它们是独立于人们心理能力之外的、个人几乎无法驾驭的力量。在这种理论背景之下，桑代克通过实验的方法，把联想和习惯融进自己的理论体系，把联想主义改变成联结主义，这就是最早的“刺激—反应”学习理论。他的理论来源于他的迷箱实验。

1. 桑代克的实验

桑代克把一只饥饿的猫放进一个迷箱里，迷箱外面放有食物。箱内有一个开关，猫只要碰到开关，迷箱的门就会打开，猫就会得到食物。猫第一次被放入迷箱时，在箱内乱跑乱跳，拼命挣扎，想逃出迷箱。偶尔有一次，它碰到了踏板，结果迷箱的门开了，它逃出箱外，取得了食物。然后桑代克又把猫放进迷箱，继续重复这个实验。猫经过乱跑乱跳，又得到了食物。经过连续多次尝试，猫逃出迷箱所需的时间越来越少，最后，猫一进入迷箱，就去按开关，跑出迷箱，得到食物。由这个实验。桑代克得出了一个非常重要的结论：猫的学习是由刺激情景与正确反应之间形成的联结构成的。在桑代克看来，猫的行为是理智的。作为一种经验的结果，猫在不断地修正自己的行为，这种行为改进是通过一种机械过程自动地完成的，是在没有思维和意识参与的情况下发生的。这样，反应最终形成了一种没有意识参与的习惯。

桑代克认为，人类是从动物进化而来的，人类的心理与动物相比，也只是复杂性程度不同而已。为此，桑代克还以人为被试者，进行了一系列的实验，结果表明，人类学习也是一种在几乎没有意识参与的情况下自动地形成刺激—反应联结的过程。

2. 学习率

桑代克根据实验研究的结果认为，所有的学习都不是突然发生的，而是通过一系列细小的步骤按顺序逐渐达到的。"学习即形成联结；教学则是安排各种情景，以便导致理想的联结并感到满意……"（Thorndike，1913）。一个受过教育的成年人可以拥有数百万个刺激—反应的联结。教育的目的便在于形成、保持、消除、改变或引导各种联结。桑代克认为，动物的基本学习方式是"试误"学习；人类的学习方式虽然比较复杂，但也可以用"试误"来解释。他根据实验结果提出了许多学习率，其中主要有准备率、效果率和练习率。

（1）准备率：准备率是指对学习的解释必须包括某种动机原则，也就是说，学习者是否会对某种刺激做出反应，同他是否已做好准备有关。

（2）效果率：只有当反应对环境产生某种效果时，学习才会发生。如果反应的结果是令人满意的，那么学习就会发生；如果反应的结果是令人烦恼的，那么这种行为反应就会削弱。"满意或不舒适的程度越高，刺激—反应联结就越加强或越削弱"（Thorndike，1911）。

（3）练习率：一个已经形成的可变联结，如果不断地加以应用，这种联结就会增强；如果不加以使用，这种联结就会削弱。后来他又修正了练习率，因为有许多实验表明，练习并不会无条件地增强刺激—反应联结的力量。一般说来，只有当学习者发现重复练习能获得满意的效果时，练习才会有助于学习，没有强化的练习是没有意义的。

（二）华生行为主义学习理论

约翰·华生（John B. Watson，1878～1959），美国心理学家。他在1913年正式创立了行为主义心理学。

1. 基本观点

华生认为，"心理学是自然科学的一个纯客观的实验分支。它的理论目标在于预见和控制行为。"心理学家主要应该关注行为，而不是心和意识。他认为人与动物之间并无分界线，所以，从研究方法上来讲，"应当把人与动物放在同样的实验条件下，而且越接近越好。"在华生看来，"知道了反应就可以推测刺激，知道了刺激就可以预测反应。"所以，他主张把行为作为心理学家研究的客观对象，用刺激—反应来分析所有的行为，包括情绪反应。

2. 学习率

华生的学习理论，在一定程度上是建立在抨击桑代克效果率的基础上的。在他看来，桑代克的效果率只是陈旧的享乐主义的翻版，他通过实验证明桑代克的效果率不正确，并提出用频因律和近因率取而代之。

（1）频因（frequency）律。华生认为，在其他条件相等的情况下，某种行为练习得越多，习惯形成就越迅速。因此，练习的次数在习惯形成中起重要作用。在形成习惯的过程中，有效动作之所以保持下来，无效动作之所以消失，是由于有效动作比任何一种无效动作出现的次数都多，这是因为每一次练习总是以有效动作的发生而告终的。

(2) 近因(recency)率。华生认为，当反应频繁发生时，最新近的反应比较早的反应更容易得到加强。因为在每一次练习中，有效的反应总是最后一个反应，所以这种反应在下一次练习中更容易出现。由此，他把反应离成功的远近，作为解释一些反应被保留、另一些反应被淘汰的原则。在他看来，习惯反应必然是离成功时机最近出现的反应。

(三)斯金纳操作学习理论

斯金纳(Burrhus Frederic Skinner，1904～1990)，美国心理学家。他是行为主义学派中最有影响的心理学家之一，其学习理论对教育实践起了非常巨大的作用。斯金纳把行为作为基本的研究对象。研究行为，并不是因为它有助于解决心理学的问题，而是由于行为本身就是人类生活的一个基本方面。行为是由于其本身的原因而值得研究。

斯金纳从他专业生涯一开始，就用他自己的程序来研究行为，用他自己设计的仪器来观察行为，用他自己的方法来分析行为，并用他自己的观点来解释行为。

1. 斯金纳的实验分析

斯金纳认为，“学习”即反应概率的变化；“理论”是对所观察到的事实的解释；“学习理论”所要做的，是指出引起反应概率变化的条件。所以，研究行为的目的，是要形成一种分析各种环境刺激的功能的方法，以决定和预测有机体的行为。为此，斯金纳设计了一种特殊的仪器，我们称之为斯金纳箱。这是一个阴暗的隔音箱，箱子里有一个开关(如果被试是白鼠，开关就是一根小杠杆或一块木板；如果被试是鸽子，开关就是一个键盘)。开关连接着箱子外面的一个记录系统，用线条方式准确地记录动物按或啄开关的次数与时间。箱子外面有一个食物释放系统，动物一旦按或啄了开关，就有一粒食物落进箱子里，当然也可以不释放食物，这可以由实验者决定。斯金纳早期都用白鼠做试验，后来大多以鸽子为被试。另外，实验者还可以控制灯光、声音、电击、温度与湿度等。

斯金纳箱的一个特点是，动物可以反复做出斯金纳称为“自由操作的反应”。所谓“自由”，即动物的行为不像在迷津里那样受到限制；所谓“操作”，是因为动物的反应是主动作用于(或操作)环境。

在斯金纳看来，行为的实验分析关注的是环境事件(刺激)与有机体行动(反应)之间的关系，即要考察实验操作是如何引起行为变化的。斯金纳认为，可以用三种基本的实验操作来控制环境：呈现刺激、安排结果、信号刺激。

斯金纳的实验分析为分析学习过程提供了有效的基础，同时，也使他得出了与经典行为主义不同的观点。

2. 强化理论

斯金纳认为，巴甫洛夫的经典条件反射学说只是解释了人类与动物的数量很少的行为。具体来说，只能解释这样一种习得行为：用某种刺激可引发某种反应，这种刺激—反应的联结是该刺激与另一种刺激多次配对的结果。但是，人类与动物的大多数行为并不是由明显的刺激引起的，所以，刺激并不是在任何情况下都是对学习做出精确解释的核心。

斯金纳把由刺激引发的反应称为“应答性反应”；把有机体发出的反应称为“操作性反应”。前者往往是一种不随意的被动行为；后者大多数是随意的或有目的的主动行为。经典条件作用只能用来解释基于应答性行为的学习，斯金纳把这类学习称为“S(刺激)类条件作用”。操作性或工具性条件作用的模式，则可用来解释基于操作性行为的学习，他称为“R(强化)类条件作用”。

斯金纳认为，人类从事的绝大多数有意义的行为都是操作性的。例如，步行上学、读书写字、回答问题等，都是操作性行为的例子。也许有人会说，事实上存在着许多引发这些反应的刺激。对此，斯金纳并不否认，他认为，即便存在引出这些反应的刺激，它们在学习中并不占主要地位。

操作条件作用的模式认为，如果一种反应——不管有没有引起这种反应的刺激——之后伴随一种强化物，那么，在类似环境里发生这种反应的概率就增加。而且，强化物与实施强化的环境一起，都是一种刺激，我们可以以此来控制反应。这样，任何作为强化的结果而习得的行为，都可以被看做是操作条件作用的例子。人们由此把斯金纳的理论称为强化理论。在斯金纳看来，重要的刺激是跟随反应之后的刺激(强化物)，而不是反应之前的刺激。若用公式来表示，那就是：S-R-S。

与这两类行为相对应，斯金纳把条件反射也分为两类：一是应答性条件反射，与巴甫洛夫的经典性条件反射相对应，强调刺激对引起的所期望的反应的重要性；二是反应性条件反射，即操作性条件反射，强调反应。

斯金纳认为，操作学习与反射学习是不同的，反射学习是S-R联结的过程，而操作学习则是(S)-R-S的过程，重要的是跟随反应之后的刺激。人类的学习可以看做是操作，要改变行为，只需对你所期待的行为出现时给予奖励，即立即强化，再出现，就再强化，这样，你所希望的这种行为再发生的概率就上升了，这就是行为学习的原则。显然这与巴甫洛夫的理论不同。经典性条件反射中，行为的后果对行为的学习不起作用，因为刺激带来了所希望的反应，刺激本身是强化。

操作性条件反射尽管与桑代克的理论很接近，但他们对学习的解释是不同的。桑代克认为奖励能加强存在于刺激和反应之间的联系，而斯金纳则认为，反应加强的不是S-R联结，而是相同行为再发生的频率。

强化理论是斯金纳学习理论的核心和基础，他对强化问题做了全面的研究。他区分了两种类型的强化：正强化和负强化。当在环境中增加某种刺激，有机体反应概率增加，这种刺激就是正强化物；当某种刺激在有机体环境中消失时，反应概率增加，这种刺激便是负强化物。负强化物即厌恶刺激，是有机体力图避开的那种刺激。

斯金纳还区分了强化的两个来源：一级强化物和二级强化物。一级强化物包括所有在没有任何学习发生的情况下也起强化作用的刺激，如食物和水等满足生理基本需要的东西。二级强化物包括那些在开始时不起强化作用，但后来作为与一级强化物或其他强化物配对的结果而起强化作用的刺激，如斯金纳箱里的灯光。斯金纳认为，对于人类来说，二级强化物包括对大量行为起强化作用的许多刺激，诸如特权、社会地位、权利、财富、名声等，这些大多是由社会文化所决定的，它们构成了决定人类行为的极有力的二级强化物。

此外，斯金纳在强化安排方面做了大量的研究，从某种意义上说，这是他对心理学的最大贡献。斯金纳认为，在行为实验分析中，最容易控制的、最有效的变量是给予强化的方式。在一种仔细控制的实验情景中，实验者可以精确地决定使用什么类型的强化，以及怎样给予、何时给予强化。也就是说，实验者完全可以控制强化程序。斯金纳与费斯特合著的《强化的安排》一书中，研究了二十多种强化安排的结果。

(四)程序教学理论

斯金纳1954年发表的《学习的科学和教学的艺术》一文，推动了当代程序教学运动的发展。他首次使学术界对程序教学内在的教育作用引起高度重视，并第一次演示了根据操作性条件反射理论设计的简单而实用的学习装置。斯金纳被誉为当代程序教学运动之父。

斯金纳程序教学的基本方法是：向学习者呈示一个小单元的信息(称为框面)作为刺激，然后学习者通过填空或回答的方式做出反应。反馈系统对反应做出评价，如反应错误，告诉学习者错误的原因；如果学习者回答正确，则反应得到强化，进入第二个框面的学习。如此，刺激—反应—强化的过程不断重复，直至学习者完成一个程序的学习。

一个好的成功的教学程序应包含以下要素：①小步子的逻辑序列；②积极的反应；③信息的及时反馈；④自定步调；⑤减少错误率。

斯金纳的学习理论推动了程序教学运动的发展并达到高潮，使行为科学和教学技术的结合进入一个更为密切的阶段。在程序教学运动中出现的一些观点，如重视教学机器的作用，重视学习理论的基础与指导作用等，对教育技术的理论发展产生了重要影响。程序教学的思想也在个别化教学、计算机辅助教学(CAI)等教学形式中发挥了重要作用。

在20世纪的前半个世纪，行为主义的学习理论是占主导地位的，学习被看做是明显的行为改变的结果，是能够由选择性强化形成的。因此，在行为主义者看来，环境和条件，如刺激和影响行为的强化，是学习的两个重要的因素，学习等同于行为的结果。行为主义的代表人物是美国的斯金纳，在他看来，行为是人类生活的一个基本方面。因而他一直以行为作为自己的研究对象。他认为，通过对行为的研究，可以获得对各种环境刺激的功能进行分析的方法，从而可以影响和预测有机体(包括人和动物)的行为。斯金纳创立了操作性条件作用学说加强化理论，并把它们应用于人类学习的研究，提出了程序教学的概念，总结了一系列的教学原则，如小步调教学原则、强化学习原则、及时反馈原则等，形成了程序教学理论。行为主义学习理论在研究中不考虑人们的意识问题，只是强调行为。把人的所有思维都看做是由“刺激—反应”间的联结形成的。

二、认知主义学习理论

认知心理学家探讨学习的角度与行为主义者相反。他们认为，是个体作用于环境，而不是环境引起人的行为。环境只是提供潜在的刺激，至于这些刺激是否受到注意或被加工，这取决于学习者内部的心理结构。潜在的环境刺激在任何时候都是无法记数的，为什么有的起作用，有的被忽视？原因在于个体是根据自己内部结构对其加以选择的，目的是为了赋予经验以意义。个体在以这种方式与环境相互作用的过程中，也不断地修正自己内部的心理结构，从而影响未来与环境的相互作用。可见，认知学习理论要研究的是个体处理其环境刺激时的内部过程，而不是外显的刺激与反应。下面将介绍几种主要的认知主义学习理论。

1957年，乔姆斯基(Chomsky)对斯金纳的《言语学习》(Verbal Learning)提出了尖锐的批评，学习理论经历了一场科学的变革，从运用行为主义原则转移到运用认知科学的学习理论和模型。认知理论不仅认识到了大脑的作用，而且研究了大脑的功能及其过程。在认知主义学习理论学派看来，学习个体本身作用于环境，人的大脑的活动过程可以转化为具体的信息加工过程。生活在世界上的人既然要生存，必然要与所处的环境进行信息交换；人作为认知主体，相互之间也会不断交换信息。人总是以信息的寻求者、传递者、甚至信息的形成者的身份出现，人们的认知过程实际上就是一个信息加工过程。人们在对信息进行处理时，也像通讯中的编码与解码一样，必须根据自身的需要进行转换和加工。认知主义学习理论促进了 CAI 向智能教学系统的转化。

（一）格式塔学习理论

格式塔学派是德国的一个心理学派，韦特海墨（Max Wertheimer，1880～1943）首先在1912 年创立，是最早的认知心理理论。韦特海墨和他的两个学生兼助手、同事苛勒（Wolfgang Kohler，1887～1967）、考夫卡（Kurt Koffka，1886～1941）是这个学派的三个主要代表人物。所谓格式塔，是一个德语词，意为完形。该学派认为，我们的思维是一种整体性的、有意义的知觉，而不是各种映象的组合。

格式塔学习理论的基本观点有以下几个方面：

1. 学习是知觉重组或认知重组，即顿悟

格式塔心理学家认为，通过学习，会在头脑中留下记忆痕迹，这些痕迹不是孤立的要素，而是一个有组织的整体，即完形。因此，学习主要不是加进新痕迹或减去旧痕迹的问题，而是要使一个完形改变成另一个完形。这种完形的改变，可以因新的经验而发生，也可以通过思维而产生。格式塔学习理论所关注的，正是发生这种知觉重组的方式。

因此，在格式塔心理学家看来，一个人学到些什么，直接取决于他是如何知觉问题情境的。如果一个人看不出呈现在他面前的问题，看不出各种事物之间的联系，那么他对事物的知觉就还处在无组织的、未分化的状态，因而也就无所谓学习了。一个人在学习过程中，通常是从一种混沌的模糊状态，转变成一种有意义的、有结构的状态，这就是知觉重组的过程。这个过程称为顿悟。

2. 顿悟学习可以避免多余的试误，同时又有助于迁移

格式塔心理学家认为，通过对问题情境的内在性质有所顿悟的方式来解决问题，就可以避免与这一问题情境不相干的大量随机的、盲目的行动，而且有利于把学习所得迁移到新的问题情境中去。

3. 真正的学习是不会遗忘的

格式塔心理学家认为，通过顿悟获得的理解，不仅有助于迁移，而且不易遗忘。顿悟将成为我们知识技能中永久的部分。用现代认知信息加工心理学的术语来说，顿悟的内容进入长时记忆，将永远保留在学习者的头脑中。

4. 顿悟学习本身就具有奖励的性质

格式塔心理学家认为，真正的学习常常会伴随着一种兴奋感。当学习者了解到有意义的关系、理解了一个完形的内在结构、弄清了事物的真相，会伴有一种令人愉快的体验。他们认为，这是人类所能具有的最积极的体验之一。基于这个原因，格式塔心理学家经常抨击滥用各种外部奖励，诸如使用糖果、高分数、五角星或金钱等东西来驱动学习。

（二）奥苏贝尔认知同化学习理论

奥苏贝尔（David P. Ausubel），美国著名学者，在理论医学、临床医学、精神病理学和心理学等领域都有研究，他最关注的是学校学习理论的研究。

1. 意义学习

奥苏贝尔教育心理学中最重要的观念之一，是他对意义学习（meaningful learning）的描

述。在他看来，学生的学习，如果要有价值的话，应该尽可能地有意义。为此，他仔细区分了接受学习与发现学习、机械学习与意义学习之间的关系。

(1) 接受学习与发现学习。在接受学习中，学习的主要内容基本上是以定论的形式传授给学生的。对学生来讲，学习不包括任何发现，只要求他们把教学内容加以内化(即把它结合进自己的认知结构之内)，以便将来能够再现或派作它用。发现学习的基本特征是，学习的主要内容不是现成地给予学生的，而是在学生内化之前，必须由他们自己去发现这些内容。所以，发现学习只是比接受学习多了前面一个阶段——发现，其他没有什么不同。

(2) 意义学习与机械学习。通常人们认为，接受学习必然是机械的，发现学习必然是有意义的。但奥苏贝尔不这样认为。在他看来，无论是接受学习还是发现学习，都有可能是机械的，也都有可能是有意义的。

奥苏贝尔认为，意义学习有两个先决条件：其一，学生表现出一种意义学习的心向，即表现出一种在新学的内容与自己已有的知识之间建立联系的倾向；其二，学习内容对学生具有潜在意义，即能够与学生已有的知识结构联系起来。任何学习，只要符合上述两个条件，都是意义学习。奥苏贝尔认为，在学校课堂教学中，主要应采用意义接受学习，尤其是言语意义接受学习。

2. 认知结构在意义学习和讲授教学中的作用

奥苏贝尔认为，当学生把教学内容与自己的认知结构联系起来时，意义学习便发生了。所以，影响课堂教学中意义接受学习的最重要的因素，是学生的认知结构。所谓认知结构，就是指学生现有知识的数量、清晰度和组织方式，它是由学生眼下能回想出的事实、概念、命题、理论等构成的。因此，要促进新知识的学习，首先要增强学生认知结构中与新知识有关的观念。从安排学习内容这个角度来讲，要注意两个方面：第一，要尽可能先传授学科中具有最大包摄性、概括性和最有说服力的概念和原理，以便学生能对学习内容加以组织和综合。第二，要注意渐进性，也就是说，要使用安排学习内容顺序最有效的方法；构成学习内容的内在逻辑；组织和安排练习活动。

3. 学习原则

奥苏贝尔根据他的同化理论提出了以下三个重要的学习原则：

(1)逐渐分化原则。即学生首先应该学习最一般的、包摄性最广的观念，然后根据具体细节对他们逐渐加以分化。

(2)整合协调的原则。是指如何对学生认知结构中现有要素重新加以组合。

(3)先行组织者策略。先行组织者是指先于学习任务本身呈现的一种引导性材料，它要比学习任务本身有较高的抽象、概括和综合水平，并且能清晰地与认知结构中原有的观念和新的学习任务关联。也就是说，通过呈现“组织者”，给学习者已知的东西与需要知道的东西之间架设一道知识之桥，使其能更有效地学习新材料。

(三)加涅的信息加工学习理论

加涅的信息加工学习理论：许多认知心理学家把人看做是信息加工的机制，把认知看做是对信息的加工。他们常常用计算机处理信息的过程作比拟，来说明人类的学习和人脑加工信息的过程，因而把研究的焦点放在追溯、描述心理运演的顺序和它们的产品上。需要说明的是，信息加工学习理论与其他学习理论不同，它不是以某一位理论家的研究或某种特定的研究方法为特征的，所以，该理论的观点是多种多样的。我们着重介绍加涅的学习理论。

加涅在论述学习的类型和学习的结果时，都把学习作为一个过程，每一过程都有开端和结尾。因此，可以把这些过程分成若干阶段，每一阶段需要进行不同的信息加工。

1. 学习的模式

加涅认为，学习的模式是用来识别学习的结构与过程的，它对于理解教学和教学过程，以及如何安排教学事件具有极大的应用意义。现有各种各样的学习模式，加涅认为，最典型的学习模式是信息加工学习模式，如图 2-7 所示。

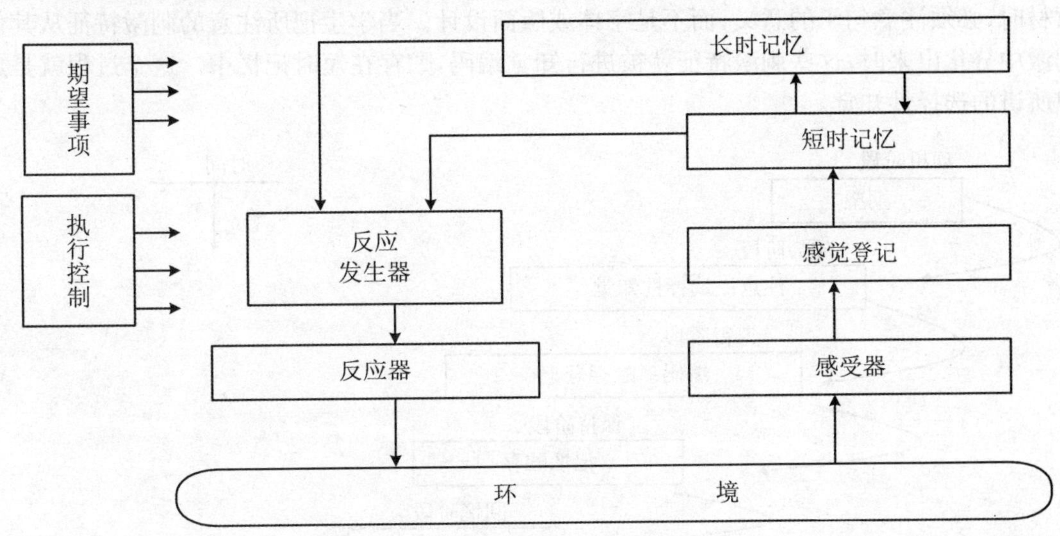

图 2-7　学习的信息加工模式

从图中我们可以看出信息流动的经过：

学生从环境中接受刺激，刺激推动感受器，并转变为神经信息。这个信息进入感觉登记，这个记忆贮存的时间非常短，一般只需百分之几秒。有些部分登记了，其余部分很快就消失了。被感觉登记了的信息很快进入短时记忆。信息在这里可以保持二三十秒钟。短时记忆的能力有限，一般只能贮存 7 个左右的信息项目。当信息离开短时记忆进入长时记忆时，信息发生了关键性的转变，即要经过编码过程。编码是指用各种方式把信息组织起来。信息是以编码的形式贮存在长时记忆中的。长时记忆是个永久性的信息贮存库。

当需要使用信息时，需要经过检索提取信息。被提取出来的信息可以直接通向反应发生器，从而产生一个影响学习者环境的操作行为；也可以再回到短时记忆，然后再通向反应发生器。

我们再来看图中的期望事项和执行控制。期望事项是指学生期望达到的目标，即为学习动机。正是因为学生对学习有某种期望，教师给予的反馈才会具有强化作用。执行控制即加涅所讲的认知策略，执行控制过程决定哪些信息从感觉登记进入短时记忆，如何进行编码、采用何种提取策略等。由此可见，期望事项与执行控制在信息加工过程中起着极为重要的作用。

2. 学习过程的阶段

从学习模式中可以看到，学习是学生与其环境之间相互作用的结果。学习过程是由一系列事件构成的，如图 2-8 所示。加涅认为，每一个学习行动都可以被分解成八个阶段，方框上面是该阶段的名称，方框里面是在该阶段学生内部的主要学习过程。下面，我们来分析学习过程的八个阶段。

(1) 动机阶段。学习者的学习是受动机推动的,学习者的动机或期望对整个学习过程都有影响。加涅认为,通过学生内部形成一种期望,可以使学生形成动机。期望是指学生对完成学习任务后将会得到满意结果的一种预期。加涅指出,理想的期望只有通过学生自己的体会才能形成,光凭外界条件是不行的。形成动机或期望,是整个学习过程的预备阶段。

(2) 领会阶段。有了学习动机的学生,首先必须注意与学习有关的刺激。例如,在阅读教材时,必须注意句子的意义,而不是字体或版面设计。当学生把所注意的刺激特征从其他刺激中分化出来时,这些刺激特征就被进行知觉编码,贮存在短时记忆中。这个过程就是加涅所讲的选择性知觉。

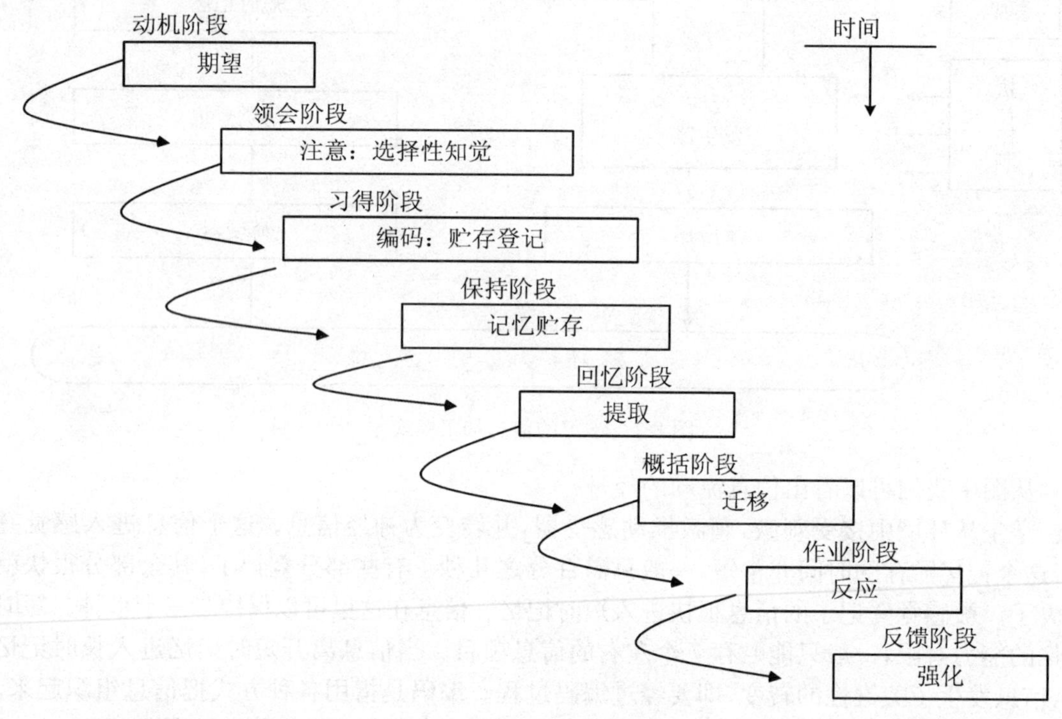

图 2-8 学习过程的阶段

(3) 习得阶段。只有当学生注意或知觉外部情境之后,学习过程才真正开始。习得阶段涉及到对新获得的刺激进行知觉编码后贮存在短时记忆中,然后再把它们进一步编码加工后转入长时记忆中。

(4) 保持阶段。学生习得的信息经过编码过程后,即进入长时记忆贮存阶段,这种贮存可能是永久的。加涅认为,相对于其他阶段,我们对保持阶段了解得最少,因为最不容易对它进行调查。

(5) 回忆阶段。即信息的检索阶段,学生习得的信息要通过作业表现出来,信息的提取是其中必需的一环。在这一阶段中,提取线索很重要,提供检索的方法和策略有利于回忆。

(6) 概括阶段。学生提取习得信息的过程,并不始终是在与最初学习信息时相同的情境中进行的,况且,学习需要举一反三,因此,学习过程中必然有一个概括的阶段。这里的概括，就是指我们通常所讲的学习迁移。一般说来，学生学习某件事情时经历的情境越多，就越容易迁移。在教学中提供有利于把学习内容用于新情境的提示，或让学生在不同的情境中学习，都有利于迁移的发生。

(7) 作业阶段。学习过程需要有作业阶段是很明显的，因为只有通过作业才能反映学生是否已习得了所学习的内容。一般说来，仅凭一次作业是很难对学生做出判断的，因此，教师需要根据几次作业才能对学生的成绩做出推断。

(8) 反馈阶段。当学生完成作业后，他马上意识到自己已经达到了预期的目标，这时，教师需要给予反馈，让学生及时知道自己的作业是否正确。加涅所讲的信息反馈，类似于其他心理学家所讲的强化。信息反馈时，教师可以使用"对"、"错"等词汇，也可以使用体态语言，如点头、微笑等。另外，信息反馈也可以从学生内部获得。如学生可以根据已学过的概念和规则，知道自己的答案是正确的。加涅学习理论的一个主要特点，是博采各家各派之长。他吸收了行为主义、格式塔心理学、人本主义以及控制论等观点，并把他们融合进自己的理论中去。加涅学习理论的最大优点在于注重应用，即把学习理论研究的结果运用于教学实践。

三、建构主义学习理论

建构主义(Constructivism)又译为结构主义，是认知心理学的进一步发展。建构主义在教育技术领域成为一种理论倾向虽然是近几年的事，但它的哲学根源可追溯到古代的苏格拉底、柏拉图和康德，近代的建构主义代表人物则有杜威、皮亚杰、维果斯基等。建构主义也称为结构主义，它是由瑞士学者让·皮亚杰(J. Piaget)最早提出来的。其后许多心理学家又对它做了进一步的研究和完善。由于多媒体计算机和基于因特网的网络通信技术所具有的多种特性特别适合于建立建构主义学习环境，所以建构主义学习理论受到了人们较多的重视，其影响越来越大。

认知心理学家探讨学习的角度与行为主义者相反。他们认为，是个体作用于环境，而不是环境引起人的行为。环境只是提供潜在的刺激，至于这些刺激是否受到注意或被加工，这取决于学习者内部的心理结构。潜在的环境刺激在任何时候都是无法记数的，为什么有的起作用，有的被忽视？原因在于个体是根据自己内部结构对其加以选择的，目的是为了赋予经验以意义。个体在以这种方式与环境相互作用的过程中，也不断地修正自己内部的心理结构，从而影响未来与环境的相互作用。可见，认知学习理论要研究的是个体处理其环境刺激时的内部过程，而不是外显的刺激与反应。下面将介绍几种主要的认知主义学习理论。

(一)皮亚杰关于建构主义的基本观点

皮亚杰理论体系中的一个核心概念是图式。图式是指个体对世界的知觉、理解和思考的方式。图式的形成和变化是认知发展的实质。

建构主义认为学习者个人的世界都是由他自己的思维构造的，不存在谁比谁的世界更真实的问题。人们的思维是工具性的，其基本作用是解释事物和事件，这些解释构成了各人各异的知识库。在作这些解释的时候，思维对来自外界的输入作过滤。

德国的一则关于鱼和青蛙的童话可以帮助我们更好地理解这个问题。故事说的是在一个小池塘里住着鱼和青蛙，它们俩是好朋友。它们听说外面的世界好精彩，都想出去看看。鱼由于自己不能离开水而生活，只好让青蛙自己走了。这天，青蛙回来了，鱼迫不及待地向它询问外面的情况。青蛙告诉鱼,外面有很多新奇有趣的东西。“比如说牛吧,”青蛙说:“这真是一种奇怪的动物,它的身体很大,头上长着两个弯弯的犄角,吃青草为生,身上有着黑白相间的斑块,长着四只粗壮的腿,还有一个红色的大乳房。”鱼惊叫道:“哇,好怪哟!”同时脑海里即刻勾画出它心目中的“牛”的形象:一个大大的鱼身子,头上长着两个犄角,嘴里吃着青草……(见图 2-9)“鱼牛”的童话。

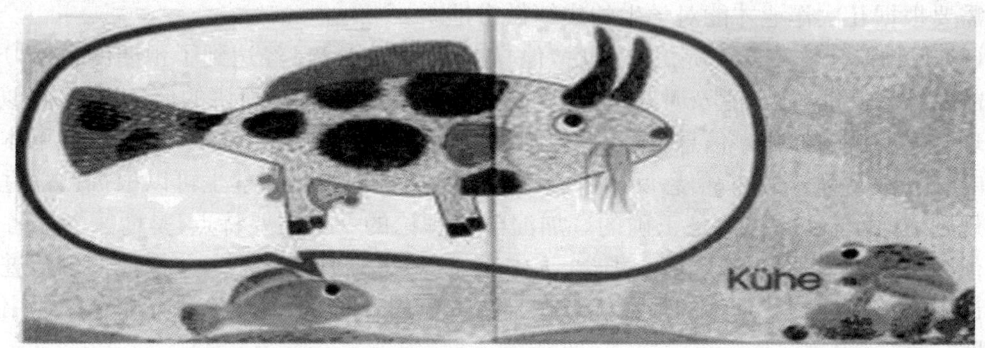

图 2-9 “鱼牛”的童话

鱼脑中的牛形象(我们姑且称之为“鱼牛”)在客观上当然是错误的,但对于鱼来说却是合理的,因为它根据从青蛙那里得到的关于牛的部分信息,从本体出发,将新信息与自己头脑中已有的知识相结合,建构出了“鱼牛”形象。这体现了建构主义的一个重要理念:理解依赖于个人经验,即由于人们对于世界的经验各不相同,他们对于世界的看法也必然会各不相同。知识是个体与外部环境交互作用的结果,人们对事物的理解与个体的先前经验有关,因而对知识正误的判断只能是相对的;知识不是通过教师传授得到,而是学习者在与情景的交互作用过程中自行建构的,教师是学习的引导和帮助者,学生应该处于中心地位,因而建构主义的学习理论强调“知识建构”。

皮亚杰认为,认知发展是受三个基本过程(同化、顺应和平衡)影响的:

(1) 同化(Assimilation)是指个体对刺激输入的过滤或改变的过程。也就是说,个体在感受到刺激时,把它们纳入头脑中原有的图式之内,使其成为自身的一部分,就像消化系统将营养物吸收一样。

(2) 顺应(Accommodation)是指有机体调节自己内部结构以适应特定刺激情境的过程。顺化是与同化伴随而行的。当个体遇到不能用原有图式来同化新的刺激时,便要对原有图式加以修改或重建,以适应环境,这就是顺化的过程。可见,同化主要是指个体对环境的作用,顺化主要是指环境对个体的作用。

(3) 平衡(Equilibration)是指个体通过自我调节机制使认知发展从一个平衡状态向另一种较高平衡状态过渡的过程。

皮亚杰认为,个体的认知图式,是通过同化和顺化而不断发展,以适应新的环境的。一般来说,每当个体遇到新的刺激,总是试图用原有图式去同化,如获得成功,便得到暂时的平衡。如果用原有图式无法同化新的刺激,个体便会做出顺化,即调节原有图式或重建新图式,直至达到认识上的新的平衡。同化与顺化之间的平衡过程,也就是认识上的适应,也就是人类智慧的实质所在。需要说明的是,平衡状态不是绝对静止的,一种较低水平的平衡状态,通过个体与环境相互作用,就会过渡到一种较高水平的平衡状态。平衡的这种连续不断的发展，就是整个认知发展的过程。

（二）维果斯基的“文化—历史”发展理论

维果斯基（1896～1934），前苏联心理学家。他认为人的高级心理机能亦即随意的心理过程，并不是人自身所固有的、而是在与周围人的交往过程中产生与发展起来的，是受人类的文化历史所制约的。其实现的具体机制是通过物质工具，如刀斧、计算机等，以及精神工具，如各种符号、词和语言等实现的。高级心理机能不同于低级心理机能的特点是：

(1) 它们是随意的、主动的，是由主体按照预定的目的而自觉引起的；

(2) 它们的反映水平是概括的、抽象的，也就是各种机能由于有思维的参与而高级化；

(3) 它们实现过程的结构是间接的，是以符号或词为中介的；

(4) 它们的起源是社会文化历史发展的产物，是受社会规律制约的；

(5) 从个体发展来看它们是在人际的交往过程中产生和不断发展起来的。

为此，维果斯基特别强调在人的发展过程中社会文化历史的作用，尤其是强调活动和社会交往在人的高级心理机能发展中的突出作用。他认为，高级的心理机能来源于外部动作的内化，这种内化不仅通过教学，也通过日常生活、游戏和劳动等来实现。另一方面，内在的智力动作也外化为实际动作，使主观见之于客观。内化和外化的桥梁便是人的活动。

（三）当今建构主义的基本观点

皮亚杰之后，许多心理学家对认知建构做了进一步的探讨。当今的建构主义学者认为，世界是客观存在的，但是对于世界的理解和赋予意义却是由每个人自己决定的。我们是以自己的经验为基础来建构现实，或者至少说是在解释现实，我们每个人的经验是用我们自己的头脑创建的，由于我们的经验以及对经验的信念不同，于是我们对外部世界的理解也各异。所以他们更关注如何以原有的经验、心理结构和信念为基础来建构知识。他们强调学习的主动性、社会性和情境性，对学习和教学提出了许多新的见解。

（四）当今建构主义对学习的基本解释

(1) 学习是学习者主动地建构内部心理表征的过程，它不仅包括结构性的知识，而且包括大量的非结构性的经验背景。

(2) 学习过程同时包含两方面的建构。一方面是对新信息的意义的建构，另一方面是对原有经验的改造与重组。这与皮亚杰关于通过同化与顺应而实现双向建构的过程是一致的。

(3) 学习者以自己的方式建构对于事物的理解，从而不同的人看到的是事物的不同的方面，不存在唯一标准的理解。但是，通过学习者的合作，可以使理解更加丰富和全面。因此，合作学习、社会性交互作用受到建构主义者的广泛重视。

四、人本主义学习理论

在20世纪60年代，出现了一种新的心理学流派，即人本主义心理学。人本主义心理学家认为，心理学应该探讨的是完整的人，而不是把人的各个从属方面（如行为表现、认知过程、情绪障碍等）割裂开来加以研究。他们试图从行为者，而不是从观察者的角度来解释和理解行为。他们所关注的是个人的感情、知觉、信念和意图——这些是使一个人不同于另一个人的内部行为。在他们看来，如果学习内容对学生没有什么个人意义的话，学习就不大可能发生。因此，他们感兴趣的是自我概念的发展、人际关系的训练，以及其他情感方面的内容。

由于大多数人本主义心理学家并不是以研究学习为己任，因而并没有提出一种系统的学习理论。相比之下，罗杰斯(Carl R. Rogers)对学习的论述较多，所以，我们主要介绍罗杰斯的学习理论。

1. 罗杰斯的学习理论

罗杰斯把学习分为两类，它们分别处于意义连续体的两端。

一类学习类似于心理学上的无意义音节的学习。它们不容易学习，而且容易遗忘。在罗杰斯看来，学生在课堂里学习的内容，有许多内容对学生来说也具有这种无意义的性质。这类学习只涉及心智(mind)，是一种“在颈部以上”发生的学习。它不涉及感情或个人意义，与完整的人无关。

另一类是意义学习。所谓意义学习，不是指那种仅仅涉及事实累积的学习，而是指一种使个体的行为、态度、个性以及在未来选择行动方针时发生重大变化的学习。这不仅仅是一种增长知识的学习，而且是一种与每个人各部分经验都融合在一起的学习。

罗杰斯的意义学习，与奥苏贝尔的意义学习的内涵是不同的，前者关注学习内容与个人之间的关系，而后者是强调新旧知识之间的联系。按照罗杰斯的观点，奥苏贝尔的意义学习只是一种在“颈部以上发生的学习”。

罗杰斯认为，意义学习可以使学生的左右脑共同发挥功能，使学生成为完整的人。因为“意义学习把逻辑与知觉、理智与情感、概念与经验、观念与意义等结合在一起”，使学生能够充分利用自己的左右脑来学习。

罗杰斯认为，意义学习主要包括四个要素：第一，学习具有个人参与的性质，即整个人(包括情感和认知两方面)都投入学习活动；第二，学习是自我发起的，即便在推动力或刺激来自外界时，但要求发现、获得、掌握和领会的感觉是来自内部的；第三，学习是渗透性的，也就是说，它会使学生的行为、态度，乃至个性都会发生变化；第四，学习是由学生自我评价的，因为学生最清楚这种学习是否满足自己的需要、是否有助于导致他想要知道的东西、是否明了自己原来不清楚的某些方面。

2. 罗杰斯的学习原则

罗杰斯从实际经验出发，总结出以下十条学习原则：

(1) 人类生来就具有学习的潜能。

(2) 当学生觉察到学习内容与他自己的目的有关时，意义学习便发生了。

(3) 涉及到改变自我组织(即改变对自己的看法)的学习是有威胁性的，并往往受到抵制。

(4) 当外部威胁降到最低限度时，就比较容易觉察和同化那些威胁到自我的学习内容。

(5) 当对自我的威胁很小时，学生就会用一种辨别的方式来知觉经验，学习就会取得进展。

(6) 大多数意义学习是从做中学的。

(7) 当学生负责任地参与学习过程时，就会促进学习。

(8) 涉及学习者整个人(包括情感与理智)的自我发起的学习，是最持久、最深刻的。

(9) 当学生以自我批判和自我评价为主要依据、把他人评价放在次要位置时，独立性、创造性和自主性就会得到促进。

(10) 在现代社会中最有用的学习是了解学习过程、对经验始终持开放态度,并把它们结合进自己的变化过程中去。

根据上述学习原则,罗杰斯对教师的角色进行了重新定位。他提出要废除传统意义上的教师的角色,以“促进者”取而代之。促进者的任务是:提供各种学习资源;提供一种促进学习的气氛;使学生知道如何学习。即废除教师中心,提倡学生中心;学生中心的关键,在于使学习具有个人意义。

五、班杜拉社会学习理论

班杜拉(Albert Bandura)的学习理论可以说是折中主义的,他综合了行为主义和认知学说的理论成果,在设计严密的实验基础上,提出了社会学习理论。

(一)班杜拉的交互决定论

许多心理学家提出了各种理论来解释人类的行为,这些理论或者是研究环境刺激与有机体反应的关系(如行为主义者),或者是研究有机体行为的内部动因是什么(如人本主义者)。班杜拉认为,这些理论都是以单向决定论为特征的。环境决定论与个人决定论就是两个极端的例子。环境决定论者认为,行为是由环境刺激引起的。个人决定论者认为,本能、驱力和特质等内部事件,驱使有机体按照某些固定的方式行事;换言之,环境取决于个体如何对其发生作用。

但是,有许多行为并非是由环境刺激或内在素质单向引发的。我们可以看到许多延迟匹配的现象,就是说,观察者在看到一个榜样的示范动作后,可能会过几天甚至更长的时间才表现出来。而且往往并不是因为有某种直接的强化才表现出这种行为的。这些都无法用个体与环境的简单对应关系来解释。

班杜拉的社会学习理论,把行为(B)、个体(P)和环境(E)看做是相互影响地联结在一起的一个系统,这三个因素相互关联,都是“你中有我,我中有你的”。班杜拉把他的这种观点称为交互决定论,可用图 2-10 来表示:

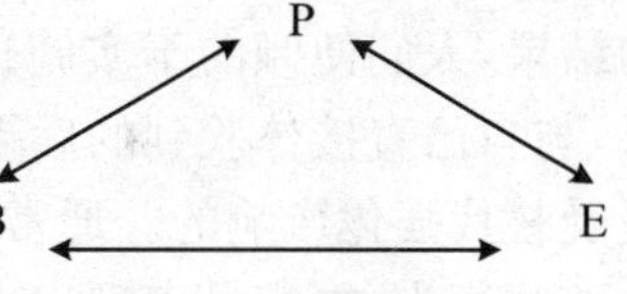

图 2-10 三因素交互

在这种交互决定论的模式里,行为、个体(主要是指认知和其他个人的因素)和环境都是作为相互交错的决定因素而起作用的,而且这些决定因素双向地相互影响。交互性并不意味着这种影响的双边具有同等的强度。相互交错的决定因素的三个根源所起的相对影响,会因不同的活动、不同的个人和不同的环境条件而不同。

在交互决定论中,人的行为是习得的前因决定因素与后果决定因素的函数。行为的前因决定因素是指在从事行为之前形成的那些复杂的影响力,它们包括各种生理上的和情绪方面的变量、期望和预期等认知因素,以及各种先天的学习机制。后果决定因素包括强化与惩罚,它们可以是由外部,或内部,或自我引起的。可见,班杜拉社会学习理论的因果关系,与行为主义刺激——反应的因果关系相距甚远。

综上所述,交互决定论是一种复杂的、综合性的人类行为理论。它关注人的功能,注意到各种内部事件与外部事件的相互关系,并试图对内部状态、外部条件和个体行为的复杂的相互依赖关系提出可检验的假设。

（二）观察学习的过程

根据社会学习理论的观点，人类的大多数行为是通过榜样作用而习得的：个体通过观察他人行为，会形成怎样从事某些新行为的观念，并在以后用这种编码信息指导行动。因此，观察者获得的实质上是榜样活动的符号表征，并以此作为以后适当行为表现的指南。班杜拉认为，观察学习是受注意、保持、动作再现以及动机等心理过程支配的。

1. 注意过程

人们除非注意并精确地知觉榜样行为的明显特征，否则是无法学到这种行为的。注意过程决定了个体在受到众多榜样作用的影响时，有选择地观察哪些方面。注意过程受多种因素的影响，如观察者的特征、榜样活动本身的特点以及人际互动的安排等。

2. 保持过程

保持过程是要记住所观察到的榜样的行为。观察者是以符号的形式把这种行为贮存在长时记忆中的。班杜拉认为，保持过程主要依赖于两种表征系统：映象表征系统和语言表征系统。映象表征是指以映象方式来保持行为。对儿童来说，视觉映象在观察学习中是非常重要的。语言表征是指用言语编码来保持行为。支配行为的大多数认知过程是语言。

3. 动作再现过程

动作再现过程是把符号表征转变成适当的行动。为了便于分析，班杜拉把这一过程分解成四个阶段：对反应的认知组织、反应的发起、对反应的监控以及根据信息反馈矫正反应。在大多数日常学习中，人们通常是通过榜样作用大致掌握新的行为，然后根据信息反馈进行自我矫正的调整，逐渐熟练掌握这种技能。但有些动作由于受到体能、技巧或其他方面的影响，不能很好地或完整地再现。

4. 动机过程

通常人们并不会实施他们学到的每一件事情。首先，如果按照榜样行为导致了有价值的结果，人们便倾向于实施这种行为。这是一种外部强化。其次，观察到的榜样行为的后果，与自己直接体验到的后果，是以同样方式影响榜样行为的表现的。即学习者的行为表现是受替代强化影响的。通常，看到他人获得积极效果的那些行为，比看到他人受到消极后果的那些行为，更容易表现出来。最后，行为的再现受到人们自我评价的影响。人们倾向于做出感到自我满足的反应，拒绝做出自己不赞成的行为。这是一种自我强化。

（三）社会学习的原理

1. 人类的许多学习都是认知性的

作为一位认知——行为主义者，班杜拉一方面认为，人类像其他动物一样学会对环境做出动作反应，另一方面，人类还具有用符号表征外部事件的能力，这使得人类的行为在多样性和灵活性方面比动物的行为优胜得多。

这些符号表征（即认知的内容）包括映象和语言系统。符号表征对行为者的价值，取决于符号系统与它们所指称的外部事件对应的程度。如果两者几乎是完全对应的，那么，符号排列就几乎等同于在环境中表现出来的物质的操作。

班杜拉认为，一旦认知内容得到了发展，它们就成了决定一个人的知觉、解决问题和动机的重要因素。一个人是否观察外部事件，如何知觉外部事件，以及是否会对这些外部事件保持持久的印象，都受一个人认知内容的影响。认知内容还影响到一个人解决问题的行为和构建新的解决办法。最后，一个人的学习动机也是受认知内容影响的，当物质环境不直接呈现奖励或惩罚时,它们会提供诱因动机或良心制裁。

2. 反应的结果是人类学习的主要来源

在班杜拉看来,当一种反应发生时,它会导致某种结果,无论这种结果是积极的、消极的,还是中性的,都会对一个人的行为库产生某种影响。这种影响可能是三重性的,即反应结果具有信息功能、动机功能和强化功能。

3. 观察是学习的另一个主要来源

班杜拉反复强调,人类的许多行为都是通过观察他人的行为及其结果而习得的。人类习得的许多东西,诸如语言、社会规范、态度和情感等,很难用试误学习来解释,而用观察学习来解释则很容易说得通。

4. 展现一个榜样可能会产生不同的效应

班杜拉认为,展现一种榜样行为,可能至少会对观察者产生三种不同的效应:

(1) 观察者可能是通过观看榜样行为习得了一种新奇的反应,也就是说,这种行为反应是他原来的行为库中没有的。班杜拉把这种现象称为观察学习的效应。

(2) 榜样行为能够加强或削弱观察者对自己已有行为的抑制。班杜拉称之为抑制或解除抑制的效应。

(3) 观看榜样行为能够引发观察者行为库中已有的反应。班杜拉称其为社交促进的效应。

5. 观察学习是规则和创造性行为的主要来源

班杜拉认为,观察者对看到的榜样行为的具体特征加以编码,并把它恰当地运用于其他情境中去,班杜拉把这个过程称为抽象的榜样作用或观察学习的高级形式。这对人们掌握规则来说是极为重要的。

班杜拉还认为,观察学习是创造性行为的一个主要来源。当观察者看到众多不同的榜样时,会影响到他们自己的创造性表现。榜样越是多样化,观察者就越有可能做出创造性的反应。

行为主义和认知主义、建构主义学习理论之间虽然存在着激烈的冲突,但它们之间不是谁取代谁的问题,而是如何相辅相成的问题。这就要求教育技术工作者对各种理论有较好的了解,并能根据不同的教学条件和教学目标,合理地进行选择和综合应用。

第三节　教育技术学的视听理论基础
——戴尔的"经验之塔"理论

美国视听教育家戴尔(Edgar Dale),1946 年写了一本书:《视听教学法》。这是当时具有权威性的视听教育著作。在这本书里,戴尔提出了"经验之塔"的理论。他对经验的由来,即经验是怎样得来的这个问题,认为经验有的是由直接方式得来的,有的是由间接方式得来的。各种经验,大致可以依照它的抽象程度,分为十个阶层(如图 2-11 所示):(一)有目的的直接的经验,(二)设计的经验,(三)参与演戏,(四)观摩示范,(五)野外旅行,(六)参观展览,(七)电影与电视,(八)广播、录音、照片、幻灯,(九)视觉符号,(十)言语符号。这十个阶层的经验,可分为三大类:做的经验;观察的经验;抽象的经验。

(1) 有目的的直接的经验。戴尔认为,塔的底层是直接的经验,是直接地与真实事物本身接触的经验，是最丰满的具体经验。也就是通过对真实事物看、听、尝、嗅、做取得的经验。

(2) 设计的经验。是“真实的改编”，这种改编，可以使人们对真实更易理解。如制作模型，模型比原物大小和复杂程度有所不同，但通过制作模型，可以比用实物教学效果更好些。

(3) 参与演戏。有许多事我们是不能直接经验到的，如已经过去的事，我们便无法直接经历。有些观念形态的东西，也不能把它改编成设计经验状态。参与演戏，可以使我们尽量做到近似真实，参与演戏与看演戏大有区别。它可以使人们参与重复的经验，它比看演戏更接近于直接经验。以上三个阶层的经验，都包含有亲自的动作。这三种方式中，各个人都不能是旁观者，而是参与活动者。

(4) 观摩示范。看别人怎么做，通过这种方式，学生可以知道一件事是怎样做的，以后，他可以自己动手去做。

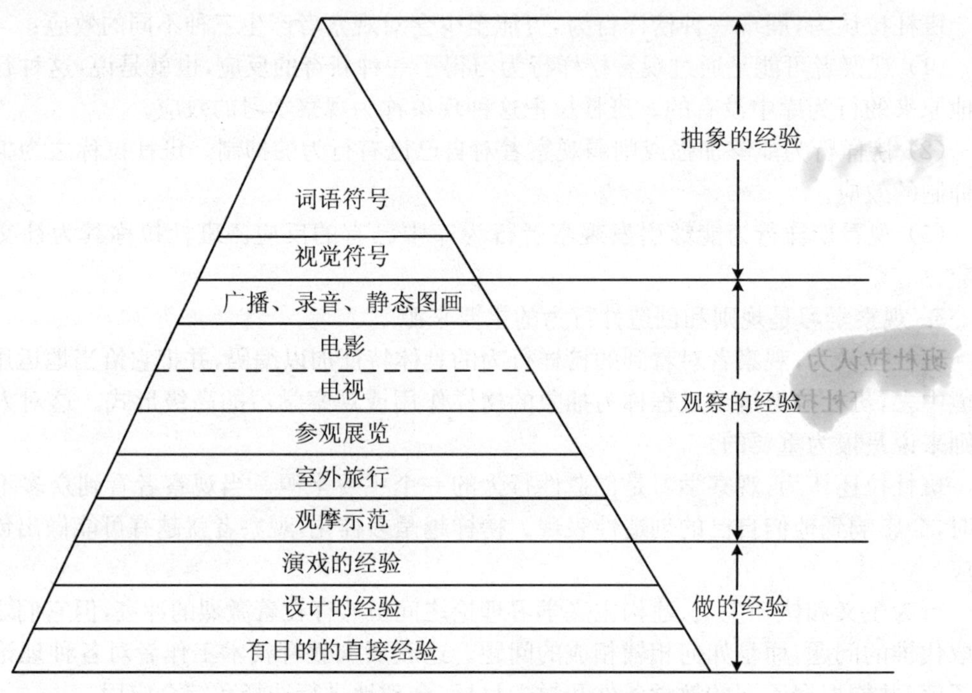

图 2-11 戴尔的“经验之塔”理论图

(5) 野外旅行。可以看到真实事物和各种景象。

(6) 参观展览。也就是看，而不参与动作。

(7) 电影与电视。电影与电视是把实在的事情，用抽象方法转移到屏幕上来。屏幕上的事物是实在事物的代表，不是它本身。通过看电影、电视，我们得不到直接经验，得到的是代替的经验。电影、电视虽使我们失去了直接性，但从另一方面，让我们获得补偿。因为，电影、电视选择的是典型的材料，使我们能够集中观察重要的地方。电影、电视不受时空限制，能把过去的、遥远的事物呈现在眼前；把变化太快或太慢的现象，用适当的速度去呈现。电影、电视与参观的区别是它可浓缩时空。

(8) 广播、录音、照片、幻灯。这一阶层的经验，有人称它为“一种感觉”的经验。因为它着重去加强视觉或听觉一方面的经验。

(9) 视觉符号。主要指的图表、地图等。到宝塔的这一层，再看不到事物的实在的形态;只是一个抽象的代表。图表、地图不是用文字来说明事物,而是用有人称之为新语文的视觉符号来表达。

(10) 言语符号。言语,指运用语言进行交际和思维的活动。分为口头言语,书面言语、(文字),内部言语(无声言语)。这一层是宝塔的顶层。在这里,已把任何事物的原形都变成抽象,除了意思未变,文字同它所代表的事物或观念之间毫无类似之处。言语符号可以是实词或观念、概念、原理、公式等,最重要的是这种符号是纯粹的抽象。

戴尔“经验之塔”的理论要点是:

(1) 经验之塔最底层的经验最具体,越往上升,则越趋抽象。并不是说,求取任何经验,都必须经过从底层到顶层的阶梯。并不是说,下一层的经验比上一层的经验更有用。划分阶层,只是在说明各种经验的具体或抽象的程度。

(2) 教育应从具体经验入手,逐步进到抽象。有效的学习之路,必须充满具体经验。教育最大的失败,在使学生记住许多普通法则和概念,而没有具体经验作它们的支柱。

(3) 教育不能止于具体经验,而要向抽象普遍发展,要养成概念。概念可以供我们作推理之用,是最经济的思想工具。它把我们探求知识的智力大为简单化经济化。

(4) 在学校中,应用各种教育工具,可以使得教育更为具体,从而造成更好的抽象。

(5) 位于宝塔中层的视听教具,较言语、视觉符号更能为学生提供较具体容易于理解的经验。它又能冲破时空的限制,弥补其他直接经验方式之不足。

当然,视听教学论也存在着较大局限,主要有两个方面:

第一,视听教学论仅重视视听教材本身的作用,而忽略了视听教材的设计、开发、制作、评价以及管理等方面的内容。

第二,关于媒体在教学过程中的作用与地位的问题上,视听教学论把视听教材看成一种辅助教学工具,置其于辅助物的地位。在这种“教具论”的思想指导下,视听教学对教学改革的作用是有限的。

第四节　教育技术学的教学理论基础

一、布鲁纳的“认知—发现”教学

布鲁纳(Bruner J. S)是美国当代著名的心理学家、教育家,他非常关心学校教育和学生学习的问题,强调学习理论和教学理论在教学中的应用。长期以来,布鲁纳主要研究知觉与思维方面的认知学习,并在此基础上形成了他自己的教学理论。他受皮亚杰、维果斯基、格式塔、托尔曼等人或学派的影响较大,他最为知名的一本书是1960年出版的《教学过程》。布鲁纳的教育主张成了美国20世纪60年代中学课程改革的指导思想,对世界各国的教育也产生了很大的影响。

(一)认知发展的过程

布鲁纳的认知发展理论将人类智慧生长(认知发展)过程划分为三个阶段:

1. 动作性表征

这一阶段大致相当于皮亚杰的感觉运动阶段。在这个阶段,儿童通过作用于事物而学习表征他们,以后能通过合适的动作反应再现过去的事物,在这个阶段,动作将从内部得到再现。

2. 映象性表征

这相当于皮亚杰的前运算阶段的早期,儿童开始形成图像或表象,去表现他们的世界中所发生的事物。

3. 符号性表征

这个阶段大体相当于皮亚杰的前运算阶段的后期及一直到后来的年代。这时,儿童能够通过符号再现他们的世界,这里最重要的符号是语言。

当一个人达到布鲁纳所称的第三个阶段时,并不意味着认知发展就停止了,它只是意味着这个人具备了进一步理解世界所需要的基本工具,这个基本工具就是语言。

布鲁纳的认知发展理论所提到的表征或表征系统,是指人们知觉和认识世界的一套规则,与布鲁纳和皮亚杰著作中常见的"认知结构"、"模式"、"内部模式"、"图式"、"编码系统"、"再现表象"等概念基本上是一个意思,都是外部信息进入主体以后新信息借以加工的依据。

布鲁纳的认知发展理论表明了其对认知结构的重视,学习的目的是促进认知发展,其关键是认知结构的发展。

布鲁纳根据其理论提出了关于学习和教学的原则:①知识结构的重要性;②学习的准备性;③强调思维的价值;④强调学习动机。

(二)发现学习

布鲁纳积极倡导发现法学习。他认为,学习了解一般的原理固然重要,但尤为重要的是发展一种态度,即探索新情境的态度。所以他强调教育工作者的任务是把知识转换成一种适应正在发展着的形式,以表征系统发展顺序作为教学设计的模式,让学生进行发现学习。布鲁纳认为,"'发现'不限于寻求人类尚未知晓的事物,确切地说,它包括用自己的头脑亲自获得知识的一切方法"。

发现法是以培养学生探究性思维方法为目标,在教师不加讲述的情况下,利用基本教材,使学生通过一定的发现步骤进行学习的一种教学方法。发现法将探索、发现问题的过程,予以教育上的再编制,使其成为学生学习的途径。

发现法学习的步骤一般是:

(1) 创设问题情境,使学生产生矛盾,并提出要求和必须解决的问题。

(2) 学生利用教师提供的材料,对提出的问题做出解答、假设。

(3) 从理论上、实践上检验假设,不同的观点可以争辩。

(4) 对争论做出总结,得出必要的结论。

布鲁纳指出,发现学习具有以下四点作用:

(1) 有利于提高学生智慧的潜力。

(2) 使外部动机向内部动机转移,提高了学生的学习兴趣。

(3) 培养了学生的探索发现精神、提出问题和解决问题的能力以及创造能力。

(4) 帮助信息的保持和检索。

不过,实践证明,发现法也有它的局限性,主要表现在:

(1) 很多教学内容很难甚至不可能设计出一套探索发现的过程供学生学习。

(2) 耗时太多,很难在有限的时间内完成大量的教学任务。

(3) 发现法对学生个别差异的适用性不强。

二、布卢姆的掌握学习教学

掌握学习教学模式是美国当代著名心理学家布卢姆(Benjamin S. Bloom)创立的。布卢姆在 20 世纪 60～70 年代研究出“掌握学习”模式，它是在我国影响较大，流行较快的一种教学模式。掌握学习就是在“所有学生都能学好”的思想指导下，以集体教学为基础，辅之以经常、及时的反馈，为学生提供所需的个别化帮助以及所需的额外学习时间，从而使大多数学生达到课程目标所要求的掌握标准。学校中许多个别差异是“人为的和偶然的，而不是个体所固有的”。只要提供适当的先前的与现时的条件，几乎所有人都能学会一个人在世上所能学会的东西。在此思想的指导下，布鲁姆提出了一整套适用于课堂教学的“掌握学习”教学理论和实施策略。

1. 基本内容

布卢姆掌握学习教学模式理论的形成借鉴了卡罗尔提出的“学校学习模式”的研究成果。掌握学习教学模式一般由以下几个步骤组成：

(1) 布卢姆从认知心理学原理出发，提出了以学生主动发现为主要形式的教学方法。他指出，要掌握学科的基本结构，就应想方设法使学生参与知识结构的学习过程。

(2) 布卢姆在教学上提倡发现法，主张引导学生通过自己的主动发现来学习，要把学习知识的过程和探索知识的过程统一起来，使学生通过体验所学概念原理的形成过程来发展学生的归纳、推理等思维能力，掌握探究思维的方法。

2. 教学程序

(1) 单元教学目标的设计。教育目标分为认知领域、动作技能领域和情感领域三大类，其中，认知领域又分为知识、领会、应用、分析、综合、评价六个学习类型。

(2) 实施群体教学。“掌握学习”模式的设想是在不影响传统班级集体授课制的前提下，使绝大多数学生达到优良成绩，所以其课堂教学仍采用通常的集体授课形式，但在讲授新课之前，给予学习新知识必需的准备知识。

(3) 形成性测验。在实施单元集体授课之后，要进行形成性测验，测验的题目与教学目标相匹配，其目的是对学生学业情况进行诊断。

(4) 矫正学习。形成性评价之后，将学生分作达标组和未达标组两类，对未达标组进行必要的、补偿性的矫正学习，它并不是简单地重复新课教学的内容，可以采用多种方法。

(5) 形成性评价。评价最终检验达标的情况，其试题与形成性测验相比指向更明确。

三、奥苏贝尔的讲解式教学

美国教育家奥苏贝尔依据认知心理学的原理，认为人类的认识过程首先是认识事物的一般属性，然后再逐步认识细节。因此，他提出教学应该先呈现概念性的“组织者”，它有助于建立新旧知识之间的联系，对新知识起到固定、吸收的作用。这样，学生的认知结构从一般到个别，不断分化的。他强调学生认知结构中新旧知识的相互作用，以达到认知结构不断分化和综合贯通的目的。

1. 基本内容

(1) 划分教学单元，制定教学目标。教师首先根据学期教学目标和教材编排体系将教材划分为以一两个星期为单元的系列化教学单元，制定各单元的具体教学目标。既要注意各单元前后知识之间的密切联系,同时还要确定好各单元的掌握标准。

(2) 实施诊断性测验。实施诊断性测验,以便查明学生学习新单元所必需的相应知识和技能是否具有。如果学生尚不具有新单元学习所必需的知识和技能,就要进行"补习"和矫正。

(3) 学习目标定向,实施集体教学。新单元教学开始,教师就告诉学生教学单元的内容、学习方法和评价标准,给学生以不断的鼓励,使之保持良好的学习准备状态。依据教学目标的要求,对学生实施集体教学。

(4) 进行形成性测验,提供反馈信息。对学生实施单元测验,以判断学生是否"掌握",即达到了本单元教学目标的要求。

(5) 矫正学习和深化学习。由形成性测验反馈的信息,可以了解教学的偏差和未掌握的目标和对象,然后根据学生的实际情况,对没有掌握的学生及时给予辅助性的教学,对掌握的学生给予"自由学习时间",鼓励他们深化学习,或帮助未掌握的同学。

(6) 实施平行性的形成性测验。通过反馈矫正,再对学生进行一次单元测验,以评定学生单元成绩。

(7) 实施总结性测验。平行性测验之后,便可转入下一单元的教学。一个学期结束时,对学生实施总结性测验,判断每个学生的学习水平。

整个步骤可以由图 2-12 表示。

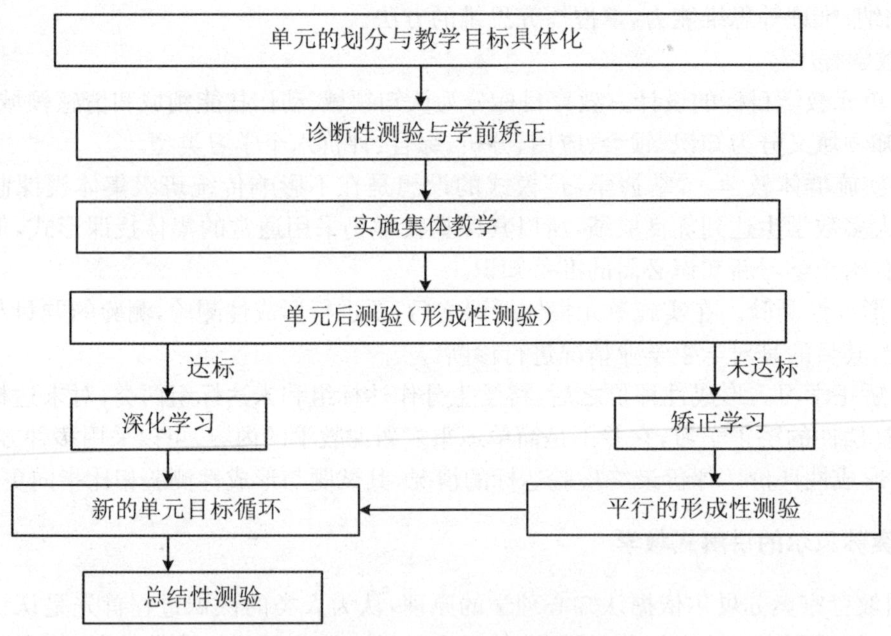

图 2-12 掌握学习教学模式的步骤示意图

掌握学习教学模式在实施过程中特别要注意以下两个方面:

(1) 实施反馈教学,掌握学习是一套较有效的个别化教学实践,它是建立在一般课堂教学情境的群体教学基础之上的,在群体教学中加进了自我矫正——反馈和个别化的矫正性帮助。通过实施各种不同性质的测验(诊断性测验、形成性测验和总结性测验),进行频繁的反馈,并按照每一个学生的需要提供针对性的帮助,可以及时弥补和纠正群体教学带来的不足。

诊断性测验是指教师在教学新单元开始之前所施行的，目的在于了解学生是否具有学习新单元所必需的“前提知识与能力”，相当于我们通常的“摸底”测验，通过摸底测验探明学生的“底”，可以将学生置于教学序列的适当位置。形成性测验是依据单元教学目标的要求编制的测验，目的是通过它，教师了解哪些学生已经达标或未达标，哪些目标已达到或未达到，从而为调整教学、对学生“因材施教”提供依据。总结性测验是在一个学期或一门课程结束后所实行的，其目的是了解学生一个学期或一门课程的教学目标的达成度，为学生评定成绩、为下一阶段的学习诊断提供信息。

(2) 师生双方对“掌握学习”都要抱有信心。教师对学生要有真诚的期待，相信大多数学生都能够学好，教师在教学前应使学生了解掌握学习的基本思想和一般程序，使学生树立能够学好的信心，形成积极的学习动机。通过不断的反馈矫正，学生不断地体会自己的进步，这种成功的学习经验会不断增强学生学习的愿望。

2. 教学步骤

(1) 设置问题情境：提出问题，带着问题观察具体事物。

(2) 树立假设：问题讨论、材料改组、经验联系、提出假设。

(3) 上升到概念或原理。

(4) 转化为活动的能力。

3. 局限性

这一模式较适用于数理学科，不太适宜以情感为基础的艺术学科。它需要学生具有一定的知识和先行经验的储备。发现教学的关键是要能树立有效的假设，这就要求学生具有一定的知识经验，这样才能从强烈的问题意识中找到解决问题的第一步线索。如果教师指导不当，容易导致学生兴趣降低，而且耗时较长。

四、克拉夫基的范例教学

“范例教学”是由德国著名的教育家克拉夫基为代表提出的。是指通过典型的事例和教材中关键性的问题的教授、探索，来带动学生理解普遍性的材料和问题。

传统的教学让学生掌握一大堆所谓具有系统性的材料，结果，学生脑子里充满了一大堆杂乱的材料而无一种能够统帅全局的概括性观念和方法论观念。要克服传统教学的弊端，就要重视、重构教学内容，选择学科材料中最典型的材料，形成认识的“稠密区”或“岛屿”，在这个稠密区里，各种知识汇集、交融，学生通过这个稠密区的探究、思考，形成一种整体的认识结构。

怎样选择范例：

(1) 基本性：指教给学生的内容应当是一门学科的基本要求，如基本概念、基本知识、基本原理、基本规律等。

(2) 基础性：案例的选择应当切合学生的生活经验，适应学生的知识水平和智力的发展水平，同时又要通过教学，促进学生智力的发展。

(3) 示范性：指所选择的例子必须能够反映某一阶段教学的全部材料，使学生能够“窥一斑而见全豹”范例教学的程序。

第一阶段：教师以具体直观的方法阐明一个范例，使学生首先对“个”的本质特征有一个基本的认识。

第二阶段:根据范例“个”所获得的知识,推论特点,分析掌握整“个类”的特征,使对“个”的认识上升为对“类”的认识。

第三阶段:根据对“个”所获得的认识,进一步过渡到对“类”的认识,从而达到对更本质的关系——规律的认识。

第四阶段:以此为经验,认识更为抽象或总结性的规律。

五、维果斯基的“最近发展区”教学

维果斯基是前苏联儿童心理学与教育心理学的开创者,他非常关注儿童智力的发展与培养问题,提出了许多极富见解的理论。在教学与发展的关系上,维果斯基提出了三个重要问题:

(1)“最近发展区”思想:维果斯基认为,至少要确定学生的两种发展水平,第一种水平是学生的现有发展水平,第二种是在有指导的情况下借助他人的帮助所达到的解决问题较高的水平,这两种水平的差异就是“最近发展区”。教学创造着最近发展区,儿童第一种发展水平与第二种发展水平之间的动力状态是由教学决定的。

(2) 根据上述思想,维果斯基提出“教学应当走在发展的前面”。这是他对教学与发展问题的最主要结论。也就是说,教学“可以定义为人为的发展”,教学决定着学生智力的发展。

(3) 怎样发挥教学的最大作用,他强调了“学习的最佳期限”。如果脱离了学习某一技能的最佳年龄,从发展的观点看来都是不利的,他会造成儿童智力发展的障碍。因此,开始某一种教学,必须以学生的成熟与发育为前提,但更重要的是,教学必须首先建立在正在开始尚未形成的心理机能的基础上,走在心理机能形成的前面。

六、赞科夫的“发展性”教学

列·符·赞科夫(1901～1977)博士是当代著名的前苏联教育学家、心理学家、缺陷儿童学家和教学论专家。他研究的主要课题,同时也是他对普通教育理论的主要贡献,在这样两个方面:一个是探讨教学中语言和直观手段的相互关系,出版了《教师语言与直观教学手段的结合》、《直观性与学生在教学中的积极化问题》等著作;更为重要、更具特色的另一个方面是研究教学与学生发展之间的相互关系。

关于“教学与发展的关系”这一课题,赞科夫从 1957 年至 1977 年进行了大规模和长时间的研究,在长期的实验研究过程中,逐步形成了指导各科教学工作的五条“教学原则”。

1. 以高难度进行教学的原则

赞科夫指出,现代儿童在入学之前,就在家里、幼儿园里、街道上,从电影、电视、广播里,从大人的谈话和跟小朋友的交往中,储备了相当丰富的知识,积攒了许多问题。可是传统教学的教学内容非常贫乏、陈旧,无法满足儿童的需求。所以,他认为教学内容必须增加知识的容量和难度,为儿童的精神成长提供足够的“食粮”,不要使它“营养不良”。赞科夫认为,教学内容充实了,教学方法必须随之革新。新的方法不再是对儿童进行单调乏味的“操练”,而是要掌握难度的分寸,适当设置学习障碍,让学生经过自己的思考、推理,独立地探求问题的答案,充分理解学习内容。

2. 以高速度进行教学的原则

赞科夫指出，在传统教学中，往往对教学内容进行单调的重复，用几节课讲一节课就能够完成内容的做法比比皆是，这不仅浪费了大量的教学时间，更为严重的是阻碍了学生的发展。他认为，在学习过程中，不要强求学生通过连续重复一下子记住许多知识和技能，因为事实上有许多东西是通过"无意的识记"和以后的经常重现而学到并巩固下来的。因此，教师讲的东西，学生懂了就可以往下讲，不要原地跑步，要让学生总觉得在学习新东西，从而保持较高的学习兴趣。赞科夫进一步解释说，"高速度"不是"开快车"、"赶进度"，而是"不断地前进，不断地以多方面的内容丰富学生的智慧，能为学生更深刻地理解所获得的知识创造有利的积极作用，使知识纳入一个广泛展开的体系"。也就是要从加快速度中求知识的广度，从知识的广度来求得知识的深度。这就必须用不同的方式进行教学，让学生多读点课外书，多参加点科技活动，多搞一些参观旅行，多交谈，多争论，使他们的知识不仅巩固，而且能灵活使用。

3. 理论知识起指导作用的原则

赞科夫指出，传统教学片面理解"由简单到复杂"、"由具体到抽象"的教学原则，事事直观，因而削弱了理论知识在小学教学中的作用。他认为，教学中学生的感性认识和理性认识是有机地交织在一起的，经验和理论处在不断地相互作用之中，不能只强调一面，应该让那些系统的理论知识在小学教学内容中占主导地位。他的实验也证明了一年级学生就能够掌握许多抽象概念，理解事物之间的某些内在联系。

赞科夫进一步解释说，这条原则绝不贬低儿童直接观察和形成技能技巧的重大意义，而是为了克服旧教学体系的片面性和原始性，"把教学的认识方面提到首要地位"，让学生在尽可能深刻地理解有关概念、关系和依存性的基础上进行学习，"这不仅是促进学生发展的强大手段，也是切实掌握技能和技巧的可靠基础"。

4. 使学生理解学习过程的原则

传统教学论着眼于学习活动的"外部"因素，即把应当掌握的知识、技能和技巧作为理解的对象，而赞科夫的实验教学论要求学生理解的对象是学习过程，着眼于学习活动的"内在"机制，让学生留心应当怎样进行学习，例如，在解题之前，要预先计划解题的步骤，对自己解题的方法要能论证，要能随时检查自己，及早地发现错误并加以改正，等等。这样做能使学生注意探索适合于自身特点的学习方法，有利于培养学生的自学能力，并提高他们学习的主动性与创造性。

5. 使全体学生都得到发展的原则

赞科夫根据他的实验提出，"只有在发展上取得成绩的基础上，才能真正地掌握知识和技巧"，并在新的情况下运用所学到的知识；只有那些具有相应的智力、意志和感情品质的人才能比较容易地适应新情况，顺利掌握他们所不了解的新知识和新技术。因此，教学应当"使每一个学生(包括优等生、中等生以及差生)都能在发展上尽他自己的最大的可能性取得最大的成果"。

要使全体学生都得到发展，必须解决好"差生"的问题。经过长期研究，赞科夫认为"差生"有以下几个比较普遍的特点：自尊心强，但学习成绩差，多数人在情感、意志、情绪方面有一种"自我中心主义"，与集体合不来，思想负担重；求知欲低，没有学习的愿望，有的还对学习、学校、教师有反感；观察力、语言表达能力、抽象思维能力都比较差。因此，不应该像传统教学那样对“差生”滥加压力，把补课和布置大量练习当作克服“差生”落后状况的主要手段，而应该首先设法增强他们的学习信心，利用一切机会引导他们观察事物，培养他们的求知欲，发展他们所缺乏的心理品质。同时，“对于教学大纲中的同一些问题，不同的学生可按不同的深度来学习。这样一来，全班学生，包括最差的学生在内，就都能快速地前进了”。

赞科夫指出，以上原则作用各异，同时又相互联系，形成一个整体。它们的特点是强调培养学生学习的内部诱因，并在保证共同的思想方向性的前提下，给予个性以发挥作用的余地。

七、巴班斯基的“最优化”教学

前苏联教育科学院院士、副院长巴班斯基博士是当代一位颇负盛名的教育学家。多年来，他致力于教学教育过程最优化理论的研究，由此形成的教育思想具有十分丰富的内容和积极的现实意义，在苏联国内外引起了强烈的注意和反响。

1. 教育过程最优化程序

从“培养全面发展的人”这一教育目标出发，巴班斯基在运用辩证系统方法对教育教学过程进行系统分析的基础上，提出了“教育教学过程最优化”的概念。所谓“最优化”，就是要求教师在全面考虑教学规律，教学原则，现代教育教学的形式和方法、已有条件以及具体班级和学生特点的基础上，来选择和实施一整套教学教育方法，以最小的代价取得最大的成果。

为了实现教育过程最优化，应该运用教育过程最优化程序。最优化程序遵循任务—内容—形式—方法的顺序来进行。

(1) 任务：教师在确定任务时，必须遵循个性全面和谐发展的根本原则，综合地规划学生的教养、教育和发展任务，保证教学的教养、教育和发展职能的统一。教养任务包括传授基本概念、规律、理论和科学事实，培养各科的专业技能和一般的学习技能技巧；教育任务包括世界观培养、思想政治教育和道德教育、美育、体育、劳动教育和职业指导等；发展任务包括发展智力、培养意志、激发认识兴趣以及影响学生的情感等。巴班斯基要求，在以综合性观点解决每一阶段的教学和教育任务时，必须注意区分出对当前所教的课题具有特别迫切意义的主要任务的范围，并在研究学生的现实学习潜力基础上，提出具体的教学任务，依靠学生的积极性，把学生在教养、教育和发展方面的水平提到一个新的高度。

(2) 内容：任务具体化之后，教师就必须以严谨的科学态度挑选最优的教学内容。教学内容问题，主要是教学大纲和教科书的问题。巴班斯基提出，教学大纲和教科书必须完整地反映社会对人的全面和谐发展的需要和现代科学、生产、社会生活、文化的各个基本方面；必须具有科学价值和实践价值；必须符合各年级学生的实际可能性；必须符合规定的课时；必须考虑国际水平；必须符合教师的可能性。依据这样的大纲和教材，教师就可以将其中基本的和主要的成分划分出来并使教学内容具体化，把学生的注意力集中在主要内容上，克服教学中的分散性。

(3) 形式：教师同时应该采取合理的教学形式，实行区别教学。巴班斯基指出，这是因为人们在素质、记忆类型、感知世界的方式、思维的主要特征等方面各不相同；在生活经验、外部条件、教学条件以及前段学习成绩的影响下，学生的知识水平和学习能力也有差别。所以，教师必须把全班的、小组的和个别的教学形式结合起来，分别对差生和优生进行帮助，使全体禀赋健全的儿童都能根据统一的大纲接受中等教育，今后还能根据自己的愿望继续学习。但是，区别教学必须避免形成学生的依赖心理，导致他们学习毅力的降低。

(4) 方法：更为重要的步骤是，教师应当根据具体学习情境的需要，选择最合理的教学方法。巴班斯基将多种多样的教学方法分为三大类：关于教学认识活动的组织和进行的方法（口述法、直观法、实践法或归纳法、演绎法或探索法、复现法等）；关于激发学习兴趣和学习义务感、引起学习动机的方法（认识性游戏、讨论、有趣的习题、创造情绪情境；提出要求、鼓励责备、说服、创造意志紧张情境等）；关于检查和自我检查的方法（口述、直观、实践检查法）。巴班斯基认为，对待教学方法要坚持辩证的系统观点，不仅要对它们加以概括、进行统一的分类，还要深入细致地分析各种方法内在的辩证矛盾性，找出一定条件下最优的教学方法来，并注意多种方法的合理结合。因为在教学中师生从各个方面相互作用，所以各种方法应当是相互联系，相互渗透的。

实现教学过程最优化还要采取专门措施，保证在尽可能少的时间内达到教学的最大可能效果。至于教师在选择最优方案时花费了一定的时间和精力，巴班斯基认为那是值得的，因为今后有效的工作将给予补偿。

最后，教师必须分析教学效果，查明教学效果同学生的实际可能性和师生的时间消费标准是否相适应，努力提高最优化水平。

上述最优化的一般程序并不是一种凝固的、僵化的模式，也不是向教师提供了一种万能的“特效处方”。巴班斯基认为，它只是为教师选择最优的教学方案、有效组织教学过程指示了应予以遵循的科学程序。

2. 巴班斯基的十个教学原则

在实现教学和学习最优化的全过程中，贯穿着巴班斯基所提出的十个教学原则：

(1) 教学旨在综合解决教养、共产主义教育和发展任务的方向性原则。

(2) 教学的科学性，教学与生活、与共产主义建设实践联系的原则。

(3) 教学的系统性和连贯性原则。

(4) 可接受性原则。

(5) 激发学生积极的学习态度，形成他们的认识兴趣和对知识的需要的原则。

(6) 在教师领导作用下，学生在教学中的自觉性、积极性和独立性原则。

(7) 口述法、直观法和实践法、复现法和探究法，以及其他教学方式最优结合的原则。

(8) 课堂教学和课外活动，全班教学、小组教学和个别教学等各种教学形式最优结合的原则。

(9) 为教学创造最优条件的原则。

(10) 教养成果、教育成果以及其他教学成果的巩固性和效用性原则。

第五节　多元智能理论及教学应用

一、多元智能理论的产生

自 1905 年法国心理学家比奈（A. Binet）首创智力测验以来，无数的标准化测验被用于各种各样的目的，至今的学校教育仍受到传统智力测验理论的影响。传统的智力理论认为，智力具有单一的性质，通过纸笔测验就可以测出人的智力的高低。于是，智力测验的观念深入人心，人们习惯于用智商(IQ)来衡量一个人的智力高低，进而推断他的成就大小。在教育活动中，与这种智力测验的思想相伴随的，是一些教育专家称之为“学校教育的统一观点”，即“学生必须尽可能地学习相同的课程，并且尽可能以相同的方式，将这些学科的知识传授给所有的学生”。而衡量学生学习好坏的最佳手段就是由纸和笔来完成的考试，如学习能力倾向测验和IQ测验。然而，“标准化测验和IQ模式的最大问题是根据学生的阅读和计算的好坏狭隘地来测量智力，所测量的只是那种只有少部分学生的能力是以语言和逻辑数理为主的‘学业性’智力。”认为语言能力和数理逻辑能力是智力的核心，智力是以这两者整合方式而存在的一种能力。这直接导致成功的学生往往是那些体现在语言和逻辑数理智力方面优于他人的学生，于是，在测验中容易实施的学科就是语言、数学或逻辑数理等，这些学科也因此成为学校里最受重视的学科。

为了深入地揭示智力的全貌和本质，为此，西方许多心理学家、教育家对传统的智力理论提出了质疑和挑战。1985年美国耶鲁大学教授斯腾伯格(R. J. Stemberg)提出了由分析性智力、创造性智力和实践性智力三方面组合而成的三元智力理论。而美国哈佛大学教育研究生院认知和教育学教授霍华德·加德纳(Howard Gardner)对延续了近百年的以传统的智商测验结果来衡量人类智能的方法提出了质疑，基于多年来对人类潜能的大量实验研究，在1983年出版的《智能的结构》(Frames of Mind)一书中，他首次提出了多元智能理论。(The Theory of Multiple Intelligences)引起世界范围内的关注，特别是在当前美国教育界产生了广泛的积极影响，因为这一理论向传统的评估学生能力的观念提出挑战，已成为近十年来西方许多教育改革的重要指导思想。加德纳所提出的多元智力理论是当今世界上对传统智力理论挑战最彻底、最有影响的智力理论。有关此理论的文章、研究项目、书籍和实验学校不断出现，已经在世界教育理论与实践领域产生了极大的影响。

1. 多元智能理论的含义

加德纳的多元智能理论是针对传统智能一元化理论而提出的，他认为，每个人身上都蕴含着多种强弱不同的智能，这些智能体现在人们所进行的各种活动之中。因此，个体的智力并不是容易被测量的东西，也非简单的纸笔测试所能穷尽。智力是在某种社会和文化环境的价值标准下，个体以解决自已遇到真正难题或生产及创造出有效产品所需要的能力。他还强调判断一个人的智力，要看这个人解决问题的能力，以及自然合理环境下的创造力。加德纳认为人的智能结构由七种智能要素组成。这七种智能要素是：

(1) 语言智能，即有效地利用口头或笔头的语言能力，包括把语言的结构、发音、意义结合并运用自如。

(2) 逻辑数学智能，即有效利用数字进行推理的能力，包括对逻辑方式、关系、陈述、功能及其他相关抽象概念的敏感性。

(3) 空间思维智能，即准确感知视觉空间世界的能力；包括对色彩、线条、形状、形式、空间以及这些成分之间关系的敏感性。

(4) 肢体运作智能，即善于运用整个身体来表达想法和感觉的能力，包括特殊的身体技能，如平衡、协调、敏捷、力量、速度、灵活性等，以及对外界或自身刺激反应的能力。

(5) 音乐智能，即察觉、辨别、改变、表述音乐的能力，包括对节奏、音调、旋律、音色、色调的敏感性。

(6) 交际智能，即察觉并区分他人的情绪、意向、动机及感觉的能力，包括面部表情、声音、动作的敏感性。

(7) 内省智能，即认识自己、了解自己而采取适当行为的能力。这七种智力因素是多维度相对独立地表现出来的，而不是以整合方式表现出来的。

加德纳认为，“这七种智能因素同等重要，不能将语言和逻辑数学智能置于最重要的位置”，学生离开学校后是否仍然有良好的表现，往往在很大程度上取决于学生是否拥有运用语言和逻辑数学之外的智能，他呼吁要对这七种智能给予相等的注意力。

2. 多元智能理论的作用

(1) 创设支持性学习环境

加德纳对学校课程设计十分重视。他强调，我们必须重新确立课程体系和教学内容，……使之尽量适应学生不同的学习方法和特长，为此，加德纳主张：

①学校要成为“学生课程的代理人”，与学生、家长、教师、评估专家一起参与智能的开发，向学生提出选修课程的建议。

②彻底缩减课程，放弃“涵盖一切”的错误做法，加强选修课程，让每一名学生知道自己的强项，选择特别适应自己学习方法的课程。

③在课程的教学中，通过书籍、软件、硬件或其他媒体等多种载体展示教学内容，促使学生用适合自己的方法学习。

我们可以看出加德纳对课程问题的论述围绕着一条主线，这就是学生在设计和实施课程中，不是被动者，而是主动参与者，学生应成为课程的主人。

(2) 开展多彩多姿的教育活动

加德纳认为丰富多彩的教育活动犹如多彩的光谱，有利于学生多元智能的发展。主要内容有：

①自由探索，在多彩多姿的学校环境中，为学生提供各类丰富的材料，引导学生自由探索，以激发每个学生的独特智能；

②理想活动，通过专题作业方式进行社会科学及自然科学教学，促进学以致用，使学科教学成为理想的活动；

③元课程的开设，加德纳认为“元课程”(Metacurnculum)是一种理解并融会贯通的课程，是标准课程(如数学、地理、词汇等)和通用于各门学科的非情景化思维或学习技巧课程之间的桥梁，其目的是直接引导学生注意各个领域之间问题的联系，并为学生提供在不同科目学习中自我检查监督的工具和方法，以增强举一反三的能力；

④艺术推进，艺术是一种深度个人化的领域，让所有的学生深入地接触一种艺术形式，使学生在艺术领域中进入自己和他人的感情世界。艺术学习尽可能围绕有意义的专题进行，以达到激发兴趣，增强动力，开发技能的目的；

⑤社区学习，组织学生深入社区学习，进行深入的场景化的学习和探索，如参观博物馆、运动场、剧院、美术馆等。加德纳所倡导的这些素质教育活动不仅促进全体学生多元智能的开发，也为每一个学生开发优势智能提供了舞台，促进了学生特殊才能的发展。这些做法对于我们有很大启迪。

(3) 多元化评价学生

加德纳认为，如果不能对学生不同领域以不同认知过程和学习状况做出准确的评价，那么，最好的课程改革也没有多大作用。评价在教育中扮演了中心角色。为此，学校第一角色是“评估专家”。他认为评价必须坚持三条标准：

①必须是“智能展示”的评估方法，能直接观察到两种智能的潜力；而不必通过数学和逻辑的“反光镜”。

②必须具有发展的眼光，即评估学生在某一特定领域的知识，必须使用适合学生在一定发展阶段的方法。

③必须与推荐相关联，即对一名具有特定智能儿童的评估，评估所得的分数和评语，必须与这名学生推荐的活动相关；必须重点评估学生解决问题和创造产品的能力。他还强调评估标准要定期更新，不能一成不变。

二、多元智能理论在教学中的应用

十几年来，我国在素质教育理念的指导下，各地开展了愉快教育、成功教育、和谐教育、挫折教育、主体教育、创新教育等多种特色教育的探索，不同程度地推进了素质教育的实施。随着教育改革和实践的不断深入，迫切需要在理论上有一种整合与突破，而多元智能理论也许会给我们的教育以新的启示。

多元智能理论打破了仅以语言和数理逻辑智能为依据的传统智能理论，由以往关注“你的智能有多高”转为“你的智能类型是什么”。这为我们发现和开发学生们具有哪些在传统教育中不被承认或未被发现的智能强项，为发现人才，实现面向全体、因材施教，有效地使每个学生都得到发展提供了现代理论与实验研究的依据。

加德纳把开发学生的多元智能作为学校教育的宗旨。他指出，学校教育是要激发每一名学生的多元智能。为此，他认为未来的学校必须是“以个人为中心的学校”。

在这样的学校中：

①应努力确保每个人所受的教育都有助于受教育者最大限度地发挥智力的潜能；

②要激发每一名学生的多元智能，除了读、写、算课程外，每一名学生都要参加计算机、音乐及体育活动。

③要认真对待学生的差异，认真分析每个人的智能状态，使教育在每个学生身上得到最大成功。加德纳的这些论述充分体现了以学生发展为本的素质教育思想，他所强调的一切是与我们面向全体学生的素质教育要求一致的。因此，加德纳的多元理论也为我们全面推进素质教育提供了新的理论依据。

加德纳的多元智能理论使我们了解到：

第一，每一个人都具备至少七项智能（还有其他一些智能未发展归纳成理论，如灵性、心理感应、幽默感、直觉、创造力、嗅觉等），具体到个人表现有所不同。有人七项全能，有人某几项或某一项突出，但其他缺乏，大多数人居中，某几项优异，某几项稍差，某几项更次之。

第二，大多数人可以使每项智能达到很高的标准，可能有人认为自己天生不具备某项智能。加德纳指出，如果给予适当的鼓励、培养和指导，事实上每个人都有能力使七项智能达到相当高的水平。

第三，各项智能通常互相影响。当人们做某件事时，通常需要几项智能相互作用，如一个排球运动员在训练及比赛时，不光要发挥他的肢体运作智能，还需要语言、交际与自律智能同时作用才能表现适当。

第四，聪明智慧表现在各方面，没有一个标准来衡量某人在某个领域里一定成功才算聪明。

多元智能理论关键的一点是：大多数人的各项智能都可能发展到一个很高的水平。美国特殊教育学家汤玛斯阿姆斯特朗提出三种相关因素：个人天资（先天及后天遗传基因）、个人成长经历、文化历史背景，这三种因素相互作用。我们了解到每个孩子都具备七项智能，而且每项智能都能发展到很高的水平，那么，我们将怎样发现并引导学生智能的发展？加德纳建议教师们注意观察每个学生的"倾向"，即学生入学时，他们某些智能可能已经发展，因此他们的学习方法具有一定的倾向性。我们首先应该能够评估学生最突出的智能表现，然后决定如何帮助他们利用这些智能学到更多的知识。他幽默地建议，判断学生最发达智能的一个好方法是观察他们在课堂上"不规矩的表现"，语言智能发达的孩子老爱说话，空间思维智能发达的孩子爱涂涂画画、发呆冥想，交际智能发达的孩子善与人交往，肢体运作发达的孩子爱做小动作。这些课堂上特殊而不规矩的表现，其实是一种信号，是学生在向老师表示他们希望被教授。另外一个观察学生倾向的好方法是利用课余时间跟他们在一起，也就是说，在没人指导他们的时候，看他们做些什么，还可以通过收集学生活动资料、参考学习成绩、与其他教师交流、联系家长、问学生本人、设计专项活动等。

研究表明，多元智能理论对发现教学优势和改进教学方法有很大帮助，多元智能理论为课堂教学开辟了广阔的途径，学生具体情况不同，教师应根据学生特点拓宽教学方法，只要教师根据每项智能不断变换教学方法，学生就可以在一天中某个时刻有机会利用他最发达的智能学到知识，阿姆斯特朗根据七项智能提供了35种教学方法，例如，①语言智能教学法。通过讲故事、出主意、录音、写日记、出版学生的作品等。②逻辑数学教学法。通过计算、分类、分等、问答、启发，号召学生在学校的任何活动中都广泛运用逻辑—数学思维方式，使学生了解数字不仅仅限于数学课，而是我们整个生活。③空间思维教学法。最容易的方法是帮助学生把书本和讲座的材料变成图画形象，让学生闭上眼睛想象他们学习的东西，让学生在他们脑子里创造他们自己的"内心黑板"，当被问到任何一部分特殊信息时，学生只需要调出他们的黑板"看看"上面的数据就行了。④肢体运作教学方法。主要有肢体回答、表演话剧、编排木偶戏等，通过身体或手势动作来表达学生的观念，为学生提供动手操作的机会。⑤自我省思智能教学法。通过给学生一分钟反应时间，给学生对新知识进行消化或联系生活实际的机会，同时也给学生一个缓冲机会，让他们随时保持注意力集中，为将要进行的活动做好准备。自我省思强的学生的一个特点是他们有能力为自己制定现实的目标，教育者应该给学生制定目标提供机会，想方设法帮助他们为一生做好准备。多元智能理论为我们提供了一种学生个人主体发展的模式，它帮助教育工作者改进教学方法，拓宽活动范围，使学生一些被忽视的智能得到发展，未发展或关闭的智能得以激发，已发展的智能得以完善。

第六节　系统论、系统方法及教学应用

系统科学是系统论、信息论和控制论的统称，又称为"三论"。系统科学几乎同时产生于20世纪40年代，20世纪80年代到21世纪初又产生了耗散结构论（非平衡的开放系统，通过与外界不断交流物质与能量，可能变为稳定有序的状态。）协同论（研究不同领域中多元素

间合作效应的理论,使不同的系统从无序走向有序,从不稳定走向稳定都具有目的性的特征。)混沌理论(突变论:用数学的理论方法研究多种形态结构非连续性突变的现象,以耗散结构理论和协同理论为桥梁与系统论联系起来,并推动其发展(超循环理论)—蝴蝶效应。)和博弈理论。系统科学既是现代自然科学、社会科学、思维科学发展综合的结果,又是现代科学研究共同的一般方法论。它们各自有自己的理论体系,但它们又相互渗透、相互联系,形成一整套理论,普遍地应用于社会科学、自然科学的多个领域和多个学科。系统科学理论为教育技术提供了指导思想和科学方法,成为教育技术重要的理论基础。

一、基本理论体系

1. 系统论

1963 年,美籍奥地利生物学家贝塔朗菲(L. V. Bertalanffy)发表了系统论的代表作《一般系统理论——基础、发展与应用》(General System Theory),成为当代系统论的代表人物。他在 20 世纪 30 年代就主张建立一门科学,专门研究不能被归结于系统各部分性质的规律性,即协调与组织的规律性,也就是系统的规律性。它不仅适用于生物机体或某几种具体的物质系统,还应当适用一般的系统。这门科学他称之为"一般系统论"或"普通系统论"。一般系统论的概念,是他在 1937 年第一次在芝加哥大学的一次哲学讨论会上提出来的。其后在 20 世纪 40 年代,他又发表了一系列著作、演讲,标志着现代系统论作为一门独立科学而出现。并且,正如贝塔朗菲本人所强调的那样,系统论,是与信息论、控制论同时出现的,是沿着同样的思想路线进行的。教育技术是一个运用系统方法分析教育问题,开发和使用各类学习资源的领域,其目的是优化教与学的过程。

系统是由两个以上相互作用、相互依赖和相互联系的组合要素结合而成的,具有特定功能的有机整体。这些组成部分通常称之为子系统。系统论就是研究系统的模式、原则和规律,并对其功能进行数学描述的科学。

系统的构成至少有三个条件:

(1) 构成系统的元素至少有两个以上,也可能很多。往往把主要元素称之为要素。

(2) 系统不是孤立元素的复合或叠加,而是各元素之间相互作用,即彼此具有联系并构成一定的关系,它们形成的整体决定着系统的结构和特征。

系统处在一定的环境之中,又作用于一定的环境。它从环境中获得一定的输入,而又给环境一定的输出。系统是一定环境中的系统,没有环境也就没有系统本身。

系统论认为,世界上一切事物、现象和过程几乎都是有机整体,而且又都自成系统、互为系统;每个系统都是在与环境发生物质、能量、信息的交换中变化发展,是动态稳定的、开放的;系统内部都可以含有子系统,系统内部及系统之间保持一种有序状态。系统论和系统分析方法具有整体性、全面性、结构层次性、相关性、动态平衡性、综合与分析的统一性等特点,是解决政治、经济、教育、科学等问题的方法论基础。

2. 信息论

信息论的创始人是美国贝尔电话研究所的数学家香农(Claude Shannon)。1948 年,香农发表了一篇论文《通信的数学原理》,奠定了现代信息论的基础。

信息论的产生不是偶然的。人类应用信息有着悠久的历史。信息论的直接起因是第二次世界大战期间和战后通信技术的需要。雷达的发明和真空电子管的广泛应用,造成了信息传输、变换技术的迅速发展，促成了信息论的诞生。不仅香农，同时还有其他学者，对信息理论进行了大量的研究工作。如美国的维纳（N. Wiener），就对信息论有着独特的贡献，并独立地提出了信息量公式。

早期信息论基本上局限于通信技术领域，我们称之为狭义信息论，即香农信息论。包括所有与信息有关领域的信息论为广义信息论。

信息普遍存在于自然、社会和人类思维之中。所谓信息，是人们适应外部世界，并且使这种适应为外部世界所感知的过程中，同外部世界进行交换内容的名称。信息是事物存在的方式或运动状态。信息论是关于各种系统中信息的传递、变换、贮存和使用的规律的科学。信息论认为，系统正是通过获取、传递、加工与处理信息而实现其有目的的运动的。

信息论引入教育技术领域主要是其基本观点与方法，它启发我们以信息方法来分析教育教学系统。

3. 控制论

控制论的某些思想也可以追溯到近代乃至古代，但它产生的直接原因，是 20 世纪 20 年代以来科学技术革命的推动。控制论的创始人是维纳（N. Wiener）。在二战期间，维纳参加了火炮自动控制的研制工作，在研究中，他发现了重要的反馈概念。于是，维纳与另外两人一起，在 1943 年发表了《行为，目的和目的论》，这是控制论萌芽的重要标志。其后，1946 年，电子计算机的诞生和运行，是控制论思想的一次实践。此外，维纳亲自参加涉及反馈的神经实验、其他人运用控制论思想设计制造的以耳代目的盲人阅读装置，也大大推动了控制论的建立。1948 年，维纳在法国出版了《控制论》一书，宣告这门学科正式诞生。

控制论是关于控制系统的一般规律和控制过程的科学。它是自动控制、电子技术、通信、生物学、统计力学等多种学科和技术相互渗透的一门综合性科学。控制论的研究对象是控制系统，这类系统的特点是，要根据周围环境的某些变化来决定和调整自己的运动，而系统与环境之间及系统内部的通讯信息的传递是实现系统目的的基础。控制论不仅从事物质的方面，而且着重从量的方面去发现各种控制系统的共同规律，并把反馈方法作为提高系统的稳定性、达到优化控制的有效方法。

控制论观点对于我们实现教学过程的最优化，构建优化的教育教学系统，有重要的理论价值。

4. 系统论与信息论、控制论之间的关系

系统论、信息论与控制论这三论的诞生时间几乎是相同的，而且许多基本概念、基本思想、基本方法都雷同。这在控制论中表现得更为明显。控制论的创始者们，如维纳、艾什比在创立这门科学的过程中，同时对一般系统论和信息论都提出了独立的见解，成为这三门学科的奠基人。因为他们在研究一个通讯和控制系统时，离不开系统、信息、控制等基本概念。贝塔朗菲、香农、维纳等人，在当时的历史条件下，各自从不同的角度提出了解决问题的方法、原则，实际上都是应用系统的观点从不同的侧面研究了同一个问题。

必须指出，三论并不属于同一层次。就其历史渊源研究的领域来说，系统论更为广泛，抽象程度更一般，更接近于哲学。控制论和信息论则属于技术基础科学。但“三论”归根到底是一论——系统论，所以国外学术界一般称系统论为现代科学方法论的新流派，把它列入科学哲学之中。

二、系统科学的基本原理

系统科学理论可以归结为六个基本原理，即整体原理、有序原理和反馈原理、有机相关性原理、目的性原理和动态性原理。以下重点阐述整体原理、有序原理和反馈原理。

1. 整体原理

任何系统都是由若干相互联系、相互作用的要素（部分）构成的整体。但在功能上，整体功能并不等于部分功能的总和。整体功能与部分功能的关系有三种情况："小于"、"等于"和"大于"。前两种情况在非优系统中或机械组成范围内是存在的，但不会在优化系统中出现。

一般来说，事物功能可以分为三个层次：基本层次是事物的"元功能"，即事物中各孤立部分元素的功能；其次是各部分相加的功能，称为"加功能"；再就是由事物的各部分按一定有序组合形成的结构所产生的功能，可以称为"构功能"。构功能只存在于整体状态中，不存在于整体内的要素之中。构功能以元功能为基础，但又不等于元功能的加和。当要素或元素的结合是有序的、有目的的，从而形成优化系统时，系统就获得了一种"系统效应"和系统功能的"附加量"，于是，在宏观上就呈现出整体功能优于部分之和的现象。这种大于元功能加和的系统构功能就是一种新的系统质。

整体原理要求我们注意以下几个方面：

第一，整体性是系统的本质特征，是系统理论的核心。任何系统都是由要素构成的，系统的要素是相互关联的，它们之间受一定规律的制约，要素之间的联系形成系统的结构，不同的结构，具有不同的功能。无论研究一个要素、子系统，还是认识它们之间的联系和作用，都要从系统整体出发，以整体为准绳，以整体为归宿。

第二，系统都是由要素构成的，但不能孤立地考察一个要素，应把要素置于系统之中去考察。系统也不是孤立的，它与环境紧密相关，应把系统置于环境中去考察。要把对象作为一个由诸多要素或子系统构成的系统来考察，把握其整体构成和整体运动规律。

第三，任何系统虽是由若干部分（要素）所构成，但在功能上，各部分功能的总和不等于整体的功能；任何系统的整体功能应大于各部分功能的总和。应该把对象放到它所属的系统之中去考察，要看到，系统的整体新质与规律只存在于组成它的诸要素的相互联系和相互作用之中。

第四，要看到系统中各要素间的联系不是线性的因果链，而是互为因果的网络，整体联系存在于非线性作用之中。

2. 有序原理

（1）系统要发展，要从无序到有序，第一个必要条件是系统必须是开放的系统；另一个必要条件是系统必须有涨落的作用即远离平衡态。系统是由要素构成的，要素的排列方式不同、运动秩序不同，会形成不同的系统。化学中的同素异形体，如金刚石和石墨，就是一个明显的例子。再如，自由电子的无规则运动没有任何现实意义，有规则的定向运动则会形成电流。

（2）无序不成其为系统，系统的有序是系统的本质属性之一。所谓"序"，是指一定系统保持自己整体特性和功能的内部结构方式和运动秩序。序体现了整体与部分的对立统一。

有序是指一个系统的性质、结构、功能，由简单向复杂、由低级向高级的发展。它不是简单地反映时间的先后，位置排列的先后，而是系统组织程度的提高。序包含三方面的内容。

一是动态有序、过程有序。优化系统的发展一般是从较低的有序状态走向较高的有序状态,系统的有序联系是在发展中构建和完善的;但有序又不是永恒不变的,有序与无序是对立统一、相互转化的。二是纵向有序。从垂直方向看,大系统—系统—子系统—要素……等级分明、井然有序,稳定的层次联系构成了系统的纵向有序。三是横向有序。从水平方向看,各系统之间、系统与环境之间、各要素之间,也构成了有序联系。这三方面的有序构成了系统的有序。

3. 反馈原理

反馈是很普遍的一种现象。有关反馈的思想和实践可以追溯到久远的年代。古希腊的造船术,古代中国的"铜壶滴漏",古代的指南车、自鸣钟和怀表,以及 19 世纪蒸汽机上的离心调速器,现代轮船上的操舵机等,都是反馈装置。在生物界,动物的血压、体温、血糖含量的自我调节,高级神经活动的条件反射,冬天来临时动物冬眠、鸟儿南飞等,都是反馈现象。反馈现象可以说是与生物在地球上的产生共始终的,但把它概括为一个科学概念、作为一种科学原理加以应用,却是从 20 世纪中叶开始的。

从系统科学的观点来看,反馈(Feedback)就是信息的反向输送,即信息输入控制系统以后,系统会有信息输出,输出结果反送回输入,对系统的再次输出产生影响,起到调节控制的作用。任何系统只有通过反馈,才能维持稳定状态。没有反馈,就没有各种自动调节和自动控制系统,也就没有动植物的生长发育和各种动物的有目的的活动,更不会有人的理性思维活动。没有反馈,也不可能实现人类对自然、社会和思维的控制。反馈体现了系统能动、积极的本性。

(1) 一个控制系统既要有控制部分的控制信息输入到受控部分,更要有受控部分的反馈信息回送到控制部分,才能形成一个闭合回路。没有反馈信息的非闭合回路,不可能实现控制。

(2) 反馈分为两种,如果反馈信息能够加强控制信息的作用,则这种反馈称为正反馈;反之,如果反馈信息的作用与控制信息的作用相反,则这种反馈称为负反馈。负反馈能维持系统的稳态,是可控过程。

三、教育技术系统方法

1. 系统方法的概念

系统方法是教育技术学研究的核心方法,是教育技术理论体系中的一个不可分割的部分。美国教育传播与技术协会(AECT)在 1977 年年度教育传播与技术学术会议上提交的学科分析报告中认为:新的观念——系统方法在教育的技术学层次中的应用,对于具体的研究和解决教育、教学的问题带来了新的思路。这就是对于复杂的教育、教学问题的解决,人们可以通过像工程中使用的系统方法一样,广泛采用定义系统和子系统的方法来定义问题和解决问题的空间。如此对待问题,那么一个极为复杂的问题就完全可以分解成几个或许多相关的、能找到令人满意答案的局部问题。

所谓系统方法,就是按照事物本身的系统性把研究对象放在系统的形式中加以考察的一种方法。即从系统的观点出发,始终着重从系统与要素之间、系统与外部环境之间、要素与要素之间的相互联系、相互作用、相互制约的关系中综合地、精确地考察对象,以达到最佳地处理问题的一种方法。它的显著特点是整体性、综合性、最佳化。

2. 应用系统方法的步骤

在教育技术学中使用系统方法，共包括五个基本步骤，加上“修订”环节而构成六个部分。如图 2-13 所示。

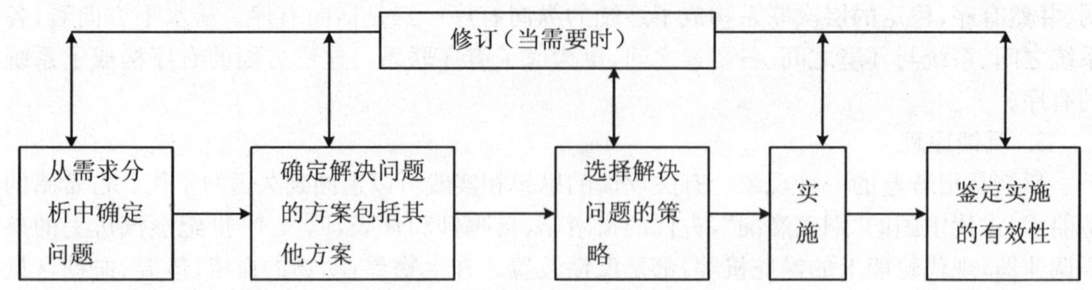

图 2-13 用系统方法解决问题的过程

对每一步的说明如下：

第一步，从需求分析中确定问题。需求分析通常都是对现状和希望的结果之间的差异分析。这种需求分析应提供两方面的情况：第一是对于教育、教学活动内部状况的描述，第二是对教育、教学系统与其外部矛盾的对立的描述。应用系统方法都是从需求分析评定开始的。评定分析需求是一个极为重要的过程，在没有根据需求确定问题以前，任何方法都是无目标的，即便是有效的，充其量也仅仅是一种偶然的巧合。所以一般应用系统方法的第一个步骤通常称之为根据需求评定分析鉴定存在问题的过程。

第二步，确定解决问题的方案和可替换的解决方案。根据需求分析的结果，确定了需要解决的问题，同时也提出了需要达到的目标。这一步要提出解决问题的方案，而且一般是多种方案。

第三步，从多种可能的解决方案中选择问题解决的策略。这一步骤在系统方法中是关于“怎样去做”的一个步骤。在这一步骤里，要选择完成目标的工具和方法。通常选择方法和工具的标准是“费用—效果”的比值，即期望以最小的花费来取得最大的效益。

第四步，实施问题求解的策略。在这个步骤中，对产生出的计划和选择的解决问题的方法与策略要具体的加以实施。上面系统分析中提到的方法和手段将被采纳、应用或者修正。为了确保解决问题计划的顺利进行，必须构造一个管理的子系统。这个子系统可以管理各种复杂的事物和处理各种在研究计划执行中产生的信息。

第五步，确定实施的效率。在实施过程中，收集的信息包括两部分，一部分是过程信息，另一部分是系统的产出信息。把这些信息同在需求分析评定和在系统分析中所得到的各种详尽的需求信息相比较，现实系统同所要求的理想化系统之间的差异性便一目了然。这就为下一步考虑修正提供了诊断性的信息。

第六步，如果有必要，对系统加以修正。根据实施所得出的具体的执行信息，所构造问题的解决系统的执行情况便可以很快地反映到研究者那里。如果有必要的话，许多步骤可以加以修订，构造的解决体系可能需要再设计。这种系统方法的自我修正的特征，保障了解决问题的有效性。

学习思考题

1. 教育技术学科的理论基础有哪些？
2. 怎样对待各种学习理论？
3. 调查多元智能理论的实际学习案例。
4. 在教学过程中怎样应用系统理论？
5. 在教学过程中怎样运用教育传播理论？
6. 简述发展教学理论和教学方法。

第三章　教学媒体

学习目标

1. 掌握教学媒体的含义、类型、特点、基本原理和应用。
2. 了解选择教学媒体的依据。
3. 会使用教学媒体构建教学环境。
4. 熟悉微格教学系统和多媒体教室。
5. 了解多媒体技术。

第一节　教学媒体概述

一、媒体与教学媒体

媒体，也称媒介，传播媒体。这一术语源于拉丁语“media”，意为“介于两者之间”，是指信息传播的过程中，从信息源到接受者之间携带和传递信息的载体和物质工具。教学媒体是用于从信息源到学习者之间传递教学信息的载体和工具。

媒体通常由三个要素组成：硬件、软件和潜件。硬件指传播信息的仪器和设备，如电视机、影碟机和计算机等；软件指存储信息的载体，如磁盘、光盘和录像带等；潜件指把硬件和软件恰当组合进行传播和教学的思维和操作过程。

教学媒体的发展趋势是：媒体及相关设备向小型化、微型化方向发展，通信技术向多样化、数字化方向发展，信号的传输模式由模拟向数字化过渡，媒体的交互功能更强，交互方式更加丰富多样，多媒体和网络紧密结合。

二、教学媒体的分类

教学媒体的种类繁多，按其运用现代科技成果的情况，可分为传统教学媒体和现代教学媒体。传统的教学媒体有教科书、黑板（粉笔）、实物标本模型、图表和照片等。现代教学媒体按媒体的物理性能可分为光学投影媒体、电声媒体、电视媒体和计算机媒体，按作用于人的感官又可分为：视觉媒体、听觉媒体、视听媒体、相互作用型媒体和综合媒体，现代教育媒体以电子媒体为主。本章主要阐述各种现代教学媒体的基本原理以及应用于教学的方法。

（1）视觉媒体：照相机、数码相机、幻灯、投影等；

（2）听觉媒体（电声媒体）：广播、音响系统、录音机和CD等；

（3）视听媒体：电影、电视、摄像机、录像机、激光视盘等；

(4) 相互作用型媒体:程序教学系统、教学模拟机、语言实验室、计算机多媒体网络系统等;

(5) 综合媒体:计算机媒体、多媒体教室、语言实验室、微格教室、计算机多媒体网络系统、数字图书馆等。

三、教学媒体的特性

加拿大著名传播学者马歇尔·麦克卢汉于1964年在《媒体通讯,人体的延伸》一书中写到:媒体是人体功能的延伸,印刷品是人眼的延伸、无线电广播是人耳的延伸、电视则是人耳和眼睛的同时延伸、传声器是嘴巴的延伸、面对面交流则是五官的延伸、电脑则是大脑的延伸。每一种新媒体的出现都是一种延伸,而每一种新的延伸,都会使人的各种感官的平衡产生变动。这说明各种媒体运载信息的符号是不同的,因而对受信者产生不同的刺激,使其所表现的教学功能与特性各不相同。教学媒体有以下主要特性:

1. 重现力

指媒体不受时间、空间的限制,能将记录、存储的内容随时重新使用的能力。不同媒体的重现力是不同的。如实时的广播与电视瞬间即逝,难以重现;录音、录像与电视媒体能将记录存储的信息反复重放使用;幻灯、投影与计算机课件也能根据教师和学习者的需求反复重现。

2. 表现力

指各类媒体表现客观事物的时间、空间、声音、颜色以及运动特征的能力。由于信息不是事物本身而是事物的表征,不同媒体用不同的符号去表征或描述事物,因而对事物运动状态与规律具有不同的表现力。

3. 传播力

指媒体把各种符号形态的信息传递到一定空间范围内的能力,有无限接触和有限接触之分。如计算机网络和有线电视系统能将信息传送至较为广阔的范围,而幻灯、投影、录音、录像等只能在有限的教学场所播放。

4. 参与性

指在应用媒体教学时,学习者参与活动的机会,可分为感情参与和行为参与。如电影、电视、广播等媒体,具有较强的表现力与感染力,容易引起学生情感上的反映,从而激发学生感情上的参与;而多媒体计算机的交互作用,能使学习者在上网学习过程中根据本人的学习需要去控制学习进程,因而它是一种行为与感情参与程度高的媒体。

5. 可控性

指使用者对媒体操纵控制的难易程度。像幻灯、投影、录音、录像及计算机媒体等比较容易操控,并适合于个别化学习。而对于广播、电视,只能按电台播出的时间去视听,学习者的自主性不强,且不易操纵。

表3-1列出了几种常用媒体的特性。

表 3-1 几种常用媒体的特性

特性 \ 媒体种类		录音	幻灯	电影	广播电视	电视录像	计算机
重现力		√	√	√		√	√
表现力	空间特征		√	√	√	√	√
	时间特征	√		√	√	√	√
	运动特征			√	√	√	√
	声音特征	√		√	√	√	√
	颜色特征		√	√	√	√	√
传播力	无限接触				√		√
	有限接触	√	√	√		√	√
参与性	感情参与	√		√	√	√	√
	行为参与		√				√
可控性	易控	√	√			√	√
	难控			√	√		

四、教学媒体的选择依据

1. 依据教学目标和教学内容

在教学中,不同的任务要求教师采用不同的媒体和方法去完成。如小学识字教学可以用幻灯机、投影仪等媒体;而朗读课文的教学则要用录音机;若是为写作文需要设置一定的情景就需使用电视媒体。各门学科的性质不同,与之相适应的教学媒体会有所区别,同一学科中各章节内容不同,对教学媒体也有不同要求。

2. 依据教学媒体的特性和功能

每一种教学媒体都有一定的特性和功能,因此对于一个特定的教学情境,使用何种教学媒体效果会更好,就有一个选择的问题。而每种教学媒体又都有自己的长处和短处,怎样在使用中扬长避短,充分发挥各自的优势,这便要求依据媒体的特性和功能来选用。

在某种教学情境中,常常是将不同媒体进行优化组合,取长补短,调动学生的多种感官参与教学活动,以提高教学的效果。因此要对各种媒体的特性进行认真分析,充分考虑具体教学情境,以此为依据把不同的媒体有机地结合起来。

3. 依据教学对象

不同年龄阶段、不同知识结构的学生对事物的认识和接受能力不一样,选用教学媒体必须符合他们的年龄特征、心理状态。例如,小学生的认知特点就是具体的直观思维,注意力不易持久集中,针对他们的认知特点,采用的媒体要生动形象、色彩鲜艳,如用简化了的动画或木偶角色要比真实角色更能吸引学生。随着年龄的增长,学习经验的增加,学生的抽象思维能力逐步发展,学习中的自我控制能力也在增强,根据这些特征就可以选择适合用来分析、综合、抽象、比较、概括等思维活动的媒体,其选择范围可以广泛一些。

4. 依据教学条件

在教学过程中,教师是否选用某种媒体,还要看当时当地的具体条件,其中包括资源状况、经济实力、师生技能、使用环境、管理水平等因素。录像教学具有视听结合、文理都适合的优点，但符合特定教学需要的录像片是否随手可得呢？语言实验室是一种教学有效的外语教学媒体，但并非每个学校都有能力配置，因地制宜，因陋就简采用录音机代替是可以的。

五、教育媒体的使用和管理

1. 教育媒体硬件的使用步骤

细心阅读媒体的使用说明书和相关技术资料，懂得媒体的操作程序和注意事项，知道媒体的旋钮和控制开关的英文符号的含义，按说明书的要求接好电源和配套部分。先操纵媒体的机械部分，再调试电气部分，使媒体运行在最佳状态，评价媒体的各种性能。媒体必须放在干燥、通风处。防磁、防雷击，三个月不用要通电运行，以保持媒体的部件不会受潮霉变损坏。

2. 教育媒体软件的保管

磁盘、录音带、录像带、光盘等软件要竖直放置。由于大部分软件是塑料制成的，为了防止塑料变形造成存储信息的丢失，软件应存放在通风、干燥、温度低于摄氏 25 度的柜中，并且按图书资料的方式做好编录，以便使用检索。录音带和录像带长期不用，应避免塑料基带层与层之间产生粘接，要定期倒带。

第二节　视 觉 媒 体

视觉媒体指的是呈现视觉信息的媒体。视觉媒体主要包括照相机、幻灯机、光学投影仪及屏幕、投影机、视频展示台等。

一、幻灯机和投影仪

(一)幻灯机的基本结构与工作原理

幻灯机是将光学胶片上的影像，通过光路系统放大投射到银幕上的一种光学装置。常用的幻灯片用 135 胶片制成，画幅为 24mm×36mm，片夹外框为 50mm×50mm。图 3-1 所示即为一种常见的幻灯机和幻灯片。幻灯机的光学部分主要由光源、聚光镜、反光镜、隔热玻璃和放映镜头等组成，如图 3-2 所示。光源发出光线经聚光镜汇聚照亮幻灯片，再通过放映镜头在银幕上形成放大的倒立的幻灯片图像。

(二)幻灯机的使用

(1) 在使用幻灯机前，一定要熟悉产品说明书，了解该机的性能、特点和操纵方法。

(2) 幻灯机安放的位置要便于使用，幻灯机与银幕要保持适当的距离，画面充满银幕为准，其高度选择以避免学生头部挡住光线为宜。

(3) 将幻灯片装到幻灯机的片盒内。装片要按教学需要的顺序。

(4) 开机前要检查电源线及电器插头是否完好，电压是否符合要求。

图 3-1　幻灯机和幻灯片

(5) 开机后要检查风扇马达是否运转。如果风扇马达不运转，严禁使用幻灯机，否则灯泡因不能散热而烧坏。

(6) 调节焦距。在放映时,用手旋转镜头筒调节焦距,使幻灯机放映出清晰的画面。换片时,因为片夹厚度不一,在放映过程中还需要随时进行微调。使用中发现不正常的现象、声响时,一定要停机检查,排除故障。

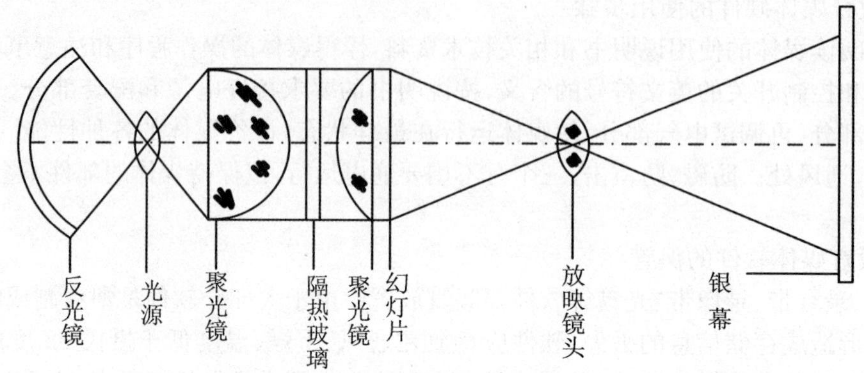

图 3-2 幻灯机的光学部分

(三)投影仪的优点和局限性

1. 投影仪的优点

(1) 投影器构造简单、操作方便、体积小、携带方便。

(2) 教师可以根据教学需要灵活使用各种形式的投影片。例如,边讲边在投影片上写、画;对投影片画面进行遮挡,逐步揭示、讲解;利用复合片进行分析或综合讲解;使用活动片或动感片演示活动或动感的画面效果;演示小的实物和用透明材料制作的教具,还可演示某些物理和化学等学科的实验,等等。

(3) 保持传统教学中师生面对面教学、容易理解和及时交流的优点,减少教师的板书劳动,使教师的课堂活动时间有了回旋余地。

(4) 投影片来源广,专业出版社发行了与中小学教材配套的投影教材,另外,教师可以根据教学内容,很方便地自制投影片用于教学中。

(5) 投影仪在教室内自然光条件下就可以使用,方便教学。

2. 投影仪的局限性

(1) 投影教学效果在很大程度上取决于教师的媒体教学技巧。

(2) 投影器不能自动地连续地展示图像,也不能配音。

(3) 它是为大班教学而设计的,不适合于个别学习。

(四)投影器的原理和使用

1. 投影器的基本构造和原理

投影器的光学工作原理与幻灯机相似,只是光路有些不同。常用的投影器由光源、新月镜、螺纹透镜(又称菲涅尔透镜)、放映镜头及反射镜等组成。图 3-3、图 3-4 和图 3-5 是常见的台式投影器的光学原理图、电气原理以及基本构造图。

投影器的光路采用新月透镜作为第一聚光镜,其作用是:

(1) 新月透镜凹面朝向光源,可以更加靠近光源使包容角增大,提高光效;

(2) 凹面朝向光源受热均匀,可起到隔热作用,使螺纹透镜的温度不至于过高;

(3) 使整个聚光系统的焦距缩短,减少了投影器的高度、体积和整机的重量。

投影器的第二聚光镜,现多采用螺纹透镜(又称菲涅尔透镜),它由透明的聚丙烯塑料制成,具有孔径大、厚度薄、重量轻、光效高、照明均匀等优点。

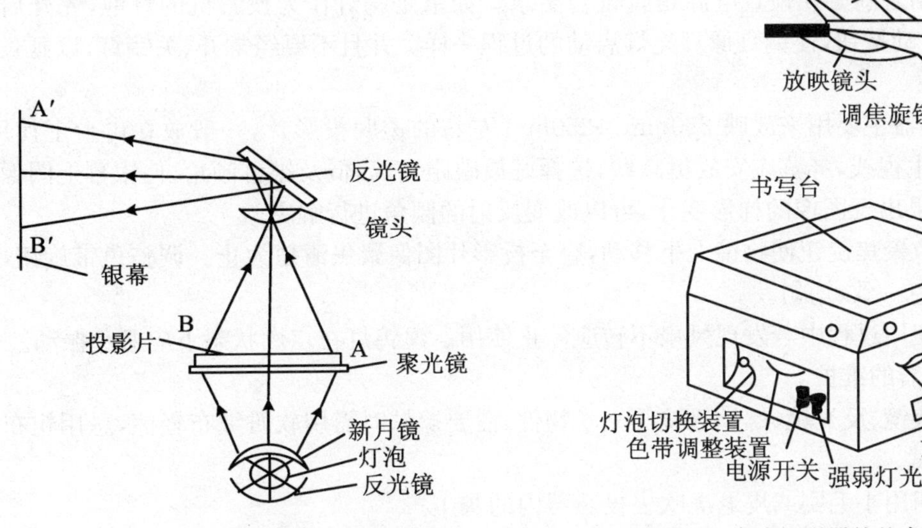

图 3-3 台式投影器的光学系统图 图 3-4 台式投影器的基本构造

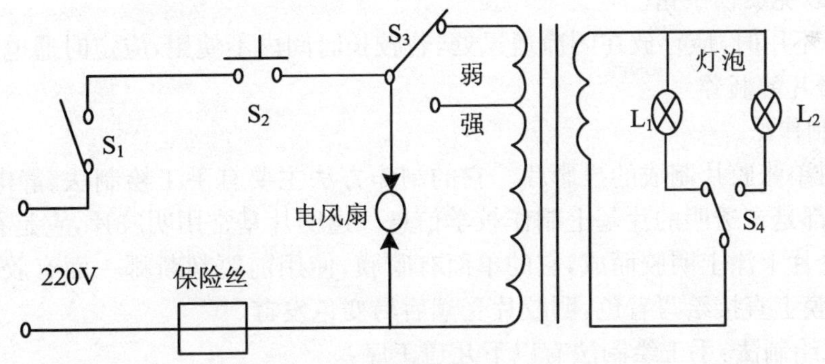

图 3-5 投影器的电气原理图

2. 投影器的功能装置及操作方法

(1) 灯泡切换装置。投影器大都有一个工作灯泡和一个备用灯泡,它由灯泡切换装置来控制。当工作中的灯泡烧掉时,只需扳动灯泡切换开关,可将备用灯泡转入工作状态。

(2) 色带调节装置。在新月聚光镜汇聚的光束边缘,因色差而带上色彩形成色环,如果这个色环在菲涅尔透镜以内,就会在银幕上出现。色带调节装置可使反光碗、灯泡、新月聚光镜组件作为一个整体上下移动,将色带调节到菲涅尔透镜以外,色带就可消失。

(3) 弱光、强光开关。弱光、强光开关是用来改变光源变压器的输出抽头而改变灯泡的供电电压。通常情况下,常常用弱光供电以延长灯泡使用寿命,只在感到亮度不够时,才打开强光开关。

(4) 俯仰及水平旋转装置。多数投影器其物镜及反光镜组件可绕垂直轴旋转 360°,反光镜可作 0°～60°俯仰调节,所以使用起来非常方便。

(5) 卷片轴、承物平台及遮光镜。有些投影器还带有卷片轴、承物平台及遮光镜。透明片可卷在片轴上，使用时边书写边讲解，用后可倒回。书写时为避免光线刺眼，可使用遮光镜保护眼睛。承物台附在投影器一侧可放置投影片。

3. 投影器的使用注意事项

(1) 使用之前必须检查电源是否符合要求。如果是镝灯作为投影机的灯泡，先开启电源，然后按启动按钮，使镝灯像日光灯启动的过程一样。并且不要经常开、关镝灯，以延长灯泡寿命。

(2)投影器主要用来放映 250mm×250mm 左右的透明投影片，一般放在讲台上使用，为不妨碍学生视线，屏幕应安放更高些，选择好放映距离、高低及银幕倾角，使银幕上图像大小合适。如果出现图像的梯形变化，可以改变反射的倾角进行解决。

(3) 调节聚焦旋钮使物镜上下移动，直至投影片图像聚焦清楚为止。调整色带旋钮，使屏幕上的光色一致、均匀。

(4) 在使用过程中若发现风扇不转应停止使用。溴钨灯在点燃状态下应避免振动。

4. 投影器的维护

(1) 放映镜、反光镜、螺纹透镜等光学物件，需要擦拭时需用软质绒布轻擦，忌用粗布或其他东西擦拭。

(2) 定期用小毛刷或皮老虎吹去投影器内的灰尘。

(3) 更换灯泡时，灯泡在使用中被烧坏，不要马上打开载物台更换灯泡，等 5～10 分钟后再换灯泡，以免烫伤手指。

(4) 设备不用时，应存放在阴凉通风处，若较长时间内不使用，应定时通电防潮。

(五)投影片的制作

1. 静片制作法

静片是由单张胶片制成的投影片。它的制作方法主要有手工绘制法、静电复印法和数字化制作法，都是在透明的片基上制作教学信息。透明片基常用明胶片，它是在不能吸附普通墨水的涤纶片上涂上明胶而成，它的单面有胶膜，使用前要判断哪一面有胶膜，可以用墨水、水彩在胶膜上直接绘写着色，明胶片受潮后易变色发霉。

(1) 手工绘制法：手工绘制法有以下几道工序：

① 设计底图：根据教学的需要，对所要说明的问题进行构思，先在白纸上用铅笔设计描绘出底图，符合透视原则。

② 制作片框：片框的作用是固定投影片，遮挡多余的空间，把双层硬卡纸的中间挖空，将投影片夹在中间。

③ 复描：将做在片框中的明胶片与底图对齐，用水彩笔或油性笔将底图上的图形或文字描到明胶片上，以轮廓或框图为主。

④ 着色：用毛笔或棉球蘸取水彩颜料、油溶性颜料等透明色对图形或图像进行着色，要求着色部位准确，相邻部位的颜色对比大，较近的景物着色宜鲜艳浓重，较远的景物或背景宜淡薄轻浅。有条件时可以边着色边用投影仪放映观看。为了着色均匀，在着色的部位先用毛笔或棉球蘸水湿润一遍，再上色，一遍一遍、由浅到深，来回渲染，直至满意为止。

⑤ 勾边：为了提高画面轮廓的投影对比效果，需要对画面的边缘进行勾边，以增加图形的立体感和空间视觉效果。

经过投影放映，进行片与片内容衔接的修改和艺术加工，附加文字说明。

(2) 静电复印法。利用静电复印机将资料上的图文复印到透明胶片上，还可以在已复印的胶片上着色，这种方法操作简单、自动化程度高，制作的图形和文字很规范，还可以对原件任意放大或缩小。基本操作与一般复印完全相同。应选用厚度为 0.05mm、0.07mm 的涤纶片或明胶片，太薄或太厚都会产生卡片现象或者复印效果不好。

(3) 数字化制作法。利用计算机的数字化功能设计投影的内容，如文本、图形用 PowerPoint、Photoshop 等软件制成，再连接打印机将其打印成投影片。这种方法素材来源广泛，可以用数码相机、扫描仪采集素材输入计算机处理成投影片，并且投影片的放映效果和格式规范、丰富多彩。直接把投影胶片当作纸插入打印机就可以了，但是为了保护激光打印机，先用纸在激光打印机上印出底图，然后用底图在静电复印机上印出投影片比较好，还可以用油性笔在复印出的投影片上填色。

选择厚度为 0.03mm、0.05mm、0.07mm 的透明片作为打印材料，还可以用喷墨打印机制片。因为针式打印机分辨率太低，不能打印制作投影片。

2. 活动投影片

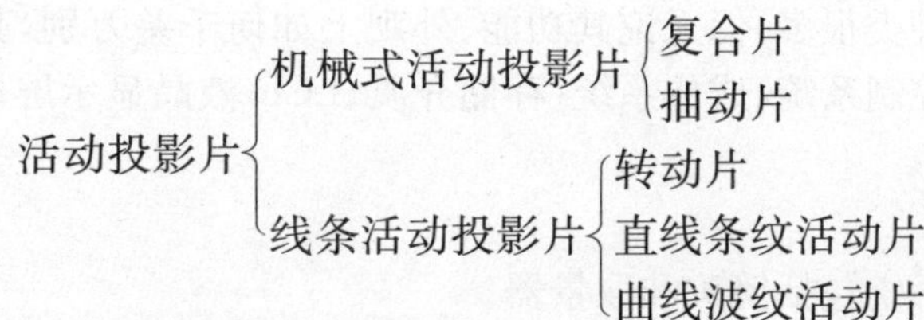

实际制作活动投影片难度比较大，因教材内容和课时的安排，不做详细介绍。

(六) 教学银幕

1. 教学银幕的种类

按银幕材料分：有玻璃微珠幕、布基白塑幕、玻璃微珠定向幕、高级塑料透视幕、白布幕与木板幕等。

2. 教学银幕的使用

在银幕使用过程中，一般应注意以下几点：

(1) 银幕至第一排学生的距离应大于银幕宽度的 1.3～1.5 倍。太近会使视者感觉画面影像不清晰、不稳定，容易产生视觉疲劳。

(2) 银幕至最后一排学生的距离应为银幕宽度的 5 倍，否则视者不容易观察、分清图像的细节部分，也容易引起视觉疲劳。

(3) 第一排边缘学生至银幕远边的视线与幕面的夹角不应小于 45 度。

(4) 幻灯投影设备之光轴与银幕中垂线的夹角应小于 12 度，否则图像会产生明显的梯形失真。

(5) 银幕使用过程中要注意爱护。如防止灰尘、污物对银幕的污染；防止高温和受潮；防止曝晒；防止碰伤划伤；经常维护和保养。

二、摄影技术

A. 数码照相机

照相机不属于教学投影设备，但摄影是获得平面视觉材料的重要手段，因此在这里，我们将照相机作为一种视觉材料的制作设备归于视觉媒体中。照相机按使用存储介质可分为胶片相机和数码相机。

胶片相机的图像信息是保留在感光材料上，如胶片或即时成像纸上。数码相机的图像信息是以数字形式存储在数码介质上，如存储芯片、存储卡等。

数码相机也称数字相机，是随数字化技术发展而出现的一种新的照相机种类。虽然数码相机是在传统相机的基础上发展起来的，但在很多方面与传统相机有着本质区别。数码相机图像的拍摄与存储材料不是胶片，而是图像传感器(CCD)和内部存储器。当被摄景物的光线透过镜头到达图像传感器上时，图像传感器可将光信号按各点强度不同而转换成相应的电子模拟信号，通过模/数转换器将这些模拟信号转换成数字信号，这些数字信号经过压缩后输送到机内的存储器或可移动存储卡中保存起来。以后根据需要将这些图像数据传到计算机中进行修改编辑，制作成数字图片素材，可用于多媒体制作、网络传输或打印输出。

随着数字化产品的普及，数码相机的应用领域也越来越广。在现代教育技术中，使用数码相机摄取数字图像，为开发多媒体课件提供图片素材，已是很常见的做法。

（一）数码相机的系统组成

目前数码相机的种类很多，但无论其功能、外观上如何千差万别，其内部系统组成基本相同，即由取景系统、控制系统、成像系统、存储介质、LCD 液晶显示屏以及电源系统等几部分组成。

1. 取景系统

数码相机的取景系统包括镜头和取景器。

(1) 镜头。数码相机的镜头与传统相机的镜头在材质和原理上没有区别，都是由透明镜片组成的高级光学成像器材。

这里需要注意的是镜头的焦距。我们知道，照相机拍摄的画面大小尺寸不同，其相应的标准镜头焦距也不同。如对 120 型相机而言，使用的是 60mm×60mm 胶片，其标准镜头焦距大约为 80mm，而 135 型相机底片尺寸是 24mm×36mm，其标准镜头焦距大约为 45mm。数码相机的成像材料是 CCD，而 CCD 的尺寸比普通底片要小得多，所以其镜头焦距也要短得多。表 3-2 给出了普通数码相机的镜头焦距划分与 135 型照相机镜头焦距的对照情况，供参考。

表 3-2 数码相机与传统 135 相机的镜头焦距对照表

镜头类型	135 相机	数码相机
超广角镜头	<20mm	<4.3mm
广角镜头	21mm～5mm	4.5mm～7.5mm
标准镜头	50mm	10.7mm
望远(长焦)镜头	70mm～200mm 以上	15mm～43mm

(2) 取景器。数码相机的取景器有三种类型。一种是与传统照相机一样的光学取景器；另一种是电子取景器，即在小取景窗中所看到的是景物的电子图像，其优点是在显示上不仅可以取景，还可以显示相机当前的各个参数，缺点是其图像效果要比光学方式的差；第三种类型是 LCD 液晶显示屏，有些数码相机可以用机身背后的大 LCD 显示屏直接取景，其优点是人眼不必紧贴机身，使取景角度更加灵活，缺点是受观看角度和外界光线影响，对景物的亮度、色彩判断容易出现误差，另外耗电量较大。

2. 控制系统

主要由光圈、快门、调焦、白平衡等部分组成。光圈和快门从操作的角度讲，与传统的相机并无区别，其标称参数也是相同的。调焦系统也与传统相机一样，有免调式、手动式、自动式等几种。白平衡调整是数码相机的一个特殊装置。传统相机的色温调整是靠在镜头前加各种色温镜片，而数码相机则是用电子方式将色温调整到标准状态。

3. 成像系统

数码相机的成像核心是图像传感器(CCD)，它是一种光电转换元件，可以按照射到其上的光线强度产生相应数量的电荷，经电子束扫描后，得到一个电压或电流数值。一块CCD传感器上有几十万甚至几百万个这样的光电转换单元，每一个单元就代表一个像素(即图像中的一个点)，这些像素组成一个庞大的矩阵，接受图像的光信号，根据图像内容中各点亮度的不同，各自产生不同的电荷数，经过电子束对其依次扫描，形成一串电信号，再通过模/数转换，完成图像信息的数字化。

4. 存储介质

数码相机的图像数据存储介质有多种类型，常见的有CF卡、SM卡。有些机型采用较特殊的介质，如记忆棒、硬盘卡、MD硬盘、可擦写光盘等。从容量上看，早期CF卡、SM卡的容量较小，只有几十兆，但目前这种差距在减小，几百兆甚至1G的存储卡已经出现。从选用情况看，普通机型还是选用CF卡、SM卡的比较多，记忆棒只有Sony公司的产品采用。

上述几种存储介质均为可移动式，即可以从相机中取出独立存放或在计算机中读取。而有些低档数码相机的存储介质是内置式的存储芯片。前者在向计算机传送数据时，可以将相机与计算机连接读取，也可以将存储卡取出，通过专用读卡器连到计算机上传送。而后者只能将相机与计算机连接传送。

5. LCD液晶显示屏

与传统相机相比，数码相机的主要优势之一就是可以即拍即看，而数码相机背后的彩色LCD显示屏正是为此设置。在相机上与此配套有一些按钮，通过操作这些按钮，可以在LCD上浏览、删除已拍照片，并设置各项参数。

6. 电源系统

数码相机通过外接电源或使用电池来进行工作。

(二)数码相机的技术参数

衡量数码相机的档次，主要看几个重要参数：

1. 像素数

是数码相机CCD上的像素总数。像素越多，清晰度越高，图像质量越好。当然，像素数与CCD的面积直接相关。低档数码相机CCD一般是1/5、1/4、1/3英寸(对角线长度)，像素数在几十万到200万之间。中高档的多采用1/1.7、1/1.8英寸CCD，像素在300万以上。专业数码相机采用2/3英寸以上CCD，像素数可达500万～600万甚至更高。

2. 分辨率

数码相机的分辨率是反映图像清晰度的直接指标，它通常以线数来表示，如相机CCD上水平方向有1024个像素，垂直方向有768个像素，则称此时图像分辨率为1024×768，该图像由768432个像素组成。原则上讲，分辨率越高，图像越清晰，但数据量也越大，占用存储空间越多。在分辨率方面要注意以下三个问题：

(1) 最大分辨率。数码相机的最大分辨率受相机总像素数限制,是决定相机质量的主要指标。

(2) 有效分辨率。理论上讲一台数码相机的最大分辨率(如 1024×768)的乘积应该等于其标称的总像素数。但事实上并不是所有的像素都参与图像转换,通常考虑到成像区域边缘部分由于光线干扰或光学畸变,其影像质量下降,所以在读取图像信号时,会将边缘部分裁掉,这样就造成了实际参与图像转换的像素数(即有效像素数)小于总像素数的现象。由有效像素组成的图像的分辨率称为有效分辨率,有些机型将其称为最大分辨率。所以对用户来说,注重最大分辨率(即有效分辨率)要比单纯考虑总像素数更有意义。

(3) 数字分辨率。有些机型标有数字分辨率指标,而且会出现数字分辨率所体现的像素数大于相机标称的像素总数。数字分辨率不是真正的 CCD 光学分辨率,也就是它不代表真实像素的增加,而是通过机内的数字运算电路对相邻两个像素值进行差值计算,得出一个中间值,加到两个数据中间,从而增加数据量,所以这是分辨率的"伪提高"。这种方式对提高图像清晰度没有实质性的作用。

3. 色彩深度

也称色彩位数,是指数码相机 CCD 所能产生的颜色范围,通常用位(bit)表示。它反映了数码相机能正确记录的颜色等级。色彩深度值越高,就越能真实地还原影像的明暗层次和色彩变化细节,使图像越真实,但数据量也越大。目前,一般数码相机色彩深度多为 24 位、30 位,专业档产品有 36 位。

(三) 数码相机的操作

数码相机的种类很多,在外观、功能以及性能等方面差异很大,标识也不太统一,所以在第一次使用的时候要详细阅读说明书。这里就一些共性的环节作一简要的说明。

1. 拍摄

用数码相机进行拍摄,有很多的环节与传统相机并无不同,如取景、调焦、光圈、快门设置、按动快门、闪光灯等等。需要注意以下几点:

(1) 安装电池。所有数码相机都需有电源方能工作。拍摄时一般使用电池供电。不同机型使用的电池种类不同,大多数是专用电池,且不同品牌之间不能通用。电池的安装也因机而异,所以在准备阶段,要熟悉电池的更换、安装方法。

(2) 安装存储卡。存储卡的类型可能因机而异,但无论何种存储卡,在装卸时都要轻推轻拉,不可用力过猛,或强硬操作。尤其注意安装时卡的正反面、前后方向是否正确。

(3) 参数设置。数码相机的参数设置一般分两个区域。一部分常数设置是在 LCD 液晶显示屏上,通过旁边的操作按钮以选择菜单的方式来调整。比如分辨率、感光度、时间等。另一部分曝光参数通常在机身上有相应操作键,如光圈、快门、闪光灯、曝光补偿、调焦等。这些与传统相机基本相同。

(4) 拍摄。按下快门后,CCD 拾取图像,接着相机会有 1~2 秒的读取数据、处理、保存的过程。这时,我们会从 LCD 显示屏上看到刚刚拍摄的画面效果。图像显示 2~3 秒后消失,可继续拍摄。因此,在拍摄两张照片之间要有几秒钟的间隔。也正因为数码相机的这一特点,很多机型没有自动连续拍摄功能。

2. 浏览

对存到存储卡中的照片可以在相机上随时浏览。将相机调到浏览状态,LCD 显示屏上将出现最近拍摄的图片，通过相应操作可以逐张浏览，或小比例同屏多幅浏览。同时对不满意的可以立即删除，以保证足够的存储空间。

3. 图片输出

读取数码相机图片数据有两种方式，一种是从相机中直接读取；另一种是将存储卡取出，通过读卡器读取。但无论何种方式，在读取之前要在计算机上安装该相机的驱动程序。数码相机的驱动程序是在随机器配套的光盘中。

(1) 从相机中直接读取图片文件。首先需要将相机与计算机连接。数码相机都提供有串行接口和USB接口，用户可以选择其一与计算机连接。打开相机电源，运行计算机中的数码相机驱动程序，即可看到相机内存储卡的图片文件，根据需要可以进行复制、删除等处理。有些机型还可以通过驱动程序控制相机动作，如参数调整、拍摄、关机等。

(2) 使用读卡器则先要将存储卡从相机内取出，插入读卡器中，将读卡器连接线的另一端与计算机相连(通常是USB接口)。之后启动驱动程序，将卡中图片文件拷贝到计算机中。保存到计算机中的图片文件(大部分为JPEG格式)便可以用图形处理软件进行编辑、修改、保存，以备作为素材使用或打印输出。

B. 照相机与摄影技术

(一) 照相机镜头

1. 镜头的组成(如图3-6)

凸透镜、凹透镜、透镜片组：4片3组，6片4组，10片8组。

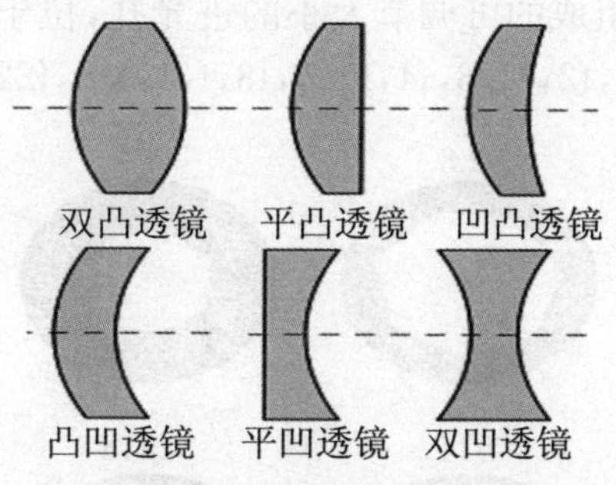

图3-6　镜头的组成

2. 镜头加膜

镜头除了能够透过光线外，还会反射和吸收光线。以单片透镜为例，光线进入透镜时反射5%，出镜头时反射5%，透镜本身吸收2%，只有88%的光线通过透镜。对于由多片透镜组成的镜头来说，光线的损失就更大了。

在镜头上镀上某一色光波长1/4厚度的薄膜可以减小光的反射。如7片6组的镜头，不加膜时的透光率为59%，单层加膜(SC)为81%，多层加膜(MC)为97%。

3. 镜头的种类

(1) 标准镜头。指焦距长度接近相机画幅对角线长度的镜头。135相机标准镜头为50mm。标准镜头的成像效果，诸如摄取景物的范围、前后景物的大小比例带来的透视感等，都与人眼观看效果类同，显得较真切、自然。

(2) 广角镜头。焦距短于、视角大于标准镜头。对于135相机，焦距30mm左右、视角70°左右称“广角镜头”。而焦距在22mm左右、视角在90°左右称为“超广角镜头”。焦距在

16mm 以下，视角在 180°左右称"鱼眼镜头"。

(3) 远摄镜头。焦距长于、视角小于标准镜头，焦距在 200mm 左右，视角在 12°左右。焦距在 300mm 以上、视角小于 8°的称"超远摄镜头"。其视角小，容易排除虚实结合的画面，多用于人像摄影。

4. 怎样选用镜头

(1) 配备一只变焦镜头。宜选择包含广角、标准与中焦的镜头。如 35～70mm、28～135mm、35～135mm、28～200mm 等。

(2) 配备两只变焦镜头。选择两只变焦镜头要不使两只变焦镜头的变焦范围有过多的重复，基本选择有"28～70mm"加上"70～2l0mm"、"28～85mm"加上"85～250mm"、"24～50mm"加上"50～250mm"等。

(二) 摄影的相关名词

1. 景深

景深是指被摄景物中，能产生较为清晰影像的最近点至最远点的距离。

景深影像因素：

(1) 镜头光圈：光圈越大，景深越小；光圈越小，景深越大。

(2) 镜头焦距：焦距越长，景深越小；焦距越短，景深越大。

(3) 拍摄距离：距离越远，景深越大；距离越近，景深越小。

2. 光圈系数

光圈是由若干金属薄片组成的可调节大小的进光孔，位于镜头内部。光圈的大小用光圈系数(f 系数)表示，如：f1.4，f2，f2.8，f4，f5.6，f8，f11，f16，f22 等(如图 3-7 所示)。

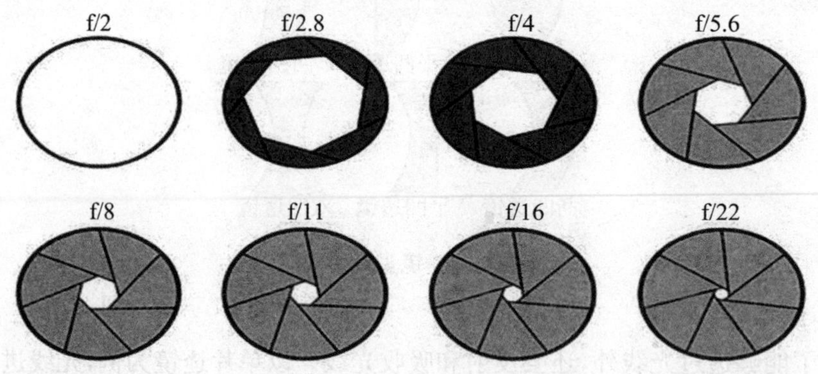

图 3-7 光圈的系数

光圈系数越大，光孔越小，且可用 2n 计算任何两当进光照度的倍率关系，如 f2 与 f8 相差 4 档，则 f2 的进光照度是 f8 的 24＝16 倍。

光圈的作用：

(1) 调节进光照度。

(2) 调节景深效果。

(3) 影响成像质量。"最佳光圈"，一般位于相机最大光圈缩小 2～3 档处。

3. 快门简介

快门好比水龙头，开启时，光线就能进入到胶片上，关闭时，光线被阻止。相机上快门速度标记常见的有1、2、4、8、15、30、60、125、250、500、1000等,表示快门开启时间是实际快门速度的倒数。1s标记的另一侧用不同颜色标记2、4、8、15、30等,是相机的实际快门。有些相机还有"B门"和"T门",前者按下门钮,快门开启,松开则关闭,后者按下开启,再按下关闭。

快门的作用:

(1) 控制进光时间。

(2) 影响成像清晰度。

4. 曝光组合

曝光组合就是指拍照时所选定的"光圈"和"快门速度"的组合。比如在一定光照条件下,用f8光圈和1/125秒快门,这就是一种组合,记做F8,125。同一曝光量可以用不同的曝光组合,如F8,125和F11,60及F5.6,250的曝光量是相同的。在实际拍摄中,可以根据不同的要求选择曝光组合。

5. 摄影构图方法

· 摄影构图拍摄位置与画面的景别:拍摄距离、方向、高低。

· 画面布局:稳定与空白。

(1) 拍摄位置

① 拍摄距离:拍摄距离的不同带来画面的景别变化,也就是常说的远景、全景、中景、近景和特写(大特写)。景别的划分是相对的,而不是绝对的。

不同的景别具有不同的表现力。在选择景别时要做到"远取其势、近取其神"。拍摄画面是以势动人,还是以神感人,或是以情节取胜,在很大程度上就决定了应该采用怎样的景别。

a. 远景:从整体入手,注重大关系,忽略小细节。

从远处拍摄,以表现整体气氛为目的的画面。其特点是:易于表现整个环境和总体气势,不利于交代具体情节和细部。适合表现自然景观和群众活动场面。

b. 全景:全景是表现主体全貌及其与环境关系为目的的画面,它比远景有更明显的主体。其作用为:用来交待人物之间的相互关系。交代主体与环境的关系。全景画面还可以交代特定环境的整体气氛。

使用全景应注意的事项:保留主体外部轮廓线的完整。在主体周围保留适当的空间。

c. 中景:中景是表现局部的状态、情节或动作的画面,对环境只是象征性的交代。它注重选取富有表现力的动态瞬间或局部特点,把不必要的环境排除在画外。其最大的优点是擅长表现情节。

d. 近景:近景是以表现神情或质感等细节为目的的画面。它主要表现人物的神情和精神风貌,表现人物的情绪和心理活动。它常用来表现物体的局部特征,不利于表现事物周围的环境。拍摄人物近景,一定要注意处理好人的眼神和手势。

e. 特写:特写是以表现局部特征为目的的画面。被摄体某一局部充满画面。特写主要用来表现细节,通过细节透视人的内心和事物的本质。优秀的特写都是富有抒情味的,它们作用于读者的心灵,而不是读者的眼睛。使用特写应注意抓取最能揭示内心活动的部分:眼睛和手。

② 摄影构图的拍摄方向:如图3-8所示。

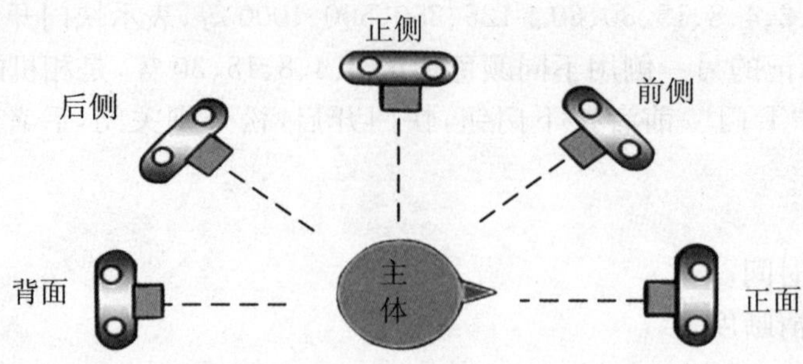

图 3-8 拍摄方向

a. 正面方向:指镜头光轴指向被摄主体正前方拍摄的画面。擅长表现对称美,产生庄重、威严、肃穆之感。正面方向缺乏透视感,用以引发呆板感。

b. 正侧方向:与被摄体正面成 90°的方向,常用于人物拍摄,能生动表现人物的脸部轮廓以及人的姿态,适合拍摄人物剪影。正侧往往能表现人物双方神态和面目,具有一定的立体感和空间感。

c. 斜侧方向:斜侧是摄影中运用较多的方向,使用这种拍摄方向能够表现出事物的立体感和空间感,使得画面生动,有利于突出主体。使用时应该注意,斜侧程度稍有变化,会引起主体形象产生较大的变化。

d. 背面方向:指从被摄体的背面拍摄,是一种容易被忽视的拍摄方向。使用背面方向拍摄人物,能使主体与背景融为一体,有助于观众联想主体人物面对背景所产生的感受。拍摄时注意人物的姿势,使得背景产生一种含蓄美。

③ 拍摄高度:"高度"指相机是高于、低于还是等同于被摄主体的水平高度。拍摄高度可分为"平拍"、"仰拍"和"俯拍"(见图 3-9)。

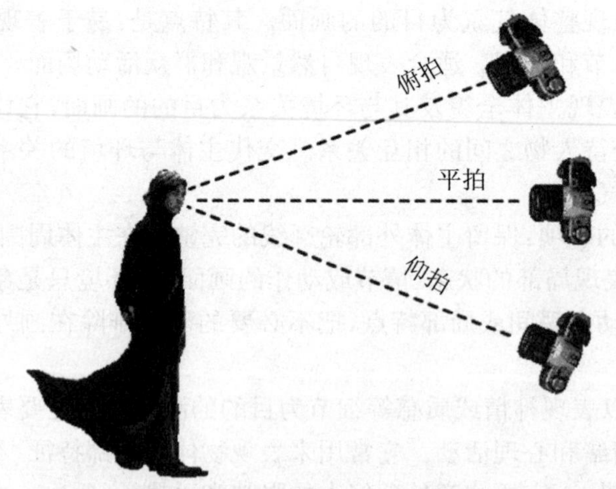

图 3-9 拍摄高度

a. 平拍:指相机与被摄体处于同一水平面上,镜头光轴与地面平行时拍摄的画面。平拍画面符合人的视觉习惯,不易产生夸张和变形效果,表现自然,感觉亲切,易于接受。但画面平淡,缺少变化。

b. 仰拍:照相机位置低于被摄体,镜头光轴向上指向被摄体拍摄的画面。仰拍有助于强调和夸张被摄体的高度；有助于表现人物高尚的精神面貌及拍摄者对人物的仰慕之情。拍摄自然风景时有一种豪放之情。

c. 俯拍：指相机高于被摄体，镜头光轴向下指向被摄体拍摄的画面。俯拍的特点是能够使前后景物在画面上能得到充分的展现，有助于表现数量众多、渲染盛大的场面，也能够表现大地千姿百态的线条美，不能用于刻画人物的细节。

(2) 画面布局

① 稳定：大部分静态被摄物的表现要注意画面的稳定。稳定给人一种安全、宁静之感。画面稳定的基本含义是指画面上景物的水平线要水平，垂直线要垂直。稳定是人们心理和生活经验形成的，如深暗给人的感觉沉重，而浅色给人的感觉轻飘。

② 空白："画留三分空，生气随之发"。"画面空白"指没有具体形象的部位，既有"亮的、白的"空白，也有"暗的、黑的"空白。一幅照片上下左右塞满了景物，不留一点空白，往往给人以拥塞、沉闷、甚至窒息的感觉。

对于动体运动方向的前方、人物视线的前方在画面上宜留有一定的空间。一般来说，其"前方"空间宜大于"后方"空间。

(3) 构图方法

摄影构图就是运用相机的成像特性和摄影造型手段来构成一定的画面，这种画面要体现形式美。经典的表现形式结构，是历代艺术家通过实践用科学的方法总结出来的经验，是适合于人们共有的视觉审美经验的，这就是摄影构图。

当然，学习摄影构图要注意"画有法，画无定法"。

① 平衡式构图：给人以满足的感觉，画面结构完美无缺，安排巧妙，对应而平衡。常用于月夜、水面、夜景、新闻等题材。

② 九宫格构图：又称"井"字构图，将被摄主体或重要景物放在"九宫格"交叉点的位置上。"井"字的四个交叉点就是主体的最佳位置。一般认为，右上方的交叉点最为理想，其次为右下方的交叉点。但也不是一成不变的。这种构图格式较为符合人们的视觉习惯，使主体自然成为视觉中心，具有突出主体，并使画面趋向均衡的特点。

③ 对称式构图：对称式构图具有平衡、稳定、相互呼应的特点，其缺点是呆板、缺少变化，常用于表现对称的物体、建筑以及特殊风格的物体。

④ 对角线构图：对角线构图是最基本的经典构图方式之一，把主体安排在对角线上，能有效利用画面对角线的长度。这样的构图方式富于动感，画面活泼、生动，而且容易形成线条的汇聚趋势，吸引人的视线，达到突出主体的效果。

⑤ X 构图：线条、影调按照 X 形布局，透视感强烈，有利于把视线由四周引向中心，或者景物具有从中心向四周逐渐放大的特点，常用于建筑、大桥、公路、田野等题材。

⑥ 垂直构图：能充分显示景物的高大和深度。常用于表现万木争荣的森林参天大树、险峻的山石、飞泻的瀑布、摩天大楼，以及竖直线形组成的其他画面。

⑦ 曲线构图：画面上的景物呈 S 形曲线的构图形式，具有延长、变化的特点，使人看上去有韵律感，产生优美、雅致、协调的感觉。当需要采用曲线形式表现被摄体时，应首先想到使用 S 形构图。常用于河流、溪水、曲径、小路等。

⑧ 框架式构图：用景物的框架做前景，能增加画面的纵向对比和装饰效果，使照片产生深度感。

三、视频展示台

视频展示台是一种随着视频技术发展而出现的视觉媒体。它本身不具备投影功能,需要与电视投影仪或电视机配套使用,将图片、实物等材料的影像投到银幕上。

(一)视频展示台的基本原理

视频展示台的基本构造如图 3-10 所示,主要由摄像头、照明光源、信号连接端口、控制部分等组成。

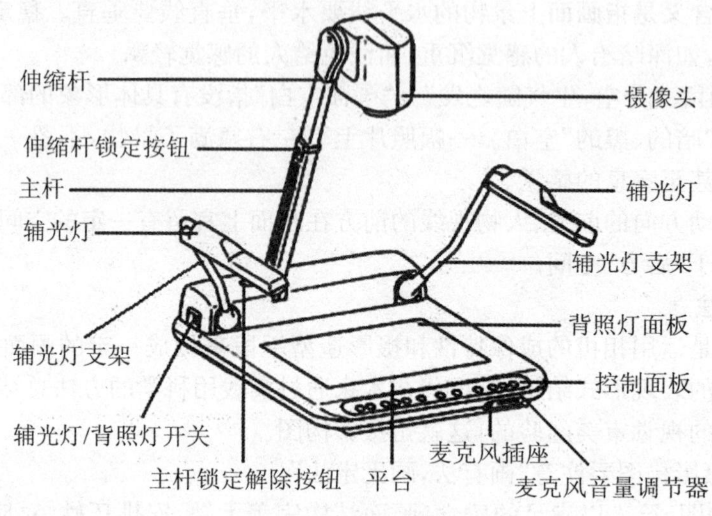

图 3-10 视频展示台

(1) 摄像头的作用是将载物台上物体的影像转换成电信号,通过输出端口送到投影电视中去。

(2) 照明光源的作用是照亮被摄对象。通常有两种光源,一种是在机箱外的直射光源,主要用于照亮非透明的物体,如书刊、照片、实物等;另一种是在机箱内部的透射光源,用于照射透明材料,如投影片、幻灯片、玻璃器皿等。两种光源通常不能同时使用。

(3) 信号连接端口分输入输出两部分。信号输出端有一组视/音频输出,输入端会因型号不同有所区别。常见的有视/音频输入、电脑显示输入端口等。

(4) 控制部分是一些操作控制按钮,主要有:输出信号选择、照明光源选择、调焦、正负片切换等。

(二)视频展示台的特点

与幻灯投影相比,视频展示台具有独特的技术特点:

(1) 可以利用两种光源放映实物和透明教学材料,这是视频展示台的最大优势。

(2) 可以通过调整摄像镜头的焦距,变化视觉范围,观察被摄体的局部和整体。

(3) 可以输入其他信号源(如录像机等),并有音频信号输出端,从而便于组成简易的多媒体系统。

四、数字投影机

(一) 投影机的性能指标

1. 投影机的分辨率

投影机的分辨率通常是指其内部核心成像器件的物理分辨率(又称真实分辨率),它与所连接的计算机密不可分,高于计算机显示系统的分辨率毫无意义。投影机有几个分辨率,最常用也是最具代表性的就是RGB分辨率,它是指投影机在接受分离视频信号时可达到的最高像素。投影机通常还标有兼容分辨率(又称最大分辨率)的指标,该指标是指投影机可最大接受分辨率,在兼容分辨率下显示的图像部分细节丢失。如果展示内容包含大量细节且像素本身很多时,投影机的分辨率越高越好。然而在投影机与计算机相配进行信息技术教学时,分辨率不必太高,有SVGA分辨率就够了。

2. 投影机的亮度

投影机亮度是指投影机输出到银幕上的光能量大小,通常用ANSI(流明)为单位表示。投影机亮度与投影面积成反比。教室投影机的亮度不宜过低,也不宜过高,因此应该根据环境光线条件、观看投影人数、银幕种类和具体应用目的等因素合理调整投影机亮度。一般大教室亮度在2 000 ANSI(流明)左右为宜。

3. 投影机的均匀度

均匀度是反映边缘亮度与中心亮度比值的物理量,用百分比表示。均匀度越高,画面的亮度一致性越好,理想的均匀度是100%。影响投影机均匀度的关键因素是光学镜头的成像质量。

4. 投影机对比度

反映投影机所投影出的画面最亮与最暗区域亮度之比,也代表着投影机能够反映出的灰度及色彩层次范围。对比度对视觉效果的影响明显,对比度大可以使图像清晰呈现,色彩鲜明,对比度小则使画面灰暗。

(二) 投影机的操作使用

1. 投影机的安放

(1) 选择合适的安放形式。投影机在教室中有吊顶悬挂和桌面支撑两种安放形式。吊顶悬挂式应将投影机面板朝下,这样可以在遥控器失控时通过面板按钮控制投影机,固定教室单独配置的投影机多采用此种方式。吊装投影机镜头应与屏幕上边沿在同一水平线,投影机镜头中心点与投影屏幕中心点在同一垂直线上,安装后调整投影画面的梯形,使其与屏幕大小相似。当然要想在屏幕上呈现正立的影像,倒置安装后的投影机就必须启用画面颠倒功能。

(2) 选择合适的投影方式。投影机的投影方式有背投影和前投影之分。前投影方式是光线从银幕的正面投射到银幕上,观众与投影机在银幕的同侧,观看的是反射光线;背投影则与之完全相反。两者相比较,背投影的投影效果更好。前投影要求教室前面纵深空间较大,为了解决这一问题,背投屏幕可采用反光镜系统在非常近的条件下投射出大画面。由于背投是呈现原物的镜像,所以必须利用投影机的菜单命令将画面镜像反转。

(3) 方位与距离的确定。投影机与银幕的距离根据屏幕的大小而定,最佳距离是将投影机镜头焦距处于最小焦距时,投射光斑正好充满整个银幕,左右方位应处于银幕的中垂线上。投影机与计算机间的连线不宜过长，否则将导致信号的衰减，出现画面模糊抖动的现象。如果由于实际条件的限制不能将连线控制在15米内，必须在信号源后加装信号放大器。

2. 投影机的接插口

投影机的插口很多，可以与多种设备相连。其主要接口如下：

(1)计算机接口。用于与计算机相连的接口有VGA接口、监视器接口、RS-232C接口、USB接口、鼠标接口。VGA接口在部分投影机上用COMPUTER IN表示或标有RGB，与计算机上通常和监视器相连的接口相连，监视器接口与计算机监视器相连，实际教学中很少这样连接，而是在计算机的VGA接口上连接分配器，然后将分配器的多个输出端分别与投影机和监视器相连，这样教师可以在关闭投影机后继续操作计算机。RS-232C接口、USB接口分别用于与计算机上的响应接口相连，以利于通过计算机控制投影机。鼠标接口标有PS IN，与计算机鼠标接口相连，这样可通过控制投影机来代替鼠标直接操纵计算机。

(2) 视音频设备接口。投影机上的视频输入(VIDEO IN)、S端子(S-VIDEO)、音频输入(AUDIO IN)等接口可使投影机与录像机、摄像机、VCD、SVCD、DVD、视频展台、数字相机等设备相连。利用S-VIDEO端子呈现的图像质量更高，因此视音频设备中如果具有S-VIDEO则与投影机上的S-VIDEO相连，而不利用VIDEO OUT与VIDEO IN接口。

3. 投影机的调整

投影机可调节的主要功能包括：

(1) 调整影像清晰度、色彩、亮度、对比度。屏幕上影像清晰度的调节通常通过聚焦和跟踪两者共同调节。聚焦就是调整物距、像距、焦距之间满足其共轭关系，以实现影像的清晰，聚焦包括手动聚焦和电动聚焦两种方式。跟踪调整是使投影机的内部时钟与计算机图像更好地协调、配合，以消除导致图像模糊的直条纹。投影机投射影像饱和度、亮度、对比度的调节通过遥控器或机身面板的菜单实现，其中颜色调整的实质是改变三基色的亮度。

(2) 调整影像大小。改变银幕上影像大小的方法有三种：第一，改变投影机与银幕之间的距离，二者相距越远则投射的影像越大。第二，变焦，即调整投影机镜头焦距。变焦有手动变焦和电动变焦两种方式，分别调整镜头上变焦环和ZOOM菜单或变焦钮。第三，数字变焦又称局部放大，即利用投影机的影像放大功能，可以使指定范围内的图像放大数十倍。

(3) 选择分辨率模式。分辨率模式的选择又称恢复原来图像尺寸调节选择，当投影机输入与它标准分辨率不同的图像信号时的处理模式有两种，分别是标准显示模式和全屏显示模式。标准显示模式下，投影机显示的像素与原数字影像文件中的像素一一对应，当输入的分辨率比投影机的标准分辨率低时，投影机则用比较小的光斑显示图像，即以较小窗口显示；当输入分辨率比投影机标准分辨率高时，投影机只显示出图像的大部分，即投影机只能将送给它的高分辨率图像显示出局部。在全屏显示模式下，投影机自检输入图像的分辨率，并根据标准分辨率来调整实际输入分辨率的高低，以自动压缩或扩展图像。

(4) 调整影像正反及上下。影像正反及上下的调节均可通过菜单实现。根据前投、背投、正反和倒置等安放方式的需要，通过菜单的选择可使影像上下颠倒及左右镜像。

(5) 调整冻结遮屏。所谓冻结是指静像，即将呈现的画面定格于银幕上，不再随信号源图像的变化而变化。要实现画面冻结效果，可选择面板或遥控器的Freeze钮。所谓遮屏又称空白，是指在屏幕上只投射单色光信号(如蓝色或白色)，而无任何节目图像。要想实现遮屏效果，可选择面板或遥控器的Reveal或Blank钮。

(6) 输入源选择及转换效果设置。输入源选择,即确定投影机呈现哪一类接插口输入的可视化信号,可通过面板或遥控器上的 Source 或 Input Select 按钮实现,在信号输入源变换时,屏幕上出现的转换效果也可借助屏幕转换命令进行选择。

第三节　听觉媒体

一、传声器

传声器是把声音信号转换成电信号的拾音设备,也称话筒、麦克风(MIC)。

(一) 传声器的种类

传声器的种类很多,按工作原理可分为电动式、电容式;按话筒的灵敏度方向性可分为全指向性、双指向性和单指向性等;按信号的传递方式可分为有线和无线传声器。

1. 动圈式传声器

它的结构如图 3-11 所示,主要由振动膜片、音圈、永久磁铁和升压变压器等组成。它的工作原理是:当人对着话筒讲话时,膜片随着声音前后颤动,带动音圈在磁场中做切割磁力线的运动,根据电磁感应原理,在音圈的两端就会产生感应音频电动势,通过升压变压器输出音频电信号。

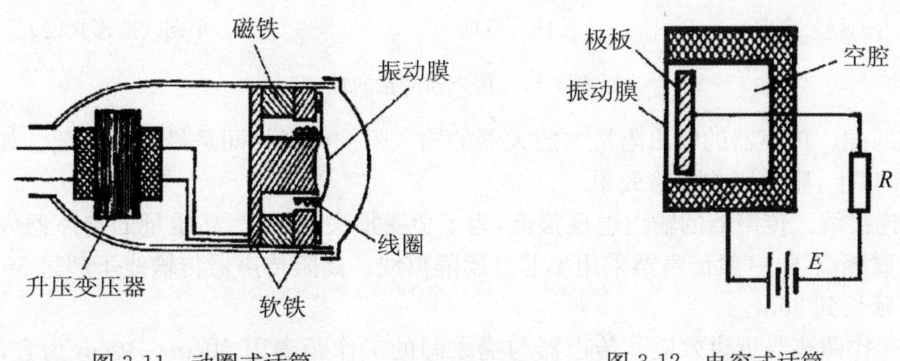

图 3-11　动圈式话筒　　图 3-12　电容式话筒

优点:结构简单、稳定可靠、使用方便、固有噪声小,用于语言广播和扩声系统。

缺点:灵敏度较低、频率范围窄。

2. 电容式传声器

它是靠电容量的变化将声音变换成电信号,结构如图 3-12 所示,主要由振动膜片、刚性极板、电源和负载电阻等组成;它的工作原理是:当膜片受到声波的压力,并随着压力的大小和频率的不同而振动时,膜片和极板之间的电容量随之发生变化,极板上的电荷发生变化,电路中的电流也相应变化,负载电阻上输出音频电压。

优点:频率范围宽、灵敏度高、失真小、音质好;用于高质量的广播、录音和扩音机。

缺点:结构复杂、成本高。

3. 无线传声器

无线话筒(如图 3-13)是以无线方式传递电信号。拾音头将声音信号转换为电信号,然后由发射器将其调制,并通过天线向空间发射,接收机在有效接受范围内接收到信号,经过

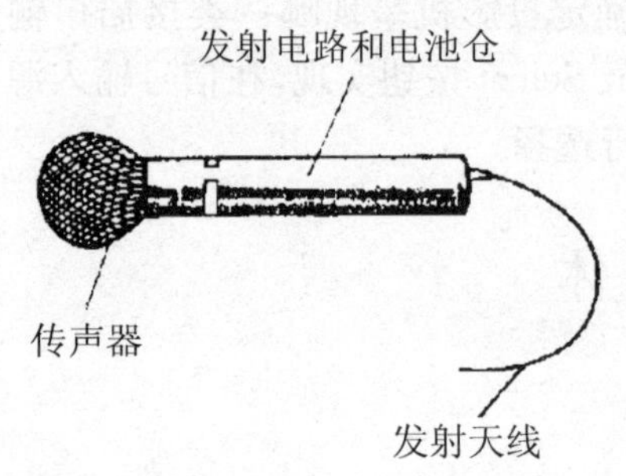

图 3-13　无线话筒

检波、解调，并将还原后的电信号输出给后续设备。无线话筒和接收机是配套的。

优点：体积小、使用方便、音质好、移动自如，在大教室、电视摄制和舞台广泛应用。

(二)传声器的使用

话筒都是我们经常使用的电声器材之一。对一些在使用中容易忽视的环节稍作提示：

(1) 在选择话筒时，要注意指向特性。话筒的指向性与所使用的场合和声源方向要匹配，以免影响效果。话筒的指向性见图 3-14。日常存放要注意防尘、防震。

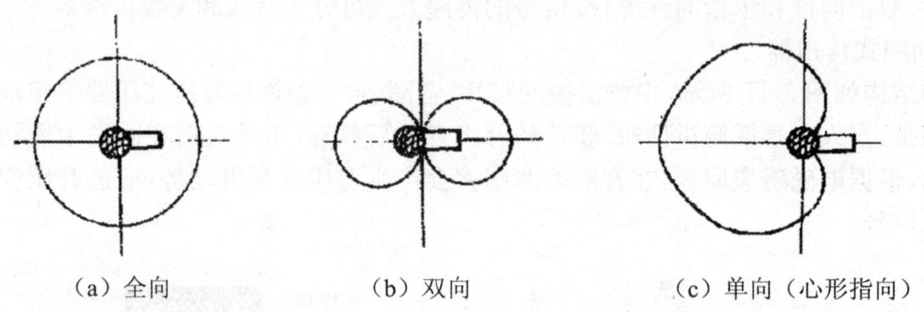

图 3-14　传声器的指向性

阻抗匹配。传声器的输出阻抗与放大器的输入阻抗两者相同是最佳的匹配。如果失配比在 3∶1 以上，则会影响传输效果。

(2) 连接线。传声器的输出电压很低，为了免受损失和干扰，高质量的传声器应选择双芯绞合金属隔离线，一般传声器采用单芯金属隔离线。高阻传声器传输线不超过 5m。低阻传声器可延长到 30m。

(3) 工作距离与近讲效应。传声器与嘴之间的工作距离以 30cm～40cm 为宜，如果距离太远，回响和噪音相对增大，工作距离太近，信号过强而失真。近距离播讲时，低频声会得到提高，这就是近讲效应。

(4) 声源与话筒之间的角度。一般声源应对准话筒中心线，两者之间偏角越大，高音损失越大，有时使用话筒，带有"隆嘤"的声音，应把话筒偏离中心线一个角度，改善音质。话筒在使用中不能用嘴吹气或用手拍打、敲击，会损坏话筒内部的振动薄膜。防止跌倒，否则会损坏话筒。若话筒本身有防风罩(通常是海绵或皮毛制成的)，在使用中要正常配带，以保证音质。

(5) 话筒的位置和高度。在讲课的时候，话筒不要靠近扬声器或音箱，也不能对准音箱，否则会引起啸叫。几个话筒同时使用应采取并联接法，必须保持几个话筒的相位要一致。不同型号不同阻抗的话筒不宜并联使用。在现场扩音时，要防止话筒与音箱间产生信号的回授，形成刺耳的啸叫声。避免的方法，一是不宜把话筒音量开得过大；二是话筒与音箱不能面对面。

(6) 传声器的电池使用。在传声器中装有电池时，防止电池极性接反，使用完毕切断电源;定期更换电池,长期不用应将电池取出。无论是在教学活动中还是在日常生活中都应如此。

二、扬声器

扬声器,又称喇叭,是把电信号转换成声音信号的器件。

(一)电动式扬声器的结构和工作原理

1. 纸盆式扬声器

其结构如图 3-15 所示,处于磁场中的音圈通过音频电流时,音圈在永久磁场中就受磁力的作用,使音圈沿着轴向振动,音圈带动纸盆振动,向空气辐射声波。它的特点是结构简单、低音丰富、音质柔和、频带宽,但效率低。

2. 号筒式扬声器

其结构如图 3-16 所示,音圈带动膜片振动,经过号筒两次反射,向空气中辐射声波。它的频率高、音量大,常用于室外和广场。

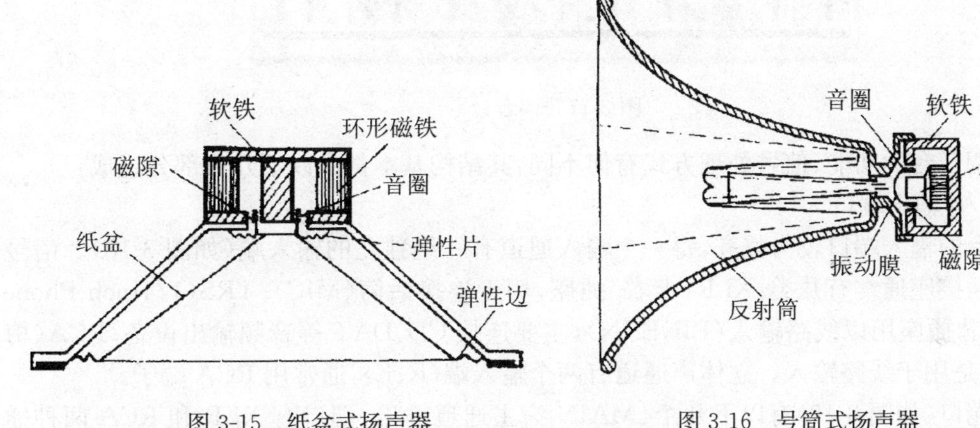

图 3-15　纸盆式扬声器　　图 3-16　号筒式扬声器

(二)扬声器的使用

要根据教学的需要和场所对声音的要求,按额定功率、频率响应等特征来选择扬声器,运动场选用号筒扬声器和音柱,学术报告厅和大教室选用音箱,高质量的会场选用组合音箱,并配备调音台和其他电声设备。使用扬声器要注意以下事项:

(1) 扬声器得到的功率不能超过它的额定功率,否则会烧毁音圈。

(2) 扬声器的阻抗应与扩音机的输出阻抗配合(相等或匹配)。

(3) 正确布置声场,扬声器安装应高于地面 3 米以上,让听众能够"看到"扬声器,使水平方位的听觉(声源)和视觉(讲话者)要尽量一致,使每一个听众得到几乎相同的声音响度,两只扬声器的距离也不可过大。

三、调音台

在电声系统或声音录制系统中,当有多个声音输入源同时输入,需要对其分别进行调整、混合或选择输出时,就要有一种控制设备,这就是调音台。调音台(如图 3-17)是电声系统的中心部分,它的主要作用是多路信号混合、音量音色调整、输出与监听等。

（一）调音台的结构

目前在各行业内所使用的调音台种类很多，从功能上分为录音调音台、扩声调音台、返送调音台等；从信号处理方式上分为模拟调音台、数字调音台；按控制方式分为非自动式和自动式（数码控制式）。另外，调音台的输入通道数也各有不同，常见的有 8 轨、16 轨、32 轨等。

图 3-17 调音台

无论调音台的功能、信号处理方式有何不同，其结构基本都由以下几大部分组成：

1. 输入/输出端口

调音台的输入端口较为整齐，每一个输入通道有一组独立的输入端（如图 3-18）。信号输入线的插接座通常有几类：XLR（卡农）插座，用于连接话筒（MIC）；TRS（1/4Inch Phone Jach）大三芯插座用以线路输入（LINE IN），主要连接 CD、DAT 等音频输出设备；RCA（梅花）插座也是用于线路输入。立体声通道有两个输入端（R、L），通常用 RCA 端子。

输出端口（如图 3-19）有以下几个：MAIN 为主通道输出，端口有 XLR 和 RCA 两种插座。AUX 为辅助输出端口。MONITOR/TALK 为监听及对讲端口，接耳机和对讲话筒。此处的对讲是指操作人员与播音员之间的通话。

2. 输入信号的操控区

调音台对每一个输入信号都设有独立的控制按钮组，用以调整该路信号的输入状态（如图 3-20）。一组控制按钮主要有以下几个部分：

（1）输入类型选择（MIC/LINE），此钮所处位置要与该路输入信号类型一致。有些机

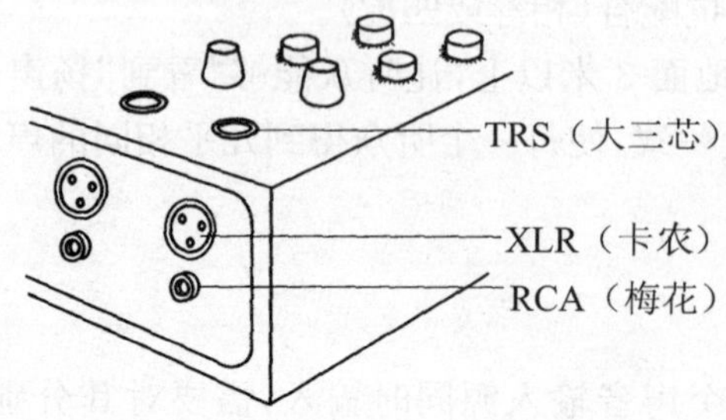

图 3-18 调音台信号输入端口

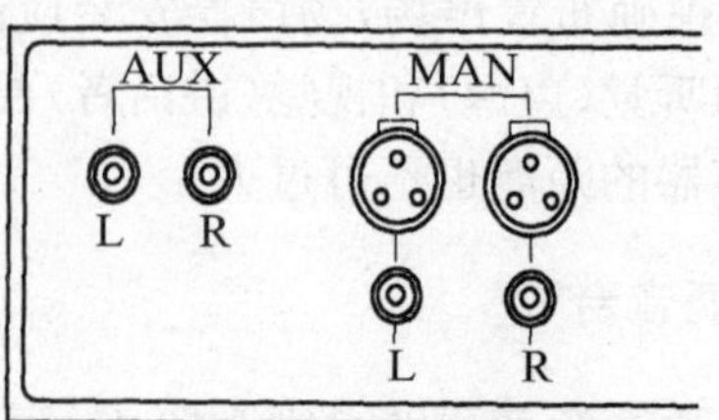

图 3-19 调音台信号输出端口

型无此钮，靠内部电路自动识别。

(2) 增益放大(GAIN 或 TRIM)，对过弱的信号进行电平提升。

(3) 频率均衡器(EQ)，主要用于调整该路信号的频率特性，以改变声色。它采用分段式，通常分三段：HIGH(高频段)、MID(中频段)、LOW(低频段)。分别调整各旋钮可改变声音效果。EQ 开关可以控制频率均衡器的工作，关闭开关则使该路频率均衡器无效。

(4) 声相电位器(PAN)，此旋钮用于控制本通道声音在输出端左右声道的电平比例。旋钮调至中点，则左右声道输出音量一致；偏向"L"端，则在左声道音高、在右声道音低；偏向"R"端则相反。

(5) 推杆式音量衰减器(FADER)，俗称推子，它是调整该路信号输出音量的控制杆。推杆拉至最低端衰减最大，输出为零，向上推动逐次升高。

3. 输出控制区(如图 3-21)

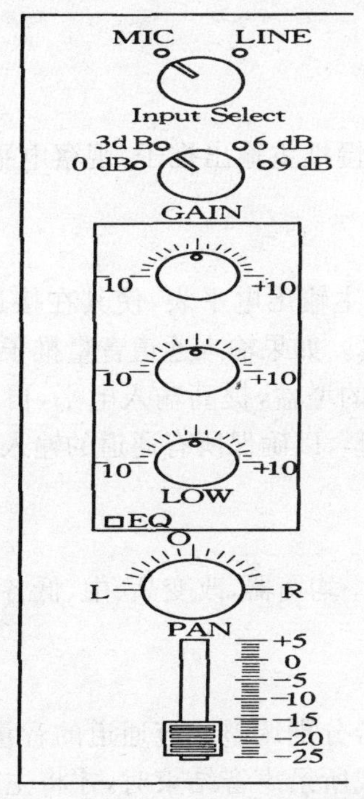

图 3-20　输入信号调整区

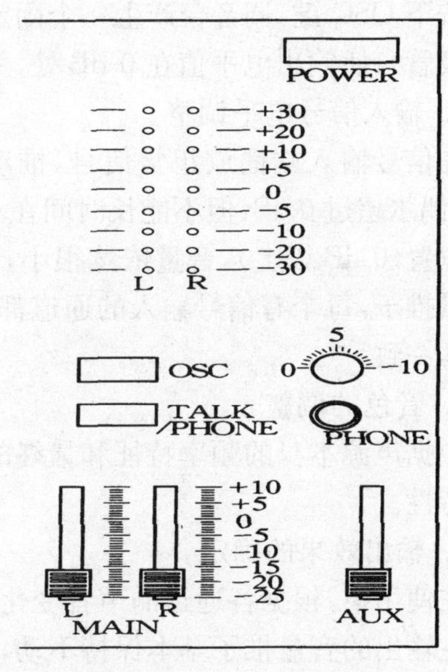

图 3-21　输出信号调整区

输出控制区主要包括：

(1) 主输出电平推子(MAIN)，分左右两个声道，以分别控制输出音量。

(2) 辅助输出电平推子(AUX)与主输出相同。有些机型仅有 AUX 输出端口，无独立的音量调整杆，其输出音量与主输出一致。

(3) 输出信号电平表(LEVEL SET LED)由两排发光二极管组成，分别表示左右声道的输出电平值。通常以 0 dB 为界，由绿、红或绿黄红等不同颜色分成两段或三段，各代表不同的电平范围。

(4) 校验信号发生器(OSC)，按下该钮，调音台自身将产生一个固定频率(如 1 kHz)的信号，用于对调音台做事先的各项校准调整。

(5) 切换按钮(TALK/PHONE),一般为压弹式,常态为弹起,处于监听状态,压下时处于对话状态,操作者可与播音者对话。

(6) 监听电平调整(PHONE,LEVEL),只对监听耳机的音量进行调整,不影响主输出。

以上结构的介绍是以模拟调音台为例。数字调音台在功能上与其基本相同,但其结构和操作方法区别较大,也较为复杂,需具备一定的专业技术基础。

(二)调音台的使用

调音台在使用中经常做的工作是调整电平(包括输入声源、主输出、辅助输出等)、调整音色以及录音时的监听等。

1. 正确连线

将信号输入设备(如话筒、录音机、CD 机等)、输出设备(如录音机、音频工作站、功放等)与调音台连接好,注意各种连接线与插座的种类,以保证匹配。调整调音台每个信号通道的输入类型(MIC/LINE)。

打开电源的顺序是输入输出设备、调音台、功放、音箱。

2. 校准输出电平

按下 OSC 键,调音台产生一个固定频率的声音信号,慢推主输出推子,观察电平表(发光二极管),使输出电平值在 0 dB 处,关闭 OSC 键。

3. 输入信号电平调整

在信号输入端播放正常信号,推动该通道推子,观察主输出电平表,使其在接近 0 dB 处,可偶尔超过 0 dB,但不能长时间在 0 dB 以上,以免失真。如果输入通道音量推子已推到较高位置(0 dB 以上),音量依然很小,则可以调整该通道的增益,提高输入电平,再重新调整音量推子,每个有信号输入的通道都要按此过程单独调整,以确保所有通道的输入信号电平基本一致。

4. 音色的调整

根据声源本身的频率特征和最终的效果要求,调整频率均衡器,改变高、中、低各波段的频率特性。

5. 输出效果的确定

在使用中,根据各通道的声音变化和具体的输出要求,分别调整相应通道的音量推杆。通常主输出的音量推子基本保持不动,只有当使用完毕,或所录声音结束时,才将主输出推子拉下。

6. 关机

使用结束后,关闭电源,要将各钮复位,所有推杆均拉至最底端。

四、扩音机

扩音机的作用是将传声器、录音机、CD 机等传送给它的音频电信号进行放大,以大的功率推动扬声器发声。

使用扩音机时应注意以下事项:

1. 避啸叫

通常在室内扩音时,应将传声器远离扬声器,并置于扬声器的辐射角以外,要选择有较强指向性的传声器,并尽量降低室内的混响时间。绝对不能将传声器与扬声器相向放置。

扩音过程中一旦发生啸叫，应立即调低传声音量。

2. 防空载

扩音机不能空载运行，不能空载通电后再接扬声器，也不能在卸去扬声器后再断电。

3. 信号源“对号入座”

扩音机的输入插口有多种，不同插口的输入阻抗以及对输入信号的电平要求是不同的，只有将各信号送入对应插口，才能取得好的扩音效果。

4. 适时调整音量音色

开扩音机前将音量电位器先调“小”，开机后逐渐增大；听音人少时，音量调小些，听音人数增多后音量随之调大；语言扩音时音量适当小些，文娱演出时音量适当大些。要根据扩音内容进行音色调整、修饰，无线扩音要随时注意频率的跟踪调整。

5. 合理布局扬声器

扬声器的分布要力求达到：声场均匀，在单个扬声器或音箱不能使声场分布均匀时，要尽可能使用多只扬声器或多个音箱；方位感明显，扬声器一般应高于地面 2m 以上。

五、收录机

（一）模拟录音机的使用

1. 模拟录音机的基本原理

所谓模拟录音是指录音机将代表声音信息的模拟电信号直接录制在录音载体上。模拟录音机是将输入进来的音频电信号，经过放大后送到磁头中的绕磁线圈中，音频电流的变化，使磁头内部的磁场发生变化，这样处于磁头缝隙处的磁带就会被磁化，而磁带移动，就使得每一段磁带受到的磁化强度因磁头磁场的变化而不同，其剩磁也就不同。这种剩磁的变化规律，就是音频信号的变化规律，这样声音信息就以磁信号的方式保留在了磁带上。放音时，则是以上的反过程，磁头受磁带上剩磁的影响而形成变化的磁场，从而使线圈产生变化的电信号，将此电信号进行放大，便得到与原录制信号一致的音频信息。模拟录音机是目前最常见的音频设备之一，它的主要存储介质是录音磁带。

2. 模拟录音机的使用

对于录音机的使用，具备普通生活常识的人都能很熟练地操作。因此，在这里我们只对录音机使用的一些注意事项作简要的提示：

（1）按键的操作。通常体积略大一些的录音机采用的大多是机械式按键（即按键是按下、弹起方式）；而小型机（如随身听）多是采用轻触式电子按键（如表 3-3 所示）。

表 3-3　普通录音机按键的使用说明表

POWER	电源开关	BATT	电池	REC	录音
ON	开	PLAY	播放	EJECT	出盒
OFF	关	STOP	停止	TYPE	磁带
AC/DC	交流/直流	PAUSE	暂停	FUCTION	功能开关
ESTS	外接扬声器	REW	快倒带	BAND	波段
EAR	耳机	FF	快进带	SYSTEM	制式

(2) 通常录音机内都设有一个机内话筒,用于录制外部声音。这类话筒一般都采用高灵敏度的无指向话筒,所以录制的声音不具选择性,通常将环境声也能很清晰地录进去。所以要录制高质量的、环境噪音少的材料,应尽量使用外接话筒,而不用这种机内话筒。

(3) 录音机磁头使用一段时间后,需要清洗。清洗磁头要使用专用清洗剂,用具要选鹿皮等柔软的材料,不能用含水的清洗液(如医用酒精等)。清洗带也是一种常用清洗工具。使用清洗带时要注意两点:一是每次清洗时间要严格按说明书操作,通常只有几秒到十几秒,不宜一次走带时间过长,否则会损坏磁头上的缝隙;二是用过的部分不能倒回重新使用,否则有可能将清洗带的污垢又粘到磁头上。

(4) 录音带是磁性材料,要注意防磁,不能将其放在音箱、手机等有强磁场的物体附近,以防被磁化。

(二)数码录音机的使用

声音的模拟信号处理技术已发展了一百多年,应该说已达到了很高的水平。但由于此类技术的固有特性,使得它仍然存在一定的缺陷,比如易产生幅度失真、信噪比低、声音记录存储的动态范围窄等。随着数字技术的发展,声音信号的数字化处理日渐成熟,并克服了模拟信号的弱点,显示出了极大的优势。各类数字化音频设备(见表 3-4),包括数码录音机、MP3、MD 等,它们的共同特点是存储的是数字音频信号,音质优于模拟信号,同时易于在各类媒体间传递和后期编辑。

数码录音机(DAT)是以磁带为存储介质的数字音频设备(如图 3-22)。按录音磁头的工作方式分为固定式(S-DAT)和旋转式(R-DAT)两种。所使用的磁带是金属粉末或金属蒸发磁带,带盒尺寸与模拟机磁带不同,为 73×54×10.5 mm,比模拟机的带盒短、窄,但厚。专业用 S-DAT 机使用的是开盘磁带。用标准盒式磁带能连续记录/放音 2 小时,具有宽频带、高输出、低噪声等性能。DAT 的录制方式有多种选择,采样频率有 48 kHz、44.1 kHz 等,相应的量化比特也有 16 bit、32 bit 等不同类型,用户可以根据需要来选择。

图 3-22 数码录音机和磁带

DAT 机在面板上有个液晶显示屏,主要显示各种参数和节目信息,包括采样频率、声道数、量化比特、磁迹间距、复制禁止/允许,以及节目编号、长度、播放时间、剩余时间、起始识别等。

数码录音机在使用上主要需注意以下几点：

(1) DAT 输入及输出均备有模拟和数字两种端口，可灵活地接收或向后续设备提供模拟或数字信号。

(2) 数字音频的磁带复制应按 SCMS 规定进行。SCMS(Serial Copy Manage-ment System)是串行复制管理系统。这一管理系统的功能是对节目的复制权限进行限制。通常是母带可以复制一次子带，但子带不可再作母带复制下一代磁带，即数字信号只允许复制一代复制品。但这种限制对模拟信号节目无效。

(3) 录音时应注意录机的采样频率设置与放机的参数相同。

(4) 理论上讲数字磁带可以多次进行数字信号记录，但使用次数增加同样会出现磁粉脱落，使误码率上升。因此对于重要的内容还是用新磁带较安全。

(5) 在日常使用中要经常观察 Error 差错指示，发现过多的误码，要对相应部件或磁带信号予以关注。

(三)CD 唱机的使用

无论是模拟信号还是数字信号，只要记录介质是磁带，都有可能因磁带与磁头的接触摩擦而造成磁粉的脱落，从而使数据丢失。随着光学记录技术的发展，采用激光读写方式进行数字信号的录制与重放技术已日臻成熟，CD 唱机就是这种技术的成功产品之一。CD 唱机是一种音频播放设备，它不具备录制功能。它使用的信号载体是直径 12 cm 的光盘。光盘信号面有按数字信号的 1、0 变化规律排列的凹凸信号坑(如图 3-23)。

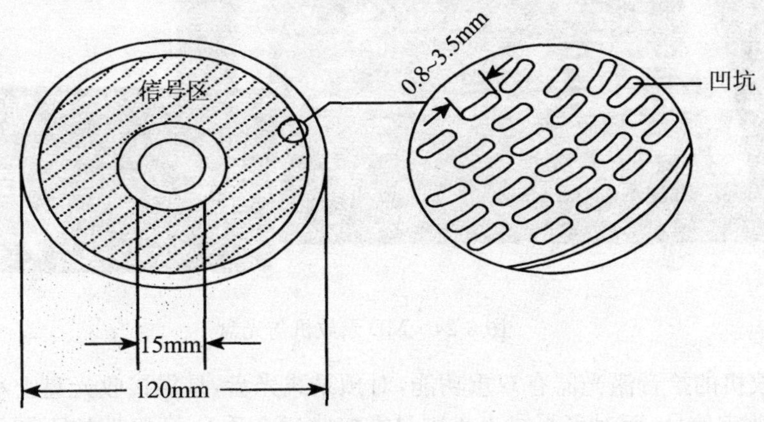

图 3-23 CD 盘的外观及信号坑槽

唱机中的拾音头发出一束激光，光束照射到盘面信号槽中，凹凸不平的表面形成不同的反射光线，唱机拾取这一反射光，并按强弱变化的规律还原数字信号中的 1、0 排列顺序，形成数字音频信号，经数模(D/A)转换，输出模拟音频信号。

CD 唱盘的信号采样频率为 44.1kHz，16 位量化位数，频率响应范围为 20 Hz～20 000 Hz。光盘最大容量为 74 分钟。CD 的声质水平要高于普通模拟信号，近几年已基本替代了磁带录音媒体，但 CD 的弱点是不像录音带那样可以随时抹录。

CD 唱机的使用较为简单。将电源开关打开后，面板显示屏上出现 DISC 字样，按唱盘仓开关键(open/close)打开盘仓，将光盘信号光面朝下放入仓内，关上仓盖，唱机进入读取目录状态。几秒钟后，显示屏将列出盘中节目目录，按 PLAY 键或相应序号数字键放音。按其他功能键可以进行跳转、选曲、暂停、停止等操作。

若放入光盘后，显示“No Disc”或“Error”字样，首先考虑光盘是否有损坏。若多张光盘均无法正常播放，则可能唱机有故障。

CD 唱盘中的信号槽非常细微(间距 1.6μm)，光盘表面有轻微的污垢或划痕都可能影响播放效果。所以要十分注意保持光盘表面的清洁和平滑，不可与硬物体摩擦，挤压变形。平时应将光盘放在专用的封套或光盘盒中。

(四)MD 录放机的使用

MD(Mini Disc)录放机是 1991 年 5 月由日本索尼公司公布的一种音频记录技术(如图 3-24)。它是以磁光盘(MO)作为记录载体，记录时磁头采用非接触式进行记录，放音时是用光拾取方式。磁光盘直径 64 mm，装在 72 mm×65 mm 的塑料保护壳内，使用时盘和套不可分离。MD 光盘分预录式和可录式。预录式是由生产商制作好的成品，其盘面的信号槽由很多小的凸起点组成，即以物理形态固化，所以这种盘只能放音，不能重录。可录式也称裸盘，是可以用 MD 录放机进行重复录音和放音的光盘。其记录介质不是固态的小凸起，而是光盘中的磁性介质，由录放机中的高效记录磁头，对其进行抹音和重写。

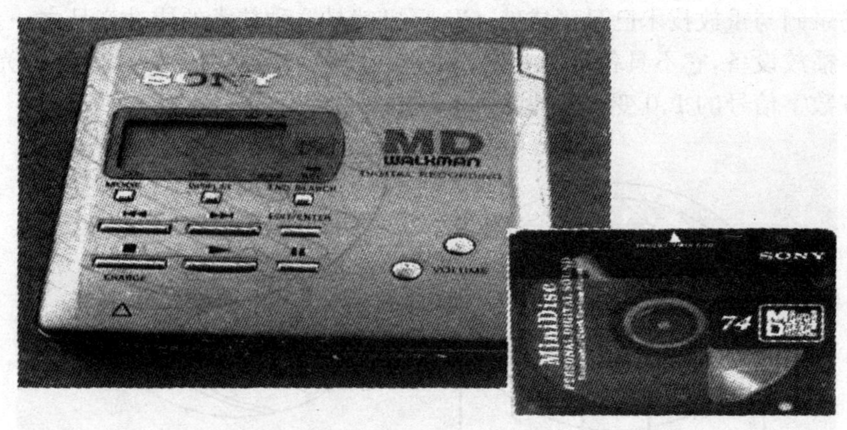

图 3-24 MD 录放机与光盘

MD 录放机的拾音激光器有双重功能，对预录式光盘，是靠接收光盘上小凸起形成反射光线来读取数字信号；而对可写式光盘则是靠接收磁介质 S、N 极性的不同而产生的光线不同反射方向来读取信号。

MD 录放机的信号处理规格是：采样频率为 44.1 kHz，量化位数为 20 bit，频率响应范围在 5 Hz～20 000 Hz。一张盘录制长度为双声道 74 分钟。MD 具有体积小、音质高、易于操作、快速搜索、可重写等优点，目前已成为高品质音频记录的常用媒体类型。

MD 录放机的使用较为简单，主要是了解几个特殊功能，操作上按说明书规范进行即可。

MD 录放机的功能可能因型号不同而略有差异，综合来看主要有以下几种：

(1) 多种放音功能。包括自动暂停(Auto Pause)功能，当一段节目播放结束后会自动暂停。使用编程放音功能(Program)可提前编辑要播放的曲目。重复播放功能(Repeat)可以单选、全选、随机播放、A 点→B 点等。乐曲搜索功能(Music Scan)，可以一个接一个地重放每个节目的开头。搜索功能(Search)可以在一段乐曲中快速找到某一点。MD 录放机的输出有耳机插孔和线路输出两种。

(2) 多种录音功能。包括双声道、单声道和乐曲同步录音。双声道是常用录音模式,一盘可录制 74 分钟内容;单声道录音可在一盘中录入 148 分钟内容;乐曲同步录音是指可以与 CD 机或数字磁带录音机联用,实现放机与录机的同步响应。MD 录放机在录音时,可自动搜索出光盘中有节目区和空白区,在空白区域进行录音,也可按操作指令将一个节目删除并录制新内容。另外 MD 录放机具有话筒输入端,可用于现场录音。

(3) MD 录放机高精度的取样频率转换器可与 DAT(数字磁带录音机)实现数字信号复制。可以将 DAT 的 48 kHz、32 kHz 的数码流自动转换为 44.1 kHz 的采样频率。同时通过数字光缆接口可将 MD 光盘信号复制到 DAT 上。

(4) 对专业人员来说,MD 录放机的另一个优点是它的节目编辑功能。在 MD 录放机上可以直接进行节目的简单编辑,如对一段节目的分切,两段节目的合并,对某一段进行命名、拷贝、移动、删除等等。这些功能为现场录音素材进行简单处理带来了便利。

(5) MD 录放机多采用专用的可充电电池,有的还配有外接电池盒,可使用普通电池。另外,目前流行的便携式 MD 录放机大多配有遥控器,可进行有线遥控。

(五)MP3 播放机的使用

MP3 是 MPEG l Layer3 的缩写形成,它本身是一种压缩与解压缩的计算方法。这种算法能将声音数据进行高比例压缩,对同样长度的声音信息,MP3 格式的文件大小是 WAV 格式的 1/10 左右。而在重放时,其音质并未降低。这就为声音素材或节目的存储、交流,尤其是网上传输提供了极大的便利,因此,这种技术一出现,马上就为人们所接受,迅速流行起来。

MP3 播放机正是基于这样一种压缩技术而制造的 MP3 格式文件的播放设备(如图3-25)。它自身具有一个能播放 MP3 文件的数字信号处理器(DSP),同时拥有一个数据存储介质。DSP 掌管着播放机的数据传输、设备接口控制、文件解码回放等活动。它能够在短时间内完成多种处理任务,而且此过程所需电能很少,因此十分适合便携式小型机采用。文件存储介质是存放 MP3 音频文件的载体,通常分两种形式:一种是机器内置的存储体,不可分离;一种是可移动式介质,可单独取出保存或连接到其他设备上。MP3 的存储介质容量是它的重要技术指标,目前在几十兆到上百兆不等。

图 3-25　MP3 播放机

MP3 机的外观大多很小,而且设计上越来越趋于时尚化。机体上有相应的操作键和液晶显示屏,耳机插孔、电池槽、USB 接口或移动内存放置槽等。

MP3 播放机的使用较为简单:

首先将节目文件从电脑中下载到机器内存中。如果是内置存储介质型的机器,则需要将 MP3 机与电脑相连接,如果是具有可移动介质的,则可以将移动内存卸下,直接接到电脑的 USB 接口中进行文件下载。之后就可以在 MP3 机上进行播放、选曲以及复制、删除等操作。这方面依据各种机型不同,其可控制方式和功能也有所不同。

目前,MP3 产品发展很快,不仅外观设计和新功能不断丰富,同时也开始倾向多种媒体合一的趋势。比如 MP3 上的可移动介质兼做移动闪存使用,CD 机上增加 MP3 功能,MP3 机增加数字录音功能等等。

(六) 音频数字化

音频数字化的主要指标:采样频率、量化位数、通道数。

采样频率标准的 5 个等级:8kHz(电话话音质量)、11.025kHz(AM 无线广播质量)、22.05kHz(FM 无线广播质量)、44.1kHz(CD 质量)、48kHz 数字录音带质量)。

表 3-4　各类数字化音频格式

cda	CD Audio 的缩写,Philips 公司开发,CD 音乐所用的格式。
wav	Wave 波形格式,没有经过压缩,不会失真,但存储空间大,1 分钟约 1.5MB。
midi	电子音乐,常用来作网页背景音乐。存储空间小,易失真,1 分钟约 30KB 以下。
mp3	采用数据压缩技术,因此存储空间小且失真程度不大,1 分钟约 1MB。
wmv	Microsoft 公司开发的网络串流格式,播放软件为 windows 内建的 Media Player。
rm	RealNetworks 公司开发的网络串流格式,播放软件为 Real player。

六、教育电声系统

(一)教育电声系统的连接

将以上听觉媒体连接,框图如 3-26 所示:

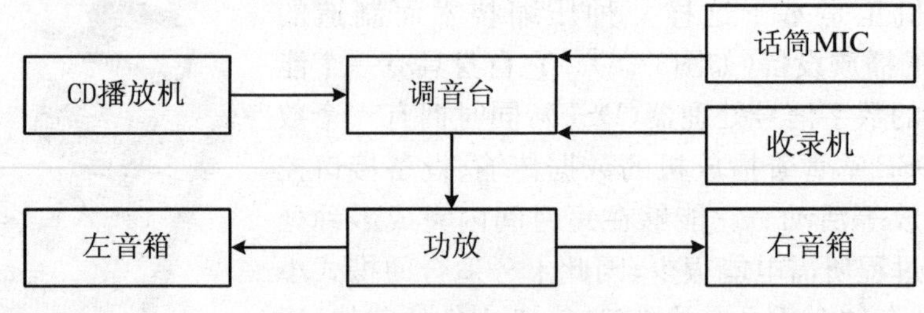

图 3-26　教育电声系统的连接

(二)电声媒体的教学应用

它主要用于单向传播声音的教学,没有交互作用。它的主要作用是:

(1) 广泛用于集体式和个别化的语言学习活动,应用于外语听力、音乐、戏曲或其他艺术欣赏类的课堂教学。

(2) 播放前教师要对听的内容进行必要的提示,通过提出一些问题,对学生的听音做出一些具体要求,播放结束后,教师针对听的内容,提问学生,展开讨论,检查听音效果,进而调整电声媒体的教学技巧。

第四节 视听媒体

一、电视机

(一)电视机的种类

(1) 按图像色彩分:黑白电视机和彩色电视机。

(2) 按输入信号分:普通电视机、监视器和收监两用电视机。

(3) 按屏幕对角线长度分:37cm (14 寸) 、43cm (17 寸)、54cm(21 寸)、63 cm (25 寸)、73cm (29 寸)、52 寸等。

(4) 按电视信号处理方式分:模拟电视机和数字电视机。

(5) 按显示器的类型分:阴极射线管(CRT)电视、液晶电视(LCD)、等离子电视(PDP)、发光二极管显示器(LED)、大屏幕投影电视机、组合电视墙等。

(6) 按显像管屏幕角度可分为圆角球面显像管电视机、平面直角显像管电视机、超平面显像管电视机和纯平面显像管电视机。

(二)电视机的使用和维护

电视机是常用的家用电器,在使用前要详细阅读说明书,按规程调试电视机。电视机的维护要注意以下几个方面:

(1) 避免强光和阳光直接照射电视机,以免荧光屏的老化、荧光粉的脱落而缩短电视机的使用寿命。收看距离要大于荧光屏对角线的 4~6 倍,摆放高度略低于人眼的水平面。

(2) 注意通风散热、防尘、防潮。搬运和收看时,不能震动。

(3) 注意防磁,荧光粉极易被磁化,导致彩色失真,严重时产生偏色和图像模糊现象,电视机距离其他电器 1 米以上。

(4) 不要频繁开关电视机,延长机子的使用寿命。雷雨季节要防雷,把天线插头和电源插头同时拔下来就可以了。

(三)电视的制式和信号传输方式,

(1) 由于不同的国家对图像信号中的彩色信号处理方式不同,世界上存在三种不同的电视制式:只有信号的制式相同的软件(录像带、VCD 等)和硬件(电视机、录像机、影碟机等)在一起运行才能正常播出图像和声音。

NTSC 制出现得最早,主要应用在美国、韩国、加拿大和日本等国家。

PAL 制主要应用在中国和西欧部分国家。

SECAM 制主要应用于俄罗斯、法国和部分东欧国家。

(2) 电视信号传输方式常用的有三种:射频式、视频/音频式、分量式。

①射频式(RF):它是把视频信号、音频信号和控制信号合在一起为全电视信号,用一根同轴电缆从信号源传送到用户。

②视频/音频式(VIDEO / AUDIO:L/R):它把电视信号分成视频信号和音频信号(分左、右声道)两大部分来进行传输。

③分量式(Y/C、AUDIO:L/R):进一步把电视信号的视频信号分成亮度和色度信号,音频信号分成左声道和右声道分别传送,减少了各种信号之间的干扰,提高电视图像和声音

的质量。

二、录像机

录像机是以磁带为信息载体，记录和重放图像信息和声音信息的电子设备。

(一)录像机的使用

认真阅读产品说明书，熟悉录像机的英文符号的含义和按键的功能，掌握相应的操作方法，正确连接录像机与各种媒体。分清输入(IN)和输出(OUT)接线。有顺序的进行操作。

1. 音像节目的播放

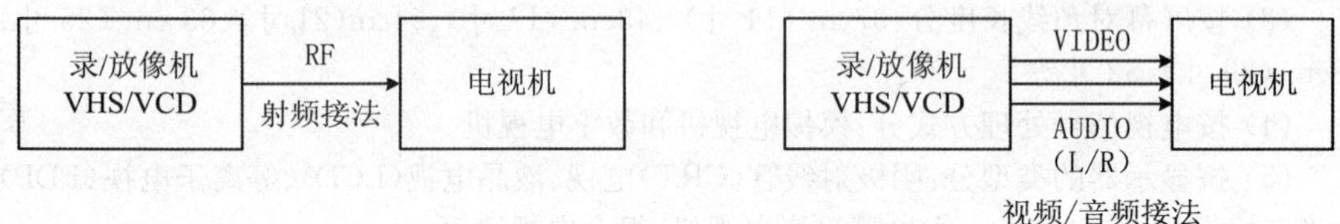

图 3-27　播放录像节目

2. 录制电视台的节目

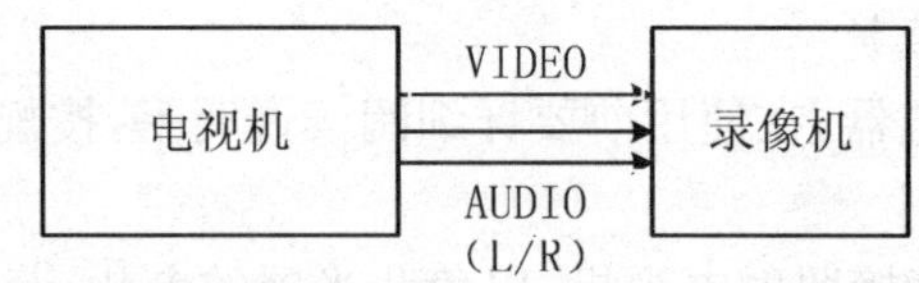

图 3-28　录制电视台节目

(二)录像机的使用和维护

录像机应放在水平稳固、通风散热的台子上，远离强磁场、高温和阳光直射，防尘、防潮。录像机的"暂停"时间不能太长，因为这时磁带停止运动而磁鼓仍在高速旋转，会造成磁头及这一段磁带的磨损。另外"搜索"状态也对磁头磨损较大。定期清洗磁头系统、走带通路上的各部件及驱动系统的主要部件。

由于录像带是塑料制成的，多次播放使磁带与磁头高速接触，不但会磨损磁带，而且磁带被拉长，磁粉脱落。这会造成图像质量变差，出现波纹和雪花点。另外磁带长期放置不用会霉变，所以磁带应直立放在干燥、通风、温度低于 25℃的柜中，长期不用要定期倒带，保证磁带转动灵活。

三、激光视盘机

激光视盘机是现代数字化多媒体处理技术飞速发展的产物，是视听播放设备大家族中的重要成员。由于它具有存储量大、影音质量高、操作方便、使用成本低等优点，现已成为教育信息传递的重要媒体。

(一)激光视盘机的种类及特点

激光视盘机的种类主要包括 LD、VCD、SVCD、DVD、EVD 等。

1. LD

LD 是 Laser Disc 的缩写，通常称为激光视盘机、大影碟机，所用光盘的直径为 30 cm，音频采用数字 EFM 和模拟 FM 两种方式录制，视频采用模拟 FM 方法录制。图像质量优于 VCD，不如 DVD，音频质量同 CD 相当。但由于该机价格高、片源少，现已被 VCD、DVD 取代。

2. VCD

VCD 是 Video Compact Disc 的缩写，意为视频光盘。光盘直径为 12 cm。它采用 MPEG－1数字压缩的国际标准，图像分辨率为 PAL 352×288、NTSC 352×240，水平清晰度为 250 线，声音为 2 声道，质量与 CD 相当，播放时间可达 74 分钟，兼容 CD 格式。它具有简单的交互菜单，能按节目索引、时间等进行检索，可以迅速找到需要的节目段落起点，并有变速播放、帧播放、循环播放等功能。由于 VCD 具有价格低廉、光盘种类繁多、比录像带耐用、便于保存等特点，是目前在教育上应用比较普遍的视听设备。

3. SVCD

SVCD 俗称超级 VCD，其主要性能指标优于 VCD 的视盘机。它选用 MPEG－2 视音频压缩编码低级规范，图像分辨率为 PAL 576×480、NTSC 480×480，水平清晰度提高到 350 线以上，提供了 4 路单声道和 2 路立体声道的音频，有 4 种语言伴音和 4 字幕选择功能。它仍采用直径 12 cm 的光盘存储信息，与 CD、VCD 兼容，最大播放视音频信号 45 分钟。由于 SVCD 片源短缺、播放时间短，加之 DVD 技术的成熟，因此它是趋于淘汰的产品。

4. DVD

DVD 是 Digital Video Disc 的缩写，是目前应用最广泛的视音频光盘媒体。

DVD 与 VCD 相比，有以下特点：

（1）高密度。DVD 盘与 VCD 盘均是直径 12 cm 的光盘，但其区别却显而易见：一是 DVD 光盘采用波长更短的激光刻录并读出信息；二是 DVD 光盘上的记录坑更小，单位面积上记录的信息更多；三是 DVD 光盘结构的重大变化，即单面单层 4.7 GB，单面双层 8.5 GB，双面单层 9.4 GB，双面双层 17 GB。VCD 仅能存放视音频图像 74 分钟，而 DVD 单面单层能够存放视音频图像 133 分钟，双层双面可存放视音频图像长达 484 分钟。

（2）高画质。DVD 采用国际通用的活动图像压缩标准 MPEG-2 技术，并选择了较高的码率，画质达到广播级电视图像标准，画面像素为 PAL 720×580、NTSC720×480，水平清晰度超过 500 线。

（3）高音质。DVD 常用的音频格式有：AC-3（1 至 5.1 声道）、MPEG（1 至 5.1 声道或 7.1 声道）、LPCM（1 至 8 声道）、DTS（1 至 6 声道）等。DVD 无论选择哪种音频格式都可以是数字环绕高保真音响效果。

（4）高兼容性。DVD 视盘机也可播放 CD 盘、VCD 盘、CD-ROM 盘、SVCD 盘、DVD-RAM 盘和 DVD-R 盘等视音频光盘。

（5）高可靠性。DVD 采用先进的纠错编码方式，确保了数据读取的可靠性。

（二）激光视盘机的使用

1. DVD 机与电视机的连接

DVD 激光视盘机常用的连接方式有三种，即 AV 连接、S 端子连接和分量视频连接。

（1）AV 连接。AV 连接是最常用的连接方式。AV 连接即 DVD 机的视频输出（VIDEO OUT）、音频输出（AUDIO OUT R/L）分别接到电视机的视频输入（VIDEO IN）、音频输入（AUDIO IN R/L）上，如图 3-29 所示。

(2) S端子连接。S端子连接画质优于AV连接,可获得更加逼真的图像。其方法为DVD机S端子输出(S VIDEO OUT)、音频输出(AUDIO OUT R/L)分别接入电视机的S端子输入(S VIDEO IN)、音频输入(AUDIO IN R/L)上,如图3-30所示。

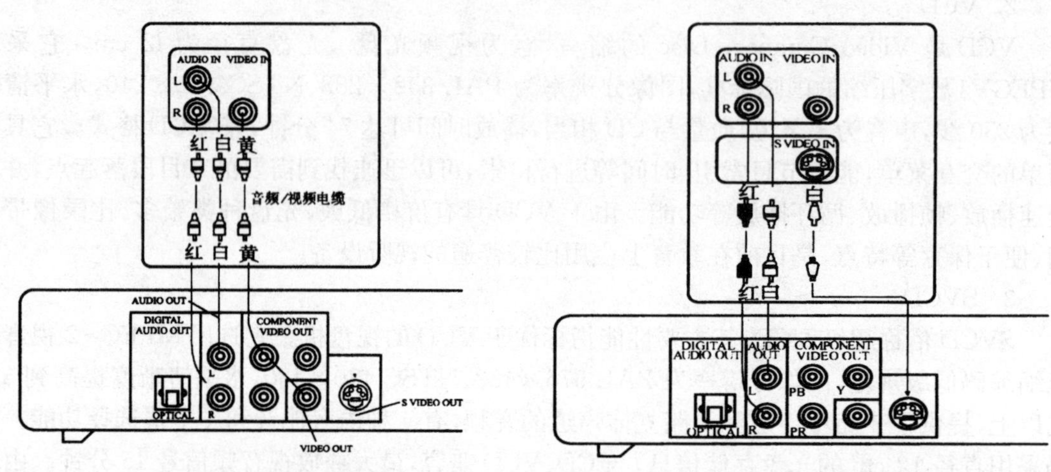

图3-29 DVD与电视的AV连接　　图3-30 DVD与电视的S端子连接

(3) 分量视频连接。分量视频连接是目前最高级的连接方式,画质优于S端子连接。连接方法是将分量视频输出(Y/Cb/Cr OUT)、音频输出(AUDIO OUT R/L)分别接入电视机的分量视频输入(Y/Cb/Cr IN)、音频输入(AUDIO IN R/L)上,如图3-31所示。

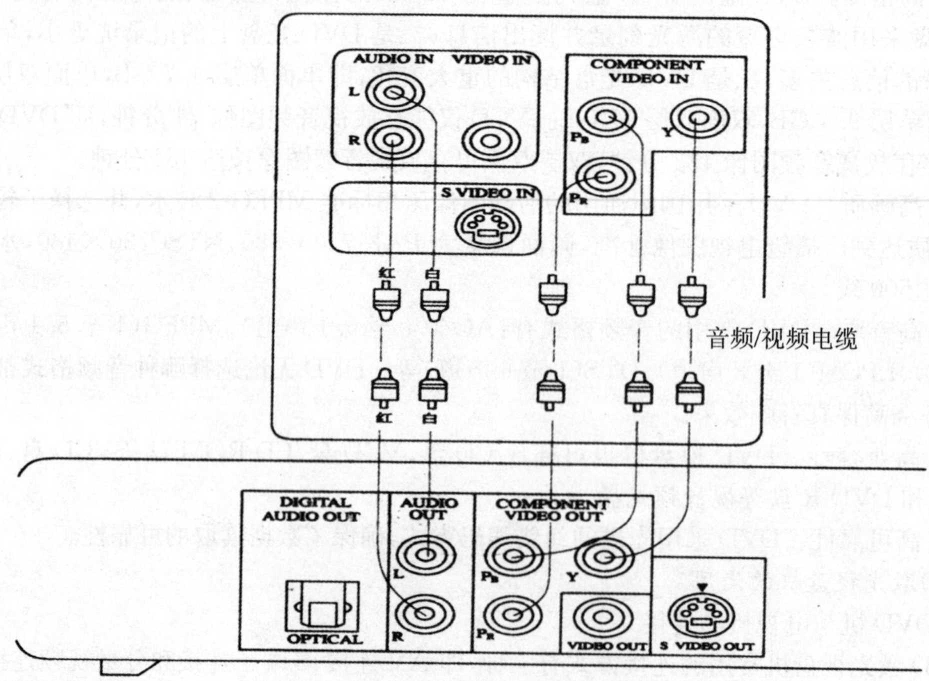

图3-31 DVD与电视的视频分量连接

值得注意的是:分量视频输出、输入端子因机器品牌不同其英文缩写标注也不同(例如Y/PB/PR、Y/B-Y/R-Y、Y/Cb/Cr,),按相应的标注顺序连接即可。

2. 激光影碟机的保养

(1) 防尘第一,激光影碟机是精密的光学仪器,为避免灰尘进入,使用时应拿去布罩以利机器散热,布罩应选用质地细密、纤维较长的布料制作,不宜采用绒布或易积灰尘的物品制作。

(2) 激光影碟机应放在水平、稳固、无震动的柜台上,保证影碟机正常工作。

(3) 影碟机中的转动部件大多是塑料制品,不需另外加油。

(4) 影碟机的碟片托盘不能用手推拉,应按托盘"OPEN / CLOSE"按钮使托盘自动退回机内,不要使托盘长期处于伸出状态,防止灰尘和杂物进入。

(5) 不能用酒精或有机溶剂擦拭机器。

四、数字摄像机

(一)数字摄像机的种类

数字型摄像机按录像带规格不同可分为以下几个种类:

1. D8 型(Digital)数字摄像机

这是索尼公司 20 世纪 90 年代开发的一种数字摄像机,它的最大特点是既可以使用以前的 Hi8 录像带记录数字格式的影像,达到 500 线的清晰度,又可以播放用模拟 8 mm 和 Hi8 格式录制的录像带,并且是自动识别。它是从模拟向数字摄像技术过渡的中间产品,目前使用率不高。

2. DV 型(MiniDV)数字摄像机

这种摄像机是新一代更高质量的数字摄录一体机,它的格式是全世界主要厂商一起商定的,通用性较好。磁带宽度为 6. 35 mm,体积小,仅为 VHS - C 型盒带的 1/3。图像质量更加细腻,色彩更加丰富,水平清晰度达到 500 线。其音频记录直接采用 PCM 编码,声音质量与 CD 相当。另外,同为 6. 35 mm 宽度的录像带还有专业等级的 DVCAM 和 DVCPRO。DV 型数字摄像机是目前市场的主流机型。用 DV 录制的动态影像可通过 1394 数据线直接传输到计算机,并通过专业软件进一步编辑,然后刻成 VCD 或者 DVD 等。

3. MV 型(Micro MV)数字摄像机

这是索尼公司发布的更新一代数字视频摄录格式,它的出现也是数字摄像小型化、掌中化的趋势所在。它的磁带宽度仅为 3. 8 mm,但画质与 DV 格式摄像机不相上下,水平清晰度为 500 线。

(二)数字摄像机的使用

1. 摄像机的功能与操作

不同品牌、不同型号的摄像机及其功能和操作都有所差别。这里着重介绍目前的主流数字摄像机的常用功能与操作。

(1) 光圈。摄像机镜头中有与照相机镜头中相似的光圈,其主要作用是控制、调节到达 CCD 图像传感器光线的多少,使其在摄像机的承受范围之内。摄像机中的光圈调整分为自动调整与手动调整两种方式。

①自动光圈调整以被摄物体的总体亮度的平均值或以被摄物体中心的亮度为调整基准

进行自动调整,这是摄像机光圈调整的常用模式。然而当被拍摄主体与周围环境亮度相差比较大时,采用自动光圈调整所得拍摄的画面主体影像就会显得太亮或太暗。因此,自动光圈调整模式也有一定的局限性。

②手动光圈调整是在特殊光线下或追求某一种效果时使用的调整模式,例如:逆光下摄像。摄像对象明暗对比过于强烈。光照强度发生快速变化,如演艺场所等。拍摄运动物体。拍摄雪地、水面等反光强烈的景物。表现光线的环境气氛。需要控制景深的场合。

(2) 快门。快门是摄像机上控制曝光量和追求某种画面效果的装置。通常设有 1/50 秒、1/100 秒、1/250 秒、1/500 秒、1/1 000 秒等。有的摄像机还设有低速快门和高速快门。

正常情况下摄像,用默认的 1/50 秒快门速度。但在下列情况下摄像,需要进行手动快门调整:

①拍摄快速运动物体时要用高速快门,以保证慢动作和帧放像时画面的轮廓清晰。

②拍摄电脑屏幕时,要适当调整快门速度,使摄像机的扫描频率和电脑的刷新速率一致,画面不闪烁。

③要想得到大的景深,用低速快门;反之,则用高速快门。

(3) 聚焦。聚焦的作用是保证拍摄画面上的景物清晰。摄像机上的聚焦有自动聚焦和手动聚焦两种模式。绝大多数情况下应使用自动聚焦,只是自动聚焦不能使主体清晰成像时,才用手动聚焦,如:光线很暗,照明亮度不够。景物没有对比度。被摄物为竖条状或穿着竖条状衣服的人。被拍摄主体不在画面中心区域。两个主体离镜头的距离差别很大。拍摄对象快速移动。被拍摄物体处于不干净的玻璃后面。需要利用聚焦点转移突出主体,或用于转切的虚镜头。

(4) 变焦。就是改变镜头的焦距。通过变焦,可以摄取距镜头远近不同的物体,既能保证成像清晰,又可调整成像物体在屏幕上的尺寸大小,从而获得远景、中景、近景和特写等不同镜头效果。

摄像时变焦分为光学变焦和数字变焦。光学变焦是摄像的基本变焦手段,它分为电动变焦、手动变焦两种。

光学变焦是由摄像人员操纵变焦环等机械装置,直接改变镜头焦距来实现的。至于数字变焦,它并不会改变镜头的焦距,而是通过数字电路的方法,将镜头摄取的图像信号进行处理,实现一定的倍率,得到类似变焦的画面效果。它一般可以有很高的放大倍率,但图像放大越多,清晰度就越小,甚至出现马赛克现象。因此,数字变焦一般很少被应用。

电动变焦操纵起来十分方便,按下相机“T”或“W”推、拉按钮,根据按力大小,可以改变变焦速度。按力大,焦距变化得快;按力轻则变焦慢。但要产生具有视觉冲击力的急速变焦,电动变焦难以实现。这样就需要手动变焦。

(5) 白平衡。设置白平衡,是为了在摄像过程中使色彩得以正确还原所采取的步骤。彩色摄像机的图像信号是由红、绿、蓝三基色组成的。调整白平衡就是要调准这三个基色的比例。如果比例失衡就无法使拍摄到的图像色彩得到正确的还原。在景物中,最敏感的颜色是白色,如果摄像机经过调整能够拍摄出正确的白色信号,那么其他颜色就可以得到准确再现,否则就会出现偏色。

数字摄像机一般设有自动白平衡,手动白平衡。自动白平衡调整是由摄像机根据照明光线的色温情况,通过内部处理器自动调整进行的。这是摄像时正常采用的白平衡调整模式。

手动白平衡调整是选择一个不掺杂色，且不反光的白纸或纯白的物体，将其顺光置于光源下，将镜头对准白色物体并使之充满画框。然后根据菜单提示按下白平衡按钮，直至显示“OK”为止。摄像时，一般在下列情况下使用手动白平衡调整：

①摄像机或被拍摄物体处于阴暗的地方。

②照度过低时。

③在汞灯、钠灯和普通荧光灯下拍摄时。

④摄像机与被拍摄物体不在同一光源照明时。

⑤当画面出现强烈的红光照明时，如日出日落等。

⑥照度的光线色温剧烈变化的场合，如舞厅等。

⑦当被拍摄物体过亮时，如雪地、海滨等。

⑧手动光圈逆光下拍摄或使用微距离拍摄时。

摄像时为了追求画面基调或渲染气氛以及营造特殊的环境，可以不用纯白纸调白平衡。如用偏红色的纸调白平衡，拍摄画面色彩会偏青，呈冷色调；若用偏黄色的纸调白平衡，拍摄的画面会偏蓝；若用偏紫的纸调白平衡，拍摄的画面会偏绿；若用偏青的纸调白平衡，拍摄的画面会偏红。

(6) 取景器和液晶显示屏。现代数字摄像机一般都装有取景器和液晶显示屏。

①取景器装在摄像机的上部，用1英寸显像管或LCD做屏幕。电子取景器用于摄像前选择画面布局和精细对焦及拍摄图像的检验。取景器设置了调整适合使用者视力的调整钮，对应摄像角度的目镜角度在上下90度、左右180度内可调。相对于液晶显示屏，取景器更加省电，在室外拍摄时可以有效地避免环境光线的干扰。

②液晶显示屏对角线一般为2.5～3.5英寸，装在摄像机侧面上，可向每一个方向旋转180度，提供摄像者观看最大的灵活性。

(7) 逆光补偿。用自动光圈在逆光下摄像时，画面上的主体往往显得非常黑，逆光补偿就是在这种情况下按下逆光补偿钮(Back Light)，让摄像机开大光圈，以便使处于逆光下的景物清楚明亮。

(8) 夜视功能。摄像机的夜视功能有两种：红外夜视和彩色夜视。

①红外夜视是一种主动夜视拍摄技术，它由摄像机发出红外线去照被摄体，红外线经物体反射后进入镜头进行成像。红外夜视的特点是可以在完全没有光线的条件下进行拍摄。但由于采用红外线摄像，无法进行色彩还原，拍摄出的画面色彩可能不正常或不自然。由于摄像机发出的红外线强度有限，一般适合于中近距离拍摄。

②彩色夜视功能则是被动拍摄的方式，它是通过延长CCD的曝光时间来实现的拍摄过程。这种方式不能在全黑的情况下拍摄，至少要有微弱的光线，其拍摄的画面是彩色的。使用彩色夜视功能时要用手动对焦，最好使用三角架。

(9) 特技效果。数字摄像机特技功能很多，如果使用得当，会增加较好的艺术效果。

①淡入淡出又称“淡变”。淡出功能是使拍摄的图像和声音在场景结尾渐渐地消失，只留下黑色的屏幕；而淡入功能则是使拍摄的图像和声音在场景开始时渐渐地从黑色屏幕中显现出来。淡入和淡出通常是组合在一起使用的，一般用于段落的分割和过渡。

②划变。划变是指将活动画面中的最后一帧图像存储起来，并能实现与下一个活动画

面之间的衔接。划变就像拉开另一道屏幕一样，用最后拍摄的画面慢慢推出，直至出现新场景中的全部图像。

③叠画。叠画就是前一幅拍摄的静止画面渐渐淡出的同时，新场景中的移动图像渐渐地淡入，两者有一个重叠的过程。

④频闪。频闪是通过每隔0.2秒的时间拍摄一帧画面而形成的动画效果，它适合拍摄运动的物体，具有较强的艺术韵味。

⑤拖尾。拖尾可在运动的物体后面产生多个重影，给人以强烈的运动感。这种效果适合于拍摄夜晚车河，表现城市的五光十色。也可以在主体物静止的情况下，应用该特技并通过变焦或移动摄像机获得拖尾的效果。

数字摄像机的特技效果还有很多，如镜像、负片、褐色、黑白、曝光过度等。

(10) 录像功能。摄像机中的录像功能除可录制本机的信号外，还有下列功能：

①定时自拍。在按下摄像机录像开启钮后，摄像机数秒左右才开始录像，此功能有利于拍摄者拍摄自身的图像。

②定时录像。按下摄像机录像开启钮后，摄像机每隔一段时间自动拍摄录制几帧景物的功能。此功能若用于拍摄植物生长，可通过较短的时间栩栩如生地反映出其较长的生长过程。

③逐帧录制功能。即摄像机不动，交替地移动被摄对象，一帧一帧的拍摄，它可以产生动画效果，增加画面的情趣。

以上三种录像方式均要使用三角架。

④复制其他信号源的图像和声音。录像机中一般设有AV和DV端口，AV端口可以方便地连接到诸如电视机、DVD、录像机等绝大多数播放设备上，复制其所播放的视频、音频信号。DV端口要求播放设备也要具备DV输出功能，用这种方式连接，所复制的图像与声音质量好。

⑤视、音频编辑功能。用摄像机中编辑功能可以平滑地插入来自其他录像机和DVD所播放的视频和音频，丰富其画面的内容。

(11) 放像功能。使用摄像机的放像功能可以实现以下功能和效果：

①特殊图像效果。如图像的色彩和亮度反转，彩色图像变成深棕色、白单色影像变成彩色的蜡笔画等。

②放大图像效果。用这种功能可以细致观察画面中每一处细节。

③日期和零点记忆功能。使用这种功能可以方便、快捷地查找相关内容。

④变速播放功能。如暂停镜像、慢速或倍数播放、逐帧正放或倒放等功能。

2. 摄像机拍摄要领

(1) 画面要平。画面要平主要指所拍摄的画面要摆平。也就是说，在拍摄过程中要保持画面处于水平状态，让地平线与画面的上下边线平行，垂直线与画面的左右边平行，使画面的水平符合人们通常的视觉习惯和心理要求。但有时为了表现特殊的艺术效果也可以故意倾斜。

为了使画面能够水平，最好使用三角架拍摄。手持拍摄要时刻注意取景器边与有明显水平或垂直线条的物体的关系，也就是要找好参照物。如电线杆、树木、房屋、海平面等。

(2) 画面要稳。画面要稳是指拍摄的画面要稳定，没有不必要的摇晃现象，否则不仅破坏画面的气氛和艺术效果，也会使观众看不清楚画面，甚至会产生误解。

当然有时为了追求某种艺术效果，拍摄时可以有意摇晃摄像机。如：利用主观镜头表现人物头晕目眩、伤势严重等。

使画面保持稳定的最好办法是使用三角架拍摄。如果手持摄像机，一定要采取正确的拍摄姿势。常用的拍摄技巧如下：

①站立拍摄。两脚张开与肩同宽，右手举起摄像机，肘部贴紧身体，左手由镜头下方握住摄像机，右眼轻贴于取景器形成三角形稳定结构。

②站立移动拍摄。腰部挺直，双腿微曲，脚尖先着地，走碎步，腰、腿、脚要有机配合。

③站立摇镜头拍摄。如果摇镜头起幅长而落幅短，可以先按平常姿势拍摄，然后缓慢均匀地转动腰部拍摄。如果起幅短而落幅长，则将身体朝镜头终止方向站立，然后腰部扭向镜头开始方向并开始拍摄，摇完后身体恢复正常姿势。

④跪姿拍摄。眼睛由上方轻贴取景器，手肘放在大腿上做支撑，若拍摄景物比较低，可打开液晶显示屏并调好角度拍摄。

⑤坐姿拍摄。坐姿拍摄时腿的摆放要舒服，不能别劲。

⑥卧姿拍摄。卧姿拍摄要求双肘撑地，胸部适当抬起。

总之，不管采用哪种姿势拍摄，都需要注意下列几点：

第一，要调整好取景器的角度和亮度，以便于观察取景。

第二，要养成用右眼取景的习惯，用左眼余光观察周围的动态，以便及时抓住精彩镜头和保证自身安全。

第三，要注意呼吸方式，拍摄短画面时，可屏声静气；拍摄长画面时，要采取腹部吸气法，保持胸部和肩部的放松。

第四，不要穿太宽松和太紧的衣服，以免影响拍摄时的灵活性。

第五，利用变焦镜头的广角端，可以相对提高画面的稳定性。

(3) 摄像要准。摄像要准主要指拍摄的对象、范围、起幅落幅、焦点变化、镜头运动以及景深运用等都要准确。也就是说，无论在运动过程中还是在镜头结束时，不但要让拍摄对象始终处于我们的镜头之中，还要构图准确，画面主体清晰。比如将镜头由一棵树推到树枝上的小鸟时，由于由广角变成长焦，画面景深变小，很容易出现画面模糊的情况，即焦点不准。这就需要先将镜头推至小鸟特写，把焦点调实后拉出来，再正式推上去，以避免焦点不实。再如采用“摇”和“跟”的手法拍摄一辆奔驰的汽车，应该始终让汽车出现在画面里。另如从A物摇到B物，起幅A应该构图准确，摇到B时构图也应该准确，不能摇过了再调整回来，因为那样会使画面显得不稳。总之，拍摄稳定的画面，应注意下列几点：

①拍摄镜头要有明确的目的性，不能盲目地随心所欲地乱拍。

②拍摄运动镜头时，最好进行演练。一是要演练拍摄方向与路径并找好参照物；二是要演练跟焦点。

③利用推或摇镜头时，如果拍摄不同距离的景物，一是要提前选焦点，校准被拍摄景物的距离，而不是达到某一距离后才调准焦点，切记焦点要赶前不赶后；二是利用景深的原理，先把镜头推到主体物，调好焦后，再拉出来重拍。

④要保持正确的站立姿势，用右眼取景，左眼观察被摄物体的动态，右手控制摄像机角度的变化，左手调焦点，手眼并用，协调一致。

(4) 摄像要均。摄像要均主要指镜头运动速度的均衡和构图上的均衡。所谓镜头运动速度的均衡是指在利用推、拉、摇、移、跟、升、降等运动镜头时，不能忽快忽慢，动动停停，以免造成画面视觉效果和节奏上的失衡。当然有时为了表现主观镜头或跟镜头也可以运动速度不均。如表现一个科学家走走停停观察植物的镜头，就可以根据科学家的运动状态来摄取镜头。所谓构图上的均衡指的是根据我们所要表现的意图或传达的信息，让被摄主体在画面中所占的比例和位置合适，也就是说要安排好画面的主体、陪体、前景、背景、空白等之间的关系，要利用好光线、线条、色彩、形状、明暗等构图要素来营造画面。

3. 摄像机的使用与维护

(1) 防结露。当摄像机由温度低的地方移到温度高的地方时，要等一段时间再使用，防止磁鼓和导带机构结露。当发生结露时，有的摄像机会有结露提示，此时应立即停机，取出录像带，放在干燥的环境中，待结露完全消失后再用。

(2) 防尘。在拍摄过程中，摄像机如暂时不用，要盖好镜头盖，若较长时间不用，应将机器装在箱包里。要特别注意多尘或有风沙的地方对摄像机的污染。如果发生污染应该用下列方法清洁：

①外观清洁。可用吸尘器吸或用气老虎吹去表面灰尘，再用干净的软布擦拭。对于顽固的污点，可用湿布或专业清洗剂清洗，然后用干布擦干。注意不能用酒精或化学清洗剂清洗，否则会令外壳变色或受损。

②镜头清洁。用镜头纸或麂皮从镜头中心旋转向四周擦拭，如果擦拭不净，可用麂皮蘸些镜头擦洗剂擦拭。擦拭时格外小心，切忌把手上的污物粘到镜头上，否则更难清洗。

③磁头清洁。磁头清洁不能随便进行。当摄像机录像时效果差、杂波大、画面雪花点多，甚至寻像器中出现糊磁头（“RF”错误）的提示时，要及时清洗磁头。

清洗磁头最好用清洗带清洗，这一点对数字格式的摄像机尤为重要。清洁的方法是按通常装磁带的方法把清洗带装入摄像机中，按重放键或录制键 5 秒钟后取出清洗带。清洗带每次使用不要超过 5 秒钟，如果没清洗干净可继续清洗，如果清洗四次后效果还没有改善，说明机器有其他故障需要修理。注意清洗带不能快倒或快进，且只能使用一次。

(3) 防潮。摄像机不能存放在潮湿的地方。在雾中或雨中拍摄时，不要让雨水淋到机器上。录像带也应避免存放在潮湿的地方，防磁粉脱落，影响录制效果和摄像机磁头的寿命。

(4) 防强光。要避免把摄像机镜头直接对着强烈的阳光或其他光线。如确有需要，应尽量缩短对着强光的时间。

(5) 防磁。摄像、录像带应避免在有强大磁场的地方操作和保存。太接近磁场的地方会使摄取的图像色彩不准。

(6) 防震。摄像机属于精密设备，在操作乃至运输中都要避免强烈震动和碰撞。

五、教育电视系统

开路教育电视系统有广播电视、微波中继、卫星电视。闭路电视系统又称有线电视系统。

广播电视系统：它是通过教育电视台的发射天线将指定频道的教育电视节目以射频信号发送，供小范围的用户接收。由电视天线发射的电磁波以空间波的形式在对流层中直线传播。它的传播距离受地球的曲率半径的影响，通常只能传播几十公里至一百公里左右，广播电视的覆盖范围是地区性的，它主要用于地方教育电视台。

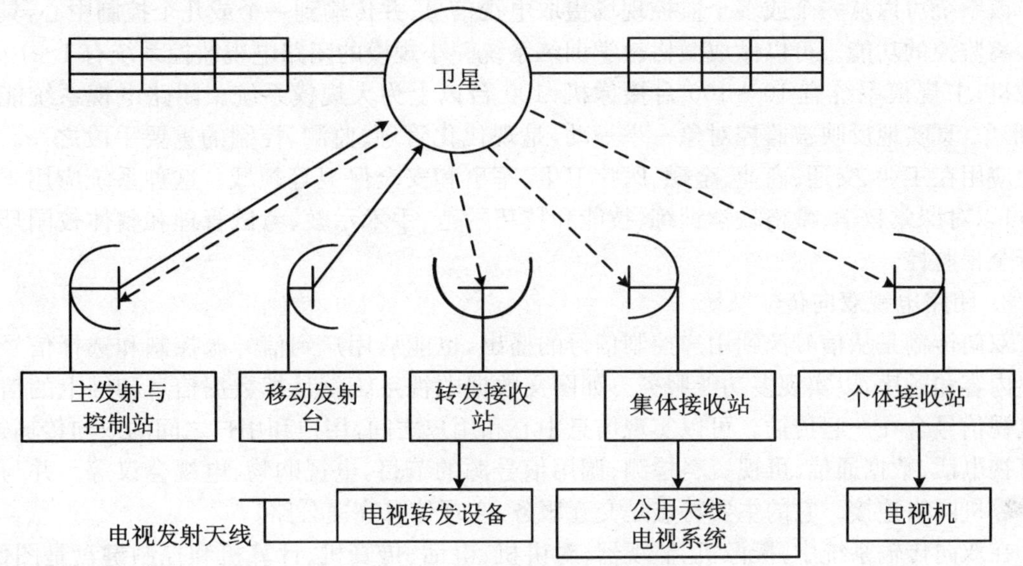

图 3-32　卫星电视广播系统

（一）卫星广播电视系统

它是通过设置在地球赤道上 3600 公里高空的地球同步卫星来转发电视信号，卫星接收地面上电视台发送的电视信号（上行），然后再转发到地球上指定区域（下行）。卫星电视接收主要有三种：个体直接接收、单位或集体接收、地面台站差转接收。

卫星电视系统有如下特点：

(1) 电波覆盖面大，利用率高。在一个卫星上装几个转发器就能覆盖整个中国，并且使服务区中心和边缘地区的电波场强只相差 3～4dB。

(2) 信号容量大。一个卫星可以同时转发几十路电视和几万路电话。

(3) 投资省、费用低，扩大教育规模。可实现全球教育、开放教育、终身教育。

（二）闭路教育电视系统

按功能分播放系统、监控系统和双向传输系统。

1. 闭路电视播放系统(CATV)

它的功能是把电视信号从前端通过电缆或光导纤维送到一个或多个终端，学校采用 CATV 系统，有利于对播出设备的管理和控制。并且电视节目播出的质量更高、内容更丰富。CATV 系统的组成如图 3-33 所示：

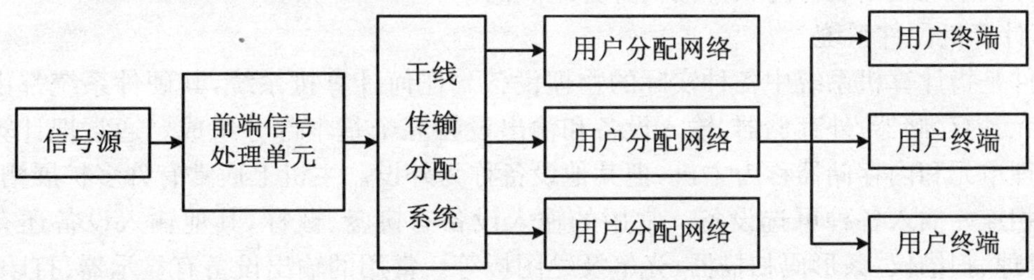

图 3-33　CATV 系统组成示意图

2. 闭路电视监控系统

该系统可以从一个或多个监控现场摄取电视信号，并传输到一个或几个控制中心，具有远距离监控的功能。可以做成微格教学训练系统。小规模的闭路电视监控系统有 1～10 台摄像机；中规模系统有 10～100 台摄像机；100 台以上为大规模系统。闭路电视系统能实时、形象、真实地反映被监控对象一举一动，是现代化管理、监测、控制的重要手段之一。广泛地应用在工业、交通、商业、金融、医疗卫生、军事和安全保卫等领域。这种系统应用于教学，可以对课堂教学、微格教学训练、技能和技巧示范、手术示教、考试管理和整体校园环境进行全程监控。

3. 闭路电视双向传输系统

双向传输是从信号源到用户控制信号的播出，也能从用户到信号源控制和选择信号的播出内容和顺序，以实现多功能服务。如图文数据电视系统就是把数据信息和网上的信息与电视信号合在一起传输。可以实现信息中心和用户之间，用户和用户之间的双向传输：传输可视电话、数据通信、可视资料检测、调用信号源的节目，电视购物、电视会议等。并与个人计算机网络连接。它的主要特点是交互服务，实现信息高速公路。

在双向传输系统中，摄像机、监视器、对讲机、电话、传真机、计算机和控制键盘是图像、声音、文字和控制信息的输入和输出的工具。

学校的闭路教学电视系统，如果将播放和监控两种功能合而为一，在前端控制室既安装信号播出设备，也安装接收显示教室终端情况的设备；在终端教室，既配备接收和显示信号的装置，也配备拾取和传出声像信号及遥控前端录像机信号的装置，并在两端配置互通控制信息的对讲电话，便构成了双向传输的以教室为单元的闭路电视系统。它的主要用途是：

(1) 召开全校性的电视直播会议，定时播出校内新闻。

(2) 按教学计划的时间向不同的教室播出不同的电视或录像节目。

(3) 教师在教室里通过遥控器控制前端的开、关和各种走带形式。

(4) 用于英语听力教学和听力训练。

(5) 进行考试监控管理。

(6) 不影响课堂的观摩教学、课堂实况录像以及教学实验观测。

第五节　综合媒体

一、多媒体计算机

计算机系统是由硬件与软件两大部分组成的。

1. 计算机硬件系统

硬件是指计算机系统中各种实际的物理设备。任何计算机系统，其硬件系统都由中央处理单元、内存储器、外存储器、输入设备和输出设备五个基本部分组成。通常把计算机的中央处理单元和内存储器称为主机，把其他设备称为外设。主机上通常有许多扩展槽，可以与外设相连并插入各种可选设备。常用的输入设备有键盘、鼠标，其他输入设备还有游戏杆、轨迹球、扫描仪、条形码扫描器、光笔及绘图板等。常用的输出设备有显示器、打印机，其他还有绘图仪、液晶显示板、液晶数据投影器及扬声器等。

2. 计算机软件系统

计算机软件系统主要包括系统软件与应用软件两大类。系统软件是生成、准备和执行其他程序所需要的一组文件和程序，如操作系统（如 DOS、WINDOWS、UNIX 等）、语言编译和解释系统、程序设计语言（如汇编、BASIC、PASCAL、C、C＋＋等），以及系统服务、诊断程序等。在计算机软件系统中，操作系统是计算机系统中所有硬件、软件资源的组织者和管理者，系统中各部件之间相互配合、协调一致的工作都是靠操作系统的统一控制才得以实现的，计算机用户也是通过操作系统使用计算机的，它是用户使用软、硬件资源的服务者和环境。应用软件是计算机用户为了解决某些具体问题而购买、开发或研制的各种程序，如字处理软件（包括 Word、WPS 等）、电子表格（Excel 等）、数据库管理系统（如 dBase、FoxPro、Access 等），以及财务软件、统计软件、管理软件、教学软件等。

3. 多媒体技术

“多媒体”一词源于英文 Multimedia。多媒体是随着科学技术的发展和人们对传播媒体的广泛应用而产生的一个复合词和术语。教育技术中的多媒体是指语言、文字等传统教学媒体和各种电子类现代教学媒体，如幻灯、投影、电视、计算机网络等多种媒体；多媒体系统通常是两种或者两种以上媒体的优化组合。现在，人们一般将多媒体系统理解为计算机多媒体系统，多媒体技术是以计算机为核心，对数据、文字、声音、音乐、图形、图像、视频、动画等媒体进行整合处理的一种技术，多媒体技术已被称为信息处理技术史上的第四次革命（第一次是印刷技术的出现，第二次是无线电和电视的出现，第三次是计算机的出现）。

超文本和超链接是多媒体的核心技术，超文本是运用线性及非线性链接方式，它允许用户从一个项目激活一个热区、热键或单击一个按钮，就可以直接跳到另一个项目，从而实现在系统知识网上任意漫游，这里的项目、热区、热键或按钮就是一个个节点，超文本就是节点管理下的文本的网状互联系统，超文本技术是将自然语言和计算机交互式地转移或动态的显示线性文本的能力结合在一起，它的本质是文档内部和文档之间建立了联系。非线性的超级链接更接近于人类联想式思维方式。

多媒体技术的特点：

(1) 多媒体提供全新的多感官的认知环境，同时调动学生的眼、耳、嘴、手、脑等多种器官，以极大的兴趣使之全身心的投入学习中去。计算机多媒体技术把学习范围推向多维的信息空间，超链接技术把线性思维和非线性思维紧密的结合起来，培养人的创新能力。

(2) 多媒体的交互性，计算机提供的图形交互界面和窗口交互界面，使用户更有效的控制和获得信息，也使每一个人选择适合自己能力、兴趣和经验的媒体形式进行个别化学习，更好地培育学习者的信息素养。

(3) 多媒体的集成性，它把信息的集成、软件的集成、硬件的集成融为一体，使信息的多通道获取、存储、处理、整合成为可能。为人们提供高效率、高质量的学习环境。

(4) 多媒体学习有助于学生进行以问题为中心的学习，培养探索和创新精神。多媒体与计算机网络技术结合，在教学中将更有利于开展学科教学整合，有着更好的应用前景。

计算机多媒体在教学中的应用也存在着一定的局限性，如购置计算机硬件设备和教学软件费用较贵，而教学软件的设计制作需要投入很大的人力、智力、财力和时间。计算机学习还要专门培训。教学中选取媒体时应认真考虑经济与效益的关系；由于制作者的水平和客观条件限制，教学软件的质量直接影响其教学作用的发挥，不能完全满足课堂环境变化的需要，很难实现大部分学生的情感、动作技能、交流技能方面的教学目标。对教学软件编制者的教与学的理论、媒体理论和教学设计理论的要求更高；要求学科专家、教师与计算机和视听技术开发人员之间有高度的合作。另外计算机种类多、更新快，兼容和使用、维护上都存在一定困难。

二、多媒体教室

（一）多媒体教室的结构和功能

它以教师为主，采用大屏幕显示和良好的伴音效果，在教师的控制下播出电子教案或CAI课件。主要应用于以课堂为中心的教学。

在多媒体教室里，教师既可以通过操作计算机等设备方便地运用动画、文字、投影、录音、录像等现代教学媒体，也可以运用板书、教材、图表、图片等传统教学媒体进行教学。课堂演示型多媒体教室的基本结构和教学功能如图3-34所示。

(1) 将视频信号，录像带、VCD等音像内容播放到大屏幕上。

(2) 利用视频展示台，可以投影实物和书本资料，进行现场实物讲解。

(3) 投影计算机的数字信号，将教学内容以文字、图像、声音、动画等多媒体方式显现出来，利用计算机进行教学、培训和演示。

(4) 可以进行网上联机教学，通过校园网调出自己需要的资料，大大丰富了教学资源。

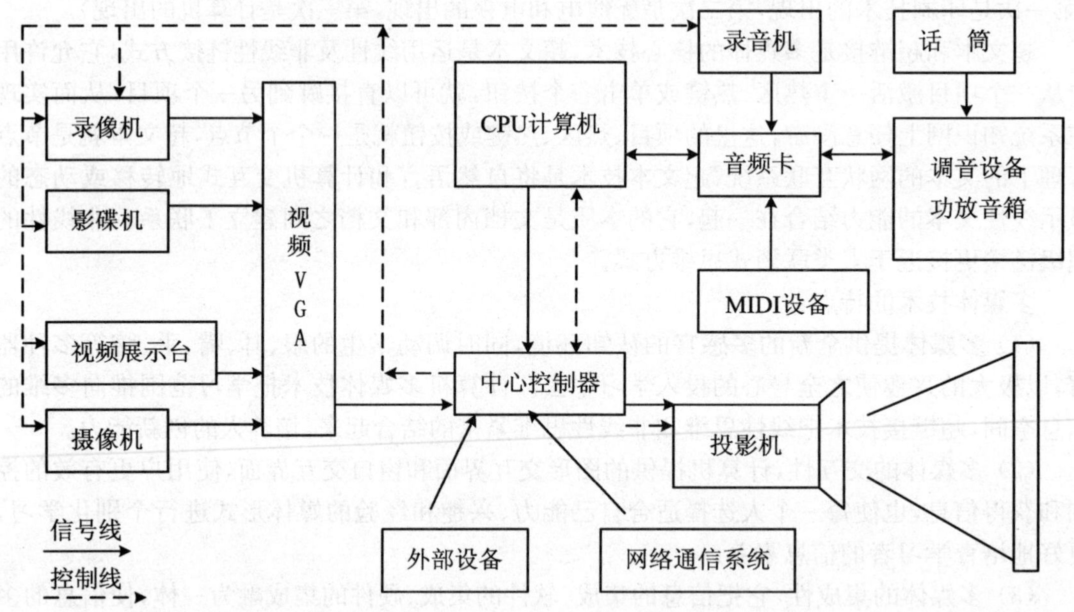

图3-34 多媒体教室系统结构框图

（二）多媒体教室的设备构成

多媒体教室是多种教学设备的有机合成，它以多媒体计算机（MPC）系统为核心，由视频展示台、投影机、大屏幕、录像机、摄像机、VCD机、音响设备等多种教学设备组成。多媒体计算机是多媒体演示教室的核心，大多数教学软件都要由它运行。

计算机系统既可以直接进行计算机教学、培训和演示，也可以运行通过各种软件制作的不同学科的教学软件。可以使用台式机，也可使用笔记本电脑。

视频展示台既可投实物，又可投胶片，综合了幻灯机、胶片投影仪的功能，增加了直观效果。通过它，传统的幻灯片仍旧可以派用处。它不能单独使用，只能输出一路视频信号，由多媒体投影机来投影。

多媒体投影机是多媒体演示教室中最昂贵的设备，所有的视频信号最终要通过投影机投到大屏幕上。视频播放设备包括录像机、VCD 机、DVD 机等，其视频信号由多媒体投影机投到屏幕上。

音响系统包括卡座、话筒（无线话筒或有线话筒）、功放、音箱等。有的学校还加有调音设备如调音台、混响器等，这些得根据教室的大小、墙面的吸声系数等实际情况确定。由于多媒体教室中使用了多种设备，要完全用好这些设备需要同时拥有一套中央控制系统。中央控制器受计算机或控制面板的按钮控制。中央控制系统集计算机技术、网络技术的最新成果，将所有设备的操作集中在一个界面上来完成。它的最大优点在于使复杂繁琐的操作过程简化，让教师在使用各种设备时轻松、方便地进行操作。

（三）多媒体教室的操作

1. 开机

（1）开墙上“电源总开关”，检查计算机、中央控制器和所有的媒体设备电源要全部接通。

（2）开计算机及相关设备。按“屏幕降”按钮，降下电动投影屏幕。

（3）开液晶投影机：按住控制面板上标注投影机的“ON”按钮一秒以上即可。也可以用遥控器直接控制投影机的电源。

2. 选择媒体播放操作

控制面板操作方式：

分清数字信号（RGB）和视频信号，如播放计算机的 CAI 课件或数字信号，按 RGB（计算机），则投影机和功放都切换为数字信号。如播放 VCD、录像机、视频展示台或模拟信号，按“视频”按钮，同时按相应的播放机如“视频展示台”按钮。按动某个功能钮，按钮的灯会亮，再按一次灯不亮，表示取消这个操作功能。

在计算机软件控制下的操作：

（1）双击计算机桌面上的控制软件图标，打开控制系统的窗口。

（2）用鼠标分别激活信号源和播放器的图标，构成信息通道。

（3）用鼠标控制播放媒体的各种操作功能，使信息播放达到最佳状态。

（4）如果停止播放，用鼠标点击信号源或播放器的图标，即可切换到其他媒体播放状态。

（5）如需退出控制系统返回到 Windows，可点击“退出”按钮。

3. 关机

（1）按控制面板的电源标识的“ON/OFF”按钮一秒钟以上，指示灯闪烁，机器进入自动关机状态：中心控制器自动升起电动屏幕，自动关断投影机的灯泡电源，并使风扇电机延时工作 3 分钟，冷却灯泡，此时面板指示灯继续闪烁，不要急于切断总电源。

（2）按正常关机程序关闭计算机。

（3）等控制面板上的电源指示灯熄灭后，再关闭总电源开关。

三、语言实验室

语言实验室是一种从单一电声媒体发展成具有多媒体特性的系统，它是供语言教学使用的专用教室。早期它只有听音功能，随着电子技术、计算机技术以及学习理论、教学方法的发展，语言实验室的功能不断向视、听、说和多功能的交互方向过度，形成了听说型、听说对比型、视听型、视听说型、视听对比型等多种语言实验室系统。

(一)语言实验室功能

语言实验室可实现多种教学功能。主要有：

(1) 控制功能：语言实验室的教师控制台通过各种控制按键发出信号，对语言实验室设备进行各种功能控制，以保证整个教学过程有序地进行。

(2) 显示功能：在控制台和学生座位上设有工作状态显示灯，如呼叫显示、操作指令显示以及音量控制显示等，也可设置监视器显示视频图像。

(3) 复制、编辑功能：此功能可以从事编辑制作，复制所需要的教学、训练、考核等录音磁带，以方便教学。

(4) 双向教学功能：个别化教学和集体教学互相结合，在教学过程中教师和学生相互交流，进行小组讨论，教师对教学状况进行有效的控制。

(5) 自动检测功能：高级语言实验室具有自动检测系统，在屏幕上能直观显示出整个系统的运行情况，一旦发生故障或操作错误时，会在屏幕上显示出来。

(6) 教学效果分析评定功能：教师在教学时对学生进行教学效果的分级评定；控制台上设置的打印机能迅速地打印出学生的学习情况；学生回答问题是否正确可在屏幕上显示出来。

(二)语言实验室类型

语言实验室是根据教学的需要和资源条件的许可而发展起来的。其组合媒体的多少和种类，反映出功能上的各种差异，按其教学功能一般可把语言实验室分为以下六种类型：

1. 单听型(A P 型 Audio-Passive Laboratory)

这种语言实验室的教师控制台上只装有录音机、话筒、扩音机等，学生座位上只装有耳机，功能最简单。教师可通过话筒讲授，也可播放录音带，学生则通过耳机接受信息。它适用于听力或听写训练。由于没有反馈，教师无法进行个别指导。

2. 听说型(A A 型 Audio-Active Language Laboratory)

这种语言实验室在教师控制台上增加了耳机，学生座位上增加了话筒，座位与座位之间配有隔音玻璃板。使用这种语言实验室教师和学生可以方便地进行语言交流。

3. 听说对比型(AAC 型 Audio-Active Comparative Language Laboratory)

这种语言实验室在教师控制台上增加了双人练习、小组练习等组合练习的功能；在学生隔音座位上增设了双通道录音机。学生可以录下自己的语言练习情况，反复对比；教师可以根据教学要求，有目的地组织学生进行分组练习。

4. 视听型(AV 型 Audio Visual Language Laboratory)

这种语言实验室除装有听说型的设备外，还配置有投影器、幻灯机、电影放映机、放像机、监视器以及银幕等设备。它可以在播放语言教材的同时呈现视觉形象，创造适当的语言环境，获得更好的教学效果。

5. 视听说型(AVA 型 Audio Visual Active Language Laboratory)

这种语言实验室是在视听型基础上增加了学生用话筒，学生既能听、能看、又能说，大大提高了学生主动的视听学习。

6. 视听说对比型(AVAC 型)

这种语言实验室在视听说型基础上再为学生座位增设录音机装置，具备使学生既能听、能看、能说，又能记录和比较的功能。现在，有的语言实验室还使用计算机技术进行管理，可以上网学习。计算机将学生数、学习中提问次数、问题回答的正确与错误率等有关数据显示或打印出来，供教师随时掌握教学效果，随时修正自己的教学方案。

(三)语言实验室的优点和局限性

1. 优点

(1) 给学生提供理想的语言环境，学员自习时可根据自己的需要任意选择配备的外语磁带进行自学，为学习者创造良好的自学环境与自学条件，方便自学。

(2) 有利于教师根据不同学生的具体情况，选用难易不同的教材，采取最为合理的教学策略，提高教学效率。

(3) 语言实验室的完美配置可用多种形式开拓学员的视野，充分调动教与学等各方面的积极性，使学员更快更好的获取自己所需要的知识。

2. 局限性

(1) 由于座位的隔断，使师生间的视觉交流、情绪交流受到影响。

(2) 系统功能的充分发挥依赖教师的教学思想和教师对语言实验室的操作技术，否则很难达到预期的教学效果。

四、微格教学系统

(一)什么是微格教学

微格教学(microteaching)是师范生和在职教师掌握课堂教学技能的一种培训方法，又被译为“微型教学”、“微观教学”、“小型教学”等。“微”，是微型、片断及小步的意思；“格”取自“格物致知”，推究、探讨及变革的意思，又可理解为定格或规格，它还限制着“微”的量级标准(即每“格”都要限制在可观察、可操作、可描述的最小范围内)。微格教学就是把复杂的教学过程分解为许多容易掌握的单一教学技能，如导入、讲解、应变、提问、媒体使用、强化、学习策略辅导、学生学业成就评价等。对每项教学技能进行逐一研讨并借助先进音像设备、信息技术，对师范生或在职教师进行教学技能系统培训的微型、小步教学。

微格教学通常让参加培训的学员(师范生或在职教师)分成若干小组。在导师的理论指导下，对一小组学生进行 10 分钟左右的“微格教学”，并当场将实况用摄像机摄录下来。然后在指导教师引导下，由小组成员反复观看录制成的教学录像片，进行讨论和评价，最后由导师进行小结。这样依次让所有学员轮流进行多次微格教学，使师范生或在职教师的教学技能、技巧有所提高，从而也提高了教师的整体素质。

微格教学是在 1963 年由美国斯坦福大学的 D・W・爱伦(D. W. Aallen)和他的同事 W・伊芙(W. EVE)首先为师范生在从事教师工作之前提供一个教学实践的机会而设计、开发、建立的。它被誉为“本世纪 60～70 年代师范教育中最有影响的发明之一。”微格教学的形式一般可描述为一个浓缩的教学实践，在班级大小，课程长度和教学复杂程度上都缩减了。爱伦和伊芙把微格教学定义为:“一个有控制的实习系统,它使师范生有可能集中解决某一特定的教学行为,或在控制的条件下进行学习。”

(二)微格教学的特点

微格教学是培训师范生教学技能“自我完善”行之有效的途径和手段,具有以下特点:

1. 强调理论联系实践、重在技能的训练

教育学、心理学与教学论为微格教学及实践活动提供了理论指导。微格教学中的示范、备课、写教案、角色扮演、反馈和讨论等一系列活动,使教育教学理论得到具体地贯彻和体现。

2. 训练目标明确、集中,重在技能的分解

微格教学将复杂的教学过程涉及的教学技能进行合理分类,确立达到的教学目标,使师范生有明确的努力方向。由于一次教学练习(角色扮演)所用时间短,学生人数少,只集中训练一两个教学技能,训练目标可以制订得更加明确具体,有利于判断被训练者是否达到了培训目标及找出他们训练中的不足。

3. 观察示范典型、具体,重在细节分析

从师范生的心理特点来看,“他们十分关心自己的形象,要从各方面深入了解自己”,微格教学为师范生观察自己,评价自我提供了良好的条件。示范的时间短,内容少,主题集中,便于分析研究,可以反复观看,深入理解。采用录像的方法,不仅可以对示范技能进行精心选择,还可以提供正反两方面的经验,比传统的观察某个教师一两节课的方法效果要好得多。

4. 信息反馈及时、有效,重在自我训练

心理学的实验表明,反馈在学习上的效果是十分显著的,而每日的反馈比每周的反馈效果更好。师范生及时通过重放录像可以立即进行自我观察分析,发现其教学过程中存在的问题。还可以把有争议的片断用录像机搜索出来,使用录像机暂停、慢放、重放等功能,把教学中存在的问题表露无遗,参训者以“第三者”来观察自己的教学活动,容易收到“旁观者清”的效果。

心理学的研究还表明,学习者自己知道了行为的得失,自己去克服缺点要比教师帮助改正缺点大为优异。借助录像,师范生观看了自己的教学过程,对自己存在的缺点认识深刻、清楚,客观,改正错误的决心大,克服了以往指导教师评价时的多种干扰因素的影响,有利于快速提高教学技能。

5. 减轻参训者心理压力,利于创新思维培养

大部分学生第一次走上讲台都很慌张,面对众目睽睽不知所措。在微格教学培训中,师范生或在职教师不会有太大的心理压力,并且过好了第一次讲课的“关”,以后就会形成沉着稳定的教态。因为如果试教失败不会对扮演学生的人产生不良心理影响,他们不必为影响学校的正常教学而担心。这种训练为师范生将来的教育实习打下了基础,增加了他们的自信心,减轻他们在学习中的心理压力。培训者可以根据大家的意见完善并改进自己的方案,或对同一技能的使用提出新的方案。

(三)微格教学的实施过程

微格教学的实施是以微格教学理论为指导,以训练教学技能为目标的教学实践过程。微格教学一般包括以下几个步骤:

1. 理论指导

进行微格教学前，首先要使受训练者了解微格教学的基本理论、微格教学的训练方法、各项教学技能的教育理论基础、教学技能和行为模式。认识微格教学的目的和作用，做到方向明确，胸有成竹。

2. 观摩示范

首先观摩微格教学示范录像带。在选择示范带时要遵循两条原则，一是水平要高，二是针对性要强，示范的水平较高，学习的起点就越高；针对性越强，该技能的展现就越具体、越典型。在观看示范录像带的时候，指导教师首先要提出具体要求，明确目标突出重点、边观看边提示。提示时要画龙点睛，以免影响学生观察和思考。然后组织学习、讨论、谈观后感，哪些方面做得好，值得学习，对照录像，检查自己的教学存在哪些差距，在职教师尤其要注重后者。示范的目的是为了使受训者进行模仿，对学员理解教学技能都会起到十分重要的作用。通过大家相互交流、沟通，集思广益，酝酿在这一课题教学中应用该教学技能的最佳方案，为下一步编写教案做准备。

3. 确定培训技能和编写教案

当被培训的教学技能和教学课题确定之后，受培训者根据教学目标、教学内容、教学对象、教学条件进行教学设计，编写详细的教案。每次训练只集中培训一两项技能，以便使师范生容易掌握这种技能；指导教师要引导学习者钻研教学技能的理论，在熟悉教材的基础上，重点考虑教学技能的运用，根据要求由学员自己备课，编写出教案在指导教师的指导下，学员交流备课情况，取人之长，补己之短。

微格教学设计给出的是微型课的框架，要付诸于实施，特别是考虑到便于训练，还要把它落实为具体的教案。教案的内容应包括以下几点。

(1) 教学目标：表述要具体、确切，不贪大求全，便于评价。

(2) 教师的教学行为：按教学进程，写出教授、提问、实验、举例等教师的活动。

(3) 应用的教学技能：在教学过程中教师的某些行为可以归入某些教学技能，在其对应处注明。对重点训练的技能应注明其构成要素。这是训练教师对教学技能的识别、理解和应用能力的一项内容。

(4) 学生行为：教师预想学生在回忆、观察、回答问题时的可能行为。对学生行为的预先估计是教师在教学中能及时采取应变措施的基础。

(5) 教学媒体：将需要用的教学媒体，按顺序注明，以便准备和使用。

(6) 时间分配：教学中参照教师行为、学生行为持续的时间。

4. 角色扮演

角色扮演是微格教学的中心环节，是受训者训练教学技能的具体教学实践活动，在活动中每个受训者都要扮演一个角色，模拟进行教学。在微型课堂中，十几名师范生或进修教师，轮流扮演教师角色、学生角色和评价员角色，一方面扮演“教师”者要“真枪实弹”，按照自己的备课计划，实施教学，训练教学技能；另一方面扮演“学生”者要自觉进入特定情景，由一名指导教师负责组织指导，一名摄像操作人员负责记录(可由学生担任)。教师角色教学约为5～15分钟，用摄像机记录下来，评价员填写评价表。

5. 反馈评价

教师角色自己观看录像，自我进行分析、评价教学技能应用的方式和效果，是否达到了预期目标，再由指导教师和学员一起组织讨论评议，学习者对指导教师的评价是十分看重的，指导教师的意见举足轻重。因此，指导教师的评价应尽量客观、全面、准确。对于扮演者的成绩和优点要讲足、缺点和不足要讲准、讲主要的，要注意保护学习者的自尊心和积极性。要以讨论者的身份出现，讨论"应该怎样做和怎样做更好"，效果会更好。最后将评价数据输入计算机进行定量的综合评价。

6. 修改教案后重新进行角色扮演

对反馈中发现的问题按指导教师及学员集体的建设性意见修改教案。经准备后进行重教。重教后的反馈评价方法与前相同。若第一次角色扮演比较成功，则可不进行重教，直接进行其他教学技能的训练。

学生的各项教学技能经过微格教学训练并达到一定水平以后，指导教师应安排学习者进行各项技能的综合训练。在课堂教学过程中，各项技能是有机结合在一起的，任何单项的教学技能都不会单独存在。比如训练导入技能，重点研究导入的方式、新旧知识的联系、情境的创设等问题，但导入过程必然用到语言技能，只是对这些技能暂不考虑，只重点考虑导入技能的应用情况。对学生的教学综合技能进行训练，才有可能形成师范生整体的教学能力。

学习思考题

1. 什么是教学媒体？教学媒体有哪些主要特性？
2. 教学媒体是如何划分的？有哪些种类？
3. 简述选择和使用教学媒体的原则和方法。
4. 如何操作和维护多媒体教室的设备？
5. 语言实验室主要有哪几种类型？各有哪些功能和特点？
6. 微格教学系统由哪几个部分构成？怎样设计和实施微格教学？

第四章　教学设计

学习目标

1. 了解教学设计的定义、特点和教学作用。
2. 了解典型的教学设计模式。
3. 掌握教学设计的基本过程。
4. 掌握教学设计的评价程序。

20世纪70年代以来，教学设计的理论研究和实践在美国等西方国家迅速发展。短短30多年，有数百种教学设计的模型和理论涌现出来。20世纪80年代，“教学设计”从西方传入我国，为我国教育技术领域带来了新的教学理论，很快受到我国教育技术界的重视，逐步成为我国教育技术实践的理论指导之一。

第一节　教学设计概述

教学系统是一种多要素的、动态的复杂系统。教师、学生、教学内容、教学目标、教学媒体和方法等众多要素构成了教学活动。从教育的实际需要看，人们一般更倾向采用系统科学的观点和方法来指导教学设计，因此也有人将这种教学设计称为教学系统设计。

一、教学设计的含义

1. 关于“教学”和“设计”的理解

设计这一术语有着较强的工业生产或工业技术领域的色彩，常被认为是与物质生产相关联的工作，例如构建某种新的产品或设计某产品的图纸之类。翻阅《现代汉语词典》，我们可以看到关于设计的两种解释：“①[动词]在正式做某项工作之前，根据一定的目的要求，预先制定方法、图样等：设计师、设计图纸；②[名词]设计的方案或者规划的蓝图等：那两项设计已经完成”。这里的“某项工作”也可以是现实生活中非物质生产活动或物质生产中的群体性活动，所以这些活动也是可以进行规划、计划和安排的。从这种意义上来讲，设计的含义就不局限于工业生产领域，其含义就可以扩大，称为广义的设计。

关于“教学”的含义，袁振国教授在《当代教育学》中遵照分析的逻辑做了如下的规定：①教与学是可以分离的两个概念，可以分离的理由是教与学是两种不同性质的活动，因为实践中的教学活动必须至少有两种形式即教师的教和学生的学；②教学研究一般将教师的教当作自己的中心问题，尽管这里的教是指在教与学都存在情景下的教，它并不排斥对学生的学的研究，但是学生的学的问题只能是教学研究的边缘问题，所以学生的学的问题应该是学习理论研究的中心问题；③教学就是指教师引起、维持、促进学生学习的所有行为方式；这就是说,教学是教师的行为,例如,教师的呈示、对话和辅导,而不是学生的行为。

教学是属于在教与学情境下教师的活动。为了达到教育目的,更应该制定科学的、细致的规划和方案,布置和实施周全的措施。所以可以将这类工作归于设计的范畴。也就是说教学是可以预设的,可以设计的。

2. 教学设计

在实际的教育过程中,对教学过程的看法又是多种多样的。在对教学理解不同的基础上,教学设计的理论和实践也是多种多样的。有的倾向于教学艺术的观点,有的采用问题解决的观点,有的强调工程学的观点,有的则强调人的因素等等。

全面分析和比较国内外教学设计专家对教学设计的不同定义,大致可以归纳出了下列几种关于教学设计的观点:

(1) 教学设计是一个过程。这种观点把教学设计看做是用系统的方法分析教学问题、研究解决问题的途径、评价教学结果的系统规划或计划的过程。定义如下:①教学设计是一个分析教学问题、设计解决方法、试行解决方法、评价试行结果,并在评价的基础上修改方法的过程。②教学设计是运用系统的方法分析教学问题、确定教学目标、建立解决教学问题的策略方案、试行解决方案、评价试行结果和对方案进行修改的过程。③所谓教学设计,就是为了达到一定的教学目的,对教什么(课程、内容等)和怎么教(组织、方法、传媒的使用等)进行设计。④教学设计就是在一定的观点和方法指导下,依据现代教育理论和教师的经验,对教学活动进行规划和安排的一种可操作的过程。⑤教学系统设计就是计划教学系统的系统过程……(是)为了促进学习资源和步骤的安排。

(2) 教学设计是一个文本。东北师范大学出版社出版了面向新课程改革教材的教学方案集,名称就叫《聚焦新课程系列丛书:高中数学新课程创新教学设计》。另外,中国电化教育杂志上也经常刊登“xxx 教学设计”的文章,其实质也是教师教学方案的文本。这里的教学设计意义就是教学方案的文本。

(3) 教学设计是一种技术。“教学是一门科学,而教学设计是建立在教学科学这一坚实基础上的技术,因而教学设计也可以是科学型的技术。教学的目的是使学生获得知识与技能,教学设计的目的是创设和开发促进学生掌握这些知识技能的学习经验和学习环境。”这是梅瑞尔在《教学设计新宣言》一文中的阐述。这一教学设计思想在很大程度上是受教育心理学的影响,十分关注教学设计应该侧重对学习经验和学习环境的设计与开发,以创设一种高效的教学情景。这里的学习经验主要是指学习策略,涉及到如何指导学生获得知识,帮助他们复述、编码和处理信息,监控学生的学业行为和提供学习活动的反馈。

(4) 教学设计是一门设计的科学。“教学设计是设计科学大家庭中的一员,设计科学各成员的共同特征是用科学原理及应用来满足人的需要。因此,教学设计是对学业业绩问题的解决措施进行规划的过程。”帕顿的这一定义将教学设计纳入到了设计科学的范畴,强调教学设计应该把学与教的原理用于计划或规划教学资源和教学活动,以有效地解决教学中出现的问题。

(5) 教学设计是一个职业。W·J·罗斯韦尔和 H·C·卡扎纳斯在《掌握教学设计流程》一书中写下了这样一段话:“当我们使用教学设计这一术语时,是指①教学设计是一种新兴的职业;②教学设计专注于建立和维护有效的员工绩效表现;③教学设计遵循员工绩效模型的指导;④教学设计以系统的方式来实施;⑤教学设计基于开放系统的理论;⑥教学设计致力于寻找和应用最经济、最有效的解决方法来解决员工的绩效问题，并且通过人类的创造力来使得劳动生产率得到突破性的提高。”并同时提出了教学设计者能力的10个基本假设。目前，许多组织都有教学设计师，但是他们的称呼不尽相同，例如，绩效专家、绩效顾问、培训师、教学开发师等，所以，人们可以并且已经在从事教学设计这种职业，也可以终生依此作为自己的职业。

可见，要全面的理解“教学设计”的基本含义确实有一定的困难。“教学设计是过程”强调教学设计的系统特征，突出循序渐进、合理有序的操作步骤；“教学设计是文本”突出教学设计的最终结果——一个可以执行的计划、方案或文本；“教学设计是技术”更多地体现了以学生为主的教学设计思想，强调教学设计应该侧重于学习经验和学习环境的设计与开发；“教学设计是科学”从设计科学的角度，突出了教学设计的本质；“教学设计是职业”预示着教学设计的未来发展，可以成为一个不可替代的工作领域。以上的不同观点反映了人们对教学设计内涵的不同理解。

综合以上的观点，我们认为：教学设计是运用系统的思想和方法，将学习理论和教学理论的原理转化成对教学过程中教学目标、教学内容、教学方法、教学策略、教学评价等环节的具体工作计划的系统过程和程序，以及在这一过程中形成的指导教学的规范性文本，其目的是促进学习者有效学习。

3. 教学设计的基本特征

根据以上关于教学设计的理解，教学设计有如下的特征：

(1) 教学设计是以系统方法和设计观为指导，探索解决教育教学问题的有效方案，目的是实现效果好、效率高和富有吸引力的教学，最终促进学习者的学习和个性的发展。因此，教学设计活动是一种系统而非偶然的随意的活动，需要考虑系统与要素、结构与功能、过程与状态之间的关系而进行综合设计。

(2) 教学设计是以关于教与学的科学理论为基础的。由于这种科学理论是对教学现实的假设性说明，因此教学设计的产物是一种规划，一种教学系统实施的方案或能实现预期功能的教学系统。

(3) 教学设计是一种产生学习经验和学习环境、提高学习者获得特定知识、技能的效率和兴趣的技术过程。在信息时代背景下，这一特征更加被凸现出来了。

(4) 教学设计是一种具有创造性、科学性、决策性的研究活动，它是背景范畴、经验范畴和组织化的知识范畴等三方面综合作用的产物。教学设计既要遵循教学设计规律，又应具有创造性的特征，两者不可混为一谈。

(5) 教学设计具有非常强烈的社会交往性，它受到背景因素、社会因素、教学设计者、实施者、学习者等多方面的限制和制约。教学设计是一项系统工程，它的设计工程和设计产品是教学设计专业人员、学科教师、媒体制作人员等共同努力的结果。

二、教学设计的地位与作用

教学活动是一种有目的、有计划的认知活动，为了达到教学活动的预期目的，减少教学活动的盲目性与随意性，对教学过程和教学资源进行精心的设计是必要的。教学设计理论为教育工作者的教学准备以及解决各类教学问题，提高教学质量，提供了一个科学的系统方法和程序，把通常所说的备课、制订解决问题的方案等活动纳入了科学的轨道。

1. 教学设计是连接教学理论和教学实践的中介或桥梁

教学设计的目的是为了追求教学效果的最优化，不仅关心如何教，并且关心如何学，因此，在系统的分析、解决教学问题的过程中，注意把人类对教与学的研究成果、理论以及教育传播的理论综合应用于教学实践，把教与学的理论同教学实践紧密地结合起来。伴随着教育技术实践的深入发展，设计思维和系统的方法逐渐成为教育技术的核心思维和方法，与教学设计有关的思想也逐渐成为教育技术的灵魂。

2. 教学设计有利于强化教学理论对教学实践的指导

教学设计是开展教学活动的前提和基础，它为教学的实施提供可靠的“蓝图”。通过教学设计，教师能清楚地知道学生要学的内容，学生将产生哪些学习行为，并以此确定教学目标；通过教学设计，教师可以依据教学目标和学生的特征，采用有效的教学模式，选择适当的教学媒体和方法，实施既定的教学方案，保证教学活动的正常进行；通过教学设计，教师可以准确地掌握学生学习的初始状态和学习后的状态，便于有效地控制教学过程。没有教学设计就不可能有教学的最优化，教学设计是教学通向最优化理想境界的重要途径。

3. 教学设计运用系统科学的方法进行教学决策，为开发教学产品提供计划方案

教学设计是系统解决教学问题的过程。按照问题的解决过程，发现问题、选择和建立解决问题的方案、试行方案以及评价和修改方案就构成了教学设计的基本环节。可见，教学设计与传统的备课有一定的区别。在利用教学设计优化学生学习的过程中，设计人员一方面要善于发现教学中的问题，用科学的方法解决问题，谋求解决问题的方法，另一方面需要在设计和试行方案的过程中不断地反思已经设计的方案，在这个过程中科学思维的习惯得以培养和训练，发现问题和解决问题的能力也会得到加强和提高。此外，这种解决问题的方法、技术和思维方式具有极强的迁移性，可以运用于其他相似问题的情景和实际问题，更重要的是教学设计人员在教学设计的过程中能够领会到解决问题的思维方式和科学态度，从中能够学习到创造性解决问题的原理和方法。

4. 教学设计有利于加强教学项目的管理和评价，有利于提高教学产品开发的效益

教学设计的核心方法是系统的方法。它研究的是整个教学过程中所有的教学资源，涉及内容包括教学内容、教学方法、教师的教学方式、学生的学习过程和学习策略、教学的组织形式、教学媒体的选择、教学效果的评价与监控，是一个由教学目标、教学条件、教学过程和教学评价贯穿在一起的一个复杂系统。这就说明教学设计是一个高度组织、周密计划、精心开发和综合利用一切与学生学习有关的教学资源，进而达成教学目标的有机过程。

因此，教学设计是一门将教学理论、学习理论、传播理论应用于教学的一门崭新的学问。

第二节　教学设计的内容

一、教学设计过程的基本模式

模式是再现现实的一种理论性的简约形式，教学设计过程模式就是在教学系统设计的实践当中逐渐形成的、运用系统方法进行教学系统设计的理论简约形式。教学系统设计过程模式是一套程序化的步骤，一个教学系统设计过程模式具有许多阶段。但是，所有的教学系统设计过程模式都包括四个基本要素：学习者、目标、策略、评价。教师在设计教学过程

中，应该用系统的观点，研究各要素之间的相互作用关系，将设计过程加以模式化，便于具体操作。

(一)几种典型的教学设计模式及评析

关于教学设计过程，目前有许多不同类型的模式。这里仅介绍常见的几种模式。

1. 教学设计过程的一般模式

该教学设计的一般模式如图 4.1 所示：

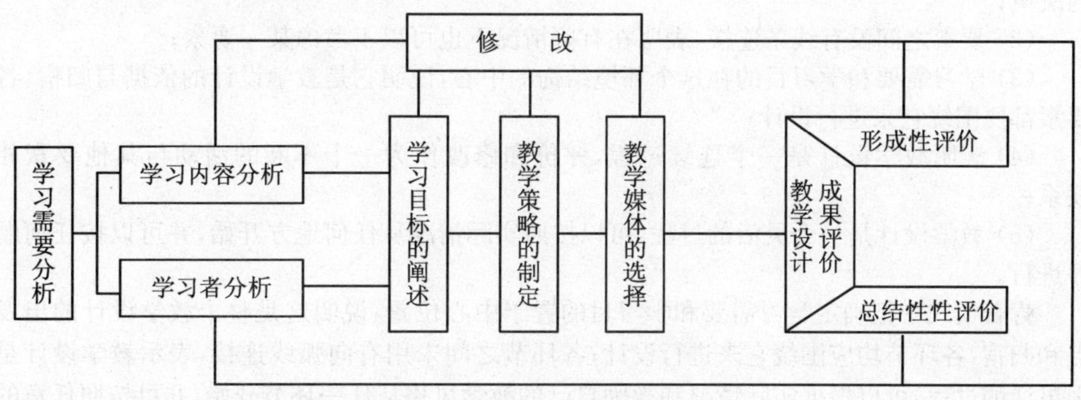

图 4-1　教学设计过程的一般模式

2. 格拉奇和伊利模式

该教学设计模式如图 4-2 所示：

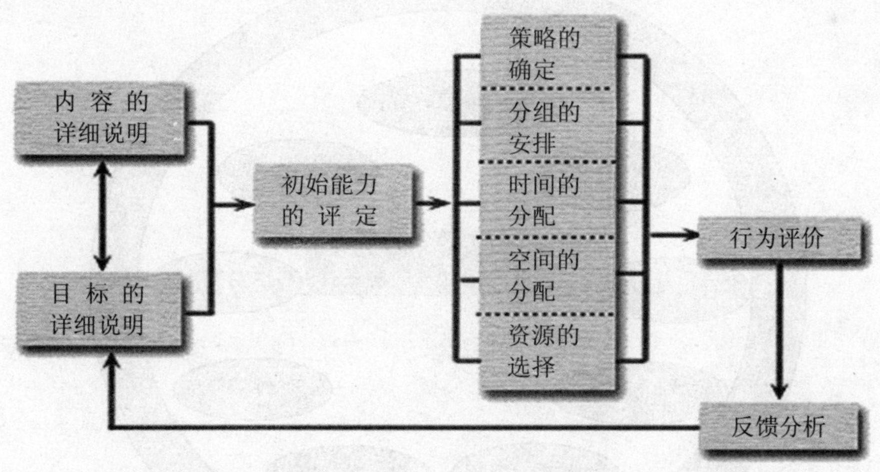

图 4-2　格拉奇和伊利教学设计模式

这个设计过程的模式从一开始便强调确定教学内容和阐明教学目标之间的交互作用；然后根据目标、内容对学习者的初始能力进行评定；在此基础上再确定教学策略，安排教学组织形式，分配时间和空间以及选择合适的已有的教学资源。模式中将这五方面并列起来，是为了表明它们之间的相互联系和相互制约。从程序上看，它表明设计过程有四个环节：目标、学习者、策略和评价。关于对学生行为的评价，一方面要以目标为标准进行评价；另一方面评价提供了关于教学效果的反馈，从而可以对模式中所有步骤重新审查，特别是检验目标和策略方面。

这个模式的优点是执行教师很容易借助模式描述的过程来识别和确定自己的任务。缺点是它可能无意识地强化教师和管理人员保持现存的组织结构和职员配备，而不会去重新检查整个学校的运行基础。

3. 肯普模式

如图 4-3 所示的肯普模式具有下列基本特点：

(1) 强调了十个要素间的相互联系与相互作用，一个要素采取的决策会影响其他要素的决策；

(2) 要素之间没有线条连接，表明在有些情况下也可以不考虑某一要素；

(3) 学习需要和学习目的在这个环境结构的中心，说明它是教学设计的依据与归宿，各要素都要围绕它来进行设计；

(4) 表明教学设计是一个连续过程，评价和修改作为一个不断的活动与其他要素相联系；

(5) 教学设计是一个灵活的过程，可以按照实际情况从任何地方开始，并可以按任何顺序进行。

肯普模式中把确定学习需要和学习目的置于中心位置，说明这是整个教学设计的出发点和归宿，各环节均应围绕它来进行设计；各环节之间未用有向弧线连接，表示教学设计是很灵活的过程，可以根据实际情况和教师自己的教学风格从任一环节开始，并可按照任意的顺序进行；图中的"形成性评价"、"总结性评价"和"修改"在环形圈内标出，这是为了表明评价与修改应该贯穿在整个教学过程的始终。

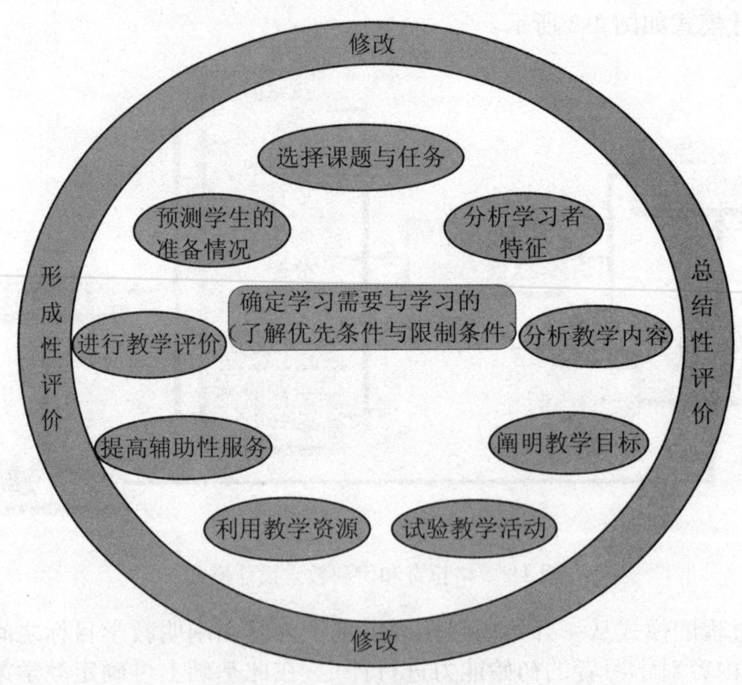

图 4-3 肯普教学设计模式

4. 迪克-凯里模型

这是比较经典的第一代教学设计模型，明确了教学设计的工作程序和步骤。这些步骤就是如图 4-4 所示的 9 个方面：

(1) 评估需求确定教学目的:测量学习差距、确定完成教学后能够做什么。

(2) 教学内容分析:学习者学习之前的知识技能分析。

(3) 学习者分析:学习者个性特征和学习环境分析。

(4) 编写教学目标:具体陈述学习后能够做什么。

(5) 开发评价方案:你准备如何评价学生的学习。

(6) 开发和选择教学材料:你设计各种教学资源和材料为教学做准备。

(7) 实施与评价:实施你的设计并进行多方面的评价。

(8) 修改:整理反馈资料和数据,进行修改教学设计。

(9) 总结性评价:对学习者使用效果进行最终评价。

显然该模式比起肯普模式的指导作用更加明晰。

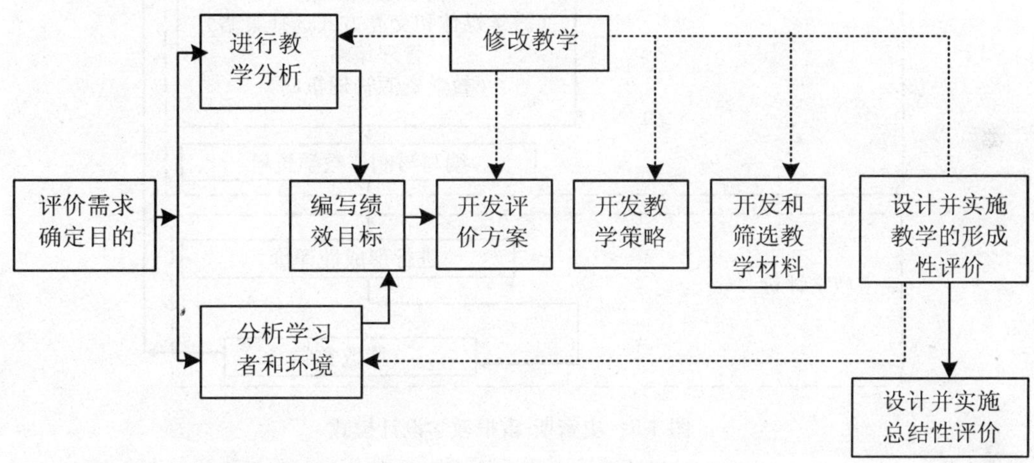

图 4-4　迪克-凯里教学设计模型

5. 史密斯-雷根模式

史密斯-雷根模式吸取了加涅在"学习者特征分析"环节中注意对学习者内部心理过程进行认知分析的优点,并在第一代教学设计模式基础上进一步考虑认知学习理论对教学内容组织的重要影响而发展起来的。由于该模式较好地实现了行为主义与认知主义的结合,较充分地体现了"联结－认知"学习理论的基本思想,并且雷根本人又曾是美国 AECT 理论研究部主席,是当代著名的教育技术与教育心理学家,因此该模式在国际上有较大的影响。

史密斯-雷根模式(图 4-5)的基本特点在于提出了三类教学策略。

教学组织策略:指有关教学内容应按何种方式组织、次序应如何排列以及具体教学活动应如何安排(即如何做出教学处方)的策略。

教学内容传递策略:为实现教学内容由教师向学生的有效传递,应仔细考虑教学媒体的选用和教学的交互方式。传递策略就是有关教学媒体的选择、使用以及学生如何分组(个别化、双人组、小组或是班级授课等不同交互方式)的策略。

教学资源管理策略:在上面两种策略已经确定的前提下,如何对教学资源进行计划与分配的策略。

以上的教学模型是不同的,但都包含着共同的部分,即分析教学对象、制定教学目标、选择教学策略、开展教学评价。

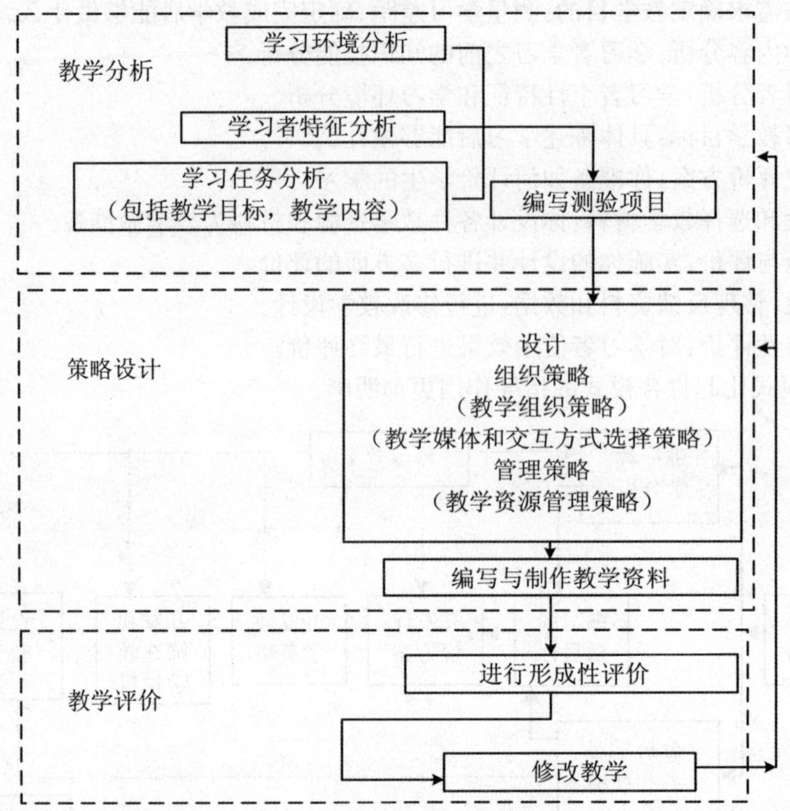

图 4-5 史密斯-雷根教学设计模式

(二)教学设计的一般流程

教学设计过程既是系统化的过程,又是充满创造性的过程。对于教学工作者而言,首先应把握教学设计过程的基本环节,掌握教学设计的基本过程,才有可能在此基础上不拘泥于基本规范进行创新。对以上教学模式的分析,通过提取各个模式中共有的元素,可以得到教学设计的一般流程有下列环节构成:①学习需求分析;②学习内容分析;③学习目标阐明;④学习者分析;⑤教学策略制定;⑥教学媒体的选择和利用;⑦教学设计成果的评价。各环节相互联系、相互制约,组成一个有机的教学系统。

二、教学设计一般过程解析

(一)学习需求分析

1. 学习需求分析

学习需要在教学设计中是一个特定概念,是指学生学习方面的目前状况与所期望达到的状况之间的差异,也就是学生目前水平与期望学生达到的水平之间的差距。这个差距是多方面的,知识、技能、情感态度等方面的差距都是要考虑的。

期望达到的学习状况－目前的学习状况＝差距

需求是人体对内外环境客观要求的反映,属于人体的一种缺失状态,表现为个体的主观状态和个性倾向性。需求分析是通过内省、访谈、观察和问卷等手段对需求进行研究的技术和方法。目前,需求分析已广泛应用于教育、经贸、制造和服务等行业。其特有的应用价值已在课程设置、教材编写、大纲设计、课程评估、试题编制和教育政策制定等方面充分展现出来。理论上讲，进行学习需求分析应从需求分析的两个核心内容入手：一方面，分析学习者的目标需求，包括需要、差距和愿望；另一方面，研究学习者的学习需求，包括学习者学习过程中需要的条件和要做的事。具体来说，学习需求分析涉及四个方面的内容：物质条件（学习场所、材料、时间等）、心理条件（教育心理学需求、学习兴趣、动机等）、知识技能条件（现有知识、学习策略和方法等）和学习支持条件（教师、学校等）。

学习需要分析主要是进行三方面的工作：深入调查研究，分析教学中需要解决的问题是什么；通过分析该问题产生的原因，以确定解决该问题的必要途径；分析现有的资源条件和制约因素，明确设计教学方案以解决该问题的可行性。

2. 学习需求分析的一般方法

以不同的期望值作参照系分析学习需要，便形成了两种不同的确定学习需要的方法即：内部参照需要分析法和外部参照需要分析法。

内部参照分析法是由学习者所在的学校内部以已经确定的教学目标对学习者的期望与学习者学习现状作比较，找出两者之间存在的差距，从而鉴别学习需要的一种分析方法。数据收集的方法可以有：

（1）按照形成的指标体系来设计测验题、问卷或观察表，然后通过分析试卷和问卷以及观察记录直接从学习者处获取信息；

（2）根据指标体系，分析学习者近期的测试成绩，作业合格记录等相关的现成材料；

（3）召开教师等有关人员的座谈会或对他们做问卷调查，按形成的指标体系询问学习者目前的状况。

外部参照需要分析法是根据社会的要求来确定对学习者的期望值，以此为标准来衡量学习者学习的现状，找出差距，从而确定学习需要的一种分析方法。数据收集的方法一般是：

（1）对毕业生跟踪访谈、问卷调查，从中不仅获得关于社会期望的信息，也获得学习者现状的信息；

（2）分析毕业生所在单位对毕业生的工作记录，了解他们对职工的要求和对毕业生的评价，获得工作需要和对教学的改进信息；

（3）设计问卷发放到与所学专业相关的工作岗位，得到社会对人才能力素质的要求信息；

（4）现场调查，深入到工作第一线，获得对人才能力素质要求的第一手信息；

（5）专家访谈，了解专家对社会目前及未来发展对人才需求的信息。

内外结合分析法是在实践中，通常采用内外结合法，即根据外部社会需求来调整修改已有的教学目标，以修改后的目标所提出的期望与学习者现状相比较找出差距。

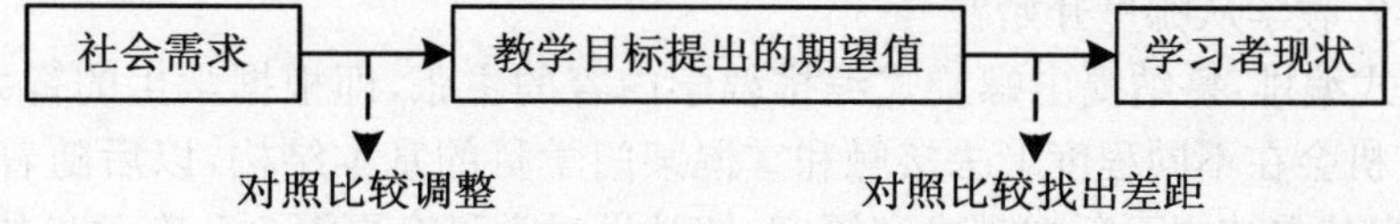

（二）学习内容分析

所谓学习内容是指为实现教学目标，要求学生系统学习的知识、技能和行为经验的总和。学习内容是有一定的层次和结构的。学习内容的内在联系有两种基本形式，一是序列联系，即学习内容各组成部分是按某种次序排列的，如时间次序、简单到复杂的次序；二是部分与整体的联系，即学习内容的一部分是另一部分的构成要素。

1. 学习内容分析需要完成的工作

选择与组织单元、确定单元目标、确定学习任务的类别、评价内容、分析任务和进一步评价内容等是学习内容分析需要完成的工作。

教学设计者可通过下列问题来启发内容的选择与组织：学习者学习这条规则需先掌握哪些概念？教这一概念的教学要求是什么？是记忆，是运用，还是发现？学习者要学会解这道题，必须掌握推论过程中哪些具体的步骤？……

学校教师一般按单元组织教学。单元指一门课程内容的划分单位，随着学科的特点不同进行的划分也不同。单元实质上反映了课程编制者或教师对一门学科结构的总的看法，以及在此基础上对这种结构按教学要求所作的分解和逻辑安排。普通教育中，选择学习内容一般由学科教师或学科的教材专家负责。

学习内容的选择一般由学校教师按单元组织教学。单元指一门课程内容的划分单位，随着学科的特点不同，所进行的划分也不同。例如，语文课程的单元通常指一组体裁相同的课文；数学课程的单元也就相当于教材的一章，大致是某类数学问题。一个单元的内容有相对的完整性。单元实质上反映了课程编制者或教师对一门学科结构的总的看法。

学习内容的安排是对已选定的学习任务进行组织编排，使它具有一定的系统性或整体性。关于教学内容的组织与编排有三种观点：

(1) 布鲁纳提出的螺旋式编排教学内容的主张，即根据学生的智力发展水平，让学生尽早有机会在不同程度上去接触和掌握某门学科的基本结构，以后随着学生在智力上的成熟，围绕基本结构不断加深内容深度，使学生对学科有更深刻和有意义的理解；

(2) 加涅提出的直线编排教学内容的主张，他从学习层级论的观点出发，把教学内容转化为一系列习得能力目标，然后按这些目标之间的心理学关系，即从较简单的辨别技能的学习到复杂的问题解决技能的学习，把全部教学内容按等级来排列；

(3) 奥苏贝尔提出的渐进分化和综合贯通的原则。渐进分化是指“该学科的最一般和最概括的观念应首先呈现，然后按细节和具体性逐渐分化”，综合贯通是强调学科的整体性。

组织学习内容要重视以下几方面：由整体到部分，由一般到个别，不断分化；确保从已知到未知；按事物发展的规律排列；注意学习内容之间的横向联系。

可从下列方面评价学习内容的选择与组织：所选择的学习内容是否为实现课程目标所必需？还需补充什么？哪些内容与目标无关，应该删除？各单元的顺序排列与有关科学逻辑结构的关系如何？在这种关系的处理上体现了什么教学法的加工？各单元的顺序排列是否符合学生的心理发展？各单元的顺序排列是否符合教学或培训的实际情况？学习者应掌握了哪些内容？教学从哪里开始？

(1) 螺旋式编排：鲁纳提出螺旋式编排教学内容的主张，即根据学生的智力发展水平，让学生尽早有机会在不同程度上去接触和掌握某门学科的基本结构，以后随着学生在智力上的成熟，围绕基本结构不断加深内容深度，使学生对学科有更深刻和有意义的理解。

(2) 直线式编排：加涅提出直线编排教学内容的主张，他从学习层级论的观点出发，把教学内容转化为一系列习得能力目标，然后按这些目标之间的心理学关系，即从较简单的辨别技能的学习到复杂的问题解决技能的学习，把全部教学内容按等级来排列。

(3) 渐进分化，融合贯通：奥苏贝尔提出渐进分化和综合贯通的原则。渐进分化是指“该学科的最一般和最概括的观念应首先呈现，然后按细节和具体性逐渐分化”，因为学科内容不仅包括一个学科的各种概念和规则，同时也包括学科本身的特定结构、方法或逻辑，如不掌握这部分内容，就不可能真正理解这门学科。综合贯通是强调学科的整体性。

2. 学习内容分析的基本方法

(1) 归类分析法。主要是研究对有关信息进行分类的方法，旨在鉴别为实现教学目标而需要学习的知识点。

(2) 图解分析法。是一种用直观形式揭示学习内容要素及其相互联系的内容分析方法，用于对认知学习内容的分析。

(3) 层级分析法。是用来揭示教学目标所需掌握的从属技能的内容分析方法。

(4) 信息加工分析法。是加涅提出的，是指将学生在完成教学目标时对信息进行加工的所有的心理操做过程揭示出来的分析方法。

3. 关注认知策略、动作技能和情感态度类的学习内容

对认知策略学习内容的分析，我们目前能做的是为学习者多创造使用认知策略的问题情境，设计相应的练习。

对这个领域学习内容的分析，不仅要剖析教学目标所要求掌握的各项从属动作技能，揭示它们之间的联系，还要列出学习这些动作技能所需掌握的相应的知识，包括某种技能的性质、功用、动作的难度、要领、注意事项及进程等。

态度包括认知成分(学生对人、事物和活动的认识)、情感成分(对人、事物或活动的好恶)和行为倾向成分(选择行动的可能性)。目前教学设计实践中，一般从两方面分析态度学习内容：当学习者形成或改变态度后(表现出教学目标所要求的态度时)，应能做什么？学习者为什么要培养这种态度？

(三)学习者分析

教学设计的目的是为了有效促进学习者的学习，而学习者是学习活动的主体，学习者具有认知的、情感的、社会的等特征都将对学习过程产生影响。因此，教学设计是否与学习者的特点相匹配，是决定教学设计成功与否的关键因素。学习者分析的目的是为了了解学习者的学习准备情况极其学习风格，以便为后续的教学设计步骤提供依据。

学习者分析的目的，是了解学习者的学习准备状态(包括学习者学习起点水平的分析和认知发展水平的分析)及学习风格与动机等因素。教学设计的一切活动都是为了学习者的学，因此学习者分析为教学设计的一切活动提供了依据。学习者分析主要包含学习者初始能力、教学起点和学习者学习风格的确定。

1. 学习者起点水平分析

初始能力是指学生在从事特定学科内容的学习前已经具备的知识技能基础，以及对有关学习内容的认识与态度。一般说来，初始能力分析包括下述三方面：对先决知识和技能的分析；对目标技能的分析；对学生对所学内容的态度的分析。

(1) 预备技能分析。预备技能分析是对学习者在新的教学开始之前进行起点水平的评定，它是指学习者对于面临的学习是否有必备的行为能力，应该提供给学习者哪些“补救”活动。预备能力是学生开始新的学习之前，必须掌握的知识与技能，是从事新的学习的基础。

(2) 目标技能分析。目标技能分析是指在开始新的学习之前,学习者对所要学习的东西已经知道了多少,进行目标技能分析主要是为了了解学习者在多大程度上掌握了目标技能。对目标技能的预测,有助于我们在确定教学内容方面做到详略得当。

(3) 学习态度分析。对教学系统设计者来说,学习者对待所学内容的态度同样影响教学效果。学习者态度分析主要是了解学生对特定课程内容的学习是否有思想准备,是否感兴趣,是否存在偏见及抵触情绪等,这对选择教学内容和方法是相当重要的。

✓ 对于成为一名数学家,我觉得:

毫无兴趣　尚无兴趣　不知道　感兴趣　极感兴趣

✓ 在校外,我使用数学的情况是:

从不想用　很少去用　有时使用　经常使用

学习内容分析与学习者初始能力的分析是密切相关的。若忽视对学习者初始能力的分析,学习内容分析则会脱离实际,或将学习起点确定得过高,使教学脱离大多数学习者的实际水平;或低估学习者已有的知识与技能的基础,在不必要的内容分析上或不必要的教学活动上浪费精力与时间。

2. 学习者的学习风格

学习风格是指对学生感知不同刺激、并对不同刺激做出反应这两个方面产生影响的所有心理特性。学习风格是学习者持续一贯的带有个性特征的学习方式,是学习策略和学习倾向的总和。

格雷戈克对学习风格作过如下的分类:

(1) 具体一序列型风格的学习者喜欢通过直接的动手经验学习,希望教学组织得逻辑有序。采用学习手册、程序教学、演示和有指导的实验练习,对他们的学习效果最佳。

(2) 具体一随机型风格的学习者能通过试误法,从探索经验中迅速得出结论。他们喜欢教学游戏、模拟,愿意独立承担设计项目。

(3) 抽象一序列型风格的学习者善于理解以逻辑序列呈示的词语的和符号的信息,因而喜欢阅读和听课的教学方法。

(4) 抽象一随机型风格的学习者特别善于从演讲中抓住要点,理解意思。此外,他们还能对演讲者的声调和演讲风格做出反应。对这类学习者来说,参加小组讨论、听穿插问答的讲授、看电影和电视的学习效果较好。

通过对学习者学习风格的分析,将有助于教学设计中选择教学方法和选择教学媒体。

一般学习风格分为以下几种类型:

(1) 场独立型和场依存型。

① 场独立型:学习中不是主动地对外来信息进行加工,倾向于以外在参照作为信息加工依据。他们的知觉很容易受错综复杂的背景的影响。

② 场依存型:这种学习者喜欢有人际交流的集体学习环境,对社会学科材料的学习与记忆效果较好;较依赖于学习材料的预先组织,需要明确的指导和讲授,喜欢结构严密的教学。

(2) 沉思型和冲动型。

① 沉思型:知觉和思维方式以反省为特征,逻辑性强,判断性也强,面对某一问题时,一般比较谨慎、小心,并不急于回答问题,只有在对所选择答案的正确性进行反复审思之后,确

认不会出错的情况下才开始回答问题，所以很少出错，但思考的时间却比较长。这样的学生善于完成需要对细节进行分析的学习任务，如阅读理解、逻辑推理和小发明、小制作等，但反应偏慢。

② 冲动型：他们很少全面地考虑解决问题的各种可能性，往往只以一些外部线索为基础，凭直觉形成自己的看法，有时甚至连问题的要求都没有听清楚，就开始回答了，所以尽管他们用的时间比较少，但出错率却比较高。这样的学生在完成需要作整体性解释的学习任务时成绩要好些，但是他们的阅读能力一般比较差。他们乐意在竞争的气氛中学习。

(3) 整体型和序列型。

① 整体型的学习者倾向于把问题视为一个整体，习惯从全盘上考虑如何解决问题。他们思维较宽，从各个角度对问题进行观察和思考，在大范围内寻找与相关材料的联系。

② 序列型学习者把解决问题的重点放在一步一步的策略上，对外接信息逐一加工，以线性的方式处理信息。

(4) 接受刺激的感觉通道类型。人们接受信息偏好的感觉通道是不一样的。偏爱视觉通道的学生，喜欢通过阅读来学习知识。偏重于听觉通道的学生，更喜欢从其他人的讲述中获取知识。动觉型的学生则喜欢亲自动手参与到学习过程中去，对能够让学生动手操作的学习活动感兴趣。还有一些学生属于两种或两种以上的感觉通道相互结合型的。

学习内容分析与学习者初始能力的分析是密切相关的。若忽视对学习者初始能力的分析，学习内容分析则会脱离实际，或将学习起点确定得过高，使教学脱离大多数学习者的实际水平；或低估学习者已有的知识与技能的基础，在不必要的内容分析上或不必要的教学活动上浪费精力与时间。

(四)学习目标的阐明

1. 学习目标的分类

学习目标的分类通常按照认知领域、动作技能领域和情感态度领域三个领域来分类。不同研究者根据不同的研究目标可以提出不同的分类方法。

对于认知领域的学习目标分类比较有影响的是布卢姆的目标分类和加涅的学习结果分类方法。

布卢姆把认知领域的教育目标分为六级：

(1)知道，指对先前学习过的知识材料的回忆。知识又分为：具体的知识(术语的知识、具体事实的知识)；处理具体事物的方式(方法的知识、惯例的知识、趋势和顺序的知识、分类和类别的知识准则的知识、方法论的知识)；某一领域普遍和抽象的知识(原理和概括的知识、理论和结构的知识)。

(2)领会，指把握知识材料意义的能力。代表着最低水平的理解，它又可分为转化、解释和推断三种：①转化，即用自己的话或以原先不同的表达方式来表示对某一种信息的理解。②解释，即对一种传播内容的说明或总结。③推断，即超越特定的事实范围，对事实将产生的影响、后果等发展倾向的预测。

(3)运用，指在具体的情境中使用抽象概念，这些抽象概念包括一般的概念、程序的规则或概括化的方法，以及专门性的原理、观念和理论。

(4)分析，指将一种传播内容(现象、事物、过程)分解成为它的组成因素和组成部分，以便弄清各种观念的有关层次，或者弄清所表述的各种观念之间的关系。分析比运用的智能水平更高,可分为要素分析、关系分析和组织原则分析三种:①要素分析,即辨别某一传播内容所包括的各种要素。②关系分析,即确定传播内容中各要素和组成部分之间的联系和相互关系。③组织原则分析,即对传播内容组织体系和系统排列的结构的分析。

(5)综合,指将各种要素及组成部分组成一个整体,以构成更为清楚的模式或结构。综合强调的是创造能力,包括进行独特的交流、制定计划或操作步骤和推导出一套抽象关系三方面的内容:①进行独特的交流,即在给定的条件下能把观念、感情和经验传递给别人。②制定计划或操作步骤,即根据面临的任务制定一项工作计划或提出一项操作计划。③推导出一套抽象关系,即确定一套区分或解释具体事实或现象的抽象关系,或从一套基本命题、符号表达式中演绎出各种前提和关系。

(6)评价,指为了一定的目的,对某些观念和方法等的价值做出判断。评价是最高水平的认知学习结果,包含根据内部准则判断和依据外部准则判断两方面的内容:①根据内部证据判断,即依据逻辑上的准确性、一致性等内在证据来判断传播内容的准确性。②依据外部准则判断,即依据选择得来的准则来判断传播内容的准确性。

2. 动作技能领域

动作技能涉及骨骼和肌肉的运用、发展和协调。在实验课、体育课、职业培训、军事训练等科目中,这常是主要的教学目标。

动作技能领域的教育目标分类比认知和情感领域的教育目标分类公布得晚,目前尚无公认的最好分类。

辛普森(E. J. Simpson)等人于1972年提出了动作技能领域教学目标的分类理论。他将动作技能目标分为7级:感知、准备、有指导的反应、机械动作、复杂的外显反应、适应和创新。

布卢姆分类理论

(1) 感知。是指运动感官获得信息以指导动作,主要了解某动作技能的有关知识、性质、功用等。

(2) 准备。是指对固定动作的准备,包括心理定向、生理定向和情绪准备(愿意活动感知是其先决条件)。我国有人把感知和准备阶段统称为动作技能学习的认知阶段。

(3) 有指导的反应。是指复杂动作技能学习的早期阶段,包括模仿和尝试错误。通过教师评价或一套适当的标准可判断操作的适当性。

(4) 机械动作。是指学习者的反应已成习惯,能以某种熟练和自信水平完成动作。这一阶段的学习结果涉及各种形式的操作技能,但动作模式并不复杂。

(5) 复杂的外显反应。是指包含复杂动作模式的熟练操作。操作的熟练性以精确、迅速、连贯协调和轻松稳定为指标。

(6) 适应。是指技能的高度发展水平,学习者能修正自己的动作模式以适应特殊的设施或满足具体情境的需要。

(7) 创新。是指创造新的动作模式以适合具体情境。要有高度发展的技能为基础才能进行创新。

3. 情感领域

情感是对外界刺激的肯定或否定的心理反应,如喜欢、厌恶等。个体的情感会影响他做出行为上的选择。情感学习对于形成或改变态度、提高鉴赏能力、更新价值观念、培养高尚情操等密切相关。情感具有隐蔽性,因此,这个领域的学习目标不容易编写。

克拉斯伍(D. R. Krathwohl)于 1964 年发表情感领域的教育目标。他将情感领域的目标共分五级:接受或注意;反应;评价;组织;个性化。

克拉斯伍的分类认为情感或态度的教学是一个价值标准不断内化的过程,学生必须经历接受、反应和评价、组织等连续内化的过程,才能将它们转化为自己信奉的内在价值。

美国当代著名教育心理学家加涅是继布卢姆之后,又一位对学习目标分类理论有重大影响的心理学家。加涅在《学习的条件》一书中,将认知领域的学习目标分成三类。对学习结果进行了分类。他提出了五种学习结果:言语信息、智力技能、认知策略、动作技能和态度。

(1) 言语信息。名称或符号;单一命题或事实;在意义上已加以组织的大量命题。

(2) 智力技能。辨别、概念、规则、高级规则。

(3) 认知策略。复诵策略、精加工策略、组织策略、元认知策略和情感策略。

(4) 动作技能。协调运动的能力,因练习与反馈而变得精确和连贯的实际肌肉运动。

(5) 态度:影响个体行为选择的一种持续的内部状态。

加涅教学设计理论介绍见下表。

教学事件	内部心理加工过程
引起注意	接受神经冲动的模式
告诉目标	激活监控程序
刺激对先前学习的回忆	从长时记忆中提取知识进入短时记忆
呈现刺激材料	形成选择性知觉
提供学习指导	进行语义编码
诱发学习表现	激活反应组织
提供反馈	建立强化
评价表现	激活提取和促进强化
促进记忆和迁移	为提取提供线索和策略

尽管布卢姆和加涅使用的术语不同,但他们的两个分类系统有以下共同之处:他们都是对学习的结果进行分类。布卢姆所说的教育目标一定意义来说就是加涅所说的学习的结果。他们都把认知领域的学习分成不同的层次,都认为"知道"(言语信息的回忆)仅是教学的最低的基础性要求。同时,他们又把智力技能分为由低到高的不同层次。相比之下,布卢姆的分类系统便于全面描述教学目标和评定教学,但未揭示各级层次的智力技能的心理机制,因而无法指导教师用什么方法或提供什么学习条件来实现教学目标。加涅的分类系统恰好弥补了布卢姆分类系统的欠缺。

在实际的教学工作中阐明学习目标时,应综合运用布卢姆和加涅的分类理论。

辛普森将动作技能领域的教学目标分成七级,分别是:

(1)知觉(感觉刺激、线索的选择和转化);

(2)定向(心理定向、生理定向和情绪定向);

(3)有指导的反应(模仿和试误);

(4)机械动作;

(5)复杂的外显行为(消除不确定性和自动化的操作);

(6)适应;

(7)创新。

克拉斯伍将情感领域的教学目标由低到高划分成五级:

(1)接受或注意(觉察、愿意接受、有控制的或有选择的注意);

(2)反应(默认的反应、愿意的反应、满意的反应);

(3)价值化(价值的接受、对某一价值的偏好、信奉);

(4)组织(价值的概念化、价值体系的组织);

(5)价值或价值体系的性格化(泛化心向、性格化)。

4. 学习目标的阐明

(1) 学习目标的编写阐述方法。以研究行为目标著名的马杰在1962年提出,一个学习目标应包括三个基本要素:

① 行为:说明学习者通过教学以后将能做什么,以便教师能观察学习者的行为变化,了解目标是否达到。

② 条件:说明上述行为在什么条件下产生。

③ 标准:指出合格行为的最低标准。

在教学设计的实践中,有的教育研究者认为有必要加上对教学对象的描述,即ABCD模式。

A—对象(audience),即应阐明教学对象。

B—行为(behaviour),即应说明通过学习以后,学习者应能做什么(行为的变化)。

C—条件(condtion),即应说明上述行为在什么条件下产生。

D—标准(degree),即应规定达到行为的最低标准。

(2) 具体编写方法。

① 对象的表述:学习目标的表述中应注明教学对象,例如,"小学三年级上学期的学生"、"参加在职培训的技术人员"等。有的学者还主张在学习目标中说明对象的基本特点。

② 行为的表述:行为的表述要说明学习者在教学结束后,应该获得怎样的能力。描述行为的基本方法是使用一个动宾结构的短语,传统的方法表述学习目标时,较多使用"知道"、"理解"、"掌握"、"欣赏"等动词来描述学习者将学会的能力,这些词语使目标的表述不明确,给以后的教学评价带来困难。

③ 条件的表述:条件表示学习者完成规定行为时所处的情境,如"能不能查阅参考书?""有没有工具?""有没有时间限制?"等条件包括下列因素:

- 环境因素;
- 设备因素;
- 问题明确性的因素。

④ 标准的表述:标准是行为完成质量可被接受的最低程度的衡量依据。对行为标准作出具体描述,是为了使学习目标具有可测量的特点。标准一般从行为的速度、准确性和质量三方面来确定,例如:

- 在1分钟以内准备好必需的消防器材(速度);
- 测量血压,误差在+5mm/Hg以内(准确性);

· 加工质量要达到国家Ⅱ级标准(质量)。

(3) 基本部分与选择部分。在一个学习目标中,行为的表述是基本部分,也是最重要的部分,它是后面评价的基础,因而不能省略。相对而言,对象、条件和标准是两个可选择的部分,在设计一般的学习目标时,一般不必将它们一一列出。

五要素目标表述法是大家经常使用的阐述学习目标的基本方法。即阐述的学习行为目标中必须包含:[S]学业行为的情景、[V]习得能力的类型、[O]学业行为的对象、[A]运用习得能力的具体行为、[C]与学业行为有关的工具、条件或限制。

下面是阐述学习目标的例子。

(1) [S]呈现画有三架飞机的图片,让学生[V]辨别,[A]指出其中一架形状与另两架不同的飞机。

(2) [S]在一组几何体当中[V]确认[O]锥体,[A]把它选出来。

(3) [S]提问什么是惰性气体时,学生[A]用定义和例子[V]归类[O]氦、氖等惰性气体。

(4) [S]给10题简单除法题(被除数为三位数,除数为1位数的整数除法)(abc/d)[V]演证[C]不用任何计算工具,[A]写出商。

(5) [S]给出一项工程的已知数,[A]口头[V]说出工程时间与建筑工人数量之间的关系式。

在编写学习目标时要注意:编写的学习目标表述的是学习者的学习结果,而不应陈述教师将做什么;学习目标的表述应力求明确、具体,可以观察和测量,避免用含糊的和不切实际的语言表述;编写的学习目标应体现学习结果的类型及其层次性。

三、教学策略的制定和选择

(一)教学策略的含义

教学策略是对完成特定的教学目标而采用的教学活动的程序、方法、形式和媒体等因素的总体考虑。任何有效的教学策略应有其心理学的合理解释。目前教学策略的研究大多基于认知心理学的理论支持。

教学策略主要是解决教师"如何教"和学生"如何学"的问题,是教学设计研究重点。如考虑选择什么教学方法和手段,确定什么教学程序和组织形式来实现教学目标。这种选择的过程也就是教学策略的设计过程。

(二)制定教学策略的依据

依据学习目标;依据教学理论和学习理论;依据学习内容;适合学习者特点;考虑教学条件。

(三)教学策略的分类

把教学策略的出发点定在教材上,还是建立在学生身上,即"谁是信息处理的控制点,是教师还是学生?"对这个问题的不同回答就相应的形成了不同的教学策略即替代型教学策略,生成型教学策略,指导型教学策略。

1. 替代型教学策略

替代型教学策略主要强调教师在学生学习过程中的指导作用,倾向于让教师代替学生处理信息,为学生提供学习目标、选择教学内容、安排教学顺序以及设计教学活动等。这种策略在传统教学中比较常用。

替代型教学策略的优缺点：

优点：使学生较好地集中在预订的学习目标上；在较短的时间内学习更多的学习材料；对于知识和学习策略掌握不足的学生有很大的帮助。

缺点：学生被动接受，投入的智力活动少，信息加工不够深入；缺乏挑战性、缺乏个性、独立性和动力，学生会形成依赖教师的习惯。

2. 生成型教学策略

生成型教学策略是指让学生作为学习的主要控制者，学生自己形成教学目标，自己对学习内容进行组织和加工、安排学习活动的顺序，教师则作为学习的指导者和帮助者，为学生提供一些必要的支持，将管理和控制学习的责任转移给学生。学生主要依靠自己的力量，使原来的知识能力与新信息产生联系，发生相互作用，通过探究活动进行学习。

生成型教学策略的优缺点：

优点：学生可主动地构建认知结构，对信息进行深入加工；可以提高学生学习能力；可以激发学习兴趣和动机，在学习过程中，学习策略得到使用、练习与修正。

缺点：易导致学生认知超载和情绪低落；要花大量的精力和时间；过于依赖已有的知识和学习策略。

(1) 五段教学策略。这种教学策略的主要步骤是：激发动机→复习旧课→讲授新课→运用巩固→检查效果。它渊源于赫尔巴特学派的"五段教学法"(预备、提示、联系、统合、应用)，后经前苏联凯洛夫的改造而传入我国。

(2) 假设—推理教学策略。这是一种着眼于培养学生逻辑思维能力的教学策略。它的主要步骤是：问题→假设→推理→验证→结论。

(3) 示范—模仿教学策略。这种策略特别适合于实现动作技能领域的教学目标。它的主要步骤是：定向→参与性练习→自主练习→迁移。

3. 指导型教学策略

替代型教学策略和生成型教学策略各有其优点和不足。为了弥补二者的缺点，发扬二者的长处，提出了一种"中性"的教学策略——指导型教学策略。其主要特点是发挥了教师的指导作用，同时又注重学生的主体地位。

(1) 先行组织者教学策略。先行组织者教学策略是奥苏贝尔提出的，奥苏贝尔认为，能促进有意义学习的发生和保持最有效策略，是利用适当的引导性材料对当前所学新内容加以定向与引导。这类引导性材料与当前所学新内容(新概念、新命题、新知识)之间在包容性、概括性和抽象性等方面应符合认知同化理论要求，即便于建立新、旧知识之间的联系，从而能对新学习内容起固定、吸收作用。这种引导性材料就称为"组织者"。它是指安排在学习任务之前呈现给学习者的引导性材料，这类材料比学习任务具有更高一层的抽象性和包摄性。提供先行组织者的目的就是在于用先前学过的材料去解释、融合和联系当前学习任务中的材料。它是促进有意义学习发生和保持的最有效的策略。

(2) 支架式教学策略。支架策略的含义是：为学习者建构自己对知识的理解提供的一种概念框架。这种框架中的概念是为发展学习者对问题的进一步理解所需要的，为此，事先把复杂的学习任务加以分解，以便于把学习者的理解逐步引向深入。由此可知，支架的作用就是引导学习者在未知的知识空间逐步攀升。支架式教学策略来源于前苏联著名心理学家维果斯基的“最邻近发展区”理论。它是指为学习者建构对知识的理解提供一种概念框架(conceptual framework),这种框架中的概念是为发展学习者对问题的进一步理解所需要的,为此,事先要把复杂的学习任务加以分解,以便把学习者的理解逐步引向深入。

(3) 抛锚式教学策略。建构主义者认为,学习者要想完成对所学知识的意义建构,最好的办法是让学习者到现实世界的真实环境中去感受、去体验(即通过获取直接经验来学习),而不是仅仅聆听别人(例如教师)关于这种经验的介绍和讲解。抛锚式教学策略即把教学建立在真实事件或真实问题的基础上,确定这类事件或问题被称为“抛锚”。在抛锚教学策略中,“锚”指的是包含某种问题、任务的真实情境。抛锚教学策略的主要目的是使学习者在一个真实、完整的问题背景中,产生学习需要,通过学习者的主动学习、生成学习和教师的嵌入式教学以及学习小组中成员间的交流与合作,学习者亲身体验到从识别目标到提出和达到目标的全过程。

(4) 随机进入式教学策略。由于事物是复杂的、多面的,要真正达到对所学知识的全面而深刻的意义建构,是很困难的。对同一教学内容,要在不同的时间、不同的情境下,为不同的教学目的,用不同的方式加以呈现。换句话说,学习者可以随意通过不同途径、不同方式进入同样教学内容的学习,从而获得对同一事物或同一问题的多方面的认识与理解,这就是所谓的“随机进入式教学策略”。

(5) 认知学徒策略。认知学徒策略的含义是:通过允许学生获取、开发和利用真实领域中的活动工具,来支持学生在某一领域中的学习。“学徒”概念强调经验活动在学习中的重要性,并突出学习内在固有的依存于背景的、情景的和文化适应的本质。学徒策略为学习者提供了大量的实践机会,它把工作当作学习的内驱力,学习不是为了一步步接近一个象征性的目标,而是把出色地完成工作作为学习的直接价值。

(6) 教与学通用策略。教与学通用策略中最具代表性的是协作式教学策略。协作学习策略是指两个或两个以上的学习者通过讨论、互助等方式来互促学习,提高学习成效的一种教学策略。

(四)选择适当的教学组织形式

所谓教学组织形式,就是根据教学的主观和客观条件,从时间、空间、人员组合等方面考虑安排的教学活动的方式。教学组织形式有:集体授课、个别化学习和小组学习。

1. 集体授课

班级授课是教师面向全班级同学进行课程讲授。

其适用性在于:①导入新课题的目标和要求,为学生指明学习方向;②介绍课题的一般背景知识或必需的预备技能;③系统讲解课题范围内的观点和材料;④介绍专业领域新近的发展情况;⑤邀请外来专家演讲或放映电影、录像等,而这些资源不可能由学生个人或小组独享;⑥进行课题或单元的复习、小结。

优点在于:①它是传统的教学形式,教师和学生习惯上都容易接受;②教师对它熟悉而有经验,因此容易备课;③能在规定时间内呈示较多信息;④能同时面对大量学生上课,有一定的规模效益;⑤能在讲课过程中随机增删、调整教学的内容和节奏;⑥有些教师感到能以此维持或建立自己对学生的权威。

缺点在于:①教师管理教学活动的精确度较低,使某些特定的教学活动难以达到预期的效果;②学生常常消极地听讲、看板书或做笔记,很少有机会与教师交换看法,学习比较被动；③客观上难以适应学生的个别差异，所有的学生被迫接受一个进度，按照老师的讲授速度进行学习；④教师在单纯讲授，特别是在演讲时，难以获得关于学生产生误解和遇到困难的反馈信息；⑤单纯的言语讲授容易引起学生的注意力随时间的延长而迅速下降，学生对教学内容也往往只能记住很短时间；⑥不适宜传授动作技能，对情感领域的教学目标也效果甚微。

2. 个别化学习

学生自我进行学习的基本组织形式。

优点在于：①精心设计的自学活动能体现大多数教学原则，从而提高学生的领会和保持水平，并有利于学生学习能力的培养；②允许程度各异的学生都能按自己的能力选择相应的学习条件，如内容的水平和资源的种类等，让每个学生都能最大限度地获得学习效益，并可减少差等生；③要求学生自定学习步调，自负学习责任，这有助于在其他教育活动、工作职责和个人行为方面形成良好习惯；④允许教师花更多时间去关注个别学生和学生之间的相互作用；⑤学习的时间和空间的灵活性大，特别适应于成年的、在职的学生的主客观条件。

缺点在于：①若长期把它作为唯一的教学形式，可能会缺少师生之间和学生之间的相互作用；②若用单一途径和固定不变的方法学习，学生可能会感到单调无味；③不是对所有的学生和教师都适用；④如果学生缺乏应有的自觉性，可能会拖延学业；⑤通常需要教学小组协作准备，并配有辅助设施，因此，备课复杂、费用较高。

使用这种教学组织形式要注意以下几点：①根据所要求的教学目标精心选择和准备学习的活动和各种不同内容、不同媒体的资源；②仔细安排学习活动，把教学内容划分成较小的独立步子，每个步子一般只包含单个知识点，认真安排各个步子的学习程序；③通过一定方式让学生表现自己对所学内容的理解情况和应用情况，以便在进入下一步学习之前，检验学生对前一步内容的掌握程度；④必须让学生立即知道每一步学习的结果，让他们伴随一次次的成功，充满信心地前进；⑤教师要尽可能多地与学生接触，诊断他们的困难，及时给予帮助；激励他们自觉学习，及时给予强化。

3. 小组相互作用的教学组织形式

优点在于：①特别有利于情感领域的教学目标的实现；②认知领域的某些高层次技能能受到应有的重视；③有助于提高学生组织和表达自己见解的能力；④教师能及时发现哪些学生进步较慢，哪些学生需要给予鼓励或纠正；⑤教师能全面了解教学过程各个阶段的成效和缺陷，能从学生方面获得改进教学的意见。

缺点在于：①组织工作和学生的学习准备至关重要，稍有疏忽就会影响学习效果；②③没有经验或准备不充分的教师容易陷入长篇讲课的俗套，而这对于师生相互作用是不适宜的；④要使小组所有成员都积极参与活动而不至于变成无意义的闲谈有一定的难度；⑤教学进度不容易控制。

教师在使用小组学习的教学组织形式时要注意：①为使学生较为受益，相互作用小组最多不超过 12 人；②小组活动安排在教师向全班讲课或学生个人自学之后进行比较有效；③小组活动应该围绕大班听课或自学中碰到的内容展开回顾、讨论、检查、修正，达到相互启发、巩固提高的目的；④如有必要，教师应在比较缓慢的进程中少量呈示教材，防止变相以"讲"为主；⑤有些活动可由学生自己主持，但教师始终应该是活动的指导者和参与者；⑥具体活动方式尽量多样化，可利用各种讨论、角色扮演、个案研究、模拟、游戏、参观等有效的方式进行。

（五）教学方法的选择

教学方法是教师和学生为了达到教学目标，由教学原则指导，借助教学手段（工具、媒体或设备）而进行的师生相互作用的活动，它既有教师教的行为，又有学生学的行为，而且两者相辅相成。对于不同领域的学习目标，我们可以使用不同的教学方法。

认知领域目标的实现，下列教学方法可供我们选择：

1.讲授法

这是指教师通过口头语言，辅以板书等向学生传授言语信息的方法，是一种教师讲、学生听的活动。讲授法具体可分为讲述、讲解和讲演三种。对某个事物或事件做系统的叙述和描绘称作讲述；对某个概念或原理进行解释、分析和论证称作讲解；不仅描述事实，而且深入分析和论证事实，并在此基础上做出科学结论称作讲演。

2.演示法

这是指在教学中围绕某些能被感知的事物，让学生明白事理的方法，是一种教师演示，学生观察的活动。演示法使学生从感性上认识一定的客观事物，为理性认识打下基础。演示一般还可以分为静物演示和动态自然现象的演示。前者包括实物、模型、图片、幻灯的演示；后者主要指演示实验，也包括电影、电视等。演示法与教学的物质技术方面的关系最为密切，因此，随着科学技术的进步，新的现代化媒体不断涌现，使演示超越时空界限，将过去、未来、宏观、微观现象生动地展示在学生面前。

3.谈话法

这是教师通过连贯地提问来引导学生的思维，促使他们独立地得出结论的方法。它能充分激发学生的思维活动，有利于训练学生的语言表达能力。

4.讨论法

这是在教师指导下，由全班或小组学生围绕某一中心议题发表自己的看法，从而进行相互学习的方法。讨论法的用途十分广泛，除了能促进学生加深对知识的理解外，还能为学生提供群体思考的机会。

5.练习法

这是在教师指导下，学生运用所学知识、技能解决同类课题的方法。学生通过其他方法领会的知识和技能往往比较抽象、概括，而在练习法中，学生通过对课题中的具体事物进行一系列的分析，从中找出与抽象的知识、技能所反映的这类事物的本质因素等环节，达到对知识、技能的深入理解和巩固。此外，它在培养学生克服困难，形成认真的工作态度方面也有重要作用。

6.实验法

这是教师指导学生运用一定的仪器设备，按照指定的条件去进行独立作业的方法。这种教学方法的目的在于通过学生的操作，重现所要求出现的自然现象或过程，并让学生通过观察、探究去获得知识。

7. 实习作业法

这是教师组织学生在校内外进行实际操作，把从课堂上、理论上习得的知识、技能运用于实践的方法，如数学课的实地测量，物理、化学课的生产操作，生物课的植物栽培、动物饲养等。它的作用在于理论联系实际、培养学生运用书本知识的技能。实习作业主要也是解决同类课题，但为了培养学生创造性解决问题的能力，应加强同类课题情境的变换。

对于动作与技能领域的目标实现，下列方法比较有效：

(1) 示范一模仿法。这是通过教师示范和学生模仿,来教与学如何运用内外部肌肉的动作的方法。一般的动作技能,如实验技能、体育技能、演奏技能、朗诵技能等,由于示范较易外显,学生模仿起来也较容易。为了让学生加深对动作要领的理解。防止学生机械、盲目地模仿,教师的示范要与适当的讲解相结合。

(2) 练习一反馈法。动作技能是构成行为的基础、其结果反映动作的速度、准确性、力量或身体的平衡机能。最好的掌握方法是不断的练习,而且对每次练习要提供反馈信息,让学习者知道自己的动作与期望的动作之间的差距,以改进、提高动作技能。

要实现情感领域的学习目标,可以使用下列教学方法:

(1) 直接强化法。正确态度的建立表现在学习者对一系列期望行为的选择上。直接强化法正是在学习者经过内部思考后选择某一期望的行为时,给予及时的肯定和鼓励;或者是在某些期望行为产生后,帮助学习者去完成目标,使他们获得成功的喜悦。这样,对期望行为的不断强化便能促进学习者逐渐树立起正确的态度。

(2) 间接强化法。这种方法是让学习者从许多模范人物身上观察和学习"态度"。为了使态度的学习有效,就要让学习者亲眼看到或通过电影、电视、书报等媒体观察到模范人物在产生期望行为后得到的表扬和奖励,使他们间接感受到了对正确态度的强化。要注意的是被强化的模范人物必须是被学习者尊重的人。

四、教学媒体的选择和利用

在进行教学媒体选择时,要根据编写教学目标、教学策略设计中所做出的决定和各种教学媒体所具有的教学功能和特性加以选择。教学媒体选择的是否恰当直接会影响到教学目标的达成。关于教学媒体的研究已经反复证明:各种教学媒体各有所长,不存在对所有教学内容和教学情景都适用最佳的媒体。

五、教学设计成果评价

(一)教学评价的含义

教学评价是指以教学目标为依据,制定科学的标准,运用一切有效的技术手段,对教学活动过程及其结果进行测定、衡量,并且给以价值判断。教学设计要以评价反馈为途径,来检验计划并不断修改完善计划和方案,使设计成果更为有效。可以说,没有评价环节,教学设计过程就会缺少一种重要的内部动力,教学设计成果也难以真正得到完善。

教学系统设计的根本目的是解决教学中的问题,形成优化学习的方案,并在实施中取得最好的效果,也就是说要促进学习以取得更佳的学习效果。对教学系统设计进行评价属于教学评价范畴,它是教学设计成果趋向完善的重要环节。

教学设计成果评价应该包含对学习效果的评价设计,即我们通常所说的教学评价设计,包括教学过程和教学结果的评价,这是教学设计的一个重要组成部分。除此之外,教学设计成果评价的对象还应包括教学设计方案、教学材料和支持工具等设计成果的评价以及对教学设计成果的形成性评价。教学设计成果的评价实质是从结果和影响两个方面对教学设计活动给予价值上的确认,并引导设计工作沿着预定目标方向进展。

(二)教学评价的类型

按照不同的分类标准,教学评价有不同的类型。如按照评价的基准,可将评价分为相对评价、绝对评价和自身评价；按照分析方法的不同，可分为定性评价和定量评价等。按照评价的功能分类，则可将评价分为诊断性评价、形成性评价和总结性评价。

1. 诊断性评价

这种评价也称前置评价。一般是在某项教学活动开始之前，对学生的知识、技能、智力、体力以及情感等状况进行“摸底”，通过了解学生的实际水平和准备状况，判断他们是否具有实现新的教学目标所必需的基本条件，对于缺乏必要能力的学生提供必要的补救措施。可见，诊断性评价可以为教学决策提供依据，使教学活动适合学生的需要和背景。

2. 形成性评价

这种评价是在某项教学活动的过程中，为使活动效果更好而不断进行的评价，它能及时了解阶段教学的结果和学生学习的进展情况、存在问题等，以便及时反馈、及时调整和改进教学工作。

教学设计活动中进行的评价主要是形成性评价，对于提高教学质量来说，重视形成性评价比重视总结性评价更有实际意义。

3. 总结性评价

这种评价又称事后评价，它考察最终结果，一般是在教学活动告一段落时为把握活动最终效果而进行的评价。具体有如学期末或学年末各门学科的考核、考试，目的是验明学生的学业是否达到了各科教学目标的要求。总结性评价注重的是教与学的结果，借以对被评价者所取得的较大成果做出全面鉴定、区分等级和对整个教学方案的有效性做出评定。

4. 以学为主的评价

传统的、标准化考试的评价方法重视对事实知识的测量，重视对学生学习结果的评价，这种评价方式无法测量出学生在校所参加的主题性的、综合性的、探究性的、复杂有趣的学习经验，无法对那些经过反复的尝试错误进行学习的过程以及创造性等复杂的思维过程进行测量和评价，具有局限性。

以学为主的评价重视对动态的、持续的、不断呈现的学习过程及学习者进步的评价，而不是仅仅限于对结果的评价；它具有多标准、多形态评价的特点；主张较少使用强化和行为控制工具，而较多使用自我分析和元认知工具，个体知识建构和经验建构为标准的评价；强调基于真实任务的背景驱动的评价。

重视对动态的、持续的、不断呈现的学习过程及学习者的进步的评价；

强调基于真实任务背景的评价；采取多样化的评价标准和方法；重视高层次学习目标的评价。

5. 学习文件夹评价

学习文件夹评价又称“档案袋”评价。学习文件夹评价是当前美国评价改革运动中所出现的一种主要评定方法，它是指学生把自己有代表性的作品汇集起来，以展示自己的学习和进步的状况。其中收集的每份作品都是有意识的根据预先制定的标准选择的，所以学习文件夹评价包含着自我评价的成分。

(1) 产品学习文件夹。指收集学生产品的学习文件夹，其内容可以是一盘表现录像带、一个模型，也可以是一篇作文或一件艺术品等。

(2) 过程学习文件夹。这种学习文件夹中收集的材料是一些关于工作如何进展、如何达到优化的证据。它的内容可能包括产品完成之间的所有草稿；描述小组在实现共同目标的过程中，学生所扮演的角色等。

(3) 进步学习文件夹。它是指保存那些学生不同时期同类作品比较的学习文件夹，这种学习文件夹中的内容包括学生首次和最后一次在实现任务中所完成的相似产品或作业。

学习文件夹评价记录着学生成长的“故事”，它能向教师、家长和学生本人提供丰富的内容，反映了学生的实际发展情况，以及在具体的学习过程中，学生的问题解决能力和运用策略的能力。此外，学习文件夹还可以反映学生的毅力、努力、上进心以及自我监控学习的技能和自我反省能力发展的过程等等。

应用学习文件夹评价的最大优点是为教师提供了许多其他评价手段无法获得的有关学生学习与发展的信息。学习文件夹评价注重学生参与的积极性，学生可以选择将什么装进学习文件夹，可以参与学习文件夹评价标准的制定，可以把自己的作品和进步与他人分享。最重要的是学习文件夹评价提供给学生对自己作品进行自我评价和反省的机会。

(三)教学设计评价的一般程序

1. 制定评价计划

确定收集资料的类型，确定评价标准，选择被试人员，阐明试用成果的背景条件。

2. 选择评价方法

不论收集哪种类型的资料都要借助某些方法，在教学设计成果的形成性评价中，主要使用测验、调查和观察三种评价方法。这三种方法在收集资料方面各有特长，如测验适宜于收集认知目标的学习成绩资料，调查适宜于收集情感目标的学习成绩资料；观察适宜于收集动作技能目标的学习成绩资料。此外，调查和观察还经常被用来收集教学过程的各种资料：前者适宜于收集学生、教师和管理人员对教学的反应资料；后者适宜于收集设计成果的使用是否按预先计划进行的资料。

3. 试用设计成果和收集资料

向被试者说明须知，试行教学，观察教学，后置测验和问卷调查。

4. 归纳和分析资料

通过上述的观察、测验和问卷，评价者获得了一系列所需的资料，为了便于分析，可以将这些资料归纳成图表。制成图表后，评价者应对资料作一次初步分析：拿各类数据与评价标准作比较，考察各种现象的相互关系。

5. 报告评价结果

由于修改设计成果的工作不一定马上就进行，也不一定由原设计者来做，因此需要把试用和评价的有关情况和结论形成书面报告。评价报告的内容包括：设计成果的名称和宗旨、使用的范围和对象、试用的要求和过程、评价的项目和结果、修改的建议和措施、参评者的名单和职务，以及评价的时间等等。评价报告以简明扼要为宜，具体资料如各种数据、访谈记录、分析说明等可以作为附件。

六、教学设计的应用和发展

(一)教学设计的应用

根据任务不同，教学设计可分为四个方面的应用。

1. 教学系统设计

教学系统设计属于宏观设计层次，它所涉及的教学系统比较大，如国家的基础教育课程标准设计、某个地区的教育体系的设计、一个新的专业或一个学校的教学系统的设计等。由于教学系统设计工作量大，一般都由有关的机构组织专门设计小组来进行工作。

2. 教学过程设计

教学过程设计是针对于一门课程、一个单元、一节课或某个知识点的教学过程进行的教学设计。对一门课程的教学设计称为课程教学设计，对一个教学单元或一节课的教学设计称为课堂教学设计，或称为单元教学计划，习惯上简称为教案设计。教案设计是教师日常教学工作的重要组成部分，也是教师的基本示范技能之一。

3. 教学产品设计

教学产品设计是根据教学目标考虑设计开发教学产品。例如用于某个教学活动的教材包括教学软件、教学辅助材料等，对教材的安排、教学媒体的选取，需要经过分析、设计、开发、制作、集成、评价、修改等开发步骤。

4. 教学服务设计

在信息化的教学环境中，教育技术的发展和教育资源的建设将逐步从提供教学产品(如教材、音像成品、软件成品等)的模式发展到提供信息化的教学服务的模式。信息化时代的教育技术服务，是指教育部门和教师利用互联网为学生提供更加个性化的教学需求服务。例如，根据学生的需要，为学生提供课程、教材、教学软件、教学咨询、学习辅导等。教育服务提供者(学校、教师)可以借助网络，根据学生的学习需求，为每一个学生制订因人而异的教学计划，完全按照个体的认知水平和认知能力，来制订符合个体特点又满足个体发展需要的教学计划，度身定制设计开发学生需要的课程教材和相关的教学资源，为每一位学习者提供服务，使每一个人都能够获得自己需求的最佳学习条件。年龄、地域等限制，将不复存在，每一个人都将可以享受到终身的和最好的教育。

教学服务设计由教学需求信息接受与反馈系统、教学资源调度配送系统、按需开发系统、服务评价系统等构成，涉及到教学资源的制定、开发、流通、使用、反馈、评价等，是社会化的复杂系统，需要由专门的组织与教育电子商务机构和人员来实施。

(二)教学设计的发展

20 世纪 90 年代以来，随着科技的飞速发展，教学设计出现了多种发展趋势：

(1) 系统论的发展为教学设计理论的研究提供了新视野，如混沌基本理论对教学设计研究的影响。有学者认为教学设计随着教学内容和教学目标的不同，可以分为传统的线性教学设计与混沌的非线性教学设计，因为它们是一个辩证的对立统一体，即：混沌中蕴含着有序，有序的过程中也可能出现混沌。

(2) 认识论、学习心理学和教学设计的整合。对此，当前研究的热点之一是怎样创设有助于学习者学习的建构主义学习环境。

(3) 计算机技术、多媒体技术和网络技术等的快速发展以及信息资源的数字化，要求人们重新审视教学设计中有关理论和实践的研究。

(4) 关注教学设计自动化的研究。教学设计自动化就是有效发挥计算机技术的优势，为教学设计人员和其他教学产品开发人员在教学设计过程和教学开发过程中提供辅助、指导、咨询、帮助或决策的过程。但值得注意的是，教学设计过程本身是个富有创造性的过程，因此机器只能充当辅助的作用。

(5) 更加重视教学设计理论的整合研究。

最后，我们来对本章的内容做一下整理。

教学设计是运用系统的思想和方法，将学习理论和教学理论的原理转化成对教学过程中教学目标、教学内容、教学方法、教学策略、教学评价等环节的具体工作计划的系统过程和程序，以及在这一过程中形成的指导教学的规范性文本，其目的是促进学习者有效学习。

作为新时代的师范生，我们必须充分了解现代教学设计技术的发展，了解教学设计的基本模型，了解教学设计的基本层次，把握教学设计的基本程序。能够在未来的工作中进行课程设计和课堂教学设计。

学习思考题

1. 谈谈你对教学设计的理解。
2. 复述教学设计的基本程序。
3. 结合你的专业未来的就业领域，设计出一个课堂教学设计的教案文本。
4. 在互联网络上下载一个教学设计的案例，并给出你的评价结果。

第五章　教育信息技术

学习目标

1. 了解信息、信息技术、信息素养的概念。
2. 掌握信息化教学设计的基本模式。
3. 把握信息化环境下教师和学生角色的转变。
4. 掌握信息化环境下的学习方法。

随着信息科学技术的迅速发展和在社会各个领域的广泛应用，信息已经成为社会生产力的重要组成部分，信息量和信息效能大增。社会上加快了信息化，军事上突出了信息战，20世纪70年代后，人们发出了“信息爆炸”之类的惊呼。在这种情况下，越来越多的人从长期对物质、能量的关注中，从各行各业的传统观念和习惯中清醒过来，学习信息知识，研究信息规律，运用信息技术，开发信息资源，谋取信息利益，一个信息化的社会已经到来。在教育领域，我们必须拿起教育信息技术的武器，改革传统的教育与教学，改革传统观念和技术。

第一节　教育信息技术概述

尽管“信息”一词的记载已有近两千年的历史，但人们对信息的认识和重视只是近几十年，尤其是以现代通信技术、计算机技术和网络技术为特征的现代信息技术出现之后。当信息技术被大量运用于教育时，教育信息技术的说法才得以出现。教育信息技术这个概念是个复合概念，它应该分解为“教育＋信息技术”，其意为“教育中的信息技术”，或“信息技术在教育中的应用”。

一、信息、信息技术与信息素养

(一)信息的基本概念

1. 什么是信息

信息概念的含义十分深刻与丰富，可以从不同的角度和层次进行探讨。

让我们先来看一下辞书中的解释。“信息”一词的英语是“information”，《现代朗文英语词典》给予的解释是“knowledge in the form of facts”，即事实形态的知识。在《现代汉语词典》中，关于信息的解释有二：①音信、消息，②信息论中指用符号传送的报道，报道的内容是接收符号者预先不知道的。韦伯字典给信息下的定义是：“信息是用来通信的事实，在观察中得到的数据，新闻和知识”。牛津字典给出的信息定义是“信息是谈论的事情、新闻和知识”。所以日常生活中人们所说的“信息”，往往是指一般的消息与情况，把“信息”和消息、情况等同看待，并且这些消息或情况对于它的接收者是新鲜的。

从自然科学的角度而论，关于信息的理解主要有三种主要的观点：

(1) 信息是负熵，就是消除了的不确定性，即信息可以消除人们对事物认识的不确定性，并将消除不确定程度的多少作为信息量的量度。

(2) 信息是系统状态的组织程度或有序程度的标志。

(3) 信息是物质和能量在空间和时间中分布的不均匀程度，是伴随着宇宙中一切过程发生的。

维纳则告诉我们：信息就是信息，不是物质也不是能量。这就要求我们打破传统上从物质和能量两大领域来认识世界的基本方式，也即是说：客观事物不都是实在的，而信息就是一个客观不实在的领域。从本质上讲，"信息是事物运动状态与规律的表征"。这个定义揭示了正确认识信息和利用信息的规律。由于信息的普遍性、重要性，信息对物质既有依赖性，又有相对的独立性，因此，人们把信息与物质、能量并列，作为构成世界的三大要素。

2. 信息的基本特点

(1) 没有大小。由于信息不具大小，无论怎样小的空间，都可存放大量的信息，无论怎样狭窄的通道，都能高速地传递大量的信息。信息产业是一种省空间、省能源的产业。

(2) 没有重量。信息由于没有重量，在处理时，耗费能量极小，或者基本不需要能量。信息加工的产业是一种省能源产业。

(3) 容易复制。信息一旦产生，很容易复制，它有利于大量生产，这就意味着信息具有极强的共享性。

3. 信息的基本形态

我们可以分为以下几种：

(1) 自然信息：信源物作用在自然物信息体上留下信源物存在方式的痕迹。如树木的年龄，冰川的痕迹等。

(2) 机器信息：信源物作用在机器信息体上呈现的痕迹。如照相可以显示信源物的静止图像，电影电视可以记录与重放信源物的活动图像等。

(3) 人类感知信息：信源物被人类感知，在人脑留下信源物存在方式的痕迹。

(4) 人类思维信息：将感知信息在大脑中进行处理加工，转换成人为的符号信息(含语言与非语言符号信息)，这种符号也称人工信息，或叫再生信息。人类感知信息是一种只能储存在人脑中并在脑中留下了某种痕迹的信息形态。只有经过思维加工，转换为符号信息才能传送出去。

4. 人类获取信息的主要渠道

人类获取信息的方式有：

(1) 直接与事物接触，认识事物。通过人体的眼、耳、鼻、舌、身诸多器官直接接触信源物，能使事物的真正面貌和重要特征，在人的大脑中留下难忘的痕迹，它是人类正确认识事物的重要渠道。直接接触事物的方式有：①实践，包括参加社会生产劳动实践和参与各种科学实验活动；②参观，包括观察自然界和社会活动的各种现象，游览、参观风景、名胜、展览会、陈列室、博物馆等。

(2) 从信息体承载的信息去间接认识事物。自然物信息体运载有事物的重要信息，但这些信息痕迹往往不容易显现出事物状态与规律的特征。例如，对发掘的古生物化石进行考古的研究，就是属于一种科学研究认识事物的范畴；机器体能形象准确地呈现出各种事物运动状态与规律的特征，它是科研与教学活动重要的信息来源。

人类信息体所储存的感知信息，仅是个人的私有财产，但通过加工处理形成的符号信息，却可以成为一种社会财富。如说出来的语言，写出来的文字。人类积累的丰富经验，留下的科学文化遗产，可以提供给别人去间接认识事物，它是人们学习与认识活动的重要信息来源之一。

（二）信息技术

1. 信息技术的一般表述

由于对信息的理解不同，很难给信息技术一个确切的定义，人们因其适用目的、范围、层次的不同而使用不同的表述方式。利用 CNKI 概念知识元库进行搜索，可以找到 40 多种关于信息技术概念的解释。对这些定义进行分析，大致有以下几种观点：

(1) 信息技术是指信息存贮技术、输入输出技术、信息处理技术、通信（网络）技术等；信息技术是指以通信、电子、计算机、自动控制和光电技术等为基础处理各类信息的现代高技术的总称；信息技术是指产生、存储、转换和加工图像、文字、声音及数字信息的一切现代高科技的总称。

(2) 信息技术是指扩展人类信息器官功能的一类技术。

(3) 信息技术是指信息产生、加工、传递、利用的方法和技术；信息技术是指人类对数据、语言、文字、声音、图画和影像等各种信息进行采集、处理、存储、传输和检索的经验、知识及其手段、工具的总和；信息技术是指对信息进行采集、传输、存储、加工、交流、应用的手段和方法的体系；信息技术是指利用科学原理和方法及先进的工具和手段有效地处理和利用信息资源的技术体系。

我国著名学者南国农教授则对信息技术概念给出了比较全面地阐释。信息技术是指信息的采集、加工、存储、交流、应用的手段和方法体系，它的内涵包括两个方面：

(1) 手段，即各种信息媒体，如印刷媒体、电子媒体、计算机网络等，是一种物化形态的技术；

(2) 方法，是一种智能形态的技术。所以，信息技术就是由信息媒体和信息媒体应用的方法两个要素构成的。

2. 信息技术的本体功能特征

对信息技术本体功能的认识可以有很多视角。如果从延伸人类感知觉器官和认知器官的角度来分析信息技术的本体功能，那么，信息技术的本体功能主要表现在对信息的采集、传递、存储和处理等方面。

(1) 信息技术具有扩展人类采集信息的功能。人类可以通过各种方式采集信息，最直接的就是用眼睛看、用鼻子闻、用耳朵听、用舌头尝；另外我们还可以借助各种工具获取更多的信息，例如用望远镜我们可以看得更远，用显微镜可以观察微观世界……；现代信息技术的迅速发展，尤其是传感技术和网络技术的迅速发展，极大地改善了人类难以突破时间和空间来采集信息的不足，扩展了人类采集信息的功能。

(2) 信息技术具有扩展人类传递信息的功能。信息的载体千百年来几乎没有变化，主要的依旧是声音、文字和图像，但是信息传递的媒介却经历了多次大的革命。从书报杂志到邮政电信、到广播电视、到卫星通讯、到国际互联网络等现代通讯技术的出现，每一个进步，都极大的改变了人类的社会生活，特别是人类的时空概念。计算机网络的出现，特别是国际互联网的出现,使得跨越时间、跨越国界和跨越文化的信息交往成为可能,这在很大程度上扩展了人类传递信息的功能。

(3) 信息技术具有扩展人类存储信息的功能。教育领域中曾流行“仓库理论”,认为大脑是存储事实的仓库,教育就是用知识去填满仓库。学生知道的事实越多,搜集的知识越多,就越有学问。因此“仓库理论”十分重视记忆,认为记忆是存储信息和积累知识的最佳方法。但是信息社会里,信息总量迅速膨胀,如此多的信息如果仅靠记忆显然是不可以的。现代信息技术为信息存储提供了非常有效的方式,例如缩微技术,计算机软硬盘,光盘,以及存储于因特网各个终端的各种信息资源,这样就有效的减轻了人类的记忆负担,同时也扩展了人类存储信息的功能。

(4) 信息技术具有扩展人类处理信息的功能。人们用眼睛、耳朵、鼻子、手等感觉器官就能直接获取外界的各种信息,经过大脑的分析、归纳、综合、比较、判断等处理后,也能产生更有价值的信息。但是在很多时候,有很多复杂的信息需要处理,例如一些繁杂的航天、军事数据等,如果用人工处理是需要耗费非常大的精力的,这就需要一些现代的辅助工具,如计算机技术。在计算机被发明以后,人们将处理信息的大量繁杂工作交给计算机来完成,用计算机帮助我们收集、存储、加工、传递各种信息,效率大为提高,极大的扩展了人类信息处理的功能。

由此,我们可以简单概括:传感技术具有延长人的感觉器官收集信息的功能,通信技术具有延长人的神经系统传递信息的功能,计算机技术具有延长人的思维器官处理信息和决策的功能,缩微技术具有延长人的记忆器官存贮信息的功能。当然,对信息技术本体功能的这种认识是相对的、大致的,因为,在传感系统里也有信息的处理和收集,而计算机系统里既有信息传递,也有信息收集的过程。

(三)信息社会中的教育新观念——信息素质培养

信息正以其前所未有的迅猛态势渗透于社会的方方面面,改变着人们原有的社会空间。人们越来越感受到对原有知识的不满和对新思想、新理论的渴望,教育作为人类获取知识的基本活动怎样才能适应信息化社会的要求,已成为人们普遍关注的问题;另一方面,在现代科学技术迅速发展,以高技术、高学历化为特征的信息社会里,对劳动者知识和技术的素质要求越来越高,不断满足人们对知识更新的需求已成为现代教育必须解决的紧迫问题。教育要迎接信息化社会的挑战,惟有实施注重知识创新的信息素养的教育。

1. 信息素养概念

信息素养这一概念是信息产业协会主席保罗·泽考斯基于1974年在美国提出的,它包含诸多方面:

(1) 传统文化素养的延续和拓展。

(2) 使受教育者达到独立自学及终身学习的水平。

(3) 对信息源及信息工具的了解及运用。

(4) 必须拥有各种信息技能:如对需求的了解及确认,对所需文献或信息的确定、信息检索,对检索到的信息进行评估、信息组织及处理并做出决策。

综上所述,完整的信息素养应包括三个层面:文化素养(知识层面上对信息内容的批判与理解能力)、信息意识(意识层面上运用信息具有融入信息社会的态度和能力)以及信息技能(技术层面上信息技术的应用技能)。

2. 信息素养的内涵

信息素质教育的总体目标是培养现代社会接班人和建设者的信息素养。其内涵有以下几个方面：

(1) 信息意识情感。信息素养教育最重要的一点是培养学生的信息意识，即要求受教育者具有一种使用计算机与其他信息技术来解决自己工作、生活中问题的意识。

(2) 信息伦理道德修养。必须培养学生正确的信息伦理道德修养，使他们能够遵循信息应用人员的伦理道德规范，应用信息技术时，不从事非法活动，同时也知道如何防止计算机病毒和其他计算机犯罪活动。

(3) 信息科学技术常识。对于信息技术的原理、名词术语是否明白，对于其发展与作用是否了解，应该使学生具有一定的信息科学技术常识，能够阅读有关的一般性通俗科普信息文章和参加有关的讨论与交流，谈论信息技术的发展及应用。

(4) 具有一定的操作信息能力。即操纵、利用与开发信息的能力，具体来讲就是，会不会与能不能利用信息技术，获取自己所需要的信息，评价和分析所得到的信息，并且开发与传播信息。这包括几个层次。基本的信息能力有信息系统(计算机系统)的操作能力，简单的文字处理能力等；进一步的要求包括有信息采集的能力、信息通讯的能力、信息组织与表达的能力、信息加工处理的能力、信息系统的分析与查错能力、对于信息系统与信息进行评价的能力、信息结果的分析与报告能力。

3. 信息素养的基本标准与内容

1998 年，美国图书馆协会和教育传播协会制定了学生学习的九大信息素养标准，概括了信息素养的具体内容。

(1) 具有信息素养的学生能够有效而高效地获取信息。

(2) 具有信息素养的学生能够熟练地批判和评价所获得的信息。

(3) 具有信息素养的学生能够精确地、创造性地使用信息。

(4) 作为一个独立学习者的学生具有信息素养，并能探求与个人兴趣有关的信息。

(5) 作为一个独立学习者的学生具有信息素养，并能欣赏作品和其他对信息进行创造性表达的内容。

(6) 作为一个独立学习者的学生具有信息素养，并能力争在信息查询和知识创新中做得最好。

(7) 对学习社区和社会有积极贡献的学生具有信息素养，并能认识信息对民主化社会的重要性。

(8) 对学习社区和社会有积极贡献的学生具有信息素养，具有与信息和信息技术相关的符合伦理道德的行为。

(9) 对学习社区和社会有积极贡献的学生具有信息素养，并能积极参与小组的活动探求和创建信息。

在我国，针对国内教育的实际情况，学生的信息素养培养主要针对以下五个方面的内容。

(1) 热爱生活，有获取新信息的意愿，能够主动地从生活实践中不断地查找、探究新信息。

(2) 具有基本的科学和文化常识，能够较为自如地对获得的信息进行辨别和分析，正确地加以评估。

(3) 可灵活地支配信息,较好地掌握选择信息、拒绝信息的技能。

(4) 能够有效地利用信息、表达个人的思想和观念,并乐意与他人分享不同的见解或信息。

(5) 无论面对何种情境,能够充满自信地运用各类信息解决问题,有较强的创新意识和进取精神。

信息素养主要表现为以下八个方面的能力:①运用信息工具:能熟练使用各种信息工具,特别是网络传播工具;②获取信息:能根据自己的学习目标有效地收集各种学习资料与信息,能熟练地运用阅读、访问、讨论、参观、实验、检索等获取信息的方法;③处理信息:能对收集的信息进行归纳、分类、存储记忆、鉴别、遴选、分析综合、抽象概括和表达等;④生成信息:在信息收集的基础上,能准确地概述、综合、履行和表达所需要的信息,使之简洁明了,通俗流畅并且富有个性特色;⑤创造信息:在多种收集信息的交互作用的基础上,迸发创造思维的火花,产生新信息的生长点,从而创造新信息,达到收集信息的终极目的;⑥发挥信息的效益:善于运用接受的信息解决问题,让信息发挥最大的社会和经济效益;⑦信息协作:使信息和信息工具作为跨越时空的、"零距离"的交往和合作中介,使之成为延伸自己的高效手段,同外界建立多种和谐的合作关系;⑧信息免疫:浩瀚的信息资源往往良莠不齐,需要有正确的人生观、价值观、甄别能力以及自控、自律和自我调节能力,能自觉抵御和消除垃圾信息及有害信息的干扰和侵蚀,并且完善合乎时代的信息伦理素养。

二、信息技术教育与学科教学整合

(一)信息技术教育与学科教学整合

对于信息技术教育与学科课程整合,一般称为信息技术与课程整合,其内涵可以有不同方式的界定:

(1) 开好信息技术课程的同时,要努力推进信息技术教育与其他学科教学的整合,鼓励在其他学科的教学中广泛应用信息技术手段,并把信息技术教育融合在其他学科的学习中。技术与课程的整合就是通过课程把信息技术与学科教学有机地结合起来,从而根本改变传统教学的观念以及相应的学习目标、方法和评价手段。

(2) 在课程教学过程中把信息技术、信息资源、信息方法和课程内容有机结合,共同完成课程教学任务的一种新型的教学方式。它是我国面向 21 世纪基础教育教学改革的新视点,是与传统的学科教学有着密切的联系和继承性,具有一定相对独立特点的教学类型。对它的研究与实施将对发展学生主体性、创造性和培养学生创新精神和实践能力具有重要意义。

(3) 信息技术教育与学科课程整合的本质与内涵要求在先进的教育思想、理论的指导下,尤其是教师主导——学生主体教学理论的指导下,把以计算机及网络为核心的信息技术作为促进学生自主学习的认知工具与情感激励工具、丰富的教学情景的创设工具,并将这些工具全面应用到各学科教学过程中,使各种教学资源、各个教学要素和教学环节,经过整理、组合,相互融合,在整体优化的基础上产生聚集效应,从而促进传统教学方式的根本变革,也就是促进以教师为中心的教学结构与教学模式的变革,从而达到培养学生创新精神与实践能力的目标。

综观以上观点,可以将目前信息技术教育与学科课程整合的定义分为“大整合论”和“小整合论”。“大整合论”主要是指课程是一个较大的概念。这种观点主要是指将信息技术教育融入到课程的整体中去,改变课程内容和结构,变革整个课程体系。有学者认为,信息技术教育与课程整合是指通过基于信息技术的课程研制,建构信息化的课程文化。它针对教育领域中信息技术与学科课程存在的割裂和对立问题,通过信息技术教育与课程教学的互动性双向整合,促进师生民主合作的课程与教学组织方式的实现和以人的学习为本的新型课程与教学活动方式的发展,建构起整合型的信息化课程结构、课程内容、课程资源以及课程实施等,从而对课程的各个层面和维度都产生变革作用,促进课程整体的变革。“大整合论”观点有助于从课程整体的角度去思考信息技术的地位和作用。“小整合论”则将课程等同于教学。这种观点将信息技术教育与课程整合等同于信息技术与学科教学整合,信息技术主要作为一种工具、媒介和方法融入到教学的各个层面中,包括教学准备、课堂教学过程和教学评价等。这种观点是目前信息技术与课程整合实践中的主流观点。

(二)信息技术教育与学科课程整合的目标

信息技术教育与学科课程的整合,是信息技术环境下进行教育改革、促进教育发展的切入点。它的宏观目标可以定义为:建设数字化教育环境,推进教育的信息化进程,促进学校教学方式的根本性变革,培养学生的创新精神和实践能力,实现信息技术环境下的素质教育与创新教育。所以,信息技术教育与课程的整合不是简单地在原有教学结构上引入信息技术的问题,而是构建一个新的教学环境的问题,即构建一个信息化的教学环境来进行课程教学,具有信息素养的教师设计信息化的教学内容和数字化的教学资源来培养具有信息素养的学生。这一整合可以用图 5-1 来表示。

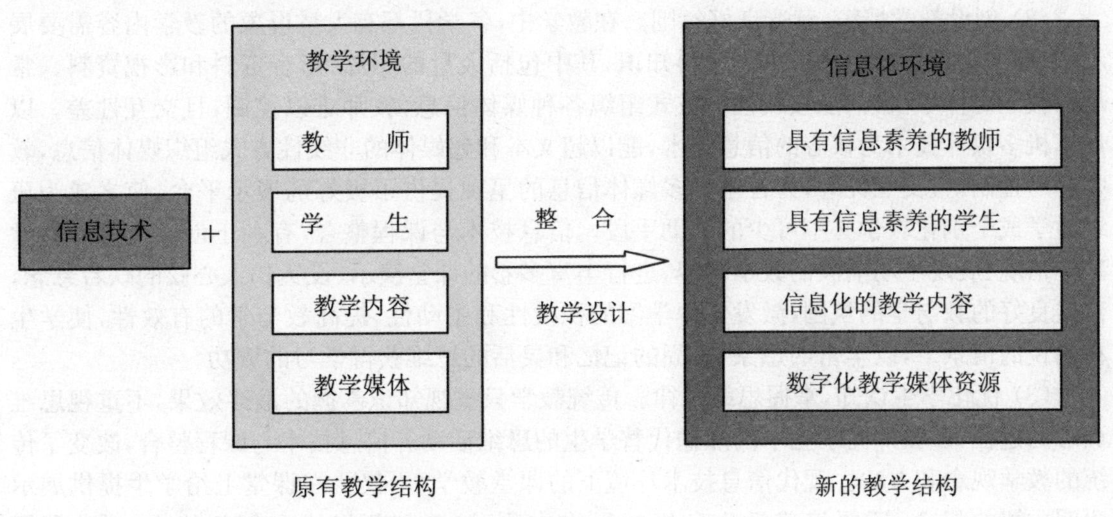

图 5-1

具体可以阐述为:

(1) 培养学生具有终身学习的态度和能力。建构主义学习理论认为:知识不是客观的东西,也不是主观的东西,而是个体在与环境交互作用的过程中逐渐建构的结果。据此,培养学生能够独立自主地学习,能够自我组织、制定并执行学习计划,并能控制整个学习过程的能力是信息技术与课程整合的具体目标之一。

(2) 培养学生具有良好的信息素养。信息素养是指能够清楚地意识到何时需要信息，并能确定、评价、有效地利用信息以及利用各种形式交流信息的能力。学生只有具备良好的信息素养，才能在终身学习的过程中，对信息进行获取、分析、加工和利用。

(3) 培养学生掌握信息时代的学习方式。在信息化学习环境中，人们的学习方式发生重大变化。学习者的学习主要不是依赖于教师的讲授与课本的学习、而是利用信息化平台和数字化资源，教师、学生之间开展协商讨论、合作学习，并通过对资源的收集利用、探究知识、发现知识、创造知识、展示知识的方式进行学习。因此，通过信息技术与课程的整合，要使学生掌握信息时代的学习方式。

(4) 培养学生的适应能力、应变能力与解决实际问题的能力。在信息时代，知识量剧增，知识成为社会生产力、经济竞争力的关键因素，知识的更新率加快，陈旧率加大，有效期缩短。另外，知识的高度综合性和各学科间相互渗透，出现更多的新兴学科、交叉学科，由此带给人们难以想象的社会生活、经济生活、政治生活和人类各个领域内深刻而广泛的冲击力和影响力。在这种科学技术、社会结构发生巨变的大背景下，人的适应能力、应变能力与解决实际问题的能力将变得至关重要。

(三)信息技术教育与学科课程整合的意义

信息技术与课程整合，改变了传统的教学模式，在丰富学科知识、创设教学情境、优化学生认知、优化课堂教学结构等方面起到了积极的作用。

(1) 丰富学科知识，激发探索热情。在各学科教学中，蕴涵着大量的信息技术的因素，通过教师的开发和整合，不仅能够提高学生对信息技术的兴趣，增强学生的信息意识，而且能够大大拓宽学生的知识面，促进学生对学科知识的理解、记忆和应用。

(2) 创设教学情境，营造良好氛围。在教学中，各学科都有大量形象的教学内容需要展示，以此来帮助学生更好地掌握学科知识，其中包括大量的图片、影音资料和影视资料。常规的教学媒体手段，只能按线性的方式组织各种媒体信息，教师难以控制，且交互性差。以计算机多媒体技术为核心的信息技术，能以超文本和超媒体的非线性方式组织媒体信息，教师容易控制，且交互性好，为各学科多媒体信息的呈现提供了极好的展示平台，使之成为班级教学或个别化教学必不可少的辅助手段。信息技术与课程整合，有利于创设良好的课堂教学情境、展现生动活泼的教学内容、进行丰富多彩的课堂演示、设置扣人心弦的跌宕悬念，营造良好的教与学的氛围，激发学生学习的积极性和主动性，提高教与学的有效性，使学生在愉悦的情景下，以丰富的想象、牢固的记忆和灵活的思维获得学习的成功。

(3) 优化学生认知，掌握思维规律。传统教学只重视知识掌握的最终效果，不重视思维训练的过程，以教师向学生单向灌输代替学生的思维活动。信息技术与课程整合，改变了传统的教学观念和方法。现代信息技术环境下的课堂教学，不仅要在课堂上给学生提供展示聪明才智的机会，还要培养学生良好的思维方法，培养创新思维和创新能力。如，利用Authorware、几何画板和PowerPoint等软件，能够针对学科实际，制作出一些动态的辅助教学课件，较好地表现了事物内在关系和变化规律。还可以通过多媒体技术从不同角度提出问题，引导学生通过总结、分析来掌握事物发展变化的规律，而且可以模拟事物变化的过程或展示自然界中的现象，引导学生学会观察、提出猜想、进行探索、合理论证、发现规律。

(4) 优化课堂教学结构，启发学生主动参与。教学的真正目的在于授之以“渔”，因此形成学生自我教育的动力机制和提高学生自主学习的能力，显得尤为重要。信息技术与课程整合，科学地设置学生活动情境，让学生最大限度地活跃起来，积极主动地参与学习。通过猜一猜、试一试、想一想、做一做等方法，采用指导自学、独立练习、协作学习、网上学习等各种形式，使课堂教学结构发生质的变化。

第二节　信息化环境教学设计

一、信息化环境教学设计的定义和特点

（一）信息化环境教学设计定义

所谓信息化环境下的教学设计（信息化教学设计），是运用系统方法，以学生为中心，充分利用现代信息技术和信息资源，科学地安排教学过程的各个环节和要素，以实现教学优化的过程。

信息化教学设计的目的是帮助全体教师在自己的日常课堂教学中充分利用信息技术和信息资源，培养学生的信息素养、创新精神和解决问题能力，从而增强学生的学习能力，提高他们的学业成就。信息化教学设计的基本理论是全面发展的教育理论，建构主义和人本主义学习理论，系统理论和革新的教育评价理论。

（二）信息化环境教学设计的特点

在信息化环境下，现代信息技术为学生的自主学习和研究提供了新的信息环境，计算机和网络成为教与学的重要组成部分，建构主义的学习理论成为教学模式的支撑，以学生为中心的教学模式成为教学改革的主流。

信息化环境教学设计的主要特点是：

(1) 运用系统方法进行，科学地安排教学过程的各个环节和要素；

(2) 充分体现现代教育理念，以学生为中心进行；

(3) 充分利用现代信息技术和信息资源，向学生提供虚拟的学习环境；

(4) 整个教学设计的目的是实现教学过程的最优化。

在信息化教学环境中，教案是一个开放的系统。随着互联网的迅猛发展，全世界的信息将可以非常方便地放在每一个学生和教师的指尖。这就为教师的备课和课堂教学提供了无限广阔的资源空间，更为每一位学生的学习提供了无限发展的时空。教案与互联网联系起来，意味着教师的教案成为了一个动态的教案库和丰富的学习资源。

教师教案的动态性特点主要包括：互联网上的信息和内容是动态的，每一分钟都会更新，因而与互联网相连的教案内容也是动态变化的。通过网络浏览、网上讨论组、电子邮件和师生面对面的交往，教师和学生之间的交往与互动也是动态的。

（三）信息化环境教学设计的意义

随着多媒体计算机和互联网的迅速普及，师生在教学活动中充分利用全球信息资源，协作学习、研究型学习的新教学模式逐步成为教学活动的主流。现代信息技术不仅影响着社会的生产与生活，也影响着人们学习的过程和方式，同时也影响着人们对教学设计的研究与运用。

在信息化环境教学实践中，人们从不同的角度来观察教育技术如何合理而有效地用于教育教学实际，教育技术作为教师的必备技能在教学中得到了越来越普遍的应用。

教学设计把学习理论、教学理论同教学实践活动联结起来，运用系统科学的方法，从人类学习的心理机制出发，去探索教学的规律，并应用到教学实践中。教师掌握信息化环境下教学设计的目的，是在自己的日常课堂教学中充分利用信息技术和信息资源，培养学生的信息素养、创新精神和解决问题的能力，从而增强学生的学习能力，提高他们的学业成就。在我国中小学逐步实现校校通以后，许多学校对全体教师开展了教育技术培训，其中一项基本培训就是让每一位教师掌握在现代信息技术环境中的教学设计。

教育信息化时代的到来，促使教师在教学设计中更加注重信息资源的利用，从以教为中心的教学设计逐步发展到以学为中心的教学设计。教育信息化时代的教学设计（简称为信息化教学设计）更加注重运用系统方法，以学为中心，充分利用现代信息技术和信息资源，科学地安排教学过程的各个环节和要素，实现教学过程的优化。

二、信息化环境教学设计的基本要求

在信息化环境下，对教师进行教学设计的基本要求是以建构主义作为理论基础，以“学生”为中心来进行。具体体现为：

(1) 明确“以学生为中心”，发挥学生的主体性和主动性，注重学习者学习能力的培养；教师是作为学习的促进者，引导、监控和评价学生的学习进程。

(2) 充分利用各种信息资源（尤其是网络上的信息资源）来支持学习环境，创设学习“情境”进行意义建构；

(3) 以解决问题作为学习与研究活动的主线，在相关的有具体意义的情境中确定和教授学习策略与技能，帮助学生进行探究学习；

(4) 强调协作学习对意义建构的作用，这种协作学习不仅指学生之间、师生之间的协作，也包括教师之间的协作，如实施跨年级和跨学科的基于资源的学习等；

(5) 把学生对知识的意义建构作为整个学习过程的评价标准。

在信息化教学模式中，往往不是按照以往我们习惯的一节课的备课方法来考虑教案的设计，而是根据教学活动的任务或项目的长短来考虑教案的设计。

三、信息化环境教学设计步骤

图 5-2 描述了信息化环境下教学设计的基本步骤。在这个基本步骤描述中，教学设计过程可以分为单元教学目标分析、教学任务与问题设计、信息资源查找与设计、教学过程设计、学生作品范例设计、评价量规设计、单元实施方案设计、评价修改八个步骤。

在这个教学设计模式中，对各步骤的分析和操作通常是按顺时针方向进行的，必要时也可以跳过某些步骤或重新排序。

1. 单元教学目标分析

首先由教师对单元的教学目标进行分析，确定学生通过此教学应该达到的水平或获得的能力，这是教学设计的起点。教师需要根据国家或地方的课程标准，确定教学目标和明确将要在教学活动中解决的问题。分析教学目标的方法与传统的教学设计和备课基本类似。

2. 教学任务与问题的设计

根据单元教学目标，设计真实的任务和有针对性的问题。教师要设计出能够激发学生学习积极性的任务或问题，鼓励学生积极主动的学习。借助丰富多彩的项目实践活动来融合学科基础知识技能的学习，融合各种信息工具和信息资源的使用，将知识的学习和知识的应用有机地联系在一起，为知识的学习提供必要的“真实的”应用情景，并且注重学生创新思维和实践能力的培养，这是网络化环境中教学设计发展的新趋势。

3. 信息资源查找与设计

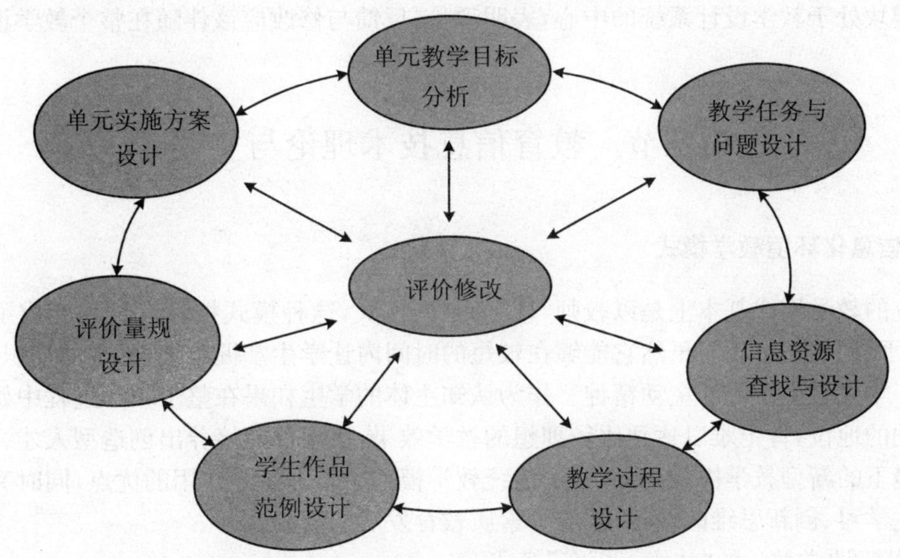

图 5-2　信息化环境下教学设计基本步骤

教师根据任务和问题以及学生的学习水平，确定提供资源的方式。教师要设计好要求，可以要求学生自己按照学习目标查找资源，避免学生无目的的查找；也可以提供现成的资源给学生。教师要寻找相关的资源，并对资源进行认真的评价，确保学生可以得到真实、可靠的信息。如果需要，教师还要制作相关的资源列表，以方便学生查阅，提高学习效率。

4. 教学过程设计

教师要对整个教学过程进行梳理，使之合理有序，一般情况下应落实成文字呈现的信息化教学方案。

5. 学生作品范例设计

在教学过程中，如果要求学生以完成电子作品的方式进行学习，教师应事先做出电子作品的范例，当然这个范例是从学生角度出发，以学生应该达到的制作水平进行设计的。有了教师展示的范例，学生浏览后就会对自己将要完成的任务有一个感性的认识。

6. 评价量规设计

评价量规是帮助教师进行教学评价的工具，结构化的评价工具——量规提供了较为科学的方法，对其进行认真设计将提高评价的可操作性和准确性。在评价信息化学习特别是学生产生的电子作品时，教师需要根据教学目标制定出评价标准，以便在教学中评价学生的学习过程和学习成果。同时，教学评价工具也将提供给学生，使每一位学习者知道教学的要求，所以，评价工具也是学生进行学习活动的指导。

7. 执行单元教学计划

教师根据教学设计的方案，对教学的具体实施方案进行设计，包括实施时间表、分组方法、上机时间分配、实施过程中可能用到的软硬件（如不具备，应采取什么方法解决）以及其他必要文档的准备等等，制定出执行教学计划的安排，以便在实际的教学活动中按照计划执行做好教学设计。

8. 评价与反馈

在教学设计过程中，需要对设计工作进行评价和反馈，并随时调整教学设计的有关环节。该模块处于教学设计系统的中心，表明评价、反馈与修改应该伴随在整个教学设计过程的始终。

第三节 教育信息技术理论与实践

一、信息化环境教学模式

传统的教学模式基本上是以教师“教”为主的模式，这种模式把教育过程变成了单纯的“知识继承”的加工过程。虽然它能够在较短的时间内让学生掌握系统、扎实的知识，但该模式忽略了学生自主学习的主动精神。作为认知主体的学生如果在整个教学过程中始终处于比较被动的地位，肯定难以达到比较理想的教学效果，更不可能培养出创造型人才。基于信息化环境下的新型教学模式，则继承了传统教学模式中教师指导作用的优点，同时又加强了学生自主学习、创新思维的培养，顺应了素质教育发展的需要。

1. 基于课堂教学的“情境—探究”模式

该模式的特点就是以建构主义为理论基础，在教师的指导下，或在教师所创设情境的帮助下，由学生主动进行探索式、发现式学习，也就是既发挥教师指导作用又充分体现学生主体作用。例如在中小学的作文教学中，把多媒体计算机应用于教学之中，并采用由“创设情境、指导观察、局部分说、整体总说、打字表达、评议批改”等六个教学环节所组成的新型教学模式来进行作文教学试验。

在“创设情境”环节中，教师可以根据不同的教学内容，设计并利用不同的多媒体教学软件，通过多媒体的真实情境引起学生的观察兴趣，利用多媒体软件提供的图像、动画、活动影像等图文音像并茂的情境代替课本上的静止画面，让学生“看情境讲述”或“看情境写话”(写一段话或写一篇短文)。由于多媒体计算机提供的情境比课本更生动更真实，能更容易引起学生的兴趣，因此有助于培养学生观察事物的能力，也更容易激发与培养学生的想像力。利用多媒体软件的友好交互界面和多媒体的超文本结构，教师可以针对学生的实际情况，按照由表及里、由浅入深、由个别到一般、由具体到抽象的认识规律，采用不同的观察方式，有效地指导学生进行观察，以提高学生观察事物、分析事物的能力。这样既可以贯彻由简到繁、循序渐进的教学原则，使学生不会感到有压力，又可为认知主体提供更多的练习“讲述”或“写话”的机会，即主动进行语言文字表达的练习机会。

2. 基于资源利用的主题探索型学习模式

在信息化网络环境下，教师可将与教学相关的主题背景资料和网址提供给学生，并提出与教学内容相关的问题，引导学生思考。学生为解答教师的提问，会积极地思考并主动在网上查找自己所需要的学习资料。同时，教师在授课过程中也可充分利用网络多媒体教学的特征，指导学生阅读相关教学资源和网页，也就是说教师讲授的内容是知识的发现过程而不是简单的将认识结果灌输给学习者。如在关于陶瓷制造的写作课上，教师可以先安排学生从各自的计算机屏幕上观看工人制造陶瓷的过程，可以随意“翻”看制坯、烧窑、上彩、上釉等工序，可看远景、近景，可以调看个别的劳动细节，在看的同时，还可以听到相应的操作声音指导。观看之后，学生结合教师的提示确定自己写作的主题和内容。然后以所找到的资料为基础，做一个与主题相关的研究报告。以前作文写作学生是没话可写，现在面对这么丰富的“现实情景”，有了写不完的话。运用主题探索型教学模式，极大地激发了学生的参与兴趣，学生的注意力、感知力、记忆力均得到培养。

3. 基于校园网络的合作学习模式

该教学模式，是基于校园网和多媒体网络教室构建的自主化、协作化、个性化和多元化的教学模式。这种新型教学模式的构成要素由学生、资源、环境和教师组成。学生是学习的主体，资源包括网上信息资源、数据库、CD-ROM、课本和学习平台等，环境是指多媒体计算机网络教室和师生之间的民主氛围。教师的作用主要是课前资源开发、建设和课堂学习的组织、引导。学生借助工具查找、分析、交流、创造信息，完成意义建构，同时从计算机获得反馈和评价，从而实现自主化、个性化、协作化和多元化的学习。

例如在中学语文作文教学过程中，教师让学生利用信息资源观看活动情境的同时，把想写的一段话或想写的一篇短文，通过键盘在屏幕上打出来。这样就可达到让每一个学生都积极思维、都主动参与的目的，所以，这里的“打字”是起促进思维、帮助认知的作用，而不是要在这个环节让学生去练打字。在“评议批改”环节中，通常是在教师指导下，由学生参与评议和修改。如果是在计算机网络环境下则可以选择学生中的优秀作文或有典型错误的作文发送到每个学生的终端机上，供全班同学共同赏析和评议。这种基于网络（特别是基于多媒体网络）的评议批改，由于全班学生都能看到同一篇作文，就能使每个学生都来积极参与评议和修改，学生普遍表现出很高的参与热情，因而能收到传统作文教学无法比拟的效果。

4. 基于 Internet 远程协作学习模式

基于因特网的大众化、低成本、开放性的远程教育形式由于适用于中国人口众多、教育资源严重不足的状况，教育部已经将远程教育列为重点发展项目，应开通了适应于不同学习层次需求的网络学校。

目前在基于 Internet 的教育网络中，常用的协作式教学策略有竞争、协同、伙伴和角色扮演等多种不同形式。可以说，协作式是最能体现网络特性，也最有利于 21 世纪新型人才培养的一种教学策略之一，目前围绕协作式教学策略的探索，已成为国际上 Internet 网络教育领域的一个研究热点。

所谓协作式教学策略，要求在不同国度、地区或城市，为多个学习者提供对同一问题用多种不同观点进行观察比较和分析综合的机会，以便集思广益。围绕同一主题，不同地点的学校，通过网络搜索与主题相关的网址，获取需要的信息，然后建立各自的网页，大家定期观看并进行讨论、交流和总结。这不仅对问题的深化理解和知识的掌握运用大有裨益，而且对高级认知能力的发展、合作精神的培养和良好人际关系的形成也有明显的促进作用。因而，基于 Internet 网络远程协作学习正日益受到国际上愈来愈多教育工作者的研究与关注，将人工智能与这种协作系统相结合，将是它的未来发展方向。学生通过网站进行研究性学习课题的展示、研讨、交流，丰富了暑假生活，加强了学校交往，锻炼了研究能力。

5. 基于网络课程的自主学习模式

这种教学模式可以完全按照个人的需要进行，不论是教学内容、教学时间、教学方式甚至指导教师都可以按照学习者自己的意愿或需要进行选择。学习者可以在家里或是在办公室学习(通过计算机终端),也可以在旅途中学习(通过便携式多功能微机)。利用计算机网络,教师可以在学校网站的主页上发布课程学习重点、难点及学习方法。在网上组织建立实时、交互式的学习环境。学生可以自主选择学习时间和学习地点,在任何一台互联网的计算机上,通过浏览学校网站主页或利用 E-mail、BLOG、BBS、QQ 群等就可以得到及时的学习支持服务。为保证学习质量,学校通过集中电视课辅导、设立答疑电话等手段为学生提供帮助。

在网络教室里,全班学生以网页浏览的方式,自主、独立学习。教师精心设计的网页中有大量的直观资料,各种相关知识巧妙地以链接的方式被联系起来,学生的学习进程可以不同步。课堂上还设有"在线讨论",让学生有相互联系的机会。教学过程中,学生提出了不少设想,教师或选择部分有代表性的向全体学生作介绍,或让学生自己作介绍,引导学生分析这些设想的可能性,同时要求下次课要根据这些设想,进行设计及动手实验,证实自己的观点。如果说传统教学教的是具体的知识,那么这种多媒体网络教学更能体现发现知识的过程,不仅有利于知识的获取,更有利于知识的记忆与运用。既可以进行个别化教学,又可以进行协作型教学(通过各种协作式教学策略的运用而实现),还可以将"个别化"与"协作型"两者结合起来,可以最大限度地发挥学习者的主动性、积极性。

6. 基于学科网站的学习模式

这是一种较新的网络学习模式,首先学校应根据教学目标,建立一个或多个学科主题网站,分别向学生提供与学科学习内容相关的文本、图形、视频资料;提供学习工具(字典、词典、读音、仿真实验等);提供相关的扩展性学习资料;提供相关资源的链接;提供讨论的区域;提供形成性练习,提供自动记录评价检测结果;提供上机答疑和指导;提供考试注册、认证等功能。学生通过搜索引擎,查找相关的学科主题网站,利用其提供的学习资源进行学习,进行学习情况的分析,对若干问题,可以在 BBS 上进行讨论、解疑、交流。还可以在网上进行考试注册,参加课程的考试。这种学习模式综合了其他学习模式的长处,能够充分体现出教师"教"的指导作用和学生自主学习"学"的主体作用,是今后网络学习模式发展的方向。

基于信息化环境的教学模式在我国尚处于起步阶段,教学模式中的诸多因素及实践的研究,还有待于进一步完善。但我们相信,这类教学模式作为一种全新的教学模式,必将在信息化时代中得到普遍应用。因此,加强对基于信息化环境的教学模式的研究、实践,将会进一步深化我国教育改革,全面推进素质教育。

二、信息化环境教学设计中教师和学生角色的变化

在信息化教学环境中,教师和学生的角色将发生变化。教育信息技术整合于课程是在课程教学过程中把信息技术、信息资源、信息方法、人力资源和课程内容有机的结合起来,以便更好地完成课程目标,是一种新型的教与学的方式。它的基本特征是:任务驱动式的教学过程;信息技术作为教师、学生的基本认知工具;知识学习和创新能力培养相结合的教学目标;个别化学习和协作学习的和谐统一。这种整合是一种学习方式的根本变革,在这场变革中起着关键因素的是教师和学生信息素养的提升,所以必将导致教师和学生角色新的定位与重塑。

(一)教师角色变化与自我更新

我国长期以来形成的传统师生关系,实际上是一种不平等的关系,教师不仅是教学过程的控制者、教学活动的组织者、教学内容的制定者和学生学习成绩的评判者,而且是绝对的权威。多年来,教师已经习惯了根据自己的设计思路进行教学,他们总是千方百计地将学生虽不大规范,但却完全正确,甚至是有创造见地的想法,按自己的要求"格式化"处理。而在信息化的教学环境下教师作用表现在学生学习的主导。

1. 教师的角色将发生变化

这主要表现在下列几个方面:①教师将成为有意义问题的设计者;②信息海洋的导航者;③情境观察的指导者;④学生学习过程的辅导者和评价者;⑤学生学习过程中的先行习者。

2. 教师的自我更新尤为重要

提高教师自身的信息素养。教育信息化的结果就是实现信息化的教育,教师要成为一个信息化的教师,能够熟练地使用信息技术的方法,掌握信息技术的基本技能,为学生开发课程和学习资源。这就要求教师除了掌握教育学、心理学、教育技术学的一般规律外,又能熟练而灵活地运用信息技术为自己的教学收集资料、整理资料进而为学生开发学习资源。教师教育信息技术素养的提升是信息化教育中的首要环节。

(1) 充分运用信息技术改变教与学的活动。用教育信息技术改变教与学的活动,才能帮助学习者更好地建构知识。在信息化的教学活动中强调信息技术服务于学科的内在需求,服务于具体的任务。正如何克抗教授在《教育技术学》中所表述的,"教师和学生都以一种自然的方式对待信息技术,把信息技术作为获取信息、探索问题、协作解决问题的认知工具,把各种技术手段完美、恰当地整合到课程的教学与学习中去。"

(2) 教师应成为课程的设计者,教学信息的制作者、加工者和处理者,努力成为创新型的教师。由于传统的那种单向的师生关系已由教师—传播媒介—学生这种三角关系所取代,教师已不再以组织良好的知识体系呈现者出现,也就是说教学工作中,已由教师的"教"为主转变成为学生的"学"为主,教师必须以教育信息技术的观念和教学设计思想去分析学生学习特征、制定教学模式、设计教学方式、准备教学材料以完成教学过程。因此,教师首先应是课程的设计者。其次,教师要根据教学设计制作他所需要的教学软件,更重要的是,要从浩如烟海的信息资源中寻找他需要的信息,并进行加工、组织,用于学生的学习。

(3) 教师应成为学生学习的引导者、辅导者。信息化社会中,交互式网络教学的应用,使得学生可以轻易地从因特网、电子图书馆和卫星电视上接触到大量学习资源,这就对学生的自学能力和学习策略提出了更高的要求。在这种情况下,教师从传播信息的主体角色中退出,成为了学生学习的引导者、辅导者和指导者。所谓引导,就是帮助学生决定适当的学习目标、并确认和协调达到目标的最佳途径。教师与学生要建立一种新的关系,从"独奏者"的角色过渡到"伴奏者"的角色,从而不再是教授知识,而是帮助他们去发现、组织和管理知识。所谓辅导就是为学生提供各种便利,使他们能通过现代化技术手段很快找到需要的信息,并利用这些信息完成学习任务,避免学生在信息的海洋中迷航。对教师来说,已不再只是教学生学习的问题了,而且还要教学生寻找信息,使这些信息相互联系起来,并且以批判的精神对待这些信息。

(4) 教师应成为学生学习的合作者。教育信息技术的出现,为建构主义理论的应用提供了良好的氛围。建构主义的学习模式认为,学生知识的建构不仅依赖于自身原有的知识水平和经验,而且还在一定程度上取决于学习伙伴之间对问题的共同讨论和理解。在建构主义的学习模式下,教师不仅是教学活动的设计者、组织者以及辅导者,而且也应是学生学习的合作者。师生间通过相互交流,就某些问题进行讨论、取长补短,通过共同探究密切了师生之间的关系,也可在合作的环境中发展学生的创造能力。

(5) 教师应成为教育教学的研究者和探求新知的学习者,所以要充分利用信息技术,实现终身学习。信息化环境下的课程设计是一种超前性的教育活动,这一活动需要教师既要拥有课程研究与编制的理论基础知识,又要把握在现代教育信息技术下学生的学习特点与规律,研究课程教学新模式,提炼课程的重点、难点,研究如何利用新的信息技术提高学生的学习能力思维能力以及发现问题、分析问题、解决问题的能力等等。未来的社会是一个学习型的社会,信息技术具有发展快、更新快的特点,目前知识量是每年都翻一番,为了提高教学效果,教师必须终身学习并不断地再培训自己,除了接受业务和教育技术方面的培训外,关键是要转变教育观念,学习现代教育思想,树立正确的教育观、人才观,提高对现代教育信息技术的认识,强化终身学习的意识。

(二)学生学习方式的转变

在信息技术支撑的学习环境中,学生最大的变化就是蕴藏在内心深处的学习热情被极大地激发出来,主体性得到真正发挥。

1. 学生真正成为一个学习的主体

这主要表现在:①学生是学习问题的发现者和探究者;②学生是协作活动的参与者;③学生是学习问题的解决者;④学生成为知识的意义建构者。

2. 学生的学习方式和策略也必将发生变化

教育信息技术将从根本上改变学生的学习方式。学生学习的主要途径不再依靠书本和老师的讲授,以课本为主要信息载体的局限性一下子被克服。学生以计算机和网络以及其他多媒体设备为中介,在自主筛选、合理接受、科学加工、适时反馈的信息传输中可轻松自如地完成富有个性化的学习过程。这一方式的转变,不仅意味着学生在学习态度、学习意识、学习习惯品质等方面的改变,而且意味着学生个人与世界关系的转变和存在方式的转变,更意味着学生作为一个生命个体其主体力量的增强和生命价值的彰显。

教育信息技术环境下,我们将极力倡导以下一些学习方式:

(1) 基于合作的学习。建立在合作基础之上的学习方式,要求学生将自身的学习行为有机融入到小组或团队的集体学习活动之中,在完成共同的学习任务时,展开有明确责任分工的互助性学习。在合作学习的场景中,不仅学生,而且家长、老师、社区人员都可参与学生的学习,同学之间、师生之间、学生与家长之间、学生与社区人员之间可进行广泛的合作与交流,每一位学生都可以积极表达自己的意见,与他人共享学习资源。这样的学习方式能有效转化和消除学生之间过度的学习压力,有助于引导学生在学习中进行积极的沟通,形成学习的责任感,培养合作的精神和相互支持、配合的良好品质。

(2) 基于问题的学习。所谓基于问题的学习方式,就是要求学生以问题作为学习的载体,自觉以问题为中心,围绕问题的发现、提出、分析和解决来组织自己的学习活动,并在这样的活动中逐步形成一种强烈而又稳定的问题意识,始终保持一种怀疑、困惑、焦虑、探究的心理状态。纵观人类社会发展的历史,科学上的突破、技术上的革新、艺术上的创作,无一不是从发现问题、提出问题开始的。学生学习的过程就是一个由发现新问题为起点，到解决新问题为终点的过程。衡量学生的学习不是看学生掌握了多少，而是看学生发现了多少；重要的不仅是要学生解决问题，而是让学生善于发现问题，主动提出问题，有勇气面对问题。只有学生以自己敏锐的洞察力发现了问题，学习才有强大的动力，才能真正开启心智的大门，才能真正激发学习的热情，也才能真正领略到学习的乐趣与魅力。

(3) 基于实践的学习。实践活动既是认识的源泉，又是思维发展的基础，学生学习知识的获取，学习技能的培养、学习素质的提高，无不是在实践中得以实现的。学生生活于火热的社会实践中，诚然，作为其生活的重要部分的学习活动也应深深地根植于实践。学习不是一种封闭在书本上和禁锢在屋子里的机械识记的过程，在某种意义上，学习与生活、与实践是有着相同外延的，是合一的。只有在多姿多彩的社会实践中发掘学习资源，学习才是生动的、鲜活的、真实的；只有在丰富多样的社会实践中展开学习过程，学习才是完整的、详尽的、美妙的；只有在绚丽多姿的社会实践中体验学习感受，学习才是亲近的、深刻的、诗意的；只有在变化多端的社会实践中评价学习成果，学习才是高效的、智慧的、灵动的。由此我们认为，新的学习方式是基于实践的，它必然以实践为依托。

(4) 基于探究的学习。从能动的反映论来看，学生的学习总是以自己现有的需要、价值取向，以及原有的认知结构和认知方式为基础，能动地对所要学习的内容进行筛选、加工和改造，最终以自身的方式将知识吸纳到自己的认知结构中去。这表明学生学习不是被动接受和认同，不是对现有知识的直接占有，而是带着个人的经验独立分析、判断与创造的活动，这是一种基于自己与世界相互作用的独特性经验之上的构建过程，是一种积极主动的探究过程，有着浓重的创新色彩。

最后，我们已经进入信息化的社会，教育必须对信息化的社会到来进行积极的回应，信息化教学即教育信息技术整合与课程已经势在必行。作为新时代的学生必须具有良好的信息素养，掌握信息化环境下的学习方式，提高自己学习的能力，以适应未来的发展。作为未来的教师，更要充分理解信息化环境中教师的教学地位，充分了解信息化环境下的教师角色，掌握信息化环境下的教学设计方法，为未来的教学工作做好充分的准备。

学习思考题

1. 简述信息、信息技术、教育信息技术的定义。
2. 谈谈你对信息素养的理解。
3. 如何利用互联网络开展基于问题的学习？
4. 简述信息化环境教学设计的基本步骤。

第六章 远程教育与网络教育

学习目标

1. 了解远程教育的基本概念。
2. 掌握网络的相关知识，能较熟练地运用网络资源。
3. 理解基于网络资源的学习的理念。
4. 了解校园网络课程建设的基本知识。

第一节 现代远程教育

1999年11月，中国教育部在《现代远程教育资源建设指南》中指出：现代远程教育是利用网络技术、多媒体技术等现代信息技术手段开展起来的新型教育形式，发展现代远程教育是扩大教育规模、提高教育质量和办学效益、建立终身教育体系、办好大教育的重大战略措施。

一、远程教育概述

进入信息化时代的21世纪，人们对教育的需求日益增加。远程教育是一种新的教育模式，是提高全民族科学文化素质，促进教育思想、内容和方法改革，推动教育现代化，满足社会日益增长的终身学习需求的重要手段。

1. 远程教育定义

什么是远程教育？从字面上看，其突出的特征就是非面对面的、有空间距离的教育活动。虽然，远程教育的个性特征比较突出，但给它下一个严格的定义却也不那么容易，存在着不同的看法。有关远程教育比较早期的概念是函授教育。联合国教科文组织在20世纪70年代末曾经给函授教育下过一个定义："函授教育是以邮递服务的方式，而不是以教师和学生之间面对面接触的方式所实施的教育。教学过程的实施，通常是把文字或音像教材邮寄给学生，学生把做好的书面练习或做好的练习音像带再邮寄给教师，教师把对这些学生作业的批改意见最后反馈给学生。"这一对函授教育的定义刻画了远程教育的早期模式。但是这一概念显然无法描述今天的远程教育，今天的远程教育涵盖了比较多的有关媒体技术和学习者支助服务的概念。关于远程教育的定义，许多著名的远程教育专家都曾以自己的方式表述过，在这些定义中，最有影响并被广泛认可的对远程教育的界定是远程教育学家德斯蒙德·基更的远程教育的五项特征描述的定义(基更，1996)。这一定义概括了远程教育的下列特征。

(1) 准永久性分离。教师与学生、学生与其他学生在时间、空间和社会文化心理上的分离是远程教育最突出的特征。在教与学过程中，师生处于物理空间相对分离同时通过信息传递又相互联系的状态;教与学过程是以特定的技术环境、教育资源和教育媒体为基础的。分离并不是完全永久性的,也就是说远程教育中并不完全排斥面对面交流。

(2) 媒体与技术的作用。媒体与技术是远程教育中又一个重要特征。远程教育的本质是实现跨越时间、空间和社会文化心理的教学活动,在这一过程中,媒体与技术是关键因素,是远程教育赖以存在的基础。

(3) 双向通信。教学活动的本质是教育信息在教师与学生、学生与学生之间的传递,远程教育也是如此。因此,通信是远程教育教学活动的基础。传统课堂教学中的双向通信机制和多向通信机制是面对面的,而远程教学中的双向通信机制主要是非面对面的,是基于一定的通信技术和网络技术基础之上的。

我国学者也对远程教育的定义做了相应的研究:

(1) 所谓远程教育就是为了解决师生双方由于物理上的距离而导致的、表现在时空两个维度上的教与学行为间的分离而采取的、重新整合教学行为的一种教育模式,随着社会的发展,这种教育模式将具有实践上和理论上的不同表现形式(谢新观,2001)。

(2) 学校远程教育是对教师和学生在时空上相对分离,学生自学为主、教师助学为辅,教与学的行为通过各种教育技术和媒体资源实现联系、交互和整合的各类学校或社会机构组织的教育总称(丁兴富,2002)。

第一个定义只将教与学时空分离和教与学重新整合作为远程教育的本质属性,并不是将学校和教学机构作为远程教育的本质属性,而在第二个定义中将师生时空分离,学生自学为主、教师助学为辅,利用媒体技术,教与学的整合,以及学校和机构都作为远程教育的本质属性,更符合大众对教育的理解。

2. 远程教育的发展阶段

由加拿大学者加里森(Randy Garrison)、荷兰学者尼珀(Soren Nipper)和英国学者贝茨(Tony Bates)首先提出并由我国学者丁兴富进一步发展的"三代信息技术和三代远程教育"理论认为:第一代远程教育起源于19世纪中叶的函授教育,建立在印刷和交通邮递技术发展上;第二代远程教育起始于20世纪上半叶的多种媒体教学开放教育,建立在广播电视录音录像等视听技术和大众媒体的发展上;第三代远程教育则是发端于20世纪末叶的数字化虚拟教育(即网络教育),建立在以计算机多媒体和网络为核心的电子信息通信技术的发展之上。

(1) 基于印刷媒体的函授形式——第一代远程教育。第一代远程教育起源于19世纪中叶。当时,学校数量有限,而学习者,特别是成人学习者由于受地域、时间的限制而不能采取师生面对面的授课形式,只能通过邮政通信的方式来完成大部分学习任务,远程教育应运而生。

第一代远程教育是以印刷课程材料(印刷教材)为主要学习资源、以邮政传递书写作业和批改评价(函授辅导)为主要通信手段(或主要技术特征)的函授教育(Correspondence Education)。这一代远程教育的主要代表是独立设置的函授学校和传统大学开展的函授教育、校外教育。

函授教育首先发源于职业技术培训。1840年,英国的伊萨克·皮特曼(Isaac Pitman)首先应用函授方式教授速记,他被认为是函授教育的始祖。后来,为了育人和商业的双重目的,各类私立函授学校和学院纷纷设立并提供各种职业技术培训课程。

随后，在大学层次也开始开展函授高等教育。大学层次的远程教育的实践可以追溯到19世纪30～40年代英国的“新大学运动(New University Movement，即在古典大学之外新建大学)”和“大学推广运动(University Extension Movement，即将大学的各类教育活动推广到校园外的民间，面向各类社会民众)”。

在“新大学运动”中，英国政府于1836年创建了伦敦大学。伦敦大学提倡民主自由精神，注重自然科学的讲授，并且在1849年首创校外学位制度(External Degree System)，即允许英国国内和英联邦各国未经特许的任何高等院校的学生，都可以报考伦敦大学的校外学位制度。校外学位制度为世界树立了一个采用自学、函授、业余夜校等综合方式进行教学的榜样，成为发展校外高等教育的范例。因此，1849年可以看做是世界远程高等教育的诞生年份。

19世纪60年代，剑桥大学、牛津大学倡导“大学推广运动”，为校外学生开设扩展的学习课程。在其影响下，新产生的高等函授教育不仅在英国，而且在世界上的许多国家中得到响应和推广，欧美许多大学也相继建立函授教学机构。1892年美国威斯康星大学(University of Wisconsin)正式用“远程教育”这一术语，该年因此成为世界公认的远程教育诞生元年。

在美国，举办函授教育的第一批大学还有伊里诺斯州立大学(1874年)、芝加哥大学(1891年)和威斯康星大学(1906年)。其他西方国家如法国、德国、意大利、瑞典以及亚洲的日本等，也都先后开展了大学层次的函授教育和校外教育。1938年，在加拿大的维克多组建了“国际函授教育理事会”，它标志着远程教育的第一个阶段——函授教育阶段的正式形成。

函授教育的目的是创建一个真正的以学生为中心的学习系统。函授学习的主要优势是它对于学生和学校都很灵活。学生对学校而言是一个个体，通过通信邮件获取课程材料，学习的时间和地点相对灵活。对于学校，系统的灵活性体现在两方面。它允许进行劳动分工(如课程主讲和课程辅导可以是不同的教师)，而且容易实现规模经济快速扩展。规模经济带给函授教育另一种优势：学校拥有大量学生时将提供充足的资源制作高质量的学习材料。这是巨型大学的关键竞争优势。函授教育公认的主要弱点则是实现交互的程度和及时性有所不足。

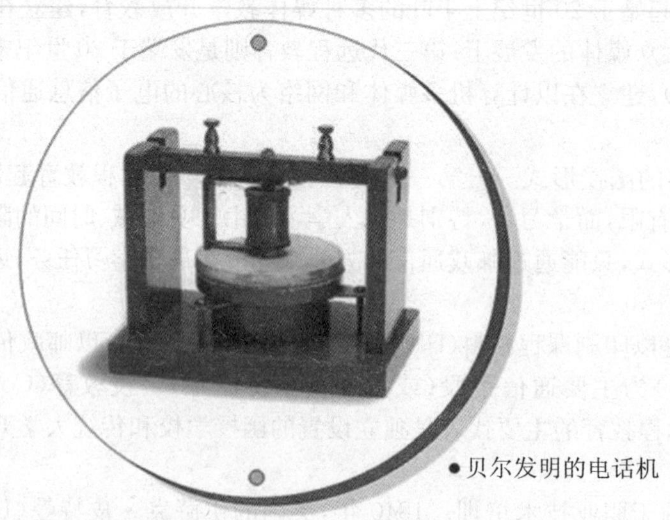

图6-1 早期电话机

(2) 基于视听媒体的广播电视形式——第二代远程教育。从20世纪20年代起，相继发明的电报、电话、无线电收音机以及电视机等电讯设备开始应用于教育，并且目前作为教育媒体也广泛地应用在教学之中。最早开始兴办播音教育的是英国。1920年，英国首先将广播电视媒体应用到高等教育之中，随后其他国家也普遍开展广播电视教育。20世纪30年代起，有声电影开始应用于教学，进入视听教育的新阶段。50年代起，电视技术逐步成熟，电视教育也很快崛起。20世纪60至70年代，广播电视、卫星电视以及录音录像技术的大规模发展以及在教育领域的广泛应用，最终使远程教育从单一的函授教学形态向多种媒体教学的形态发展，从而形成第二代远程教育。

图 6-2 早期收音机

第二代远程教育是指在邮政通信和印刷技术基础上，利用广播、电视(卫星)、录音录像和电话等电子传播媒体开展的远程教育。它的主要特征是除了印刷材料以外，还有广播电视等大众媒体和录音录像等个人媒体，是多种媒体教学的大规模和工业化的远程教育。第二代远程教育是以广播电视、录音录像、通讯卫星等多种媒体教学为其技术特征，其主要代表是各国独立设置的开放大学和广播电视大学及其他独立设置的远程教学大学。

美国宾夕法尼亚州立大学，从20世纪20年代起就利用广播、电视和卫星等先进手段，进一步推广远程教育，为美国工农业发展输送了大批素质优良的技术人员。尤其是二战以后，为美国军人转业培训立下了汗马功劳。

1964年，美国佛罗里达大学第一个用电视转播课堂现场教学，双向、点对点微波通信传输系统把校园课堂教学的信息传送到五个校外中心，供各企业的工程师们在同一时间集中在校外中心进行学习。

1967年，美国科罗拉多州大学首创使用录像带进行工程师继续教育。学校把教授在课堂里的讲课制成录像带，连同课程讲义、家庭作业送到各个企业。为了弥补录像带教学无法解决与老师交流的缺陷，在发放录像带的同时，该学校用电话和普通邮件作为与教师交流的替代工具。

1968年,斯坦福大学通过一个教学电视固定服务系统,向旧金山湾地区各企业传送大学校园内的现场课程教学。校外学生通过调频无线电系统同校园内课堂现场师生进行双向对话,另外,还要求各企业为学习者配备辅导教师。

这些先驱者们的工作,为以广播电视教育为主要特征的第二代远程教育提供了思想理念和办学实践的良好范例。然而,第二代远程教育标志性事件的历史殊荣却要归于20世纪60年代末创立的英国开放大学。

目前,世界远程教育界公认:英国开放大学的建立标志着新一代远程教育的开始。1963年,英国反对党领袖哈罗德·威尔逊(Harold Wilson)在其著名的格拉斯哥演说中,首次阐述了"播送大学(The University of the Air)"的观念。1969年6月,英国开放大学成为一所有权授予学位的独立的自治大学,它通过广播、电视、计算机等多种媒体进行教学,可以授予校外学生学位,这是开放大学的一个重要特点。经过30多年的不断探索和创新,英国开放大学取得了令世人瞩目的巨大成就,在世界远程教育领域产生了巨大而深远的影响。她的诞生不仅是英国20世纪教育改革最成功的典范,更已成为世界远程教育发展史上的重要里程碑。英国开放大学的创建标志着20世纪70年代起开始兴盛的新一代远程教育运动的崛起,为远程高等教育争得了合法地位,赢得了世界声誉。

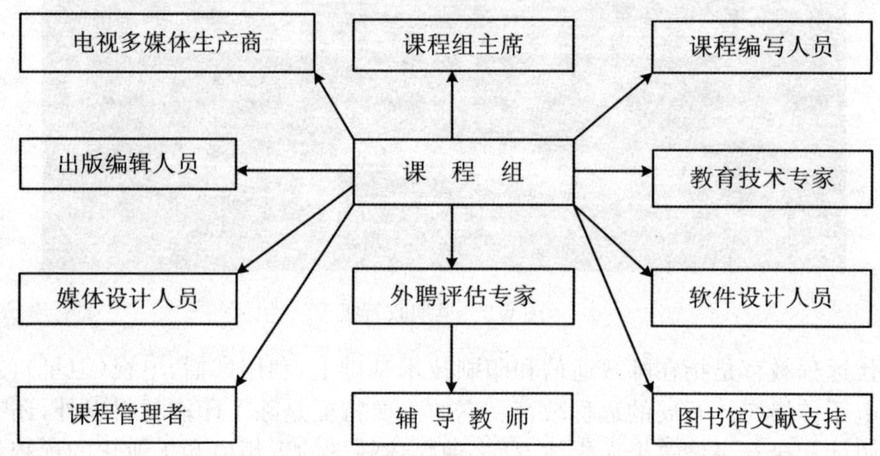

图6-3 开放大学课程组构成分布图

英国开放大学无论在大学学位教育、研究生教育及继续教育的课程设置,多种媒体课程材料的设计、制作和发送方面,还是在教学方法以及学生学习支持帮助服务等方面都取得了很大成就,确立了它的历史地位。澳大利亚的泰勒和怀特曾经这样评论过英国开放大学的历史功绩:"世界各地的远程教育工作者都高度评价英国开放大学,既不是因为它的教育组织和管理模式必定适用于世界各地,也不是因为它的课程适应了世界各地的需要,甚至也不是它的教学方法对其他教育形式都适合。英国开放大学所做出的主要贡献是:它为远程教学争得了正统的合法地位。它证明:远程教学是现实可行的;远程教学能够像传统院校的校园内教学那样既有效率,又有效益,而且成本较低;它的最终成品是受劳动力市场欢迎的。"

进入20世纪70年代,在英国开放大学创新精神的鼓舞下,世界各地都掀起了兴办远程教育的热潮。其间,以成人为主要对象的远程高等教育发展尤为迅速。一批自治的多种媒体教学的开放性远程大学在西欧、北美、亚洲、中东、拉丁美洲和非洲等地兴起,它们代表了

20世纪后半叶世界远程教育发展的主流，成为新一代远程高等教育事业的主力军。

由于广播电视教育的发展，特别是开放教育的出现，“函授教育”这个概念已经不能完全反映“远程”和“开放教育”的实际。因此，国际函授教育理事会在1982年召开的第12届国际函授理事会上，将这个理事会易名为“国际远程教育理事会”。这是远程教育发展的第二阶段。

(3) 基于多媒体的网络教育形式——第三代远程教育。相对于以广播、电视等媒体为标志的第二代远程教育，人们把基于多媒体、网络这种形式的远程教育称为第三代远程教育，也称作现代远程教育。现代远程教育是在上个世纪六十年代随着信息科学技术发展而出现的新的教育形式。它集面授、电视、网络教育各自的优势于一身，融文本、图片、音频、视频信息传播媒介为一体，在不同的时间和空间下，创造一个师生可以交流的虚拟课堂环境，从而实现在远距离环境中推行教学计划、实施教学环节，达到“传道、授业、解惑”，培养造就人才的目的。

第三代远程教育是建立在网络技术、多媒体技术、双向电子通信等技术基础上的新一代远程教育，具有交互性、网络化、实时性、综合性和适应性的特征。第三代远程教育的媒体不

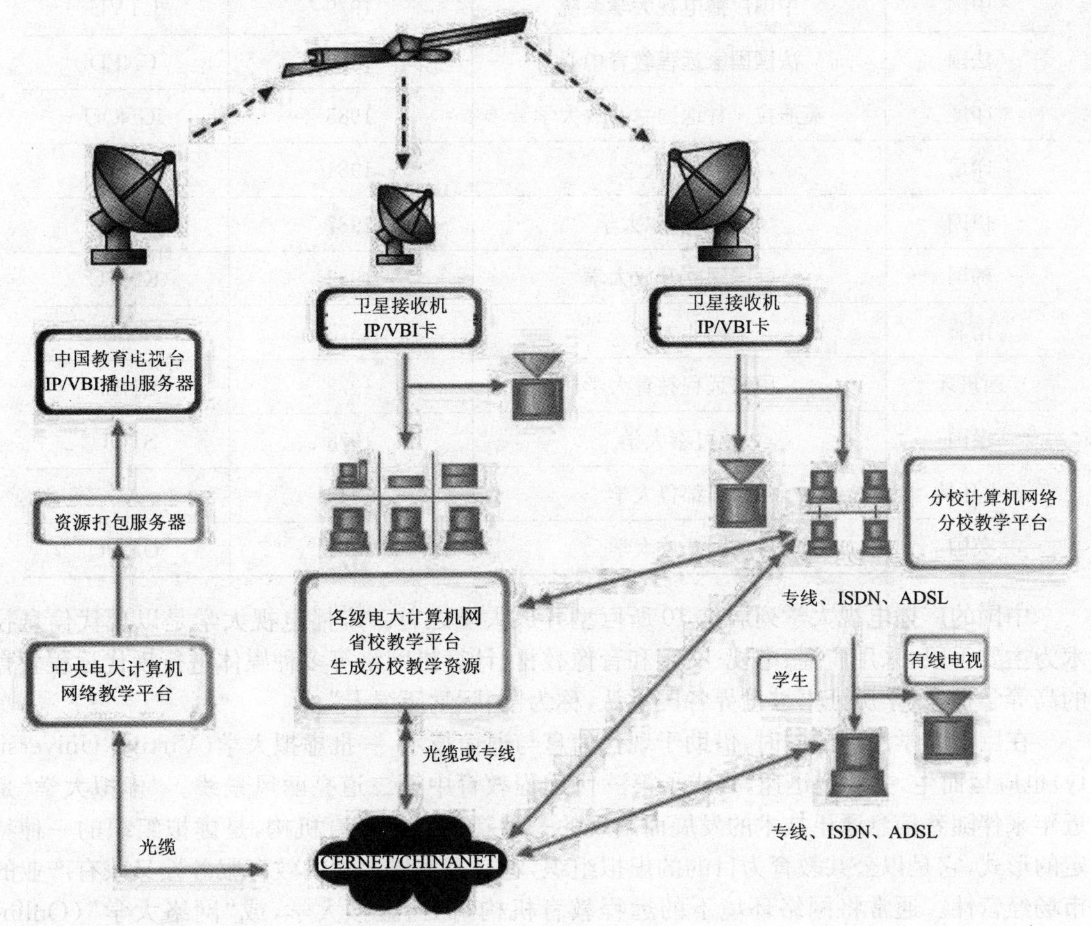

图6-4　电大系统教学资源传输图

仅包括计算机、电信和数字卫星三大网络和基于计算机的多媒体技术，还包括印刷材料、广播电视等第一代、第二代远程教育的媒体。其明显的技术特征和优势是双向交互，使现代远程教育逐步摆脱传统教学和学习理论的束缚，突破学校、班级课堂教学的樊笼，从而可以通过信息技术实现人机和人际间的相互交流和交互作用，从而既可以加强师生间交流和集体教学活动，更可以大大激励和促进个体化学习和小组间的协作学习。

伴随着信息技术的发展，第三代远程教育的规模急剧扩大，一批巨型大学(Mega-University)涌现出来，形成了第三代远程教育的第一道亮丽风景线。所谓巨型大学，是指"拥有10万以上攻读学位课程的注册学生的远程教学大学"。丹尼尔(John Daniel)曾对他给巨型大学下的定义做过解释，说这一定义"包含了三重要素：远程教学、高等教育和院校规模。每个要素都是一种特定的限制"。至于规模，丹尼尔当初给出的界定是10万人。这一界定实际上是为了表示巨型大学应当有相应的规模，不完全是特定数量上的概念。按照这一界定，到2003年，拥有在校生10万人以上的巨型大学超过了10所以上，它们全部是远程教育开放大学，排在前十一位的巨型大学分别是：

国家	学校名称	建立时间	缩写
中国	中国广播电视大学系统	1979	CTVU
法国	法国国家远程教育中心	1939	CNED
印度	英迪拉·甘地国立开放大学	1985	IGNOU
印尼	特布卡大学	1984	UT
伊朗	帕亚莫努尔大学	1987	PNU
韩国	韩国国立开放大学	1982	KNOU
南非	南非大学	1873	UNISA
西班牙	国家远程教育大学	1972	UNED
泰国	苏可泰大学	1978	STOU
土耳其	阿那都鲁大学	1982	AU
英国	英国开放大学	1969	UKOU

中国的广播电视大学列居这10所巨型开放大学之首。广播电视大学是以现代信息技术为主要手段，采用广播、电视、文字和音像教材、计算机网络等多种媒体进行现代远程教育的高等学校，其学历证书被世界各国承认，称为"国际学历绿卡"。

在巨型大学出现的同时，借助于现代信息与通信技术，一批虚拟大学(Virtual University)也应运而生，并发展迅速，构成了第三代远程教育中第二道亮丽风景线。"虚拟大学"是近年来伴随着信息通讯技术的发展而出现的一种新型高等教育机构，是虚拟组织的一种特定的形式，它是以公共教育为目的的虚拟组织，它具有实体大学的教育服务性又兼有产业的市场经营性。通常将网络环境下的远程教育机构，称为虚拟大学，或"网络大学"(Online University)。

国外的虚拟大学，尤其是美国的虚拟大学已经发展了十多年的时间，涌现了一大批在世界范围内具有广泛影响的虚拟大学。美国凤凰大学(The University of Phoenix)1989年推出了第一个以计算机为基础的教育教学系统，即网上教学计划，后逐步发展成为凤凰城大学网上校园；美国琼斯国际大学(Jones International University)成立于1993年5月，1995年开始授予商业交往专业学士和硕士学位，1999年3月5日，获得美国国家教育资格委员会(NCA)的正式资格认可，正式成为全美第一所完全通过互联网授课而获得资格认可的大学，也是美国历史上第一间完全建立在互联网之上的“虚拟大学”。

创建于20世纪80年代中期的美国国家技术大学是美国众多著名大学的联盟，是美国基于数字通信卫星和计算机网络的第三代远程教育的先驱。其主要目标是提供硕士层次的工程师继续教育，同时开设工程研究专题讲座，向全美工程界传播工程技术的最新研究成果和发展信息，把全美各地的工程师带到世界工程研究的最前沿。如今，美国国家技术大学已经成为一所向北美、拉丁美洲、大洋洲、欧洲、亚洲许多国家提供远程教育课程的全球虚拟大学。下表列出了包括美国国家技术大学在内的著名虚拟大学代表。

英文缩写	英文全称	中文译名
WUN	Worldwide University Network	世界大学网络
WADE	World Alliance Distance Education	世界远程教育联盟
AVU	African Virtual University	非洲虚拟大学
UKeU	UK e-Universities	英国电子大学
NTU	National Technological University	国家技术大学(美国)
OLA	Open Learning Australia	澳大利亚开放学习共同体
SCS	Space Cooperative System	空间协作体系(日本)
INU	International Network of Universities	国际大学网络联盟

除了巨型大学和虚拟大学这两大特点之后，第三代远程教育还明显地呈现出全球化的发展趋势。在这一趋势下，现代远程教育的国际竞争和院校合作正在加强。一些著名的远程教育系统已经实行了全球化教学，如法国国家远程教育中心1999年已拥有分布在190个国家的3万名学生；澳大利亚、美国等国家的远程教育大学正在将他们的教育扩展到亚洲地区。一些亚洲地区的远程大学也正在使他们的教育地区化或国际化，如中国澳门的亚洲国际开放大学正在香港和内地寻找教育市场，马来西亚的电子通信大学已经有非洲、欧洲和亚洲的学生注册；印度的英迪拉甘地国立开放大学已将其课程发送到波斯湾地区，并计划为尼泊尔、马来西亚、南非和美国提供课程。新的通信技术在现代远程教育中将得到广泛应用。世界通信在20世纪80年代进入了电子革命、信息技术革命时代，其结果是90年代初整个世界走向移动通信，90年代后期整个世界走向网络通信，所有的教育系统——面授的和远程的都面临着新的挑战。网络教育的最大优势就在于支持教与学的个别化、交互式和建构主义的模式，是现代远程教育的最有效的教学方式。目前，许多国家都在改变教育基础设施，各个远程教育机构都在实施或规划应用新的信息技术为学生开发课程和提供服务，包括因特网、双向视频会议系统、语音应答系统、VOD点播系统和各种教学软件等等，实现资源

的优化配置和综合利用,可以说也是现代远程教育一种发展趋势。

二、网络远程教育

以计算机技术和网络技术相结合的现代远程教育,进一步促进了中国远程教育的发展。20 世纪 90 年代末,全国越来越多的普通高等学校及许多重点中学开始实现现代远程教育。其中,清华大学、浙江大学、北京邮电大学和湖南大学被确定为我国首批实施现代远程教育的试点学校,至 2002 年底,教育部已审批了 67 所普通高校,成立了网络学院。全国广播电视大学系统也加快了实现教学现代化的步伐,构建起具有中国特色的现代远程教育大学的新形式。

网校是中小学远程教育最早的形式,现在已经得到相当规模的发展,目前仍是中小学远程教育的主要形式。自 1996 年至今,我国已有中小学网校 200 余所,其中主要集中在北京地区,注册学生近 60 万名,学生分布于各省市。目前仅北京地区就有 30 家中小学网校,如 101 远程教育网、北京四中网校、景山网校等。

图 6-5　清华大学网络教育学院

利用 Internet 不受时间和空间的限制,学习者可以很方便地共享全世界各地的教育信息和有关的学习资料,也可以将本地的教育信息和资料上网,供其他人学习和讨论。互联网给学习者提供了主动参与操作的机会,提供了自主式、协同式和交互式的学习方式,使学习者能主动发现知识、探索知识,从而掌握知识。因此,Internet 给远程教育提供了一个很好的条件。基于 Internet 的远程教育模式主要有以下几种。

1. 讲授式教学

基于 Internet 的讲授型远程教学模式是传统讲授教学模式在时间和空间上的延伸,是以单向传输为主的教学形式。它的最大特点是冲出课堂,走向社会,可以向更广的区域,更多的人传授知识。和传统讲授式不同的是，它可以以多媒体方式呈现教学内容，从而更形象、生动和逼真。按照是否在同一时间向不同地域的学习者传送教学信息，又可分为同步讲授型和异步讲授型两种模式：

（1）同步讲授式。这是一种在同一时间以同步广播的形式向各地的学习者讲授知识的模式。它冲出了课堂或者理解为是一个没有地域限制的大课堂，教师传授知识更多的是以多媒体的形式（如文字、图形、动画、声音、图像等）呈现教学内容。因此，更形象、生动、逼真，给学习者多种感官刺激，提高学习效率。这在高速网上，如：光纤分布式数据接口（FDDI）网、异步传输模式（ATM）网、交换式以太网和高速以太网等可以收到很好的效果。而基于Internet的讲授型远程教学模式，目前在我国由于网络的带宽还不能满足实时传送视频图像传输率的要求，虽然能以多媒体呈现教学内容，但视频图像很少，而且质量欠佳。具体的实现方法，通常是教师将要讲的教学内容以超文本的方式组织，将组织好的教学信息储存在Web服务器上。一般事先下载到学习端的计算机上。授课时，教师通过Web服务器呈现教学内容，借助电话对教学内容进行讲解并实现同步。学生则通过互联网的WWW技术，浏览这些教学信息，达到学习的目的。应该指出，这种同步讲授型教学模式仅在校园网的高速网上可行，而在传输率仅有64kbps或128kbps的互联网上传一幅照片都需要等数秒乃至数十秒，更难传输视频图像和音频信息，所以目前在Internet上还不适于这种教学模式（除了事先下载和借助电话）。

（2）异步讲授式。异步讲授型是指教学活动不是在同一时间进行，学习者可以根据自己的实际情况和需要，在任何时候、任何地点，以不同进度都可以方便地接受教师的讲解，具有很大的灵活性，特别适于个别化学习。其缺点是：难以实现和老师面对面实时交互，缺乏情感交流。实现方法是：教师事先将教学内容编制成超文本标记语言（HTML）文件，存放在Web服务器上，学生利用Internet的WWW服务、电子邮件服务（E-mail）、文件传送服务（FTP）和电子布告牌系统（BBS）等，浏览页面进行学习，或将WWW服务器的教学内容下载到用户计算机上，以便在方便时进行学习。目前，有的教学单位建立了教学信息资源中心，该中心包括有光盘库、教材数据库。学习者可以通过Internet，共享教学信息中心的资源。在校园网内或高速网上，还可以根据需要点播视频教学节目，实现电视点播（Video On Demand）。

2. 个别化学习模式

认知建构主义学习理论认为，学习是建构内部心理表征的过程，强调学习者内部认知结构与外部的刺激情境发生相互作用。学习者是信息加工的主体，是意义的主动建构者。个别化学习模式是基于认知建构主义学习理论的一种科学的学习模式。基于互联网的个别化教学模式主要有以下几种：

（1）基于WWW服务的教学模式：这种模式常常是教师将教学内容编制成超文本标记语言（HTML）或Java语言文件，存放在Web服务器上，学习者根据自己的时间安排和需要，通过WWW浏览的方式访问远程服务器，选择自己需要的内容进行学习。学习者也可以浏览其他教学信息，达到学习目的。基于这种教学模式，学习者可以在任何时间、任何地点获取教学信息，每个人都可以得到一流教师的指导。它是开放教育的一种重要的教学模式。

（2）基于E-mail的教学模式：学习者通过网络利用电子邮件形式，提交作业或向教师提出问题,教师通过E-mail或BBS回答学习者的问题,布置作业和发布信息等。学习者也可以利用E-mail的形式,在网上进行探索和讨论,也是协同学习所利用的主要形式。通过互联网利用E-mail形式可以将教师与学习者、学习者与学习者紧密联系起来。

(3) 文件传送(FTP):教师将教学内容以CAI软件形式存放在网络服务器上。学生学习时,利用Internet的FTP服务,将CAI软件下载到本地计算机上,然后学习者在本地计算机上进行个别化学习,也可以选择并获得名牌大学的教学资源进行个别化学习。这种方式在目前我国的互联网带宽窄的情况下有着重要的意义。

(4) 远程登录(TELNET):通过Internet的TELNET服务,学习者可以在网络型CAI教室远程登录,获得良好的学习情境,或登录到一些实验室进行远程仿真实验,也可以登录到各大图书馆或教学资源中心检索和阅读学习资料。基于互联网的个别化学习是目前我国远程教育的一种重要学习模式,因为它可以不受带宽的限制,易于在网上实现。

3. 交互式学习模式

认知建构主义学习理论的奠基人、瑞典心理学家让·皮亚杰(Jean Piaget)认为:知识既不是客观的东西(经验论),也不是主观的东西(活力论),而是个体在与环境交互作用的过程中逐渐建构的结果。因此,决定学习的因素既不是外部因素,也不是内部因素,而是个体与环境的相互作用,可见,交互是学习的关键。基于Internet的交互式学习,有实时和非实时两种交互式模式:

(1) 实时交互式学习模式。目前,基于Internet实时交互式学习方式是教师将教学内容编制成网络型CAI教学软件,学习时在网上运行这种软件,学习者根据自己的需要,在网上进行交互式学习。为了达到这种在网上实时交互的目的,需要用可跨越平台运行的CAI教学软件,采用Java语言编制内嵌于Web页面的CAI教学软件。由于这种CAI教学软件可以跨越所有平台运行,可供更多的学习者在网上进行实时交互式学习。提高了利用率,经济性好。但这种交互式只是人机对话,不能实现教师与学习者的直接交流。应该指出的是,这种在网上直接运行多媒体CAI软件的实时交互式学习仅在高速网上可以实现。目前,在我国由于网络带宽窄,在Internet上远距离运行多媒体课件还难以实现。

(2) 非实时交互式学习模式。非实时交互式学习模式的形式很多,这里仅举出典型的几种。第一种是通过电子邮件(E-mail)或电子公告牌系统(BBS),教师将教学信息编制成超文本标记语言(HTML)文件,存放于WWW服务器上,学习者通过浏览页面来进行学习。学习者有问题时,以E-mail的方式在网上提出询问,教师也通过E-mail的形式解答学生的问题。如果是共同性的问题,教师可以通过BBS解答。第二种是通过文件传输服务(FTP)。学习者可以利用这种服务技术,将网上的多媒体CAI教学软件下载到本计算机上,进行个别化交互学习。也可以利用FTP服务同时提供远程登录(Telnet)服务,建立模拟实验室,通过Internet远程登录到实验室或工作站,进行仿真实验。

4. 协同、讨论学习模式

利用CAI教学软件进行个别化交互式学习模式,有利于发挥认知主体的主动性。但是,个别化学习理解问题的深度和广度受自身条件的限制,特别是遇到困难时,就像"山重水复疑无路"。如果有一个群体,大家互相启发、探讨,有利于对知识的理解、探索和掌握,就能达到"柳暗花明又一村"。因此,通过CAI的个别化学习对较初级认知能力的学习目标比较有效,而对于高级认知能力的学习目标,采用协作型学习模式则更为有效。所以,在CAI发展了个别化教学模式之后，在远程教育领域又出现了向协作化方向发展的趋势。协同学习环境是基于计算机支持的协同工作技术CSCW(Computer Supported Cooperative Work)实现的，该技术为基于Internet协作学习模式提供了便利条件，它具有群体用户多点之间的对称交互方式，实现远距离互动，使异地学习者克服空间和时间上的障碍，共同进行协作学习。协同学习也可以采用借助电信通信网络的视频会议系统实现。讨论式学习模式除了可以在上述的视频会议系统中实现以外，一种最简单的方法是通过WWW平台上的BBS服务，这种系统具有文章讨论、实时讨论、用户留言及电子信件等多种功能，实现建立主题讨论组、学习者发表意见或评论、指导者监控等讨论学习功能。综上所述，基于Internet的远程教育模式是目前国内常用的一种模式，但由于目前我国的互联网带宽还不够宽，使一些对网络要求较高的教学模式难于实现，如同步讲授型、实时交互型等，而异步讲授、个别化学习、非实时交互等学习模式则适于在互联网上运行。

三、网络远程教育中的新技术

网络远程教育功能的实现和加强离不开技术的支持，各种网络相关的新型技术涌现和普及对于远程教育的发展具有举足轻重的作用。

1. 流媒体技术

在网络上传输音/视频等多媒体信息目前主要有下载和流式传输两种方案。A/V文件一般都较大，所以需要的存储容量也较大；同时由于网络带宽的限制，下载常常要花数分钟甚至数小时，所以这种处理方法延迟也很大。

流媒体指在Internet/Intranet中使用流式传输技术的连续媒体，如：音频、视频或多媒体文件。流媒体在播放前并不下载整个文件，只将开始部分内容存入内存，流式媒体的数据流随时传送随时播放，只是在开始时有一些延迟。流媒体实现的关键技术就是流式传输。流式传输时，声音、影像或动画等时基媒体由音视频服务器向用户计算机的连续、实时传送，用户不必等到整个文件全部下载完毕，而只需经过几秒或十数秒的启动延时即可进行观看。当声音等时基媒体在客户机上播放时，文件的剩余部分将在后台从服务器内继续下载。流式不仅使启动延时成十倍、百倍地缩短，而且不需要太大的缓存容量。流式传输避免了用户必须等待整个文件全部从Internet上下载才能观看的缺点。

流式传输定义很广泛，现在主要指通过网络传送媒体(如视频、音频)的技术总称。其特定含义为通过Internet将影视节目传送到PC机。实现流式传输有两种方法：实时流式传输(Realtime streaming)和顺序流式传输(Progressive streaming)。一般说来，如视频为实时广播，或使用流式传输媒体服务器，或应用如RTSP的实时协议，即为实时流式传输。如使用HTTP服务器，文件即通过顺序流发送。采用那种传输方法依赖你的需求。当然，流式文件也支持在播放前完全下载到硬盘。

(1) 流式传输方式。

①实时流式传输：媒体可被实时观看，视频为实时广播，可随机访问，适合长片段地视频，如讲座或演说，使用流式传输媒体服务器，应用RTSP实时协议，可实现快进快退。

②顺序流式传输：顺序下载，下载同时观看在线媒体，是用HTTP或FTP服务器，适合发布短片段，如片头、片尾、广告等，在给定的时刻只能观看已下载部分，不能跳到未下载的前头部分，不能根据用户的连接速度做出调整，与防火墙无关，管理简单。

(2) 流媒体文件格式分类。声音流、视频流、文本流、图像流、动画流 。

① RA:实时声音;② RM:实时视频或音频的实时媒体;③ RT:实时文本;④ RP:实时图像;⑤ SMIL:同步的多重数据类型综合设计文件;⑥ SWF:flash 动画文件;⑦ RPM:HTML 文件的插件;⑧ RAM:流媒体的元文件,是包含 RA、RM、SMIL 文件地址(URL 地址)的文本文件。

(3) 主流播放器。

①RealOne Player:RealNetworks 公司产品,保证低速用户在线播放,所以 RM 品质较差,对于交互式脚本动画支持较差,支持 RA、MP3 播放,但声音单薄;②Windows Media Player:微软公司产品,资源占用率较高,不提供卸载组件,与第三方软件易产生冲突;③QuickTime:苹果公司产品,文件大适合与多媒体广告、产品演示、高清晰影片,只有文件片段下载完成后才能播放,图像质量低于前两者,mov 格式在国内应用较少。

2. 虚拟现实技术

虚拟现实是人们通过计算机对复杂数据进行可视化操作与交互的一种全新方式,与传统的人机界面以及流行的视窗操作相比,虚拟现实在技术思想上有了质的飞跃。

虚拟现实中的"现实"是泛指在物理意义上或功能意义上存在于世界上的任何事物或环境,它可以是实际上可实现的,也可以是实际上难以实现的或根本无法实现的。而"虚拟"是指用计算机生成的意思。因此,虚拟现实是指用计算机生成的一种特殊环境,人可以通过使用各种特殊装置将自己"投射"到这个环境中,并操作、控制环境,实现特殊的目的,即人是这种环境的主宰。

从本质上来说,虚拟现实就是一种先进的计算机用户接口,它通过给用户同时提供诸如视觉、听觉、触觉等各种直观而又自然的实时感知交互手段,最大限度地方便用户的操作。根据虚拟现实技术所应用的对象不同,其作用可表现为不同的形式,例如将某种概念设计或构思可视化和可操作化,实现逼真的遥控现场效果,达到任意复杂环境下的廉价模拟训练目的等。该技术的主要特征有以下几方面:

(1) 多感知性(Multi-Sensory)。所谓多感知是指除了一般计算机技术所具有的视觉感知之外,还有听觉感知、力觉感知、触觉感知、运动感知,甚至包括味觉感知、嗅觉感知等。理想的虚拟现实技术应该具有一切人所具有的感知功能。由于相关技术,特别是传感技术的限制,目前虚拟现实技术所具有的感知功能仅限于视觉、听觉、力觉、触觉、运动等几种。浸没感(Immersion)——又称临场感,指用户感到作为主角存在于模拟环境中的真实程度。理想的模拟环境应该使用户难以分辨真假,使用户全身心地投入到计算机创建的三维虚拟环境中,该环境中的一切看上去是真的,听上去是真的,动起来是真的,甚至闻起来、尝起来等一切感觉都是真的,如同在现实世界中的感觉一样。

(2) 交互性(Interactivity)。指用户对模拟环境内物体的可操作程度和从环境得到反馈的自然程度(包括实时性)。例如,用户可以用手去直接抓取模拟环境中虚拟的物体,这时手有握着东西的感觉,并可以感觉物体的重量,视野中被抓的物体也能立刻随着手的移动而移动。

(3) 构想性(Imagination)。强调虚拟现实技术应具有广阔的可想象空间,可拓宽人类认知范围,不仅可再现真实存在的环境,也可以随意构想客观不存在的甚至是不可能发生的环境。

虚拟现实的本质是人与计算机的通信技术，它几乎可以支持任何人类活动，适用于任何领域。较早的虚拟现实产品是图形仿真器，其概念在20世纪60年代被提出，到80年代逐步兴起，90年代有产品问世。1992年世界上第一个虚拟现实开发工具问世，1993年众多虚拟现实应用系统出现，1996年NPS公司使用惯性传感器和全方位踏车将人的运动姿态集成到虚拟环境中。到1999年，虚拟现实技术应用更为广泛，涉足航天、军事、通信、医疗、教育、娱乐、图形、建筑和商业等各个领域。专家预测，随着计算机软、硬件技术的发展和价格的下降，预计本世纪虚拟现实技术会进入家庭。

3. 数据挖掘技术

数据挖掘(Data Mining)，又称为数据库中的知识发现(Knowledge Discovery in Database, KDD)，就是从大量数据中获取有效的、新颖的、潜在有用的、最终可理解的模式的非平凡过程，简单地说，数据挖掘就是从大量数据中提取或"挖掘"知识。

并非所有的信息发现任务都被视为数据挖掘。例如，使用数据库管理系统查找个别的记录，或通过因特网的搜索引擎查找特定的Web页面，则是信息检索(information retrieval)领域的任务。虽然这些任务是重要的，可能涉及使用复杂的算法和数据结构，但是它们主要依赖传统的计算机科学技术和数据的明显特征来创建索引结构，从而有效地组织和检索信息。尽管如此，数据挖掘技术也已用来增强信息检索系统的能力。

(1) 数据挖掘的一般流程。

① 定义问题：清晰地定义出业务问题，确定数据挖掘的目的。数据准备：数据准备包括：选择数据——在大型数据库和数据仓库目标中提取数据挖掘的目标数据集；数据预处理——进行数据再加工，包括检查数据的完整性及数据的一致性、去噪声，填补丢失的域，删除无效数据等。② 数据挖掘：根据数据功能的类型和数据的特点选择相应的算法，在净化和转换过的数据集上进行数据挖掘。③ 结果分析：对数据挖掘的结果进行解释和评价，转换成为能够最终被用户理解的知识。④ 知识的运用：将分析所得到的知识集成到业务信息系统的组织结构中去。

(2) 几种数据挖掘工具。

① QUEST：QUEST是IBM公司Almaden研究中心开发的一个多任务数据挖掘系统，目的是为新一代决策支持系统的应用开发提供高效的数据开采基本构件。② MineSet：MineSet是由SGI公司和美国Standford大学联合开发的多任务数据挖掘系统。MineSet集成多种数据挖掘算法和可视化工具，帮助用户直观地、实时地发掘、理解大量数据背后的知识。③ DBMiner：DBMiner是加拿大SimonFraser大学开发的一个多任务数据挖掘系统，它的前身是DBLearn。该系统设计的目的是把关系数据库和数据开采集成在一起，以面向属性的多级概念为基础发现各种知识。

第二节 网络教育资源利用

一、网络基础知识

1. Internet 简介

Internet在字面上讲就是计算机互连的意思。通俗地说，成千上万台计算机相互连接到一起，这一集合体就是 Internet。

从通讯的角度来看，Internet 是一个理想的信息交流媒介：利用 Internet 的 E－mail 能够快捷、安全、高效地传递文字、声音、图像以及各种各样的信息；通过 Internet 可以打国际长途电话，甚至传送国际可视电话，召开在线视频会议。

从获得信息的角度来看，Internet 是一个庞大的信息资源库：网络上有几百个书库，遍布全球的几千家图书馆，近万种杂志和期刊，还有政府、学校和公司企业等机构的详细信息。

从娱乐休闲的角度来看，Internet 是一个花样众多的娱乐厅：网络上有很多专门的电影站点和广播站点，还有遍览全球各地的风景名胜和风俗人情。网上的 BBS 更是一个大家聊天交流的好地方。

从经商的角度来看，Internet 是一个既能省钱又能赚钱的场所：在 Internet 上已经注册有几百家公司，利用 Internet 网，足不出户，就可以得到各种免费的经济信息，还可以将生意做到海外。无论是股票证券行情，还是房地产，在网上都有实时跟踪。通过网络还可以图、声、文并茂地召开订货会、新产品发布会，做广告搞推销等等。

(1) Internet 的发展。"只有充分地了解过去，才能更好地把握未来"。了解了 Internet 的起源和发展，就会更加坚信加入 Internet 是一个非常明智的抉择。

Internet 起源于美国 1969 年开始实施的 Arpanet 计划，其目的是建立分布式的、存活力极强的全国性信息网络。1972 年由 50 个大学和研究机构参与连接的 Internet 网最早的模型 Arpanet 第一次公开向人们展示。到 1980 年，Arpanet 成为 Internet 最早的主干。20 世纪 80 年代初，2 个著名的科学教育网 CSNET 和 BITNET 又先后建立。1984 年，美国国家科学基金会 NSF 规划建立了 13 个国家超级计算中心及国家教育科研网(NSFNET)，替代 Arpanet 的主干地位，随后，Internet 网开始接受其他国家地区接入。

在网络应用范围上，近年来 Internet 逐渐放宽了对商业活动的限制，已经朝商业化的方向发展。现在，Internet 早已从最初学术科研网络变成了一个拥有众多的商业用户、政府部门、机构团体和个人的综合的计算机信息网络。

在发展规模上，目前 Internet 已经是世界上规模最大、发展最快的计算机互连网。从 1991 年开始 Internet 连网计算机的数量每年翻一番，目前每天有 4000 台计算机入网，预计到 2000 年将超过 100 万个网络，1 亿台计算机和 10 亿个用户使用 Internet。

(2) Internet 的管理。从表面上看，Internet 规模如此庞大，发展又如此迅速，理应有一个强大有力的管理机构。事实上并非如此。没有一个权威的机构来统一管理 Internet，而基本上是处于"用户自己管自己"、各个网络服务提供商管理各自的网络和用户。在整体上作管理协调的机构，如果要算的话，那就是 Internet 网络协会(Internet Sociey)了，而它实际上是由一些 Internet 用户自愿成立的组织，主要的管理是：其属下的 Internet 活动委员会(IAB)负责制定 Internet 的有关标准，分配监督网络资源的使用(例如，赋予每台主机 1 个唯一的 IP 地址)；其属下的 Internet 工程研究委员会(IETF)负责处理网络运行方面的技术问题。每个连入 Internet 的网络可以建立自己的网络运行中心(NOC)和网络信息中心(NIC)，来保证各自网络的正常运行，建立和维护网上的信息资源。

(3) Internet 的社会影响。Internet 将我们带入了一个完全信息化的时代，正在改变着人们的生活和工作方式。由于其范围广、用户多，目前已成为仅次于全球电话网的第二大通信手段，可以说是 21 世纪信息高速公路的雏型。连入 Internet 的用户现在每天上班首先是打开电子邮箱看看是否有自己的 E-mail,这已成为一种日常工作习惯。Internet 在人们的工作和生活方式中开始形成一种独特的网络文化氛围。

通过 Internet,学术和科研人员除了常规的 E-mail 通信外,可以进行各种各样的日常工作:讨论问题、发表见解、传送文件、查阅资料,开展远程教育等;在商务界,北美人现在开始通过网络购物、逛电子市场、在网络上开展广告、采购、订货、交易、展览等各种经济活动。在个人生活和娱乐休闲方面,已经能参观网上展览馆,听音乐、看影视、聊天,有声有色;甚至阅览网上电子报刊,真正是"秀才不出门,能知天下事".

(4) Internet 的工作原理。Internet 采用了一种标准的计算机网络语言(技术上称为协议),以保证数据安全、可靠地到达指定的目的地,Internet 协议分为两个部分:TCP(传输控制协议)和 IP(网络层协议)。用 TCP/IP 表示,它是一种对计算机数据(电信号)打包后寻址的标准方法,几乎可以没有任何损失而迅速地将计算机数据经路由器传输到全世界的任何地方。当一个 Internet 用户通过网络向其他机器发送数据时,TCP 协议把数据分成若干个小数据包,并给每个数据包加上特定的标志,当数据包到达目的地后,计算机去掉其中的 IP 地址信息,并利用 TCP 的装箱单检验数据是否有损失,然后将各数据包重新组合还原成原来的数据文件。由于传输路径的不同,加上其他各种原因,接收方计算机得到的可能是损坏的数据包,TCP 协议将负责检查和处理错误,必要时要求发送端重新发送。TCP/IP 协议的层次结构由上至下分为:应用层、传输层、网络层(互连网层)和网络接口层。

各种不同类型的计算机网之所以可以用 TCP/IP 同 Internet 打交道,是由于采用了一种被称为网关(Gateway)专用机器,负责计算机网的本地语言与 TCP/IP 语言相互转换。简言之,Internet 这样一个巨大的无缝隙的全球网,能够对请求立即做出响应,是由计算机、网关、路由器和协议所保证。

2. 计算机网络的主要功能

计算机网络可以提供以下一些主要功能:

(1) 资源共享;

(2) 信息传输与集中处理;

(3) 均衡负荷与分布处理;

(4) 综合信息服务。

通过计算机网络可以向全社会提供各种经济信息、科研情报和咨询服务。其中,国际互联网 Internet 上的环球信息网(WWW-World Wide Web)服务就是一个最典型也是最成功的例子。又例如,综合业务数据网络(ISDN)就是将电话、传真机、电视机和复印机等办公设备纳入计算机网络中,提供了数字、语音、图形图像等多种信息的传输。

计算机网络目前正处于迅速发展的阶段,网络技术的不断更新,进一步扩大计算机网络的应用范围。除了前面提到的资源共享和信息传输等基本功能外,计算机网络还具有以下几个主要方面的应用。

(1) 远程登录。远程登录是指允许一个地点的用户与另一个地点的计算机上运行的应用程序进行交互对话。

(2) 传送电子邮件。计算机网络可以作为通信媒介,用户可以在自己的计算机上把电子邮件(E-mail)发送到世界各地,这些邮件中可以包括文字、声音、图形、图像等信息。

(3) 电子数据交换。电子数据交换(EDI)是计算机网络在商业中的一种重要的应用形式。它以共同认可的数据格式，在贸易伙伴的计算机之间传输数据，保持了传统的贸易单据，从而节省了大量的人力和财力，提高了效率。

(4) 联机会议：利用计算机网络，人们可以通过个人计算机参加会议讨论(图 6-6)。联机会议除了可以使用文字外，还可以传送声音和图像。

图 6-6 视频会议

3. 计算机网络的分类和基本组成

计算机网络的品种很多，根据各种不同的嫡系原则，可以得到各种不同类型的计算机网络。

按照规模大小和延伸范围来分类的，常见的划分为：局域网(LAN)，市域网(MAN)、广域网(WAN)。INTERNET 可以视为世界上最大的广域网。

按照网络的拓扑结构来划分，可以分为环型网、星型网、总线型网等。

按照通信传输的介质来划分，可以分为双绞线网、同轴电缆网、光纤网和卫星网等。

按照信号频带占用方式来划分，又可以分为基带网和宽带网。

传输介质是网络中发送方与接受方之间的物理通路，它对网络数据通信的质量有很大的影响。常用的网络传输介质有以下四种：双绞线、同轴电缆、光缆(光导纤维)、无线通信(微波/卫星通信)。

(1) 局域网(LAN)。局域网(LAN)是指在一个较小地理范围内的各种计算机网络设备互联在一起的通信网络，可以包含一个或多个子网，通常局限在几千米的范围之内。按照网络的拓扑结构和传输介质，局域网通常可划分为以太网(Ethernet)、令牌环网(Token Ring)、光纤分布式数据接口(FDDI)、异步传输模式(ATM)等，其中最常用的是以太网。

局域网常用设备有：

① 网卡(NIC)：负责计算机与网络介质之间的电气连接，比特数据流的传输和网络地址确认。主要技术参数为带宽速度总线方式、电气接口方式。

② 集线器(HUB)：主要指共享式集线器。相当于一个多口的中继器，一条共享的总线，能实现简单的加密和地址防范。主要考虑带宽速度、接口数、智能化(可网管)、扩展性(可级联和堆叠)。

局域网具有广泛的应用。将基于个人计算机的智能工作站连成局域网，可以共享文件相互协同工作，还可以共享磁盘、打印机等资源，这类网络的关键问题是联网的费用要低。

若将大型计算机连成局域网也是一个广泛的应用领域，其关键是要提高办公室的效率。综合声音、图像、图形的多媒体技术，使计算机网络的应用更加绚丽多彩。

(2) 广域网(WAN)、市域网(MAN)。市域网(MAN)主要是由市域范围内的各局域网之间互联而构成的，一般较少提起。广域网(WAN)是由相距较远的局域网或市域网互联而成，通常是除了计算机设备以外，还要涉及一些电信通讯方式。以下是主要的几种：

① 公用电话网(PSTN-Public Swithed Telephone Network)：速度 9600bps～28.8kbps，需要异步 Modem 和电话线，投资少，安装调试容易，常常用拨号访问方式。通常，我们访问 Internet 多采用此种方式。

② 综合业务数据网(ISDN-Integated Service Data Network)：128kbps 的基本接口，使用普通电话线但需要电信提供 ISDN 业务，数字传输、来电显示、拨通时间短(3S)、费用约为普通电话的 4 倍。

③ DDN 专线(Leased Line)：速度为 64kbps～2.048Mbps，需要配同步 Modem，有 EIA/TIA 232(V.24)和 V.35 两种标准，点对点的连接方式，结构不够灵活。

④ X.25 网：速度为 9600bps～64kbp，比较古老的方式，应用广泛，采用冗余校验纠错，可靠性高，但速度慢，延迟时间长。

⑤ 帧中继(Frame Relay)：较新的技术，速度为 64kbps～2.048Mbps，一点对多点的连接方式，分组交换；独特的 Bursty 技术(在传输信息量大的情况下可以超越传输线速度)。

4. 网络协议

计算机网络中实现通信必须有一些约定，即通信协议，对速率、传输代码、代码结构、传输控制步骤、出错控制等制定标准。

为了使两个结点之间能进行对话，必须在它们之间建立通信工具(即接口)，使彼此之间能进行信息交换。接口包括两部分：一是硬件装置，功能是实现结点之间的信息传送；二是软件装置，功能是规定双方进行通信的约定协议，通常由三部分组成：一是语义部分，用于决定双方对话的类型；二是语法部分，用于决定双方对话的格式；三是变换规则，用于决定通信双方的应答关系。

5. TCP/IP 网络协议

TCP/IP(Transmission Control Protocol/Internet Protocol)协议是为美国 ARPA 网设计的，目的是使不同厂家生产的计算机能在共同网络环境下运行。它涉及异构网通信问题，要求 Internet 上的计算机均采用 TCP/IP 协议，UNIX 操作系统已把 TCP/IP 作为它的核心组成部分。TCP 是传输控制协议，规定一种可靠的数据信息传递服务。IP 协议又称互联网协议，是支持网间互联的数据报协议。它提供网间连接的完善功能，包括 IP 数据报规定互联网络范围内的地址格式。TCP/IP 协议与低层的数据链路层和物理层无关，这也是 TCP/IP 的重要特点。正因为如此，它能广泛地支持由低两层协议构成的物理网络结构。目前已使 TCP/IP 连接成洲际网、全国网与跨地区网。

Internet 地址有两种形式：

一种是机器可识别的地址，用数字表示，如：210.38.128.33；

另一种是便于记忆的地址，用字符表示，称为域名(domain name)。

IP 地址按网络规模的大小主要可分成三类：A 类地址、B 类地址、C 类地址。

网络地址数、网络主机数及主机总数：

A类：0.0.0.0——127.255.255.255；

B类：128.0.0.0——191.255.255.255；

C类：192.0.0.0——223.255.255.255。

域名通常按以下形式组成 host. subdomain. domain。其中，主机(host)通常是特定位置上的某台机器，主机和本地网组合形成了区域，一个区域可以和另一个区域组合成更大的区域，出现一个区域包含另一个区域的情形。如皖西学院的域名是：wxc. edu. cn。而地址 www. wxc. edu. cn 中，wxc 是主机名，edu 和 cn 都是区域，wxc 表示皖西学院，edu 表示教育，cn 表示中国，前一个区域被后一个区域所包含。

域名意义：com 商业组织、edu 教育部门、gov 政府部门、net 主要网络、支持中心、mil 军事部门、org 上述以外的机构、int 国际组织。

国家代码：ca 加拿大、cn 中国、de 德国、fr 法国、gb 英国、jp 日本、us 美国。

把易于记忆的域名翻译成机器可识别的 IP 地址，通常由称为"域名系统"的软件完成，而装有域名系统(DNS)的主机就称为域名服务器，域名服务器上存有大量的 Internet 主机的地址(数据库)，Internet 主机可以自动地访问域名服务器，以完成"IP 地址-域名"间的双向查找功能。

二、网络信息检索

Internet 是一个广阔的信息海洋，漫游其间而不迷失方向有时会是相当困难的。如何快速准确地在网上找到需要的信息已变得越来越重要。

Web 检索工具是人们获取网络信息资源的主要检索工具和手段。Web 检索工具常见的有：目录型检索工具、搜索引擎。

1. 目录型检索工具

因特网上的目录型检索工具一般称为网络目录(Web Directory)，又称分类站点目录、专题目录或主题指南、站点导航系统等。它是由网络开发者将网络资源收集后，以某种分类法进行组织整理，并和检索法集成在一起的信息查询方式。

网络目录一般是通过引导网络用户的查询概念(而不是确切的词条)来帮助用户找到所需的网络信息。一个网络目录包括许多层，最高层(一级)目录页总是将因特网资源分成最大范围、最普通的主题范畴。这些主题范畴一般有 10～20 个，主题链接到第二层目录(另一个页面)，然后在第二层目录再分出子目录，一般到第四级。逐层点击，它将会罗列出一层层的目录清单，所有的选择只用鼠标点击链接来实现。

网络资源数不胜数，任何分类目录都不可能包罗所有的网页，多数网络目录都包括下列典型的一级类目，如商业贸易(business and commercial)、计算机和网络(computer and Internet)、时事(current events)、娱乐和休闲(entertainment and recreation)、体育(sports)等等，遇到交叉的主题，网络目录会在相关的类目下显示不同的路径。

网络目录的工作过程。网络目录像其他网页一样工作，超链下标有下划线或者显示链接标志(手形光标)，以区别于其他文本的颜色。选择一级类目后，看到的二级类目与它页面相似，也是一个简单的类目清单，或者提供一些目录之外的超链。这样也许在二级类目就能找到感兴趣的网站，不必再深一层浏览。如果深入到三级类目，会发现更多的是外部 Web

网页清单。

一个网络目录到底有几层，取决于多种因素。其一与使用的目录有关，有些首页目录之下多达八层；其二取决于所选的类目；其三与主题有关，一般在主题下有两到三层。网络目录的多层结构使用户能通过范围广泛的主题，以及精细调整的类目，查询到符合要求的网站和文本信息。

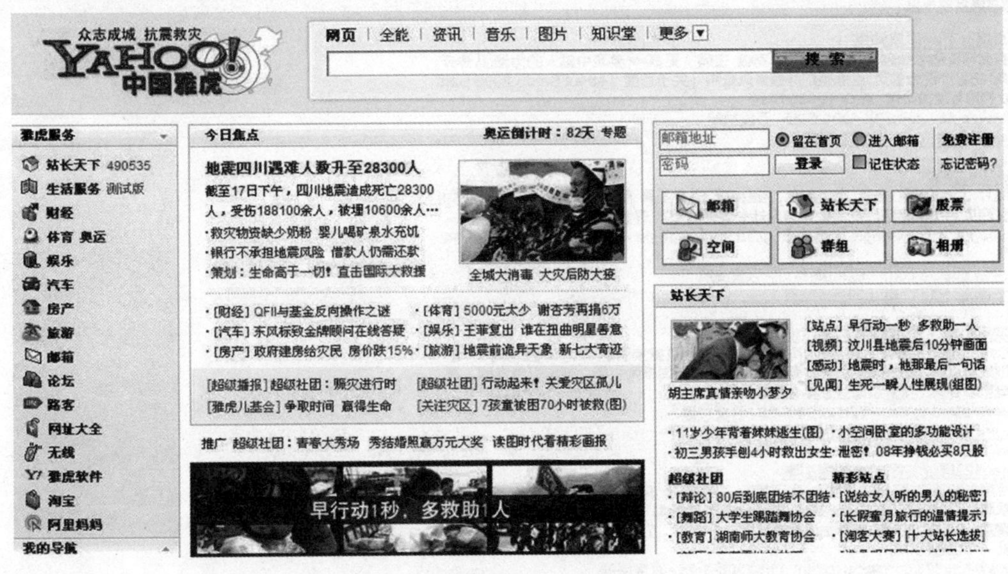

图 6-7　雅虎中文

2. 搜索引擎

搜索引擎是一种能够通过 Internet 接受用户的查询指令，并向用户提供符合其查询要求的信息资源网址的系统。它是一些在 Web 中主动搜索信息（网页上的单词和特定的描述内容）并将其自动索引的 Web 网站，其索引内容存储在可供检索的大型数据库中，建立索引和目录服务。一些搜索引擎搜索网页的每一个单词，而另一些搜索引擎则只搜索网页的前二百至五百个单词。当用户输入关键词（Keyword）查询时，该搜索引擎会告诉用户包含该关键词信息的所有网址，并提供通向该网络的链接。搜索引擎既是用于检索的软件又是提供查询、检索的网站。所以，搜索引擎也可称为 Internet 上具有检索功能的网页。

搜索引擎也是目前 Internet 对信息资源进行组织的主要方式 。搜索引擎由网上机器人（Spider 或 Robot）自动在网页上按某种策略进行远程数据的搜索与获取，并生成本地索引。由于不需要人们的介入，速度得以大大的提高。其覆盖面和及时性也得以大大的提高。

Spider 或 Robot 是一种软件，它沿着 WWW 文件的链接在网上漫游，记录 RUL、文件的简明摘要、关键字或索引，形成一个很大的数据库，这种数据库包括标题、摘要、关键词和 RUL、文件的大小、语种以及词出现的频率。

搜索引擎的数据检索方式主要是关键字的匹配方式：如泛匹配、模糊匹配、正则匹配以及多关键字的处理方式等。能为用户提供全文索引、约束性检索、基于布尔关系的查询方式，并对查询结果根据某种算法和规则评分和排序。

由于各搜索引擎标引方式没有统一的规范，有的对网页全文进行索引 ，有的仅标引网页的标题、RUL、关键段落的前几个单词或文本的前 100 个词。此外，搜索引擎大多采用自然语言标引和检索，没有受控词表，同义词和近义词得不到控制，词间的关系得不到揭示。因此，搜索引擎的信息组织与标引缺乏控制，信息查询的命中率、准确率、查全率差强人意，往往是输入一个检索式，得到一大堆网页地址，但其中大部分是冗余信息。

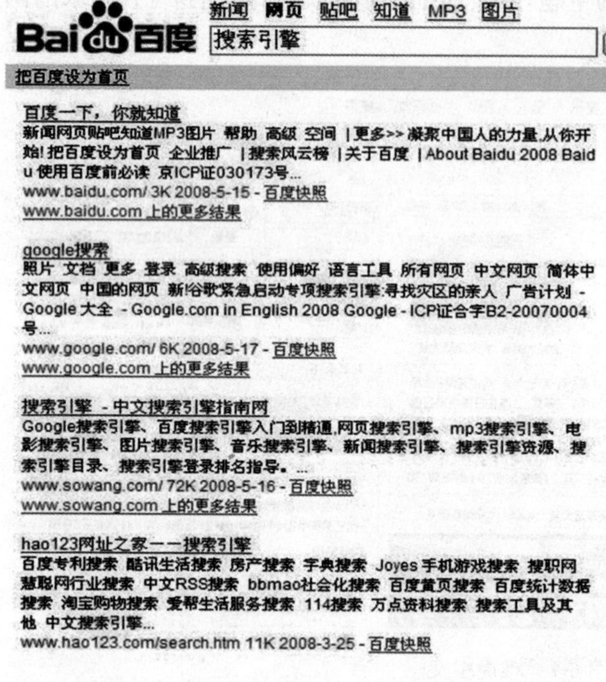

图 6-8　百度搜索

三、网络教育资源

网络教育资源是指为教学目的而专门设计的或者能被用于教育目的服务的各种资源。按使用对象划分，网络教育资源包括：

（1）学习资源。可供学习者使用的网络上各个学科的课程、讨论组、试题库、教学软件、网上教程等。

（2）科研资源。供教育管理部门、教育科研人员使用的教育方面的政策法规、各种教育新闻、教育统计信息等。

（3）备课资源。供教师使用的各种课程资料、课件、教案、指导刊物、学术会议资料、交流心得等。

常见的网络教育资源存储形式有：

（1）全文数据库（full-text database）。即收录有原始文献全文的数据库，以期刊论文、会议论文、政府出版物、研究报告、法律条文和案例、商业信息等为主。如 EBSCO 公司的"学术期刊集成全文数据库"（Academic Search Premier）、ProQuest 公司的"学术期刊图书馆"（Academic Research Library）、CNKI 的"中国期刊全文数据库"、"维普中文科技期刊全文数据库"等。

（2）事实数据库（factual database）。指包含大量数据、事实，直接提供原始资料的数据库，又分为数值数据库（numeric database）、指南数据库（directory database）、术语数据库（terminological database）等，相当于印刷型文献中的字典、辞典、手册、年鉴、百科全书、组织机构指南、人名录、公式与数表、图册（集）等。数值数据库，指专门以数值方式表示数据，如统计数据库、化学反应数据库等；指南数据库，如公司名录、产品目录等；术语数据库，即专门存储名词术语信息、词语信息等的数据库，如电子版百科全书、网络词典等。

（3）电子图书（electronic books）。最初的电子图书主要以百科全书、字典词典等工具书为主，但近年来发展迅速，已涉及到了很多学科领域，文学作品、学术专著所占比例越来越大，电子图书正在逐步发展成为比较主要的数字信息资源。如超星数字图书网的电子图书、中国数字图书馆的电子图书以及书生之家电子图书等。

（4）电子期刊（electronic journals）。包括与纸质期刊并行的电子期刊，如著名的“科学”（Science）、“自然”（Nature）等；纯电子期刊，如“数字图书馆杂志”（D-Lib Magazine）。

（5）电子报纸（electronic newspaper）。目前网上已有数千种报纸供用户使用。同电子期刊一样，电子报纸同样也有印刷型报纸的电子版和纯电子报纸两种类型。

（6）搜索引擎/分类指南（search engine）。是目前利用互联网开放信息的常用工具，也可以称得上是互联网开放信息的索引目录。搜索引擎主要是使用一种计算机自动搜索软件在互联网上检索，将检索到的网页编入数据库中，并进行一定程度的自动标引，用户使用时输入检索词，搜索引擎将其与数据库中的信息匹配，然后产生检索结果。例如常用的baidu、yahoo、google等。分类指南是将搜索到的网页按主题内容组织成等级结构（主题树），用户按照这个目录逐层深入，直到找到所需文献。通常搜索引擎与分类指南是结合在一起的。

（7）网络学术资源学科导航。将互联网上的开放信息加以甄别、筛选并科学整理，按学科组织起来，构成完整的学科导航系统，为教学、科研、技术人员提供各类学术信息。网络学术资源的学科导航库通常是由图书情报单位单独或联合建设的。

（8）FTP资源。FTP含义是File Transfer Protocol，意为文件传送协议，是互联网上最早应用的协议之一，它可以使用户远程登录到远端计算机上，把其中的文件传回到自己的计算机上，或把自己计算机上的文件上传到远端计算机系统上。所谓FTP资源，是指互联网上的开放FTP站点，这些站点允许用户登录上去，从中下载各类数据、资料、软件等。

（9）其他。如网站、学术论坛、新闻组等，也可以给用户提供一些有用的知识或动态信息。

中国的Internet网已形成了四大主流网络体系，分别归属于国家指定的4个部级互联管理单位：中科院、国家教委、邮电部和电子部。其中，中科院网络CSTNET和中国教育和科研网CERNET主要以科研和教育为目的，从事非经营性活动；邮电部的中国公用计算机网CHINANET和电子部吉通公司的金桥信息网GBNET属于商业性Internet网，以经营手段接纳用户入网，提供Internet服务。

1. 中国教育和科研计算机网（CERNET）

中国教育和科研计算机网是中国第一个覆盖全国的自行设计和建设的大型计算机网络，由原国家教委主管，清华大学、北京大学、上海交通大学、西安交通大学、东南大学、华南理工大学、华中理工大学、北京邮电大学、东北大学和电子科技大学10所高校承担建设。全国网络中心设在清华大学，8个地区网点分别设立在北京、上海、南京、西安、广州、武汉、成都和沈阳，整个网络分为主干网、地区网和校园网3个层次。

目前CERNET是国内拥有IP地址数最多、用户数最多的互连网，拥有45个半B类地址，已分配IP地址的学校达400多个，连入的学校230多个，联网的主机数初步估计已经超过5万台，每天用网人数在10万以上。

CERNET的网络资源包括各种信息检索、网络软件、大学介绍、院系图书馆、学位论文库以及相关的各专业数据库等。CERNET的市场定位是非盈利性的，主要为学校、科研和学术机构以及非盈利性的政府部门服务。

2. 中国科学技术网(CSTNET)

中国科技网是在中关村地区教育与科研示范网(NCFC)和中国科学院网(CASnet)的基础上建设和发展起来的覆盖全国范围的大型计算机网络，是我国最早建设并获国家正式承认具有国际信道出口的中国四大互联网络之一。

中国科技网始建于1990年，并于1994年4月首次实现了我国与国际互联网络的直接连接，同时在国内开始管理和运行中国顶级域名CN。中国科技网现有多条高速国际信道连到美国，日本及法国，通过这些信道进入Internet国际互联网络。目前，中国科技网在全国范围内已接入农业，林业，医学，地震，气象，铁道，电力，电子，航空航天，环境保护和国家自然科学基金委员会，国家专利局，以及中国科学院分布在京区和全国各地25个城市的科研机构，共一百四十多家科研院所和科技部门，上网用户达数万人。

中国科技网的服务主要包括网络通讯服务，信息资源服务，超级计算服务和域名注册服务。中国科技网上拥有科学数据库，科技成果，科技管理，技术资料和文献情报等特有的科技信息资源，向国内外用户提供各种科技信息服务。中国科技网的网络中心拥有每秒64亿次的超级计算机系统，可以通过网络为全国科技人员提供高性能科技计算服务。

中国科技网的网络中心还受国务院信息化工作领导的委托，管理中国互联网络信息中心(CNNIC)，负责向全国提供最高域名注册服务。

中国科技网作为最早进入Internet国际互联网络并拥有丰富信息资源的国家级科技信息网，对于我国网络事业的发展起到了积极的推动作用。

中国科技网的建设与发展得到了国家计委，国家科委，国家自然科学基金委和国务院信息化工作领导小组的支持与指导，并列入国务院信息化工作领导小组九五发展规划。中国科技网将通过全国科技界的共同努力，不断为我国的科技事业的发展做出更大的贡献。

3. 中国公用计算机互联网(CHINANET)

CHINANET是邮电部门经营管理的中国公用Internet网。CHINANET的结构分为核心层、区域层和接入层，骨干网工程按全国自然地区在31个城市建立网络节点，并在每个节点与分组网CHINAPAC、数字数据网CHINADDN、帧中继Frame Relay、电话网PSTN等连通。1995年2月开通了北京和上海2条国际出口，1996年6月正式在全国开通。

CHINANET总共拥有10个B类IP地址，发展的用户主要是单机拨号入网的用户。其商业市场主要由邮电部经营，原则上所有商业用户都只能通过CHINANET与Internet网连接。其网络上的各种商业业务除由邮电部办理外，还有各种商业公司经营，其策略是积极扩展市场。

4. 国家公用经济信息网暨金桥网(CHINAGBN)

中国金桥信息网(CHINAGBN)是架构在中国金桥网通信网络实体上的Internet业务

网，面向公众提供 Internet 的商业服务，归口电子工业部管理。1996 年 9 月，CHINAGBN 开通 Internet 服务，并在网络试运行期间不收服务费。其主要服务分为 2 类：专线集团用户的服务和个人用户的单点上网服务。CHINAGBN 目前只有半个 B 类 IP 地址，接入的用户数较少。

四、网络信息交流

互联网作为全球化时代的标志性事物，不仅改变着人类对于信息的传播和处理模式，而且也正在构建新的人际交流方式。用户通过互联网这种即时互动的通讯技术在虚拟的网络上多方位地进行交流。这种交流既有以单纯通信为目的的电子邮件以及相关的新闻组和邮件组等；也有结成相对固定的成员、分享信息、观点和服务的“虚拟社区”，如电子公告板或论坛(BBS)、博克(Blog)，以及大家共同维护和撰写的维基百科(Wikipedia)等；还有 OICQ，ICQ，MSN 等双向聊天工具。

2005 年 7 月 7 日，社科院副研究员郭良在中科院学术报告厅发布《2005 年中国 5 城市互联网使用现状及影响调查报告》。本次调查目标城市设定为：北京、上海、广州、成都、长沙，调查方式为随机抽样、入户后由被访对象直接填答问卷。关于互联网上众多的用来双向交流的交流工具有博客、论坛、微软 MSN、聊天室、ICQ 和电子邮件。这次调查关注了人们使用这些网络交流工具的情况(如图 6-9)，调查表明，人们最常使用的网络交流工具为电子邮件，其次是 ICQ 和聊天时，微软 MSN 和论坛 BBS 的使用率相当，博客作为新兴交流工具虽然位居最末，但仍然具有一定的使用率。

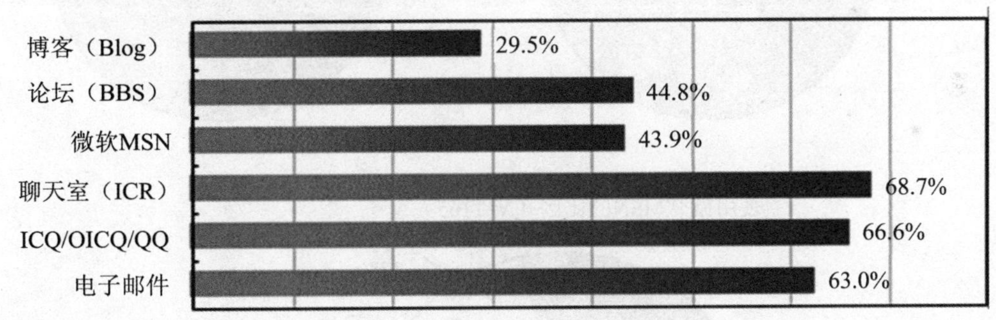

图 6-9　网络交流工具的使用比例

1. 电子邮件

拿电子邮件来说，网民中有三分之一的人并不使用电子邮件，经常和总是使用电子邮件的人占网民的五分之一强，而有时和偶尔使用的人则占了将近二分之一的网民，可见电子邮件是大部分网民常规使用的一项交流工具，但使用的频率并不算频繁。

电子邮件，出现最早的交流工具，模拟的是现实生活中的信件交流。这种交换信息可以突破文件格式的限制，也可以突破时间与空间的限制，同时可以发送加密邮件。但这种交流工具与实时交流工具相比，无法实现在线同步交流。但这种交流工具已能够传递语音影像。可以实现主题鲜明的信息交流。

2. 实时交流工具(OICQ/ICQ/QQ、聊天室、微软 MSN)

OICQ 此类的交流工具具有实时对话的特点，虽然也有三分之一强的网民并不使用它，

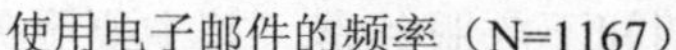

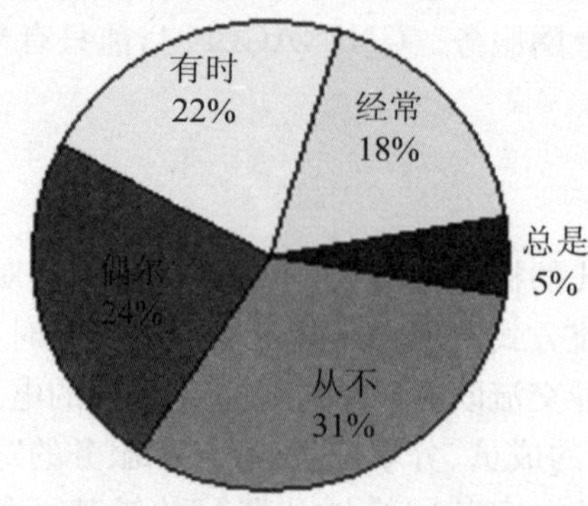

图 6-10　使用电子邮件的比例

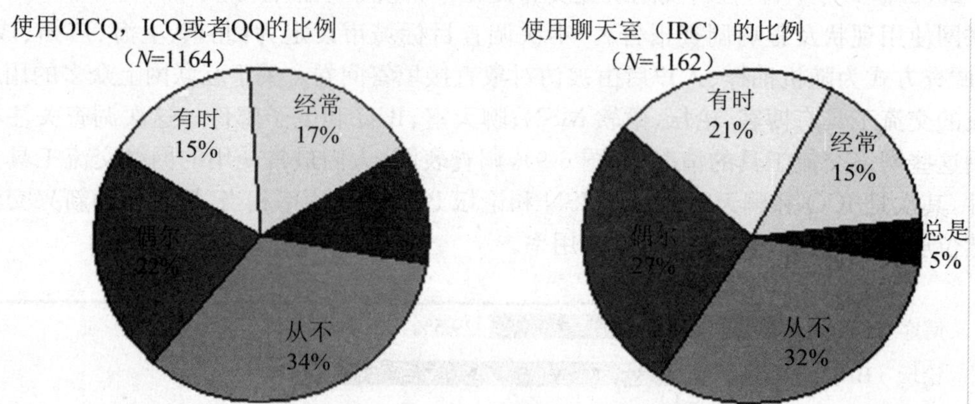

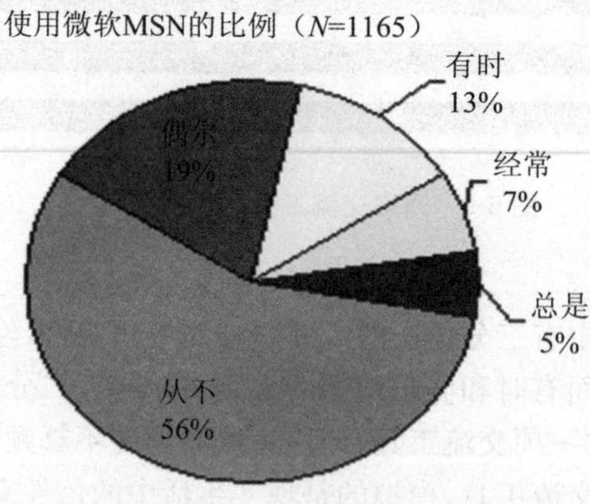

图 6-11　使用实时交流工具比例

但对于使用者来说，有将近三分之一网民频繁的使用 OICQ，这部分网民通常有一上网就打开 OICQ 聊天工具的习惯。聊天室可以说是最早兴起的网络聊天工具，然而，迄今仍有三分之一强的网民并不使用聊天室，而经常使用聊天室的人也只占网民的五分之一左右，更多的人只是网络聊天室的匆匆过客。微软 MSN 是一种类似 OICQ 的实时双向聊天工具，作为后起之秀，微软 MSN 的使用率还比较低，网民中有一半多的人迄今还没有采用它，在使用者中，有 12%的人较为频繁的使用 MSN。

使用这些实时交流工具可以实现在线人员进行语音、文字、影像的交流，给人的信息更加直观，可信，快捷，可以在线传递文件，可以实现远程协作。这也是实时交流工具备受欢迎的原因。但实时交流工具有它的局限性，就是交流双方要同时在线，虽然可以突破空间的限制，但无法摆脱时间的限制，这也给交流双方带来实际交流的不便。交流的双方可能因为无法同时上线而影响文件的传送和交流。虽然 QQ 等工具提供了在线留言的功能，但这种交流也只能实现对单个交流对象单向的短小文字信息交流，而语音与图像却无法实现交流。另外，这种工具交流的只能是文本文件，无法实现离线的格式文件的传递与交换。

3. 论坛(BBS)和博客(BLOG)

虽然论坛的使用率并不是最高，只有不到一半网民登录论坛，并且频繁使用论坛的网民仅占十分之一。但是，由于论坛上的内容可以长久保存下来，因此有着更大的影响力。论坛是充满民主与活力的网络交流工具，突破了参与交流人数的限制，可以为某一具体的行业主题进行交流，有的论坛也是集成了电子邮件与实时交流的工具。这更加增强了论坛的功能。

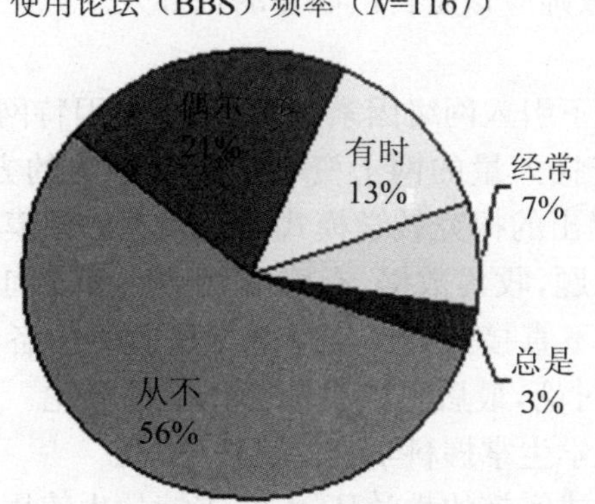

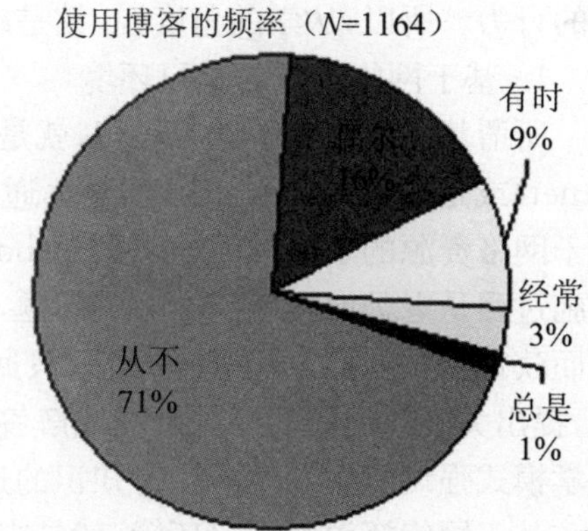

图 6-12　使用论坛和博客的比例

博客是最新兴起的交流工具，同时具有很强的个人发布功能，它在短短时间里得到三分之一网民的采用实为惊人，仍然在快速的扩散之中。博客突破了空间与时间的限制，实现了个人思想与个性的网络表达，博客可以综合进行链接设置，从而实现了超文本的跳传，大大方便了网络的交流与学习理解。与文化坛相比，论坛是公众的活动空间，而博客则是个人的网络空间。博客形式与内容非常丰富。对入博人员的能力要求不高，可以依据个人思想与观点及时对信息进行增强删除与变换位置。同时博客通过博文链接实现了参照的快速跳转。大大方便了阅读。网民可能通过跟博进行主题分明的探讨。探讨问题时可以采用匿名方式和实名方式，这种虚拟的发表言论的方式通过技术实现了网民的言论自由性。因此，博客是有着思想与技术人员的一个宣传个人思想，实现民主的一个很好的手段。基于资源学习是相对于课堂学习而言的，课堂学习的要点是用指定的课本作为唯一的或主要的学习内容，到指定的教室听老师讲解课文，课后复习或读一些补充材料；考试内容限于课本范围之内。基于资源学习相比之下的显著特点是没有指定的教室，没有老师逐字逐句讲解课文，学生可以充分利用多种类、多模态首要学习资源以及助学资源。

五、基于网络资源的学习

基于资源学习这个理念的产生是因为课堂学习的底层框架受到了冲击，并且日益被打破。互联网是没有传统意义上的界限的，如地域上的界限（国界、校院围墙等）；行为上的界限（如课内，课外）；心理上的界限（如有些话当面不好意思说，而网上匿名聊天是无话不说）。在这些意义上说，互联网实现了无界革命。当今计算机信息技术带来的另一项重大革命是资源的数字化和集成。大学里的图书资料、音频和视频材料、教师授课、测试与评估材料、档案等都是资源，都可以通过数字化进行电子存贮，同时可以通过互联网进行异地实时或非实时提取。新的光电扫描技术、语音识别和生成技术、存储媒介（光盘、硬盘）不断增大的海量，音视频的压缩技术不断改进，使得电子化的成本下降速度加快。换句话说，各类资源的数字化和共享不再是可不可行的问题，而是有无决心去做的问题。

一个符合学的自身规律的教育环境应该是让学习者自由获取和利用资源。凡是能够自学的一律自学，自学有困难时教师提供启发性的帮助，使学习者自己能够解决困难。教应该是学习者得益最大的行为。而学习者得益最大的行为就是学习者可以不通过教就能自己学到的行为。所以，从学的角度说，教是越少越好。教师应该是自己职业的掘墓人。

1. 基于网络资源的学习环境

所谓基于网络资源学习环境，就是在学习环境下引入网络因素，网络可以是因特网（Internet）或是局域网（Intranet），学生通过阅读或查找大量的网上资料来进行学习的方式。基于网络资源的学习与 Richard Suchman（1962）提出的探究教学模式紧密相关。该模式的实施过程是老师向学生提出一个问题，学生分析问题，收集数据，有些信息学生可以询问老师而获得，但老师对于学生的问题只回答是与否，不直接解释。学生基于所收集的各种信息，提出关于该问题的一种解释或解答，提交全班讨论，最后得出全面而正确的结论。探究教学模式强调学生发现并获得知识的过程，希望让学生掌握科学家的工作方式。

基于网络资源的学习环境，就是支持该教学模式实施的教学环境，它支持学生使用广泛的信息来解决问题。在基于网络资源的学习环境中，老师鼓励学生主动地学习，积极地参与和探索，老师不再是知识的传播者，而是研究讨论的组织者和学员研究的助理。信息的来源不只是教科书，还包括多种渠道多种媒体。各种事实和结论需要学生去发现和挖掘，而不是由老师事先准备。教学活动的目的是让学生掌握解决问题的能力，使他们能区分真假、主次、因果，学会全面而深入地看待问题，而不仅仅是积累知识。

基于网络资源的学习环境的根本任务在于比传统教学更为有效的支持和培养学习。设计精良、功能完备的网络学习环境所具备的基本功能体现在：

（1）展示学习内容。与一般网络资源相比，课程的学习资源集中在特定的对象、课题、学习活动和研究任务上。由课程教师及专家以目标模式或问题解决模式为指导进行选择和组织，采用主干学习内容、基本辅助内容（解释、阐述、比拟）及补充扩展材料三者结合的结构组织方式。

学习环境以 Web 页来展示学习材料，并用按钮或超文本完成跳转、查看、链接、选择等的操作。学习者能借此搜寻可与先前经验进行整合的知识，形成意义，并在此过程中对自身的知识结构做更多的反思。

(2) 支持双向交互。学习环境中的交互包括社交交互和内容交互两种主要类型。社交交互即教学中的人际交互，是发生在教师—学生、学生—学生之间的信息交流，它具有灵活性和双向性的特点，常用的活动类型包括在线提问、答疑、咨询等。内容交互又称教学交互，是学习者与学习资源之间的交流，其活动类型主要围绕学习者对学习资源的处理和加工(浏览、查询、注解、分析)，学习环境则采用反馈、提问、序列编排等控制手段予以支持。

(3) 开展协作学习。协作学习是学习者与其他成员共享认知成果，或为小组目标的达成，对学习策略进行对话及商讨的过程。学习环境中的协作学习活动(竞争、辩论、讨论)可通过 E-mail、语音邮件、列表服务器、新闻组、聊天室、公告板、网上会议及其他 Internet 的双向交互媒体，以同步或异步的方式完成。

2. 基于网络资源学习模式——WebQuest

WebQuest 就是一种以探究为取向的学习活动，就是引领学生利用因特网资源的授课计划或者是课程单元，让学生开展以探究为取向的活动。通过向学生提问一些本质性问题、提供进一步探索的机会、让孩子们在动手做的过程中应用他们的知识，从而努力让孩子在较高的水平上思考，引领学生主动个性学习的作用在于架设从接受性学习向自主学习过渡的桥梁，帮助学生实现学习方式的转变。通过“脚手架”策略，让学生使用信息而非仅仅收集信息，并帮助学生分析、综合和评价，使学生在以学习为中心的教学过程中获得体验、内化各种策略。

(1) WebQuest 的特点和优势。

①转变传统的师生观，充分发挥教师的主导作用和学生的主体作用。在“因特网信息的搜索与浏览”一课中，通过创设情境激发学生自己提出问题，老师提供学生资源网站，让学生根据问题进行自主学习，充分发挥了教师的主导作用和学生的主体作用。实践表明，教学设想是正确的，课堂教学是成功的。学生兴致勃勃地在网上查找资料、解决问题，主动性得到充分的发挥。在这里，教师的主导作用首先体现在确定了内容和进度，内容和进度是在教师对人培养的整个考虑下提出来的，二是给出了对学的恰当而不过分的指导，学生这个时候的“学”，是有教师背景下的学，而不是盲目的在网上冲浪。三是转变了教学方式，教师给学生创造了自主学习的条件，让学生能放开手脚自己学。

②能提高学生处理和应用信息技术的能力，拓展学生的知识空间。 课前教师从网上收藏了很多资料的标题及网址，教会学生学会了在因特网快速搜寻信息。在很短的时间里，学生就在网上查阅到了很丰富、及时的资料。学生把从网上查找到的这些下载并用文字处理软件 word 用自己的语言归纳整理。通过整理学到了很多知识，比如一些操作技巧，一些常用软件教程等；同时锻炼了学生的阅读能力、归纳能力和写作能力。网络进入课堂，为学生提供了更为广阔的自主活动的空间和时间，学生可以主动地探索未知空间，丰富自己的知识。有效的客观资源更为丰富，学生自身资源得到更为充分的利用，对教师的依赖性相对减少。逐渐形成信息获取、分析、加工、利用的能力，从而形成并具备信息素养。另外，让学生应用如 word 和 excel 进行文字、数据处理、绘制统计图表，使学生应用信息技术的能力得到锻炼和提高。网络进入课堂，拓宽了学生的视野，将多姿多彩的大自然、漫长的科学发展史、社会生活中的现代科学新成果等内容引入课堂，丰富了教学内容，使学生学到了很多书本上学不到的知识，体会教学与生活的直接联系，提高了教学质量。

③培养学生的创新意识，提高学生的创新能力。在基于资源的学习环境下，教师鼓励学生主动的学习，积极地参与探索，老师不再是知识的传播者，而是研究探讨的组织者和学生研究的助理，信息的来源不只是教科书，还包括多种渠道和多媒体；各种事实和结论需要学生去发现和挖掘，而不是由老师事先准备；教学活动的目的是让学生能够掌握解决问题的能力，学会全面深入看待问题，进行创新。

(2) WebQuest 的六大组成部分。

①情境：提供背景信息和动机因素。比如给学生分配角色："假设你是一位科学家"，"你是一位宇航员"等。这一部分的目的是要让学生了解学习目标，提高学习者的学习兴趣。为了达到这两方面目标，应该使用所提供的信息。

②任务：这部分要阐明学生在完成时要达到什么样的结果。首先，教师要查找到一些适合特定主题的网站。教师在整合了网站内容后给学生设定一项任务。这一任务要是可行的和有趣的。提出任务或是需要研究的问题是一项难度很高，但富有创造性的工作。教师可以要求学生将自己的发现放到网上，或者在研究前让学生看一个已经完成的例子，让学生明白自己要做些什么，对学生完成任务也是个促进。

③过程：这一部分描述学习者完成任务所需要经过的步骤。

④资源：这一部分包括一些学生完成任务所需要的资源。需要记住的是，非网络性的资源也可以使用，"多样性是生活的调味品"。资源包括录像，录音带，书籍，海报，地图，模型，操纵器和雕塑。讲座，小组教学，实地考察等方法也可以采用。

⑤评价：需要有一套评价标准对学生的行为进行评价。标准必须是有效的、公正的、清晰的、一致的，并且适合特定任务。评价标准的制定要符合现代教育评价观。我们的目的是所有的学生都要有一个好的体验过程。

⑥结束语：这是学生进行反思，教师进行总结的阶段。

第三节 校园网络课程建设

随着中小学教育现代化进程的加速，随着"校校通"工程的逐步推进，目前我国的中小学校园网建设显示出强劲的势头，同时也为中小学教育教学工作的进一步发展奠定了基础。

一、校园网的教育功能

所谓校园网就是把分布在校园不同地点的多台电脑连接，按照网络协议相互通信，以共享软件、硬件和数据资源为目标的网络系统。提供丰富的教育教学信息和资源是校园网的生命力。校园网络具有距离短、延时少、相对成本低和传输速率高等优点；它的低层协议较简单，控制选择等问题大大简化；因而又具有组网简单、易于实现的特点。校园网的功能作用主要体现在：

1. 为学校和学校之间的教育提供网络环境

为教育信息的及时、准确，可靠地收集、处理、存储和传输等提供工具和网络环境。为学校行政管理和决策提供基础数据、手段和网络环境，实现办公自动化，提高工作的效率、管理和决策水平。为备课、课件制作、授课、学习、练习、辅导、交流、考试和统计评价等各个教学环节提供网络平台和环境。为使用网络通信、视频点播和视频广播技术，提供符合素质教育要求的新型教育模式；为科学研究的资料检索、收集和分析；成果的交流、研讨；模拟实验等提供环境和手段。

另外，校园网将打造良好的网络教学平台，是实现网络教育的关键环节。

2. 实现资源共享

实现教育资源共享是校园网与校园网群所提供的基本功能之一。校园网与校园网群实现了教育资源高度共享，这样能够在网上为学校教学、科研、管理提供信息资源服务，能为计划、组织、管理与决策提供基础信息和科学手段。

(1) 学科数据库。随着校园网络的逐步完善，网络信息的建设显得尤为重要，信息资源库的建设关乎到校园网的生命力。在目前学校任务中，教学任务最为重要，为教学服务的学科数据库的建设就显得迫切和需要，各个学校的学科数据库还可联合在一起，发挥更大的作用，为广大的师生提供丰富和优化的教学资源及教学环境。

学科数据库是将各个学科的资料进行精选并汇总在共享的数据库中，通过校园网进行发布，从而让所有教师和学生利用其中的丰富数据。它可以有很多种类型，如学科课程数据库、优秀教案库、案例素材库、学科试题库、学科媒体素材库、教材 CAI 软件库等。

学科数据库充分发挥网络的强大功能，提供校园范围内的教学信息共享，如果将校园网延伸到 Internet 上，就有了更大范围的应用。学科数据库所具备的“教育教学资源共享、信息交流、网上教学和远程教育”等功能，打破了传统教育在时间和空间上所受的限制，能使分布在不同地区的每一所学校和每一个家庭都能得到丰富的教育教学信息，能使每一位教师和学生受益。

(2) 数字图书馆(信息资源中心)。随着现代信息技术的深入发展，信息载体的数字化以及信息传播的网络化发展趋势，以书刊资料为主要收藏载体的传统图书馆面临巨大的挑战，逐渐难以适应数字时代的要求，因而图书馆的数字化是一个必然趋势。数字图书馆的出现给图书馆事业的发展带来新的契机，必将成为 21 世纪图书馆事业发展的主旋律。

“数字图书馆”一词由英文 Digital Library 翻译而来，就是对有高度价值的图像、文本、语音、音响、影像、影视、软件和科学数据等多媒体信息进行收集，组织规范性的加工，进行高质量保存和管理，实施知识增值，并提供在广域网上高速横向跨库连接的电子存取服务。同时还包括知识产权、存取权限、数据安全管理等。是用数字技术处理和存储各种图文并茂文献的图书馆。

传统图书馆收集、存储并重新组织信息，使读者能方便地查到他所想要的信息，同时跟踪读者使用情况，以保护信息提供者的权益。从数字图书馆角度来看，就是收集或创建数字化馆藏，这集成了各种数字化技术，如高分辨率数字扫描和色彩矫正、光学字符识别、信息压缩、转化等，把各种文献替换成计算机能识别的二进制系列图像，在安全保护、访问许可和记帐服务等完善的权限管理之下，经授权的信息利用因特网的发布技术，实现全球信息共享。数字图书馆的结构模式是：在网络环境下，是一个面向对象的、分布式的网络结构模式，它可适应在多种不同的计算机系统运行。一个数字图书馆的构成，主要包含用户接口、预处理系统，又称调度系统、查询系统和对象库等基本构件。

电子图书馆侧重对收藏特色的概括，收藏品基本为电子读物，阅读手段一般通过电脑等，不一定提供网上信息或上网服务。网上图书馆将一定量的信息在网上组织起来，供“读者”查阅和检索，不一定需要对应的图书馆社会实体，它也可以视为数字图书馆的初级形态。

“虚拟图书馆”是网上图书馆的别称，侧重其无实体的特征。

① 国外数字图书馆的兴起。“数字图书馆”概念一经提出，就得到了世界广泛的关注，纷纷组织力量进行探讨、研究和开发，进行各种模型的试验。随着数字地球概念、技术、应用领域的发展，数字图书馆已成为数字地球家族的成员，为信息高速公路提供必需的信息资源，是知识经济社会中主要的信息资源载体。美国国会图书馆是美国最早进行数字图书馆尝试的图书馆之一，其“美国的记忆”(American Memory)影响深远。“美国的记忆”最早是一个于1990～1995年间实施的试验性计划，该计划的目标是确定数字式馆藏的读者对象，建立数字图书馆的一整套技术过程，讨论有关知识资产的论题，进行分发演示，并最终确定国会图书馆数字化的方针与规范。该计划的数字馆藏对象主要为美国的历史文献，包括历史照片、手稿、历史档案及其他文献等。

上海图书馆是国内建设数字化图书馆的先行者，目前已积累了相当数量的数字化资源，古籍光盘已达64张，约4000MB影像数据，主页信息量也逾350MB，书目数据正加紧制作，全国报刊索引也是全国独一无二的信息源。另外还订购了大量的文摘及全文光盘数据库，其中一些还是网络版。应该说在数字化资源的拥有方面，上海图书馆目前在全国无出其右者。

美国于1991年率先开始研究数字图书馆。欧洲数字图书馆的开发是紧随美国之后的。英国的数字图书馆计划也是从大学做起。1992年，德莫诺英特大学的一所分校开始研制。其项目有：开发设计工作站与网络，提供存储与检索系统等；英国国家图书馆为改善信息检索系统和提高服务质量，将国家网上的公务目录与联合学术网相连接。1995年10月起，欧洲图书馆员联盟各成员的国家图书馆，合作开发了欧洲各国国家图书馆间的信息通道，以期通过单一的检索途径获取欧洲各地的全部信息，目前这一合作成果已在因特网上发布。加拿大、日本、新加坡等国也相继投入巨资开发本国的数字图书馆。

② 中国数字图书馆工程。我国数字图书馆建设起步虽然晚，但发展很快。由文化部牵头，中国国家图书馆、中国电信总公司、中国科学院、清华大学、北京大学等单位联手合作，诸多专家学者共同参与的宏大文化工程——中国数字图书馆工程已经正式启动。中国数字图书馆工程的目标，是建立起一个跨地区、跨行业的巨大文化信息资源网络，使之成为我国的“国家信息基础设施”；全面地收集文化资源信息，将其中的精品内容进行数字化与深加工，建设起一批以数字化图书馆、数字化博物馆、数字化影视中心等为代表的资源库，形成巨大的知识宝库；依托国家骨干通信网，建立完整的信息资源网络体系，针对不同需求的用户，提供对各种资源库的快速查询与检索；开发智能化中文用户界面和廉价的用户接入设备，普及网络的使用，使用户可以方便地、远距离地、像收看电视一样获取网上的资源，使文化信息资源得以最大限度地利用。

目前，多数高校采用引进和自建数据库的方式构建了相当规模的数字化信息源，通过校园网、互联网和电子阅览室等多种途径为广大师生提供越来越方便的信息服务。

在数字化资源的建设与服务初具规模之后，高校数字图书馆显露出一些“硬伤”：建库缺乏系统性、规范化、标准化；数字化加工不够彻底，深度、广度不够；数据库之间互相封闭、隔离，信息无法共享。只有让信息得以共享，才可以更好地为教师和学生服务。2002年5月，全国100多所高校图书馆的馆长及管理专家齐聚北京，就什么是人们获取信息的最佳方式，共商“高校数字化图书馆知识服务网络共建共享方案”、“高校数字化图书馆知识服务网络”

是由配备有标准知识服务平台的各高校数字化图书馆通过互联网连接起来的服务体系。标准服务平台具有“检索平台”、“电子商务平台”和“数据库创建平台”，分别负责完成用户的检索、结算用户与图书馆或图书馆之间因信息使用发生的资金往来以及图书馆自建并发布数据库产品。各数据库通过“知识元数据库”、“引文链接索引库”和其他元数据链接索引库耦合起来，用户可以从任何一个图书馆的标准平台进入。

目前，我国多数高校采用引进和自建数据库的方式构建了相当规模的数字化信息源，通过数字图书馆、电子阅览室和校园网、互联网等多种途径为广大师生提供越来越方便的信息服务，使我国高校教育科研队伍获取信息和知识的能力得到大幅度提升。

高校图书馆网址 www. netlib. edu. cn.

3. 实现信息交流

实现信息交流或通信是校园网与校园网群的另一个重要功能。它不仅是学校内部交流或通信平台，也是学校与学校、学校与家庭、学校与社会、学校与国际的交流或通信的平台，还是学生与学生、学生与教师、学生与学校领导、学生与社会之间交流或通信的平台。

4. 实现协同工作

网上的另一个重要的功能是在不同地点的学生与学生、学生与教师、教师与教师等能够在教学的各个环节协同工作，具体包括如下几个方面：

(1) 协同学习。学生在学习过程中遇到疑难时，需要共同面对学习中的困难，发挥各自特长，可通过校园网与校园网群进行交流和协同解决。对研究性和探索性问题，需要通过校园网与校园网群广泛收集资料，共同分析探索规律。

(2) 协同备课、教学和研究。教师在备课、教学和研究中，需要通过校园网与校园网群协同工作。例如，制作一个高质量的多媒体教学软件，为涉及第一线的学科教师提供脚本，教育专家提供教学理论模式，计算机软件工程师制作多媒体教学软件，需要美工对制作的软件进行包装设计，需要管理人才对整个制作过程进行严格的质量控制和管理。这些不同岗位的人，都可以在不同的地点和不同时间，在网上为一个共同的目标和任务分别完成各自的任务，以加快工作的进程。

(3) 协同管理。学校的重大决策和日常管理都需要大量有效的信息，这些信息是学校内，甚至学校外许多不同部门的工作成果。通过校园网与校园网群决策者和管理者可以随时随地、及时准确地根据所查询的信息，以便及时准确地做出决策或决定。此外，校内外的有关部门，例如教务处、财务处、人事处等，可以根据总的任务要求分别工作，再通过校园网或校园网群汇总研究。这些在传统的管理模式下都是很难做到的。

二、网络课程开发

课程开发是课程领域的一个常用的重要概念。它是指使课程的功能适应文化、社会、科学及人际关系要求的持续不断的决定课程、改进课程的活动与过程。课程开发除了包括目标、内容、活动、方法、资源及媒介、环境、评价、时间、人员、权力、程序和参与等各种课程因素外，还包括了各种因素之间的交互作用，特别是包含了课程决策的互动和协商。因此，课程开发的重点是强调过程性和动态性。

网络课程是通过网络表现的某门学科的教学内容及实施的教学活动的总和，它包括两个组成部分：按一定的教学目标、教学策略组织起来的教学内容和网络教学支撑环境，其中网络教学支撑环境特指支持网络教学的软件工具、教学资源以及在网络平台上实施的教学活动。

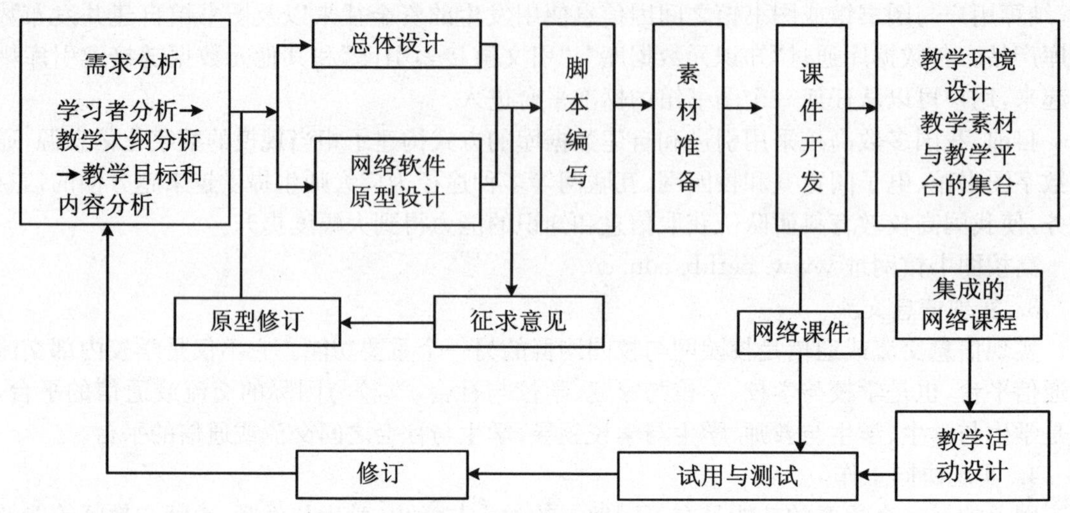

图 6-13 234 网络课程的开发流程

完整的网络课程设计与开发包括八个阶段：需求分析、总体设计与原型实现、脚本编写、素材准备、课件开发、教学环境设计、教学活动设计、运行维护与评价。

1. 需求分析

网络课程的需求分析就是对网络课程的内容、用途、使用对象、课件类型、应用环境等各方面的条件进行分析，以确定课程开发的目标和规模。这个阶段包括学习者分析、课程教学大纲、教学目标和教学内容分析。

学习者分析就是结合网络课程的教学目标和教学内容对学习者的知识基础、认知能力和认知结构变量进行分析。对学习者原有能力知识基础的确定，可采用“分类测定法”或“二叉树探索法”；对认知能力的确定，可以采用“逐步逼近法”；对认知结构变量的确定，则应分析当前教学内容与大多数学生认知结构中的原有观念是否存在类属关系、总括关系或并列组合关系。除此以外，还可以在实践中试验和创造其他更有效的学习者特征分析方法。

教学大纲是以纲要的形式规定出学科的内容、体系和范围，它规定课程的教学目标和课程的实质性内容，是编写网络课程的直接依据，也是检查网络教学质量的直接尺度，对网络教学工作具有直接的指导意义，对学生了解整个课程知识体系也有很大帮助。

进行课程教学目标的分析，是为了确定实现教学目标所需要的具体教学内容和教学内容的序列。教学目标分析的方法通常包括归类分析法、信息加工分析法、层级分析法和ISM 分析法。

教学内容要根据教学大纲和教学目标来确定。教学内容的需求分析对编写教材、配套的练习册、实验手册等有一定的引导作用。如果已有优秀教材，尽可能选用。教材的内容应具有科学性、系统性和先进性，符合本门课程的内在逻辑体系和学生的认知规律，表达形式应符合国家的有关规范标准。

教材是教学内容选择结果的体现，教学内容选择时，要选择切合实际社会需求、反应本学科最新发展动态的教材，对于那些已经过时的内容要坚决地删除；教材不是教学内容的简单堆砌，而是教学内容的有机组合，教材应能够把一门学科的基本概念、基本原理和基本技能要求提炼出来，形成一个具有逻辑性、系统性的知识系统，使之有利于学生对知识的理解与迁移；练习册是选定教学内容后，诊断与巩固教学内容的测验试题的集合，它是教材的重要组成部分。

对于一些含有技能培养目标的课程来说，实验是必不可少的。实验是教材中理论知识的实践认证，技能知识的具体体现。设计实验时，要注意实践性和可行性，实践性是指实验在理论指导下，通过具体的操作步骤，达到预期结果；可行性是指设计的实验要求的条件不能太高，要能在实际教学过程中得到实施。在网络教学环境下，尤其要注意实验的可行性。实验手册是对实验的说明，一般有实验目标、实验环境、预备知识、实验步骤、实验报告、思考与练习等几大部分。

2. 总体设计与原型实现

选择一个相对完整的教学单元，设计出一个教学单元的网络课件原型，通过原型设计，确定网络课件的总体风格、界面、导航风格、素材的规格以及脚本编写的内容。

总体设计是设计过程中最重要的一环，它是形成网络课件设计总体思路的过程，决定了后续开发的方方面面，网络课件设计过程所要遵循所有原则，都要在这一阶段得到充分体现。原型实现后，应在一定范围内征求意见，尤其是征求最终用户（学生）的意见，并根据征求的意见进行修订，以达到最优化的目的，减少后续开发过程中修订的工作量。

3. 脚本编写

脚本是教学人员与技术开发人员沟通的桥梁，脚本编写要根据计算机的特点，在一定的学习理论的指导下，对每个教学单元的内容及其安排以及各单元之间的逻辑关系进行教学设计，并写出相应的设计文本，网络课件的脚本编写要充分考虑原型设计阶段所确定的内容表现、导航、教学设计等课件的总体风格。脚本描述了学生将要在计算机上看到的细节。它在课件设计中占有非常重要的地位，它是设计阶段的总结，又是开发和实施阶段的依据。从其内容来看，它是网络课件中教学内容和教学方法的载体，而不是课本或教案的简单复制。

4. 素材准备

素材准备。根据脚本的要求，准备所需要的素材，包括文字、图片、声音、动画、视频、案例等，通过课件原型的设计和脚本的编写，可明确素材的规格、数量、种类和具体内容，便于进行批量制作，可大大降低开发的时间与成本。

素材采集。通过扫描仪扫描图形，把准备好的音频和视频素材，通过声卡和视频采集卡，转换为计算机可识别的数据文件。

素材整理。制作好素材后，要根据《现代远程教育资源建设技术规范》对素材进行属性标注，纳入到网络课程的素材库中，供学生学习和教师在学习和教学中参考。

5. 课件开发

根据脚本提供的要求和建议，参考开发的软件原型，利用课件开发工具（FrontPage、Dreamweaver、Flash、Shokewave、Mediatools、Visual J＋＋等）集成课程内容，形成网络课件。

界面设计和制作。对屏幕上将要显示的信息的布局进行设计，包括主菜单、不同级别的操作按钮、教学信息的显示背景、翻页和清屏方式等。

编写文字说明材料。完成软件的制作以后，还要编写相应的文字说明材料，例如软件的内容适于何种程度的学生使用，软件的使用环境，使用的机型，软件的使用方法，以及其他配套使用的文字材料等。

6. 教学环境设计

课程教学内容设计是实施网上教学的基础，但绝对不是网上课程内容设计的全部。在网上进行学习，强调以学为中心，强调学生的自主学习，在网络课程设计过程中应注意设计大量帮助学生进行自主学习的资源，促进学生的自主思维，促进学生的思维深度，促进学生学习的参与度。在一个典型的网络教学系统中，促进学生自主学习的课程资源有：讨论论题、疑问及解答、课程辅助资源、测验试题、自主学习活动等。这些资源，都应该在统一的网络教学环境下管理与使用，教学环境设计主要指在统一的教学支持平台下的自主学习资源设计，而不是网络教学软件的设计，教师只需关注如何在网络平台设计具体的学习支持资源，而无需关注具体的程序设计，比如与网络课程学习直接有关的课程大纲、练习题、常见问题、讨论题等，所有内容直接在统一的网络教学平台界面中录入，或通过标准的 TXT 或 RTF 文件提供。自主学习资源、自主学习活动设计是网上课程设计与传统基于教科书的课程设计的基本区别之一。

7. 教学活动设计

自主学习活动设计是网络课程开发的核心内容，它是对即将实施的网络教学具体活动的规划和设计，通过教学活动的设计，教师便可清晰的知道如何利用已设计好的网络课件与网络教学环境。自主学习活动设计的基本出发点在于促进学生与教师之间、学生与学生之间的交流，促进学生积极地投入到网络学习中来，充分发挥自己的积极主动性，提高网络学习的参与度。自主学习活动对学生个性的发展，社会参与能力、协作意识与协作能力、知识学习与实践能力的提高等均有重要的训练作用。从学生的全面发展和知识学习两个角度出发，网上教学活动具有以下四种功能目标的统一：社会化与个性化的统一，知识学习与知识实践的统一。

在一门完整的网络课程中，至少需要设计如下教学活动：实时讲座、实时答疑、分组讨论、布置作业、作业讲评、协作学习、探索式解决问题等。教学活动的安排，根据课程内容确定。

8. 运行维护与评价

网络课程与传统的课程内容不同，它是开放的，因为支持它的网络教学环境是动态的，是开放的，在网络课程的运行过程中，会产生很多很有价值的教学资源，这些教学资源通过相应的管理系统的管理，本身就可以纳入到网络课程中并成为网络课程的重要组成部分。

三、网络课程教学实施与评价

网络课程的教学实施与传统课程有一定的区别，一般要经历教师培训和试用两个阶段。

(1) 教师培训：一般来说，一门课程的教师通常更多地具有面对面授课的经验，仅仅这些对于网络课程来说是远远不够的，所以要进行必要的培训，培训的内容主要为网络课程中媒体的使用技能、网络课程的教学模式等方面。

(2) 试用：一般来说，试用只是在小范围教学中使用新课程，如果在试用期间没有太大的问题出现，通常就会进入推广应用阶段。事实上，现在很多课程并不是在全部设计制作完之后才进入试用的，而是在课程设计基本完成后，先做出一部分课程，称之为课程样本，然后试用课程样本，因为样本的容量小，使用灵活，试用周期短，所以能及时反馈课程设计或开发中的问题。这样的试用一般都是伴随着开发的整个过程。采用这样的试用方式，可以使试用结果直接指导接下来的开发工作，还可以避免当完成全部课程后才发现严重问题而造成重大损失的危险，而且还随时得到教学第一线的反馈信息，可以使开发始终与教学实践相联系，从学习者出发，不会做出脱离现实的课程。但由于这种形式中，试用持续的时间受到开发时间的制约，而当开发时间很长时，成本会相当高，同时，对试用课程的学习者和教师的要求也很高，通常是由固定的实验学校和实验班来完成。这样的试用方式适用于开发体系比较庞大的课程和有条件(尤其是有实验学校和实验班)的情况。

如何评价网络课程的优劣，是目前教育界人士关注的一个焦点。国家教育部于2000年2月发布了《现代远程教育工程教育资源开发标准(征求意见稿)》，这一标准没有专门提出网络课程的评价标准，只对网络学习资源、网络课件和网络课程提出了一些比较基本的要求，而无法形成系统的测试指标用于对网络课程的质量进行考察。2000年10月中国电化教育协会与清华永新信息工程有限公司联合组织30多位专家对全国范围内的一批网络课程及网络课件进行了评审。由于没有现存的标准可供借鉴，专家们在一般多媒体课件评审标准的基础上，提出网络课程的一般原则(见附表)：开放性，适合更多的人在网络上学习；共享功能，尽可能的有更多的资源让更多的人共享；交互性，强调网络上人与人的沟通，而不只是简单的人机对话个性化，适合个性化学习；更新的频率要高等等。

附表：北京师范大学余胜泉教授提出关于网络课程评价指标体系表

	评价项	优	良	中	较差	差
界面设计	色彩鲜明，既不枯燥无味，又不会分散学习者注意。	( )	( )	( )	( )	( )
	页面布局符合视觉习惯。	( )	( )	( )	( )	( )
	内容清晰，没有显示错误。	( )	( )	( )	( )	( )
	每页呈现的信息量符合学生的认知能力 。	( )	( )	( )	( )	( )
	链接的外观明确而且符合一般习惯。	( )	( )	( )	( )	( )
	每门课程的网页应保持统一的风格和操作界面。	( )	( )	( )	( )	( )
	背景音乐选用恰当。	( )	( )	( )	( )	( )
导航	界面非常直观，学习者在没有指导和帮助的情况就可轻而易举地操作导航路径和使用其他功能。	( )	( )	( )	( )	( )
定位	全部的页面都有标题或使用不同的习惯以确定学习者目前的位置，以及学习者目前的位置很容易识别或者要时常看到课程中的菜单条或者路径图。	( )	( )	( )	( )	( )
课程说明	提供关于本门课程完整的说明。	( )	( )	( )	( )	( )
课程计划	提供给教师和学生完整的课程计划与时间安排。	( )	( )	( )	( )	( )
学习目标	提供本门课程明确的学习目标。	( )	( )	( )	( )	( )
复习旧知	提供与先前学习相联系的内容。	( )	( )	( )	( )	( )
学习指导	提供学习本门课程的学习方法指导和策略。	( )	( )	( )	( )	( )

续表

	评 价 项	优　良　中　较差　差
课程内容	具有完整的科学知识体系。	(　)(　)(　)(　)(　)
	符合学生的认知年龄。	(　)(　)(　)(　)(　)
	在疑难关键知识点上提供多种形式和多层次的学习内容。根据不同的学习层次设置不同的知识单元体系结构。	(　)(　)(　)(　)(　)
	课程内容随着科学的发展而定期更新。	(　)(　)(　)(　)(　)
	课程文字说明中的有关名词、概念、符号、人名、定理、定律和重要知识点都要与相关的背景资料相链接。	(　)(　)(　)(　)(　)
动机的激发	使用的策略既与课程内容有关，又能有效的引起和维持学习者的注意和兴趣。	(　)(　)(　)(　)(　)
	持续使用适当的策略以便促使学习者在整个学习过程中参与学习和维持他们的学习动机。	(　)(　)(　)(　)(　)
学习者控制	给予适当的控制权，使学习者可自定学习进度和学习方式。	(　)(　)(　)(　)(　)
学习活动	交互性强，提供教师与学生、学生之间各种交互工具，如：电子邮件、聊天室、BBS、电子白板、记事本等。	(　)(　)(　)(　)(　)
	提供支持多种学习策略的活动。	(　)(　)(　)(　)(　)
	提供的学习活动能激发学生的主动性。	(　)(　)(　)(　)(　)
	提供符合学习者风格的个性化学习活动。	(　)(　)(　)(　)(　)
	提供基于任务的协作学习活动。	(　)(　)(　)(　)(　)
媒体运用	课程中合理使用各种媒体。	(　)(　)(　)(　)(　)
范例运用	对于课程中的难点和重点，合理使用范例以促进学生对知识的理解。	(　)(　)(　)(　)(　)
学习工具	提供丰富的学习工具：如笔记本、画板、电子白板、聊天室、电子邮件等。	(　)(　)(　)(　)(　)
历史记录	提供了历史记录，使学习者可快速跳转到以前浏览过的页面。	(　)(　)(　)(　)(　)
练习	基于真实情境。	(　)(　)(　)(　)(　)
	提供的练习不仅能使学习者知道所学内容，更能实现高层次的认知目标，如：运用、分析、综合与评价。	(　)(　)(　)(　)(　)
	提供不同难度的练习，以适合不同学习者和不同的学习阶段。	(　)(　)(　)(　)(　)
	提供不同情境的练习，有助于知识的迁移。	(　)(　)(　)(　)(　)
	及时与恰当的反馈，能提供详细的解释和正确答案，并且有助于学习者的理解和改正错误。	(　)(　)(　)(　)(　)
	能提供反思与重试的机会，给学习者复习、回顾和再次尝试的机会，当学习者没有成功时，提供适当的结果或帮助找到答案。	(　)(　)(　)(　)(　)
	提供本门课程的综合性练习	(　)(　)(　)(　)(　)

续表

	评 价 项	优	良	中	较差	差
学习资源	资源表现形式多样,包括:文本、视频、音频、图形/图像、动画等。	( )	( )	( )	( )	( )
	资源内容与课程紧密相关。	( )	( )	( )	( )	( )
	资源有助于扩展学生的思路,激发学生的想象与创造。	( )	( )	( )	( )	( )
	资源中的素材符合媒体素材的评价标准	( )	( )	( )	( )	( )
答疑	提供答疑机制,学生能方便的发布学习中的疑难,教师可及时回答学生的问题。	( )	( )	( )	( )	( )
作业	教师可以方便的布置与判阅作业。	( )	( )	( )	( )	( )
	学生可方便的浏览与提交作业。	( )	( )	( )	( )	( )
评价系统	有对学生学习过程的跟踪记录,如:登录次数,参与活动的情况等。	( )	( )	( )	( )	( )
	有对学生作业情况的记录。	( )	( )	( )	( )	( )
	提供日常测验与阶段考试。	( )	( )	( )	( )	( )
	提供综合性期末考试。	( )	( )	( )	( )	( )
	评价结果的有效性高。	( )	( )	( )	( )	( )
	评价结果的可靠性高。	( )	( )	( )	( )	( )
支持学习系统	提供关于本课程的在线帮助。	( )	( )	( )	( )	( )
	提供关于本课程的各种信息,如:考核标准、收费情况、技术要求、参考书和日常事务服务等。	( )	( )	( )	( )	( )
	有专职人员提供学习本课程的全面技术支持。	( )	( )	( )	( )	( )
教师支持系统	提供方便的课程开发工具。	( )	( )	( )	( )	( )
	有专职人员为教师提供全面的技术支持。	( )	( )	( )	( )	( )
	为教师提供从教室到网络传输知识的支持。	( )	( )	( )	( )	( )
	为教师的教学提供各类资源。	( )	( )	( )	( )	( )
支持学习系统	课程采用模块化结构,能方便对课程的内容进行扩展,功能进行升级。	( )	( )	( )	( )	( )
	网页文件、目录清晰、合理。	( )	( )	( )	( )	( )
	提供完整的文字说明与制作脚本	( )	( )	( )	( )	( )
	课程运行没有技术故障。	( )	( )	( )	( )	( )
	没有链接中断。	( )	( )	( )	( )	( )
	学习者根据屏幕的导向能安装课程或课程自动安装。	( )	( )	( )	( )	( )
	学习者可以按照屏幕的指导或使用标准操作系统中控制面板的安装/卸载程序来卸载课程。	( )	( )	( )	( )	( )

学习思考题

1. 什么是远程教育？远程教育的发展经历了哪些阶段？
2. 基于网络资源学习的理念是什么？
3. 校园网络课程的开发流程是怎样的？

第七章　教学软件的设计与开发

学习目标

1. 熟悉CAI课件的类型和教学应用。
2. 熟悉数码相机的摄影技术。
3. 掌握教学软件常用的文件格式。掌握多媒体素材采集技术。
4. 掌握图形、图像媒体格式与采集技术。
5. 熟练使用PowerPoint 2003制作CAI课件。
6. 系统设计、开发和评价多媒体教学软件。

第一节　计算机辅助教育的内容及发展

一、计算机辅助教育

1. 计算机辅助教学的内容

计算机辅助教学(CAI，Computer-Assisted Instruction)是计算机在教学中应用的最重要的方式之一，计算机辅助教学的基本过程，在CAI系统中，存放着多种科目的课件或内容丰富的学习资料。学生首先从计算机系统中选择学习内容，系统根据学生的选择检索出相应内容后，通过输出设备呈现给学生，学生从屏幕上接受教学内容，通过思维达到理解后，系统提出问题并展现给学生，学生接受刺激后做出应答，同时反馈给CAI系统，系统通过检测评定后确认应答的正确或错误再反馈给学生，学生接受反馈得到强化理解，最后，CAI系统根据学生的应答情况做出下一步教学决策。或是继续学习，或是复习，或是补习等，这些决策也可以由学生自己做出。需要说明的是，不是所有的CAI系统都是如此，不同的CAI模式其过程不尽相同，但就其基本过程的交互性、个别化、调动学生的学习积极性方面应是共同的。计算机辅助教学，除以个别化学习形态来辅助学生的学习外，还以“集体化”形态来助教促学，作为一种新型的教学技术可以广泛应用于学校的课堂教学过程中，用于讲授、课堂练习、阶段复习及实验的各个环节。

2. 计算机辅助教育的发展

我国从20世纪80年代以来，比较广泛使用的概念是CAI，但随着教育信息化的发展，教育观念的转变，素质教育改革的深化，计算机在教育中的应用更加强调教育资源库的建设和使用，强调学生利用网络上的教育资源进行探究式的学习。CAI教学和课件仍然是一定的区域内的学习资源。以学生的学习为中心的E-Learning的概念将得到强化，整个教育改革将向着E-Education，即信息化教育的方向发展。回顾我国计算机辅助教育的发展历程，大致经历了三个阶段：

(1) 自制课件阶段(20 世纪 80 年代～1997 年)。少数中小学计算机教师在苹果计算机上自发研究开发课件,试验计算机辅助教学。20 世纪 90 年代中期后,全国掀起应用现代教育技术的高潮,教师在观摩课上用自制的课件辅助教学,学校教学资源建设依靠收集课件资源,学校应用现代教育技术处于创业期与表演型的初级阶段。

(2) 资源库建设和积件思想阶段(1997 年后)。教师培训从主要制作课件到主要学习收集和利用各类软件资源,积件的思想和资源库的建设受到重视,教师在教学中注意充分利用现有的教学软件资源来辅助自己的教学,但由于受到现有资源的限制,现代教育技术在学校的应用处于有限应用阶段。

(3) 信息技术与学科教学整合阶段(2001 年后)。随着创新教育的发展、研究型学习的兴起、因特网学习资源的迅速膨胀,进入到 E-Learning,电子化学习或信息化学习阶段,信息技术成为了学生的学习环境和学习资源,而不仅仅是学习的辅助工具,以学为中心的教学模式被广泛认同,学生充分利用信息技术和信息资源进行自主学习,教师培训从课件的制作和应用转向信息化教学设计,教师在教学中充分利用网络资源和各类信息资源来辅助学生的自主学习,学生的电子作品成为教学评价和教学资源建设的重要组成部分,现代教育技术在学校的应用逐步成为日常教学活动的基础。信息技术与学科教学整合的发展方向将成为我国教育信息化发展的主流。

二、计算机工作原理

计算机系统是由硬件与软件两大部分组成的。

1. 计算机硬件系统

硬件是指计算机系统中各种实际的物理设备。任何计算机系统,其硬件系统都由中央处理单元、内存储器、外存储器、输入设备和输出设备五个基本部分组成。通常把计算机的中央处理单元和内存储器称为主机,把其他设备称为外设。主机上通常有许多扩展槽,可以与外设相连并插入各种可选设备。

(1) 中央处理单元(CPU)是执行所有计算、控制整个系统的核心部分,在个人计算机中 CPU 被集成在一块芯片中。

(2) 内存储器即内存,用于存储由 CPU 直接操作的信息(包括控制命令和执行命令所需的数据)。内存的存取速度和容量大小直接影响着计算机的运行速度。有两种内存:① 只读存储器(ROM)。ROM 的内容不可更改,有些控制指令被永久固化在其中,计算机每次运行都要读取。这些命令通常包括上电自检、自动加载以及硬件驱动等功能。② 随机存储器(RAM)。计算机使用和处理的数据及程序被暂时存储在 RAM 中,可以随机读写。计算机掉电或关机时会清除 RAM 中的信息。

(3) 外存储器用来存储不在当前 CPU 中运行的程序和数据,一旦需要可将其调入内存。外存储器主要有磁带、磁盘和光盘,可存储系统软件和用户的程序及数据等各种信息。PC 机一般使用硬盘、软盘和 CD-ROM 光盘。硬盘是微机的主要存储设备,存储容量大、读写速度快,一般与硬盘驱动器一起固定在主机箱中。软盘携带方便,但容量较小,读写速度比硬盘慢。PC 机的配置软盘一般有 720K、1. 2M、1. 44M 等,用软盘驱动器驱动。CD-ROM 光盘容量大,可达 680M,但只能读不能写,用光盘驱动器驱动。现在已出现可写式光盘。

(4) 输入设备是指将信息输入到计算机中的设备,常用的有键盘、鼠标,其他输入设备还有游戏杆、轨迹球、扫描仪、条形码扫描器、光笔及绘图板等。

(5) 输出设备用于输出计算机的各种处理结果与数据,常用的输出设备有显示器、打印机,其他还有绘图仪、液晶显示板、液晶数据投影器及扬声器等。

2. 计算机软件系统

计算机软件系统主要包括系统软件与应用软件两大类。系统软件是生成、准备和执行其他程序所需要的一组文件和程序,如操作系统(如 DOS、Windows、UNIX 等)、语言编译和解释系统、程序设计语言(如汇编、BASIC、PASCAL、C、C++等),以及系统服务、诊断程序等。在计算机软件系统中,操作系统是计算机系统中所有硬件、软件资源的组织者和管理者,系统中各部件之间相互配合、协调一致的工作都是靠操作系统的统一控制才得以实现的,计算机用户也是通过操作系统使用计算机的,它是用户使用软、硬件资源的服务者和环境。目前,国内 PC 机的操作系统主要包括 DOS、Windows。应用软件是计算机用户为了解决某些具体问题而购买、开发或研制的各种程序,如字处理软件(包括 Word、WPS 等)、电子表格(Excel 等)、数据库管理系统(如 dBase、FoxPro、Access 等),以及财务软件、统计软件、管理软件、教学软件等。

三、计算机辅助教学(CAI)课件的类型

计算机辅助教学课件是一种计算机程序,一般指在一定的学习理论指导下,根据教学目标设计的,反映某种教学内容和教学策略的计算机软件。它包含教与学过程中的各种信息,具有明确的教学目标、相应的教学方法及对教学过程控制的策略。这些教学信息通过计算机输出设备的显示器呈现给学习者;帮助学习者达到有效的学习。计算机在教学应用过程中形成了多种教学软件类型,体现了不同的教学方法和策略,具有不同的促学作用。为了帮助教师对课件进行研究,课件的类型很多,下面介绍几种有代表性的 CAI 课件类型。

1. 课堂演示型

课堂演示型课件是为讲述学科教学重点和难点而设计的,主要用于呈现教学内容(如教师上课的提纲等)和进行课堂教学演示。一般要求文字清晰、画面直观,能够按照教学思路逐步深入地展开教学内容。

2. 模拟实验型

模拟是指在控制状态下对真实现象(如各种自然现象、社会现象、训练问题、管理问题等)的结构或功能的动态表现。用于教学的模拟称作教学模拟。根据一定的教学需求,利用计算机仿真、再现一个真实的情境是教学模拟的重要形式之一。这种形式可以提供新的实验方法和手段,完成许多在学校条件下难以完成或用常规实验手段难于实现的实验,例如费用太昂贵或包含危险因素等的实验,如太空旅行等;另外,教学模拟也用于演示那些在课堂教学中难以观看到的现象、过程和规律;用于对学习者进行实验操作技能技巧的训练;以及模拟某种规律运动变化的情景,让学生在与模拟系统的交互作用中进行探索、发现和学习。

3. 教学游戏型

游戏型课件通过提供富有趣味和竞争性的学习环境,寓教于乐,来激发学生的学习动机,保持学习的积极性,从而教会学生掌握学科知识和能力,达到有效学习的目的。常见的有合作游戏型、竞争游戏型、角色扮演型等。大多数教学游戏型课件还有着随机变化和形象

生动的特点，使相应的教学活动更加活泼多变。

4. 研究发现型

发现学习型课件是为学生创设一种符合学习主题内容的情景，并给学生提供能进行探索、分析和掌握新概念和原理的工具，让学生自主获取新的知识，并在研究、探索过程中发展更高层次的认知能力。

5. 问题求解型

问题求解型课件通过计算机为学生呈现问题情境，让学生自己来确定问题，提出假设和建立解决问题的方法。这种类型的课件对培养学生解决问题的能力十分有利，因此越来越被重视。

6. 练习训练型

此类课件并不向学生传授新的内容，而是由计算机向学生逐个呈现问题，学生练习作答，计算机给予适当的评分和即时反馈。训练基本上涉及记忆和联想问题；而练习的目的重在帮助学生形成和巩固对问题的求解技能。

7. 辅助指导型

辅助指导类型的课件是利用程序模仿教师对学生进行个别辅导的过程；从而实现系统、完整地进行某一专题内容的教学。它通过呈现各种形式的学习内容（概念、规则、例子、说明等）、提出问题、判断反馈、矫正错误、补救和帮助等活动，利用精心安排的人—机互动，使学生处于个别化学习环境之中。

8. 协作学习型

以教学课件展开小组式、讨论式的计算机网上学习。实现开放式教学。

四、计算机多媒体系统的教学应用

计算机多媒体系统在教学应用中形成了多种不同的教学模式，主要有课堂教学模式、小组互助协作学习模式、个别化自主学习模式，以及开放学习模式、网络学习模式和虚拟现实教学模式等。

1. 课堂教学

课堂教学模式是我国目前的计算机辅助教学应用中主要的模式之一。课堂教学模式是利用计算机多媒体与其他教学媒体相结合共同参与课堂教学过程，以达到优化课堂教学的效果。在这种模式中，计算机多媒体主要用于解决教学的重点、难点问题，使用多媒体演示型或多媒体百科全书一类的资料型软件，来使抽象的变成直观的、无形的变成有形的、不可观察到的变成可观察到的。总之，通过为学生提供各种感知材料，培养其观察能力，提高其学习动机。

2. 自主学习

多媒体环境下的个别化自主学习模式，是指在多媒体网络教室的环境下，利用计算机多媒体系统中的教学软件个别地、通过人—机交互方式进行的系统学习。在这种模式下，使用的教学软件大都是提供知识讲解、举例说明、多媒体信息的演示、提问诊断、反馈评价等教学过程；学生以人—机交互作用方式参与学习，主要依赖教学软件的指导和导航策略进行学习，并依靠自我评价和反馈信息来控制学习过程，学习的自主性很大。目前，我国经济发达地区的一些中小学校已经开展这种模式的实验研究与推广应用，在未来的学校教育中将有着美好的前景。

3. 虚拟现实(VirtualReality,简称 VR 技术)

就是利用计算机多媒体系统的形成交互式人工世界,学习者戴上一顶特殊的头盔,便有身临其境的真实感觉;戴上一副数据手套,不仅能感知,而且能够操作虚拟世界的各种对象,如飞行驾驶、星际旅行、水下探险、外科手术等。利用此功能可使学习者亲自体验现实中无法实现的一些经历,变抽象内容为具体感知,提高学习效果。

第二节 多媒体素材采集

一、文本采集技术

(一)常用的文本文件格式

本文界定,将文本文件格式分为两种,一种是“可修改”的文本格式,如 TXT 和 DOC 等,另一种是“不可修改”的文本各种,如 PDF 和图片形式的文本。

1. 常用“可修改”的文本文件格式

常见的有 DOC,HTM,TXT,RTF,WPS 等格式。下面对其进行简单介绍:

(1) DOC:当在 Microsoft Word2003 中保存一个新文档时,默认情况下,Word 会以扩展名为 DOC 的 Word2003 格式进行保存。

(2) TXT:是纯文本格式,只保存文本,不保存其格式设置。将所有的分节符、分页符、换行符转换为段落标记。使用 ANSI 字符集。用记事本编辑的文本在默认情况下,就是以 TXT 格式进行保存的。

(3) HTM:是 Web 页格式。如果将文件保存为 Web 页,则所有的支持文件(如项目符号、背景纹理和图形)在默认情况下都将保存在支持文件夹中。默认情况下,支持文件夹的名称是由 Web 页的名称加上下划线(_)、句点(.)或连字符(—)及单词“files”组成的。单词“files”将显示为与将文件保存为 Web 页时所使用的 Microsoft Office2003 语言版本相对应的语言。某些 Web 浏览器可能不支持能够在 Word 中使用的某些文件格式。在将 Word 文档保存为 Web 页时,Word 可以取消不支持的格式设置,并应用 Web 浏览器支持的格式。

(4) RTF:保存所有格式设置。将格式设置转换为其他程序(包括兼容的 Microsoft 程序)能阅读和解释的指令。Word2003 也可将文本另保存为这种格式。

(5) WRI:用写字板文件编辑时,文件保存的格式。

(6) WPS:当用 WPS 进行编辑文本时,默认的文本格式就是 WPS 格式。

2. 常见的“不可修改”的文本格式

常见的主要有 PDF,CAJ,KDH,PDG,WDL,VIP 以及图片形式的文本等格式。一般来说,每种格式的文本都对应的一种浏览器,以下简单介绍:

(1) PDF 格式的文本用 adobe Reader 浏览。

(2) CAJ、KDH 格式的文本用 cajviewer 浏览。

(3) PDG 格式的文本用超星浏览器浏览。

(4) WDL 格式的文本用华康浏览器浏览。

(5) VIP 格式的文本用维普浏览器浏览。

(二)文本文件的采集技术

1. 键盘输入的方式获取文本

通过键盘输入的方式获取文本，通常要结合某个文本编辑处理软件，常用的如Microsoft Word 和 WPS。

(1) Microsoft Word。最常用的文字编辑处理软件是 Microsoft 公司的 Microsoft Office办公自动化应用软件的 Word2003。Word2003 是在 Windows 环境下运行的字处理软件，其图文并茂，具有强大的处理文字、表格、图片等功能。Word2003 中文版是 Microsoft 公司为中国用户推出的汉化版本。Word2003 是 Microsoft Office2003 的成员软件之一，具有较强的文字处理功能，其主要功能如下：

● 编辑修改功能。Word 充分利用 Windows 提供的图形界面，大量使用菜单、对话框、快捷方式和帮助系统，使操作变得简单，可方便地进行复制、移动、删除、恢复、撤销、查找、替换等基本编辑操作。

● 格式设置功能。Word 具有丰富的文字修饰效果功能，可以设置文字的多种格式，如：字体、大小、颜色等，还可以设置空心、阴文、阳文、加粗、加下划线等效果；可使用格式刷快速复制格式；可直接套用各种标题格式。

● 自动化功能。具有语法、拼写自动检查功能，在输入的同时，会自动检查语法和拼写错误。具有自动输入功能，会自动创建编号列表、项目符号表，并自动套用缩进量。另外，Word 提供了自动更正、自动套用格式、信函向导等一套丰富的自动功能，使用户可以轻轻松松地完成日常工作。

● 表格处理功能。Word 具有较强的表格处理功能，能任意地对表格的大小、位置进行调整，表格中可以包含图形或其他表格，可以创建、编辑复杂的表格等。可以使用公式对表格数据进行简单的计算、排序，并根据数据创建图表。

● 图文混排功能。Word 提供一套绘制图形和图片功能，可以十分方便地创建多种效果的文本和图形。绘图功能提供了 100 多种自选图形和 4 种填充效果。增强了图文混排功能，使图片的拖放、插入等操作更加简单。崭新的剪贴库提供了丰富的图片资料。

● 边框和底纹。Word 提供了 100 多种边框样式用于改变文档的外观(包括三维效果)，集中了多种用于专业文档的流行样式，特别适合于制作专业化的文档。

● Web 工具。Word 提供了一套内容丰富的功能，以便使用全球广域网。可以将 Word 作为电子邮件编辑器，利用电子邮件在 Internet 上发送文档，利用网页模板可以方便地制作出精美的网页，使用“WebFolders”功能可以管理用户存放在网络服务器上的文件。

(2) Word2003 的界面。Word2003 的界面如图 7-1 所示。

(3) WPS。除了 Word2003 以外，金山公司推出的 WPS 系列字处理系统也是优秀的字处理软件。WPSOffice 是一款国产的优秀的办公软件，集成了电子文档、电子表格、多媒体演示/制作、电子邮件、网页浏览、图片浏览各功能模块，功能非常强大，符合现代企业办公实际需要。

WPSOffice2007 是一套办公软件组合，包括金山文字处理 2007、金山电子表格 2007、金山电子邮件 2007、金山电子演示 2007 四款软件。

WPS 的全称是 Word Processing System，它是金山公司开发的一个集编辑与打印为一体的汉字处理系统，主要功能就是用来做全屏幕文字编辑处理和具有多种格式的打印输出控制。现在的WPS已经是WPSOffice办公组合中的一个重要组成部分。由于它的用户界面友好,操作简便,易学易用,所以在我国广泛应用。

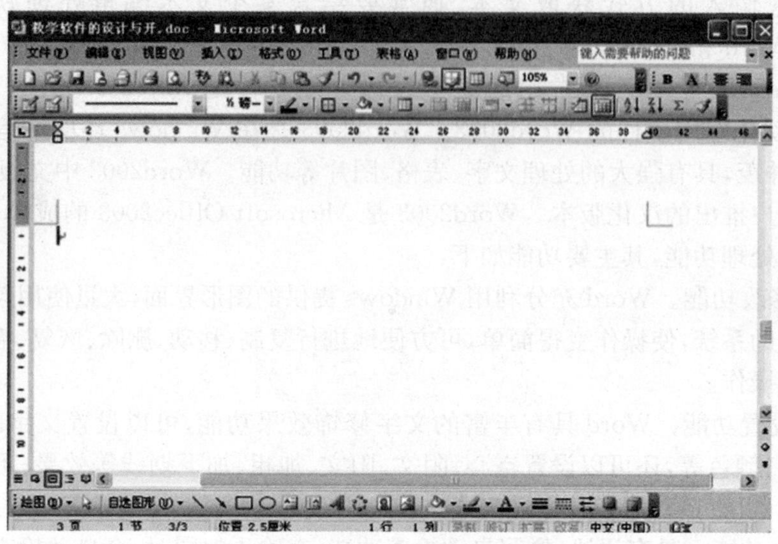

图 7-1 Word 2003 的界面

WPS最值得我们称道的是它众多的模板功能,最新的WPSOffice2007在WPSOffice已有文字处理功能的基础上,提供了12类、近百种模板,更加方便用户使用,具有一定的普遍性和实用性。彻底解决了表格跨页和在同一表格内设置不同字属性问题;同时新增批注功能、定制特殊打印功能等。另外,WPS还针对特殊用户做了特殊设计,如金山公司作为北京市政府办公软件的供应商,在WPSOffice2007中还预置了国家机关最新公文模板、合同范本,不但加快了文档起草速度,而且统一了行文规范。WPSOffice2007的特点如下:

● 兼容文件格式多。WPSOffice2007遵循XML标准,采用"数据中间层"技术,格式兼容实现突破性进展。不仅可以读入,甚至可以直接生成Word,Excel,PowerPoint文件。方便用户数据交换,信息沟通更加顺畅。

● 整合办公自动化。WPSOffice2007采用COM技术,提供标准的开发接口,支持基于LotusNotes,MSExchange以及Web化的办公应用,从而实现与办公自动化系统的无缝连接,满足用户个性化定制和应用开发的双重需要。

● 语言支持全球性。WPSOffice2007采用Unicode内核,支持国际化多语言文字编辑,适应全世界80种以上的语言,实现跨国、跨地区的文档交流。

● 图文混排很专业。WPSOffice2007超越一般办公软件文字排版内核的设计思路,采用先进的图文混排引擎,保证能够排出复杂的版面,在同类软件中处于领先地位。

● 集成办公更高效。WPSOffice2007提供技术全面优化的四大模块,运行效率显著提高。基于XP的使用风格,界面友好,简易上手。

(4) WPSOffice2007的界面。WPSOffice2007的界面如图7-2所示。除了以上提到的两种字处理软件,还可以使用Windows平台上的文字处理软件,如写字板、记事本处理文字。不过它们只能进行文字输入和简单的文字编辑。

2. 通过手写板输入文本

随着手写板的降价，使得手写板的应用也逐渐普及，这无疑对那些不会用键盘输入文字的人们带来了极大的方便。另外，手写板还能用来进行绘画、电子签名、模拟鼠标对计算机控制等工作，已有不少人将手写板作为自己的输入和控制设备。

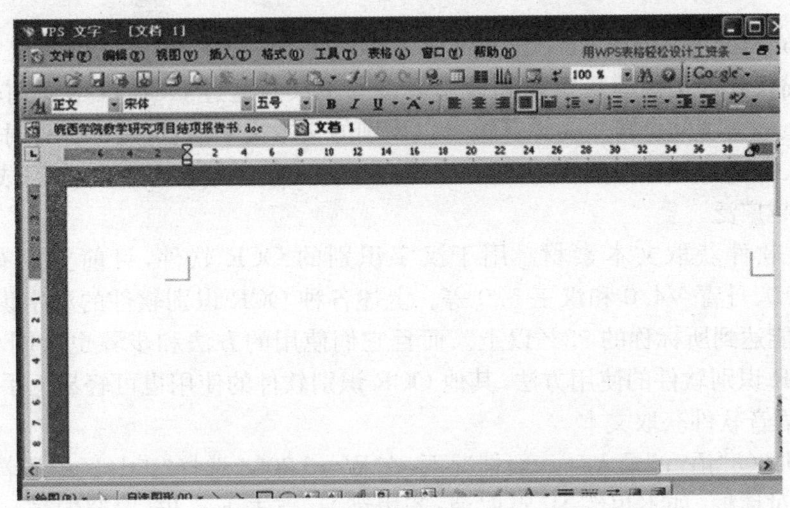

图 7-2　WPSOffice 2007 的界面

手写板的使用必须安装相应的驱动程序，驱动程序一般都会在购买的手写板中配有。驱动程序的安装也很方便，安装时只需按照安装提示即可完成。打开程序，切换到书写模式，用书写笔可在该书写窗中书写文字供识别。书写模式如图 7-3 所示：

尽管各种手写板存在一定差异，但其连接和使用基本相同。使用手写板输入文字给完成文本输入工作带来了极大的方便。

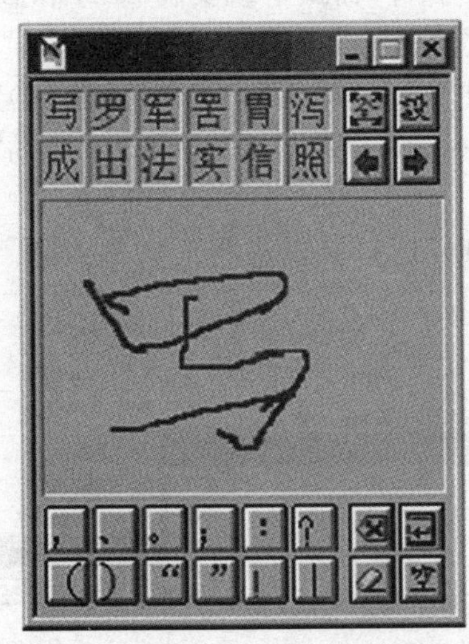

图 7-3　书写模式

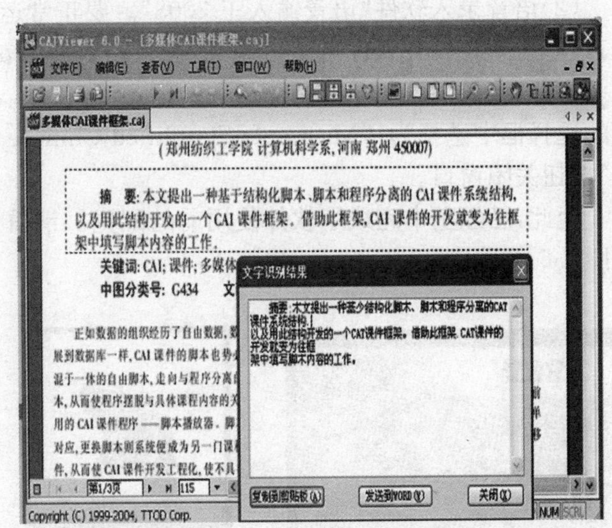

图 7-4　CAJViewer 6.0 文字识别

3. 通过 OCR 插件或软件获取

(1)OCR 插件获取文本素材。当浏览“不可修改”的文本格式(PDF、CAJ、KDH 等)时，要想获取其中的文本，必须安装 OCR 插件，有的浏览器考虑到用户的使用方便，将 OCR 插件捆绑在浏览器的安装软件内。例如，CAJ 和 KDH 格式浏览器 CAJViewer6.0，该软件捆绑了 OCR 插件，安装该浏览器后，即可进行文字识别，如图 7-4 CAJViewer6.0 文字识别所示。

OCR(Optical Character Recognition 光学字符识别)软件，通常又称为汉字识别软件，它是使用扫描仪处理文稿的最重要和使用最多的工具。通过 OCR 汉字识别软件，可以将纸张和图片上的文字信息转变为计算机可以识别的文本文字信息，是一种省时省力、方便快捷的文字输入方法。随着扫描仪应用的普及，使用 OCR 文字识别软件来完成文字的输入工作，将越来越广泛。

(2)OCR 软件获取文本素材。用于汉字识别的 OCR 软件，目前主要有：清华紫光 V7.5、尚书 6.0、丹青 V4.0 和汉王 5.0 等。上述各种 OCR 识别软件的汉字识别率相差不多，基本上都能达到所标称的 98%以上。而且它们使用的方法和步骤也大同小异，只要掌握了一种 OCR 识别软件的使用方法，其他 OCR 识别软件的使用也可轻易上手。

4. 通过语音软件获取文本

(1)Word2003“语音”录入。一般情况下，在 Word 2003 选择“工具”→“语音”，会弹出练习 15 分钟的对话框，如不想练习，点取消；若想练习，点击下一步，按照向导一步一步的操作，完成后要求练习朗读，以便语音输入的内容更加的准确。完成后，就可以用语音输入了。

如果选择“语音”后，没有任何反应请查一下，一个是你的 Word 是不是使用的完全安装模式，语音这方面的功能安装了没有；另一个是你的输入法里，“语音识别”是不是没有添加或误删除了。另外，还要安装语音库，例如安装了 IBM 的 ViaVoice 实现语音输入，一般情况，只要完全安装了 Office2003，然后你有麦克风，音量控制里麦克风属性是打开的，就不会有问题的。

(2)语音录入软件“语音输入王 2008”。要正常运行本软件，需要下载安装 SDK 和 SDK 语言包，否则在打开软件时会出现“语音识别引擎未安装”的提示。并且软件不可用。

打开“我的电脑”→“控制面板”→“语音”图标项。在打开的“语音属性”→“语言(L)”下面的选择框中选择为：“Microsoft Simplified Chinese Recognizer V5.1”。点窗口下边的“确定”按钮关闭窗口。

至此，已经基本完成了软件使用前的配置。请重新打开运行软件进行语音输入吧。如下图 7-5 所示：

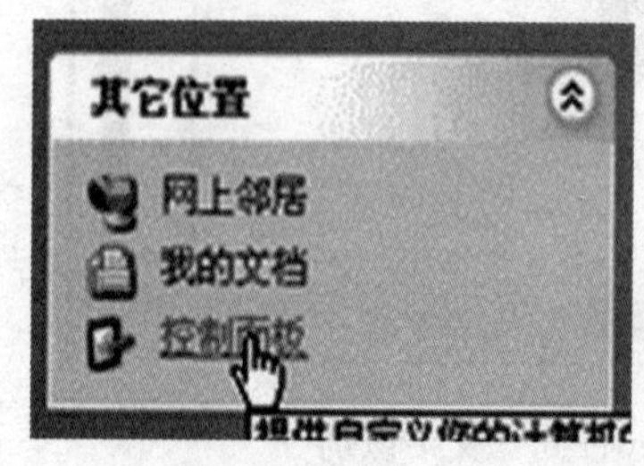

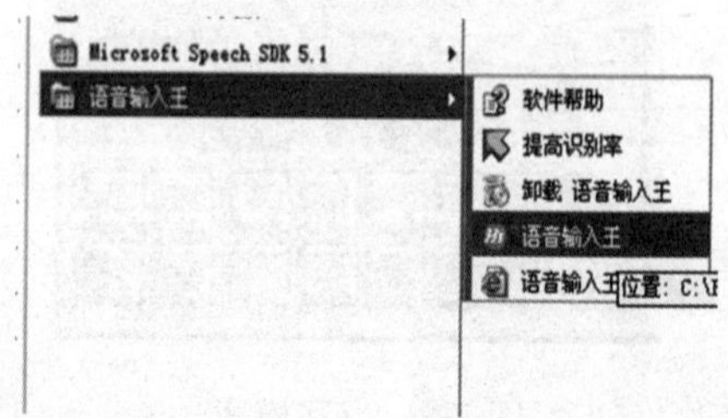

图 7-5 语音录入操作

5. 网页中获取文本素材

一般情况下，网页中的文本都可以“复制”操作的，这种状况下，获取文本是很简单的；但也例外，网页不允许进行复制操作的，网页中加了代码控制，那么这样的网页如何获取文本呢？

(1)重新保存的方式。选中网页窗口中的“文件”→“另存为”，在“保存类型”栏中选择“文本文件(＊.TXT)”格式，单击“保存”即可，所需要的文字就可以在TXT文件中找到。

(2)禁用活动脚本的方式。选中“工具”→“Internet选项”→“安全”→“自定义级别”，在安全设置的栏中选择将“活动脚本”项设为禁用，重新打开网页，这时网页中的文本即可进行复制操作了。操作如图7-6所示。

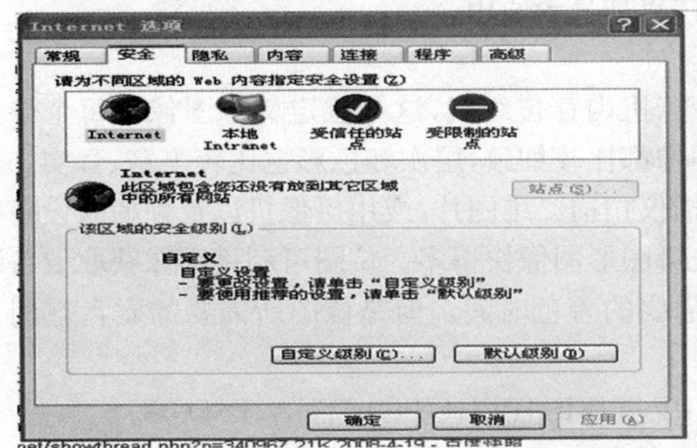

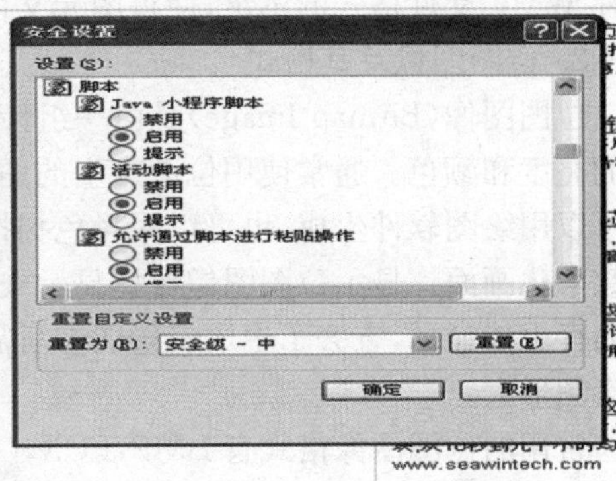

图7-6　禁用“活动脚本”操作

二、图形、图像媒体格式与采集技术

(一)图形、图像格式

由于计算机的不同发展阶段以及处理工具或编辑软件的不同，形成了同一种素材的文件有多种不同的格式，在多媒体创作工具的应用中，对文件格式是有一定要求的，了解多媒体素材的文件格式对于多媒体课件的创作是十分必要的，必要时还要掌握一些文件格式转换的工具软件的使用方法。常见的图形图像文件大致上可以分为两大类：一类为位图文件；另一类为矢量类或面向对象图形图像文件。前者是以点阵形式描述图形图像，后者是以数学方法描述的一种由几何元素组成的图形图像。一般说来，后者对图像的表达细致、真实，缩放后图形图像的分辨率不变，多在专业级的图形图像处理中应用。

1. 矢量图形及其格式

矢量图形(Vector Based Graphics)是指一组绘图指令绘制的各种图形。这些指令包括了描述一幅图像的每条直线、弧线、圆、矩形的大小和形状。由于矢量图形生成的图像是由直线、圆和弧线组成的，它没有位图方式的绘图效果。矢量图形常用于线条绘图，如报纸版面、建筑设计绘图、CAD等。

矢量图形的主要优点是可以对图中的每个部分分别进行控制，在屏幕上移动每个部分以及将之压缩、放大、旋转和扭曲均不会破坏画面。矢量图形的主要缺点是随着图像复杂程度的增加，计算机着色所花的时间就大大增加。

常用的矢量图格式有WMF,DRW,CDR,DXF,FLI,FLC,CG,EMF等。

● DXF：三维模型设计软件AutoCAD的专用格式，文件小，所绘制的图形尺寸、角度等数据十分准确，是建筑设计的首选。

● CDR：著名的图形设计软件 Corel DRAW 的专用格式，最大的优点是“体重”很轻，便于再处理。

● DWG：这是 AutoCAD 中使用的一种图形文件格式。

● WMF：这是 Microsoft Windows 中常见的一种图元文件格式，它具有文件短小、图案造型化的特点，整个图形常由各个独立的组成部分拼接而成，但其图形往往较粗糙，并且只能在 Microsoft Office 中调用编辑。

● EMF：这是由 Microsoft 公司开发的 Windows32 位扩展图元文件格式。其目的是要弥补 WMF 文件格式的不足，使得图元文件更加易于使用。

2. 位图图像及其格式

位图图像(Bitmap Image)是由一组计算机内存位组成，这些位定义了图像中每个像素点的亮度和颜色。通常使用位图产生的图像都比较细致，层次和色彩也比较丰富、真实。位图可以用绘图软件生成，也可以用彩色扫描仪扫描二维图片，或用摄像机以及帧捕获设备获得数字化画面。显示位图图像要比显示矢量图形图像快得多。位图可利用图像获取设备装入内存直接显示，省去了生成矢量图像所需要的着色时间。但是位图所需要的磁盘空间比矢量图形大。

常用的位图图像格式有 BMP，PCX，GIF，TIFF，JPEG(JPG)，TGA，PSD 等。

● BMP：这是现在最常用的表示方法，是 Windows 系统下的标准位图格式，具有多种分辨率。其结构简单，未经过压缩，一般图像文件会比较大。它最大的好处就是能被大多数软件“接受”，可称为通用格式。“位图表示”是将一幅图像分割成栅格，栅格每一点(像素)的亮点值都单独记录。位图区域中数据点的位置确定了数据点表示的像素。位图比较适合于具有复杂的颜色、灰度等级或形状变化的图像，如照片、绘图和已数字化的视频图像。有些图像原来就是按照位图格式组织的，比如计算机屏幕显示。随着 Windows 的逐渐普及，BMP 图像越来越多地被各种应用软件所支持。

● PCX：PCX 图像文件最先出现在 ZSOFT 公司推出的名叫 PC Paint brush 的用于绘画的商业软件包中，PCX 是最早支持彩色图像的一种文件格式，最高可达 24 位彩色。PCX 采用行程编码方案来对数据进行压缩，占用磁盘空间较少，并具有压缩及全彩色的优点。

● TIFF：标记图像文件格式 TIFF 是图像文件格式中最复杂的一种，它是一种多变的图像文件格式，图像格式的存放灵活多变，它的优点是独立于操作系统和文件系统。存储的图像质量高，但占用的存储空间也非常大，信息较多。TIFF 文件被用来存储一些色彩绚丽、构思奇妙的贴图文件，它将 3DS，Macintosh，PhotoShop 有机地结合在一起。

● GIF：GIF 图像文件格式是 Compuserve 公司推出的，最先使用在网络中用于图形数据的在线传输，特别是应用在互联网的网页中，通过 GIF 提供足够的信息，使得许多不同的输入输出设备能方便地交换图像数据。GIF 主要是为数据流设计的一种传输方式，而不只是作为文件的存储格式，它具有按顺序的组织形式。

GIF 分为静态 GIF 和动画 GIF 两种，支持透明背景图像，适用于多种操作系统，“体型”很小，网上很多小动画都是 GIF 格式。其实 GIF 是将多幅图像保存为一个图像文件，从而形成动画，所以归根到底 GIF 仍然是图片文件格式。正因为它是经过压缩的图像文件格式，所以大多用在网络传输上，速度要比传输其他图像文件格式快得多。它的最大缺点是最多只能处理 256 种色彩，故不能用于存储真彩色的图像文件。

● JPEG(JPG)：也是应用最广泛的图片格式之一，它采用一种特殊的有损压缩算法，将不易被人眼察觉的图像颜色删除，从而达到较大的压缩比(可达到 2∶1 甚至 40∶1)，所以"身材娇小，容貌姣好"，特别受网络用户青睐。可以用不同的压缩比例对这种文件进行压缩，其压缩技术十分先进，对图像质量影响不大，因此可以用最少的磁盘空间得到较好的图像质量。由于它优异的性能，所以应用非常广泛，而在 Internet 上，它更是主流图形格式。

● PSD：图像处理软件 PhotoShop 的专用图像格式，图像文件一般较大。其存取速度比其他格式快很多，功能也很强大。

● PNG：这是一种新兴的网络图形格式，与 JPEG 格式类似，网页中有很多图片都是这种格式，压缩比高于 GIF，支持图像透明，可以利用 Alpha 通道调节图像的透明度。Fireworks 的默认格式就是 PNG。

同一内容的素材，采用不同的格式，其形成的文件的大小和质量有很大的差别。如一幅 640×480 大小的采用 24 位颜色深度的图像，如果采用 BMP 格式，则这个图像的文件大小为 921KB；若转用 JPEG(JPG)格式(一种应用图像压缩技术处理的文件格式)，则该图像文件的大小只有 35KB 左右。在考虑到文件的传送或储存方便时，有时候要选用文件较小的格式，如网页制作时一般都不采用 BMP 格式，而用 JPG 格式。

3. 浏览图形图像工具软件 ACDSee

ACDSee 是 ACD Systems.，Ltd 公司出品的一个优秀的看图软件，目前的版本为 10。随着版本的不断升级，其功能也越来越强大。现在 ACDSee 除了能完成浏览图像、图像格式转换外，还集成了对图像进行编辑处理、创建个人相册、图像打印排版和刻录光盘等功能。ACDSe10 安装完成后，在桌面上会建立图像浏览器图标，用鼠标双击该图标，进入 ACDSee 图像浏览器。ACDSee 图像浏览器有两种工作方式，一种是图像浏览方式，一种是图像编辑方式。

(1)浏览图像。ACDSee 图像浏览器支持浏览图像的格式多达五十多种，除较为通用的图像文件格式外，还支持如 WAV、MID、MP3 等格式的音频文件，AVI、MPEG 等格式的视频文件，以及 Flash 格式文件等。

(2)图像编辑处理。除了能在图像浏览工作方式中对图像进行简单的编辑处理外，ACDSee10 还自带着一个图像编辑器 ACDFotoCanvas3.0。启动该图像编辑器，进入该程序，在程序中能对图像进行进一步的加工编辑处理。尽管 ACDFotoCanvas3.0 对图像的处理能力不如 Photoshop 等专业图像处理软件的功能强大，但能完成对图像的一般处理，是一个方便快捷的图像处理工具软件。

(二)图形图像的采集技术

在人们获取信息和在信息的传递中，图像信息占有重要的地位。一般将图像变为数字图像的途径有以下几种方式：

(1)利用扫描仪扫描得到数字图像；

(2)利用数码照相机拍摄得到数字图像；

(3)对摄像机拍摄的视频图像通过专用采集卡采集，得到数字图像；

(4)捕捉计算机屏幕上显示的图像，得到所需的数字图像；

(5)使用绘图软件(如 Paintbrush、FreeHand 和 Photoshop 等)创建数字图像；

(6)通过网络途径,从网络图像库中下载得到数字图像;

(7)通过购买图形图像素材光盘。

1. 用扫描仪获取图像

用扫描仪获取图像是一种直接、快捷的方式,其过程是将已有的图片经过扫描仪扫描变成数字信号并存储在计算机中。要用扫描仪获取图像,首先要有一台扫描仪,并将其与计算机连接,然后要在计算机中安装相应的驱动程序,最后采用具有扫描输入功能的软件获取图像。不同的扫描仪,连接设备以及安装驱动程序的操作各不相同,用户可参考设备使用说明。具有扫描输入功能的软件也很多,这里主要介绍如何利用 Photoshop 软件中的扫描功能完成图像获取。简要操作步骤如下:

(1)在计算机中安装扫描仪驱动程序并确认扫描仪与计算机正确连接后,启动 Photoshop CS2 软件。

(2)如图 7-7 所示,在 Photoshop CS2 菜单栏内选择"文件"→"导入"命令,选择扫描仪型号(扫描仪驱动安装后即可),启动扫描程序。

(3)此时会弹出扫描仪程序对话框,在对话框中可调整【扫描类型】、【分辨率】、【亮度】、【对比度】、【阴影】、【突出显示】、【扫描质量】、【媒体】等参数。

(4)将要扫描的图片放入扫描仪中,单击【预览】按钮,在对话框左侧会显示要扫描的图片,调整【亮度】、【对比度】等参数使图像清晰,如图 7-8 所示。

(5)参数调整完成后,单击【扫描】按钮进行正式扫描。

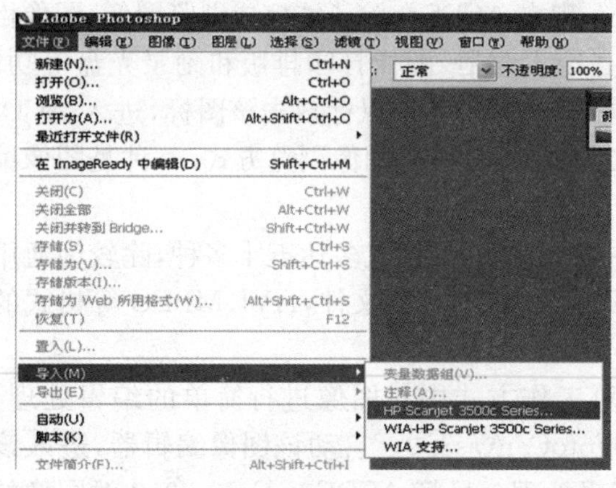

图 7-7 启动扫描程序

图 7-8 扫描程序窗口

2. 数码相机获取图像

用数码相机获取图像是一种非常方便、灵活的方式,用户可以随时随地拍摄需要的画面,然后将其输入计算机。所谓数码相机,是一种能够把拍摄到的景物转换成数字格式图像的特殊照相机,它使用固定的或者可拆卸的半导体存储器来保存获取的图像,还可以直接将数字格式的图像输出到计算机上。

目前市场上各种数码相机很多,但其操作基本相同,大致分为以下几个步骤:

(1)硬件连接。软件安装完毕后,将数码相机的数字输出口与计算机的 USB 口连接,如图 7-9 所示。

(2)安装软件,包括驱动程序和载入软件。一般情况下只需要安装驱动程序即可,将相机内的图片拷贝到计算机，可供编辑和浏览。

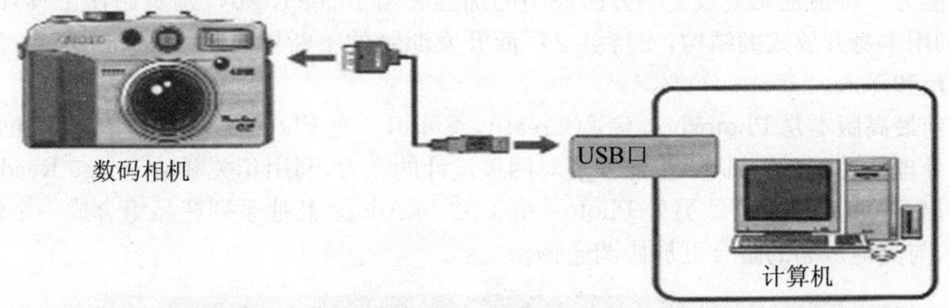

图 7-9 数码相机与计算机的连接图

3. 通过截取屏幕获取图像素材

(1)通过键盘功能键(Print Screen)截取图像。

● 拷贝整个屏幕(Print Screen)：按下 Print Screen 键，将会拷贝全屏幕画面。

● 抓取当前活动窗口(Alt＋Print Screen)：在使用 Print Screen 进行屏幕截图时，同时按下 Alt 键，就会只拷贝当前活动窗口。

(2)通过软件(Snag It)截取屏幕获取图像素材。屏幕截图软件 Snag It 软件是 Techsmith 公司出品的一个出色的屏幕"抓图"软件，随着版本的不断升级，Snag It 的功能不断完善和强大。该软件的特点是"一抓到底"，不但能"抓"图像，还能"抓"文本、"抓"视频和"抓"网页画面等功能。也就是说 Snag It 的捕捉功能是很强大的，只要在屏幕上能看到，就能捕捉到。就是看不到(如卷轴图像等)的，也能捕捉到。

4. 自行设计图形图像素材

图像有两种图形格式，一种是位图图像，一种是矢量图形。创作和编辑矢量图形的常用软件有 Paint brush，Corel Draw，Illustrator，Freehand 等，这些软件的一般功能都很相近。图形图像编辑软件很丰富，Photoshop 是公认的最优秀的专业图像编辑软件之一。

(1)Paint brush。画图(Paint brush)是个绘图程序，它虽然简单，但是功能还是很强大的，可以用它创建精美的图画。作品可以被打印输出，可将它作为桌面背景，或者粘贴到另一个文档中。还可以使用"画图"查看和编辑扫描的相片。

(2)Freehand。Freehand 是一个功能强大的平面图形设计软件，一个以向量为基础的绘图应用程式。在机械制图、绘制建筑蓝图、海报招贴制作、广告创意的实现等方面都是一件强大、实用而又灵活的利器。使用 Freehand，可以以任何解析度进行缩放及打印向量图形，且无损细节或清晰度。用它可建立诸如标志和广告标题等网页图形图例。亦可使用 Freehand 来将自己的图稿转换成 Flash 动画。Freehand 在图像方面可能不会有什么特别的优势，不过在文字处理方面，Freehand 就有着明显的优势。在目前的矢量绘图领域，Freehand 一直与 Illustrator，Corel Draw 并驾齐驱。

(3)Photoshop CS。Adobe Photoshop 是目前使用最多和应用最广泛的图像处理软件之一，利用计算机进行图像处理的人没有不知道这个软件的。该软件的特点是功能强大，在出版印刷、广告设计、美术创意、图片加工等诸多领域中得到应用。目前该软件已成为许多涉及图像处理行业的标准。早先该软件是 MAC 版本，版本 2.5 以后才有了 Windows 版本。随着软件版本号的不断提高，Photoshop 在加强图像处理能力的同时，也提高了对图形处理的能力。特别是在矢量文字方面应用的加强和与 ImageReady（网页制作工具）的有机结合，利用本身开放式的结构，支持第三厂商开发滤镜的不断扩充，使得 Photoshop 的应用更加广泛和深入。

目前最高版本是 Photoshop CS2（Creative Suite）。在 Photoshop CS2 中不但加强了矢量图形处理的功能，而且进一步加强了对网页设计的能力，利用相关联的 Image Ready 可以直接输出 Flash 动画文件。另外 Photoshop CS2 与 Adobe 其他系列产品组合成一个创作套装组件，与其他产品的融合更加协调通畅。

图 7-10　Photoshop CS2 的工作界面

①Photoshop CS2 的工作界面。

②Photoshop CS2 功能简介。Photoshop CS2 的功能强大是毋庸置疑的，由于本文篇幅有限，不能详细介绍。要想设计出一些优美的图片，还需加强 Photoshop CS2 训练，一方面可以查阅图书，另一方面可以查阅教学网站，很多网站都是视频教学，非常逼真，容易上手，在此，推荐几个视频教学网站，以方便学习。

● IT 学院：http://www.it.com.cn/f/edu/063/22/249641.htm；

● 网易学院：http://tech.163.com/special/00091EMV/pscs2.html；

● 中国 IT 实验室：http://plane.chinaitlab.com/psjc/725684.html。

三、音频媒体格式与采集技术

（一）音频的基础知识及其格式

1. 数字音频的相关概念

与一般生活中的很多音频信号不同，计算机多媒体中涉及的音频是指数字音频。数字音频指的是一个用来表示声音强弱的数据序列，它是由模拟声音经抽样（即每隔一个时间间隔在模拟声音波形上取一个幅度值）、量化和编码（即把声音数据写成计算机的数据格式）后得到的。

目前，多媒体计算机中数字音频的形式很多，主要有 3 种方式：波形音频、MIDI 音频和 CD 音频，这 3 种音频分别通过对外部声音源进行录制、从 MIDI 音乐和播放 CD 来获取。

下面对这 3 种形式的数字音频做个介绍。

(1)波形音频。波形音频是多媒体计算机中最常用的方式。波形音频是通过模拟音频数字化的过程获得的，数字化的过程是指将模拟音频转换成一连串的二进制数据，在计算机中再现原始声音的过程。实现这个步骤使用的设备是模/数转换器(A/D)，它以每秒上万次的速率对声波进行采样，每一次采样都记录下了原始模拟声波在某一时刻的状态，这称之为样本。将一串的样本连接起来，就可以描述一段声音了。数字化过程主要包括采样和量化两个方面。相应地，数字化音频的质量取决于采样频率和量化位数这两个重要参数。

● 采样频率(Sampling Rate)是指将模拟声音数字化时，每秒钟所抽取声波幅度样本的次数，采样频率的计算单位是 kHz。正常人耳听觉的频率范围大约在 20Hz 至 20kHz 之间，根据采样理论，为了保证声音不失真，采样频率应在 40kHz 左右。在 Windows 系统中一般支持 44.1kHz、22.05kHz 及 11.025kHz 三种采样频率，其中 44.1 kHz 的采样频率足以还原人所能听到的任何声音频率。一般来讲，采样频率越高，声音失真越小，但用于存储音频的数据量也越大。

● 量化数据位数(也称量化级)是指每一个采样点能够表示的数据范围，经常采用的有 8 位、12 位和 16 位。例如，8 位量化级表示每个采样点可以表示 256 个(0～255)不同的量化值，而 16 位量化则可表示 65536 个不同的量化值。量化级的大小决定了声音的动态范围，16 位的量化级可以还原人可感受的声音范围。同样，量化位数越高音质越好，数据量也越大。

反映音频数字化质量的另一个因素是通道(或声道)个数。记录声音时，如果每次生成一个声波数据，称为单声道，每次生成两个声波数据，称为立体声(双声道)。立体声更能反映人的听觉感受。

对声音的采样可以使用不同的采样率、量化级和声道，但实际上经常要在波形文件的大小和声音回放质量之间进行权衡。

(2)MIDI 音频。MID 是音乐设备数字接口(Musical Instrument Digital Interface)的英文简写。MIDI 是一种国际通用的标准接口，是电子乐器之间以及电子乐器与计算机之间进行交流的标准协议。从广义上可以将其理解为电子音乐合成器，是计算机音乐的统称，包括协议、设备等相关的技术。通常所说的 MIDI 是指一种计算机音乐的文件格式。

MIDI 文件与波形文件不同，并不记录反映乐曲声音变化的声音信息，而是记录音乐节奏、位置、力度、持续时间等发音命令，所以 MIDI 文件本身并不是音乐，而是发音命令，是一些简单的描述性信息。

处理 MID 信息需要 MID 设备，这些设备包括 MIDI 端口、MIDI 文件、MIDI 音序器、MIDI 合成器、MIDI 键盘等。其中 MID 文件是记录、存储 MIDI 信息的标准格式文件，包括音符、定时、通道选择指示等二进制编码数据。MID 音序器的作用是记录、编辑、播放 MIDI 文件，实现这些功能可以通过硬件或软件的方式，由于硬件设备价格昂贵，目前多采用软件方式。MIDI 合成器是一种电子设备，可将数字声音文件转换成模拟信号，再通过扬声器产生声音。计算机中使用的合成器一般都安装在声卡上。

既然 MIDI 文件只是对乐曲播放的描述，本身并不包含任何可供播放的声音信息，那么一首首动听的计算机音乐又是如何被播放出来的呢？MIDI 音乐播放的原理是这样的，当需要播放 MIDI 时，计算机将指令发给声卡，声卡按照指令将 MIDI 信息重新合成起来。所以,MIDI 的播放效果取决于用户 MIDI 设备的质量和音色。就声卡而言,最为常见的手段是 FM(调频)合成与波表合成。前些年的声卡多采用 FM 合成方式,它是运用声音振荡的原理对 MIDI 进行合成处理。而波表合成的原理是将一小段真实的乐器声音或效果声用数字采集的方法录制下来,然后在播放 MIDI 时再进行修饰、放大、输出。这样就保证了声音的真实性,其效果远远超过 FM 合成法,目前已被广泛运用。

(3)CD 音频。CD 音频也是一种数字化声音,一般以 16 位量化级、44.1kHz 采样率的立体声存储,可完全重现原始声音,每片 CD 唱盘能记录约 74 分钟这种质量的音乐节目。目前使用的 CD-ROM 驱动器不仅可以读取 CD-ROM 盘的信息,还能播放数字 CD 唱盘(CD-DA 格式),这样多媒体计算机就能够利用已经非常成熟的数字音响技术来获得高质量的 CD 音频。

在多媒体计算机上输出 CD 音频信号一般有两种方法:一种是通过 CD-ROM 驱动器前端的耳机插孔输出,另一种是使用连线连接声卡,放大后由扬声器输出。前者的输出音质不受声卡质量的影响,但不能使用声卡的混声功能。而后者虽然可以与波形或 MIDI 音频进行混音输出,但声卡的放大功率比较小,通常需要有源扬声器或配置外部声音放大器来获得足够的音量。

2. 音频文件的常见格式

在音频处理中,经常会遇到各式各样的文件格式,其来源、功能、特点、适用的领域各不相同。下面对一些常用的格式做简要介绍。

(1)WAV。Microsoft 公司的音频文件格式,来源于对声音模拟波形的采样,属于波形文件。用不同的采样频率对声音的模拟波形进行采样可以得到一系列离散的采样点,以不同的量化位数(8 位或 16 位)把这些采样点的值转换成二进制数,就产生了声音的 WAV 文件,即波形文件。这种文件的数据是不经过压缩而直接对声音波形进行采样记录的数据,其最大优点就是音质非常好,但缺点是文件非常大。

(2)MP3。全称为 MPEG-1 AudioLayer3,属于波形文件。此种数据文件采用了有损压缩的方法,利用了声学编码技术,结合人的听觉原理,使用先进的算法,从而达到高压缩比的目的。MP3 的文件有体积小、音质接近 CD、制作简单、便于交换等一系列的优点,因此在网络和袖珍 MP3 播放机领域大为流行。

(3)RA。全称为 RealAudio,是由 Real Networks 公司开发的一种基于流媒体技术的网络实时传输格式,属于波形文件。其特点在于可以边浏览边下载数据,而不需要下载完毕后才可以播放。RA 格式的压缩比也非常高,但音质较差,这种格式被广泛用于网络广播。

(4)WMA。全称为 Windows Media Audio,是 Microsoft 公司的产品,属于波形文件。它也是一种基于流媒体技术、适合网络传输的音频数据格式。该格式的压缩比也很高,同时还能保持一定的音质效果。WMA 格式的优势在于它是一种可制作版权保护的格式,甚至可以限制播放次数、播放机器、播放时间等。

(5)MIDI。是目前成熟的音乐格式之一,全称为 Musical Instrument Digital Interface(音乐设备数字接口)。其作用是让电子乐器之间、电子乐器和电脑之间通过一种通用的 MIDI 通信协议进行通信,从而方便作曲、编曲等操作。MIDI 文件中包含音符定时和多达 16 个通道的乐器定义,每个音符包括通道号持续时间、音量和力度等信息。所以 MIDI 文件记录的不是乐曲本身,而是一些描述乐曲演奏过程中的指令。它最大的特点就是文件非常小。

(6)CD Audio(CDA)。音乐 CD,扩展名为 CDA 是 CD 唱片采用的格式,记录的是波形流,音质效果很好。但缺点是无法编辑,文件太大。

另外在音频处理中,还有一些音频文件格式会遇到。例如,VOC 文件(Creative 公司波形音频文件格式,也是声霸卡使用的音频文件格式)、CMF 文件(Creative 公司的专用音乐格式,专用于 FM 声卡)、MOD 文件(一种保存乐谱、乐曲的文件格式)、AIF 文件(Apple 计算机的音频文件格式)等。

(二)音频文件的采集技术

波形音频是通过模拟音频数字化的方式获得的。数字化的方法很简单,通常以麦克风、录音机或 CD 唱盘等设备作为声音信号输入源,计算机通过声卡设备,运行采集程序,以一定的采样频率和量化级对输入声音进行数字化采样,将其从模拟声音信号转换为数字信号,然后以适当的格式记录下来。

MIDI 音乐的获取有多种途径,例如可以通过声卡采集 MIDI 设备演奏的 MIDI 音乐,通过专用的 MIDI 音序器软件(Cakewalk)创作音乐,通过转换软件将其他形式的音乐转换成 MIDI 音乐等。

1. 通过网络下载音频素材

当前,网络信息相当丰富,其中有各式各样的音频素材库,一般情况下,通过搜索,然后利用下载工具下载符合自己需要的音频素材。

2. 通过"录制"采集音频素材

(1)Windows 自带的录音机录制音频素材。

步骤:在录制之前,请将声卡和麦克风等硬件设备安装好,然后单击任务栏"开始"→"程序"→"附件"→"录音机",打开录音机对话框,单击红点开始录音。这个默认只能录一分钟,如果要录制超过一分钟的音频,还要等录完一分钟后再单击录制按钮才能录制,很不方便。保存格式也只能是 WAV 格式。

(2)通过软件录制音频素材。目前,录制音频素材的软件很多,Gold Wave、Sound Forge、Cool Edit Pro、Cakewalk Pro Audio、Wavecn 等,这些软件都可以录制音频,使用方便,录制没有时间限制,而且支持各种音频格式。另外,这些软件也可以处理和编辑音频。

(3)通过软件编辑和创作音频素材。前面讲过,音频编辑软件很多,在此,仅仅以 Cool Edit Pro 和 Cakewalk Pro Audio 两个软件为例,简要介绍音频编辑软件的使用特点。

① Cool Edit Pro:Cool Edit Pro 是 syntrillium 公司出品的一个非常出色的数字音乐编辑器制作软件,它能对各种声音进行编辑,也可将各种音频格式进行转换。Cool Edit Pro 最大的特点是允许用户同时编辑多达 128 条音轨,也就是说一次可以对 128 种声音进行混音。它还提供了 40 多种声音特效:回声、降低噪声、放大、压缩、和声、延迟、声音均衡等,每一种特效又可以对参数进行不同的设置,这样排列组合便可以产生千变万化的效果了。用户可以同时处理多个文件,在几个文件中轻松地进行剪切、粘贴、合并、重叠等声音操作。Cool Edit Pro 除了特效外,还有很多非常方便的功能,诸如自动节拍查找、自动静音检测和删除、录音等功能。

图 7-11 所示为 Cool Edit Pro 两种工作区视图模式:编辑模式和多音轨模式。两种模式可以通过左上角的按钮相互切换。其中,编辑模式是用于对单个声音波形进行录制、裁

剪、特效等操作，左边的组织窗口能够很方便地管理文件和添加特效，"文件"标签面板里有当前打开的声音文件，选中某一声音文件双击即可进行波形编辑；"效果"标签面板用于加特效，也是选中后双击生效。多音轨模式是用于将编辑好的各个单独的声音拼接和混音的场合。如果说前面的编辑模式好比对一个个零件单独地加工，那么多音轨模式就是将这些零件拼装起来做成一件产品，操作对象是多个声音文件。Cool Edit Pro 最多支持 128 道音轨，拖曳左侧绿色下拉条可以看到所有的音轨。

图 7-11 Cool Edit Pro 的编辑模式

② Cakewalk Pro Audio：如 Photoshop 在图像处理领域中的地位一样，Cakewalk 可以说是 PC 平台上最负盛名的音序器软件。Cakewalk 的功能强大，它不仅能够实现 MIDI 音符的采集、记录和编辑，还具备较强的音频处理能力。Cakewalk 是一款比较容易上手的专业级软件，它提供了钢琴卷帘窗、五线谱窗和事件列表窗等多个界面友好的编辑窗口，可以很方便地编辑音乐中的每一细节。

如图 7-12 Cakewalk Pro Audio 主界面所示，Cakewalk 可录制多达 256 个音轨，每条音轨的各项参数均能独立调节，比如音量、音色选择、变调、声像位置、通道、端口等。对于录制

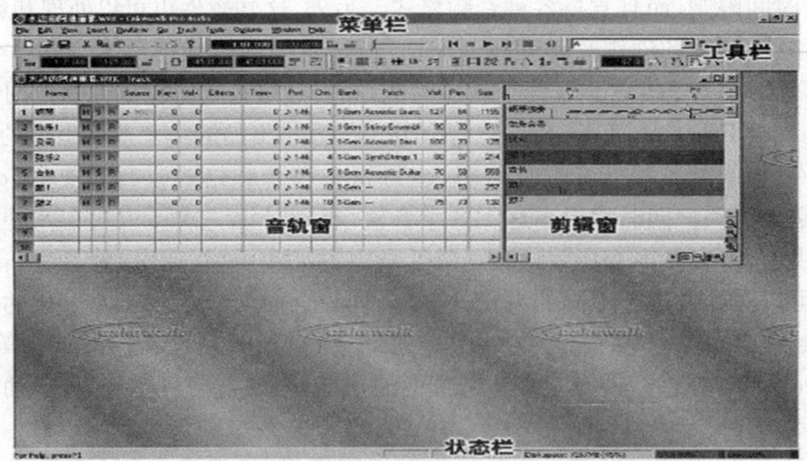

图 7-12 Cakewalk Pro Audio

过程中所出现的节奏和时值偏差，可以通过量化功能自动修正；运用步进录音的方式更是可以轻松完成高难度演奏技巧的乐句。熟练运用各种后期编辑处理功能不仅能够弥补演奏技巧的缺陷和失误，更能创造出许多意想不到的精彩效果。

四、动画视频格式与采集技术

（一）概述

动画是一门通过在某种介质上记录一系列单个画面，并通过以一定的速率回放所记录的画面而产生运动视觉的技术。

动画效果是利用人眼的视觉暂留特性得到的。一幅动画实际上是由若干幅静止的图形构成。把静止的图形以一定的速率投影到屏幕上，就能产生运动的视觉效果。实验证明，画面的刷新率为每秒 24 帧左右，也即每秒放映 24 幅画面，则人眼看到的是连续的画面效果；但是，这时仍会感到画面的闪烁，要消除闪烁感，刷新率还要提高一倍。从广义上讲，图形图像的运动显示效果都可以称作为动画。

计算机动画是在传统动画的基础上，采用计算机图形图像技术而迅速发展起来的一门高新技术。所谓计算机动画就是指用计算机技术辅助制作影视动画片，它的发展过程大体上可分为三个阶段。

第一个阶段是从 1963 年到 1972 年。此阶段主要是利用计算机辅助制作二维动画。1963 年到 1967 年期间，贝尔实验室的扎雅克（E. Zajak）等人开始利用计算机辅助制作动画。诺尔顿（K. Knowlton）用 FORTANIV 预演编写了名为 BEFLIX 的二维动画制作系统，这在计算机辅助制作动画的发展历程上具有里程碑的意义。

第二个阶段是从 1972 年到 1985 年。此阶段主要是利用计算机辅助制作三维动画。1974 年，福尔兹（H. R. Folders）制作出一些简单的三维动画，并开始显示出实用意义。这是计算机动画在电影领域里取得的一个重大突破，从此，计算机辅助动画制作才真正得到了人们的普遍重视。

第三个阶段是从 1985 年到目前为止的飞速发展阶段。它是计算机辅助制作三维动画的实用化和向更高层次发展的阶段。在此阶段中，首先是由美国犹他大学的卡特马尔（E. Catmull）小组开发出世界上第一个完整的且具有实用意义的三维动画片。在随后的 10 年内，计算机辅助三维动画的制作技术有了质的变化，已经综合继承了现代数学、控制论、图形图像学、人工智能、计算机软件和艺术的最新成果。从某种意义上来说，计算机三维动画制作的水平就代表了信息技术的发展成就。

随着动画视频的不断发展，为适应不同需求，各种视频文件存储压缩算法也不断涌现，由此产生多种多样的视频文件存储格式。

视频文件可以分成两大类：一是影像文件，比如常见的 VCD；二是随着互联网的发展而诞生的流式视频文件，比如在线实况转播，就是构架在流式视频技术之上的。

（二）常见的视频文件格式

1. AVI

AVI（Audio Video Interleaved，音频和视频交错）文件格式，是由 Microsoft 公司开发的一种数字音频与视频文件格式，原先仅仅用于微软的视窗视频操作环境（VFW，Microsoft Video for Windows），现在已被大多数操作系统直接支持。AVI 格式允许视频和音频交错在一起同步播放，每一帧都有其相关的视频和音频数据，通过将视频和音频数据按帧存放在磁盘上，使得将一帧的所有数据移至内存变得容易。这种混合存放模式使得从像光盘这样慢的盘上读取计算机视频文件成为可能。它具有调用方便、图像质量好等优点，一般用于保存电影、电视等各种影像信息；但缺点也比较突出，那就是文件体积过于庞大。AVI文件没有限定压缩标准，由此造成AVI文件格式不具有兼容性。不同压缩标准生成的AVI文件，就必须使用相应的解压缩算法才能将之播放出来。

2. MPEG/DAT

MPEG是运动图像压缩算法的国际标准，现已被几乎所有的计算机平台共同支持。在计算机上有统一的标准格式，兼容性相当好。MPEG在保证影像质量的基础上，采用有损压缩方法减少运动图像中的冗余信息，从而达到高压缩比。MPEG压缩标准是针对运动图像而设计的，其基本方法是：在单位时间内采集并保存第一帧信息，然后只存储其余帧相对第一帧发生变化的部分，从而达到压缩的目的。MPEG的平均压缩比为50∶1，最高可达200∶1。MPEG标准包括MPEG视频、MPEG音频和MPEG系统（视频、音频同步）三个部分。MP3（MPEG Layer-3）音频文件就是MPEG音频的一个典型应用。MPEG视频家族中包括了MPEG-1，MPEG-2和MPEG-4在内的多种视频格式。MPEG-1是大家接触最多的，目前其正在被广泛地应用于MPEG的制作一些视频片段，可以说刻录VCD采用MPEG-1格式。MPEG-2则应用在DVD的刻录（压缩）方面，同时在一些HDTV（高清晰电视广播）和有高要求的视频编辑、处理上面也有相当的应用。

3. RA/RM/RMVB

RA/RM/RMVB文件随着网络的蓬勃发展，已经为人们熟知。这种新型的流式视频文件格式有替代传统视频格式的趋势。它是Real Net works公司所制定的音频/视频压缩规范Real Media中的一种，Real Media是目前Internet上最流行的跨平台的客户/服务器结构多媒体应用标准，它采用音频/视频流和同步回放技术，实现了网上全带宽的多媒体回放。

在Real Media规范中主要包括三类文件：Real Audio（用以传输接近CD音质的音频数据），Real Video（用来传输连续视频数据）和Real Flash（Real Net works公司与Macromedia公司合作推出的新一代高压缩比动画格式）。而Real Player就是在网上收听、收看这些实时音频、视频和Flash的最佳工具。只要用户的线路允许，使用Real Player可以不必下载音频/视频内容就能实现网络在线播放，更易于上网查找和收听、收看各种广播、电视。Real Video（RA，RM，RMVB）格式一开始就定位在视频流应用方面，也可以说是视频流技术的创始者。它可以用56KModem拨号上网的条件实现不间断的视频播放，当然，其图像质量是不能和MPEG-2，DIVX等相比的。

4. MOV/QT

QuickTime原本是Apple公司用于其Mac计算机的一种图像及视频处理软件。作为处理图像及数字视频的系统结构，现在它被包括Windows95/98/NT /2000/XP在内的所有主流计算机平台支持。QuickTime提供了两种标准图像和数字视频格式，即可以支持静态的PIC和JPG图像格式，以及动态的基于Indeo压缩法的MOV和基于MPEG压缩法的MPG视频格式。QuickTime文件格式支持25位彩色，支持领先的集成压缩技术，提供150多种视频效果，并配有提供了200多种MIDI兼容音响和设备的声音装置。

新版的QuickTime进一步扩展了原有功能，包含了基于Internet应用的关键特性。

QuickTime 因具有跨平台、存储空间要求小等技术特点，得到业界的广泛认可，目前已成为数字媒体软件技术领域事实上的工业标准。

5. ASF

ASF(Advanced Streaming Format)是 Microsoft 公司为了和现在的 Real Player 竞争而发展起来的一种可以直接在网上观看视频节目的文件压缩格式。由于它使用了MPEG-4的压缩算法，所以压缩率和图像的质量都很不错。因为 ASF 是以一个可以在网上即时观赏的视频"流"格式存在的，所以它的图像质量比 VCD 差，但比同是视频"流"格式的 RM 格式要好。作为 Microsoft 公司旗下的软件，它最明显的优势就是各类软件对它的支持方面无人能敌。

6. WMV

是一种独立编码方式的在 Internet 上实时传播多媒体的技术标准，Microsoft 公司希望用其取代 QuickTime 之类的技术标准以及 WMV，AVI 之类的文件扩展名。WMV 的主要优点包括：本地或网络回放(流媒体格式)、可扩充的媒体类型、部件下载、可伸缩的媒体类型、流的优先级化、多语言支持、环境独立性扩展性等。

7. AVI(nAVI)

nAVI 是 new AVI 的缩写，是一个名为 Shad Realm 的地下组织发展起来的一种新视频格式。它是由 Microsoft ASF 压缩算法的修改而来的(并不是想像中的 AVI)。nAVI 为了追求压缩率和图像质量，改善了原始的 ASF 格式的一些不足，让 nAVI 可以拥有更高的帧率。这是以牺牲 ASF 的视频流特性作为代价的。概括来说，nAVI 就是一种去掉视频流特性的改良型 ASF 格式，也可以被视为非网络版本的 ASF。

8. SWF

SWF 是 Macromedia 公司的动画设计软件 Flash 的专用格式，是一种支持矢量和点阵图形的文件格式，被广泛应用于网页和动画设计等领域，SWF 文件通常被称为 Flash 文件。

9. FLC/FLI

FLC 和 FLI 格式是由 Autodesk 公司创立的动画(三维动画)文件，在 DOS 时代相当著名。它们采用帧与帧之间求差及单帧 RLE 编码的方式，特点是易于编码和解码。FLI 由于大小和色彩的局限，差不多已经退出历史舞台。而某些专业的动画制作软件依然支持 FLC 动画的播放。以 Ulead(友立)公司的 Media Studio 为例，就会在安装时也安装 FLC 动画的驱动程序。

(三)视频播放软件

针对不同的视频文件格式，各大公司也推出了相应的视频播放软件，其中以 Windows Media Player、RealPlayer、暴风影音等较为常用。

1. Windows Media Player

Windows Media Player 是 Microsoft 公司推出的通用媒体播放器，包括 Windows Media Player6.4、7.0、8.0、9.0、10 多个版本，功能不断完善。目前 WindowsMediaPlayer10 版本，收集了 CD 播放器、音频和视频播放器、媒体点播器、媒体指南、Internet 收音机、便携设备音乐文件转换，以及音频 CD 烧录器等程序，在搜索、下载、个性化设置及播放高质量的 Windows Media 音频和视频，以及使用流行的 MP3 格式方面，表现非常出色。其支持的媒体格式有 MIDI、MP3、视频文件 MPEG、Microsoft 流媒体文件、QuickTime 文件等。图

7-13(a)为 Windows Media Player10 播放软件的界面。

(a) (b) (c)

图 7-13 Windows Media Player10、Real One Player 和暴风影音主界面

2. RealPlayer 播放软件

RealPlayer 利用流媒体技术,能以比较快的速度从网上检索声音、视频、文本、动画及其他媒体文件,除了支持 Real Networks 自己的流文件(*. ram、*. rmvb、*. ra、*. rm、*. rp、*. rt)外,还支持众多的媒体格式,如 SMIL 文件格式、Shock wave Flash 格式、GIF 格式、QuickTime 文件、MP3 文件等。RealPlayer 现有 RealPlayer、RealPlayerG2、Real Player Plus G2、Real One Player 等多种类型的版本。新一代 Real One Player 软件支持播放的媒体格式更多、网络功能也更强。它已经不是纯粹的播放器,而是集 Web 浏览、曲库管理和大量内置的线上广播电视频道于一身的软件,把一个生动丰富而精彩的互联网世界展现在面前。图 7-13(b)为 Real One Player 播放软件的界面。

3. 暴风影音

作为对 Windows Media Player 的补充和完善,暴风影音目前定位为一种软件的整合和服务,而非一个特定的软件。它提供和升级了系统对常见绝大多数影音文件和流的支持,包括 Real Media、QuickTime、MPEG-4 (DivX、XviD、3ivx、MP4、FFVFW、H264...)、MPEG-2 (含 TS、TP 等流媒体格式)、HDTV、VP3/6/7、XVD、Indeo、Theora、AC3/DTS/LPCM、Matroska、OGG/OGM、AAC、APE、FLAC、TTA、MPC、FLC、TTL2、3GP/AMR、Voxware、字幕等。配合 Windows Media Player 最新版本可完成当前大多数流行影音文件、流媒体、影碟等的播放而无需其他任何专用软件。图 7-13(c)为暴风影音播放软件的界面。

(四)视频文件的格式转换

常见的视频格式很多,各种格式都有其应用的范围。MPEG2 格式用于存储高质量的视频,与其相符的有 DVD 格式的影像文件;AVI 是一种传统的格式,适应范围广,也可存储质量较高的视频,但其压缩比低,文件过大;MPEG-1 用于存储一般质量的视频,与其相应的有 VCD 格式的影像文件;流式视频文件主要用于网络应用,有 ASF、WMV、RM 等格式,需要用不同的播放软件播放。

这些格式的视频文件在应用中不可避免地存在着互相转换的问题。例如将传统的 AVI、MPEG-1/2 相互转换,将 AVI、MPEG-1、MPEG-2 转换成流式视频 ASF、WMV、RM,将 DVD、VCD 转换成 MPEG1 或流式视频等。目前有很多软件可以完成某些类型文件之间的转换工作,例如 bbMPEG、WinAVI video Converter、TMPGEncbeta、超级解霸等。

这里主要推荐一款专门的视频格式转换软件 WinAVI video Converter，其转换功能非常强大。WinAVI Video Converter 是专业的视频编、解码软件。界面非常漂亮，简单易用。该软件支持包括 AVI、MPEG1/2/4、VCD/SVCD/DVD、DivX、XVid、ASF、WMV、RM 在内的几乎所有视频文件的格式。另外自身也支持 VCD/SVCD/DVD 烧录。支持 AVI→DVD、AVI→VCD、AVI→MPEG、AVI→MPG、AVI→WMV、DVD→AVI、及视频到 AVI/WMV/RM 的转换。在 Pentium III 450 以上的平台中，使用者能够在 2 个小时内完成 AVI 到 DVD 的编、解码转换。你收集了大量 AVI 电影用它也许是最合适的。图 7-14WinAVI video Converter 的主界面。

（五）视频动画的采集技术

在多媒体课件制作中，视频是一种不可缺少的表现形式。与图形图像信息相比，视频信息更易于表现动态的、逼真的信息，例如现场实景、演示、操作过程等等。视频还可以与文本、图形图像、声音、动画等组合在一起，从而大大提高教学的直观性和形象性。获取视频动画素材的主要途径如下：

图 7-14　WinAVI video Converter 的主界面

● 网络资料中搜索视频动画素材；

● 用视频采集卡采集视频，比如摄像机拍摄后的录像带素材，导入计算机，在通过视频处理软件编辑视频；

● 通过屏幕录制软件录制动态信息：如 RoboDemo4，Camtasia Studio、SnagIt7 等；

● 通过动画软件设计视频动画素材，如 3D-MAX，Flash 等；

● 购买视频素材库。

1. 用视频采集卡采集视频

前面已经提到视频数字化的概念，视频数字化是指将模拟视频信号经过采样、压缩、编码转化成数字视频信号的过程。数字化的过程通常以模拟摄像机、录像机、LD 视盘机、电视机输出等设备作为模拟视频信号的输入源，计算机通过视频采集卡，对模拟视频信号进行采集、量化转化成数字信号，然后压缩编码成数字视频。

目前不同规格的视频采集卡很多，像 Optibase、Pinnacle（品尼高）、FlyVideo（蓝宝石）、Broadway（百老汇）等等，这些采集卡各有特色，适用的场合也不同。视频采集的质量在很大程度上取决于视频采集卡的性能以及模拟视频信号源的质量。不同的视频采集卡，其采集的视频格式、输入接口的形式、采样码率、采集分辨率等参数各不相同。

对于广播级的视频采集卡，一般采集卡输入接口提供 1394、SDI（数字分量）、YUV（Y，R-Y，B-Y 分量）、Y/C（亮/色分量）、S-Video、复合视频输入等形式，其中以 1394 接口采集时，视频信号失真最小；采集的格式一般支持 Mpeg-1、Mpeg-2、DVD、VCD 等。采集分辨率最高可支持 720×576、704×576；采集码率可达 15Mbps 以上。

对于专业级的视频采集卡，一般采集卡输入接口提供 Y/C（亮/色分量）、S-Video、复合视频输入等形式；采集的格式一般支持 Mpeg-1、AVI、VCD 等；采集分辨率可支持 720×576、320×240 等；采集码率在 10Mbps 以内。

目前还有一些专业的视频采集卡支持视频流格式采集，可直接将视频源的信号采集为 ASF、WMV、RM 等流媒体格式，用于网络传输。

2. 用软件捕捉屏幕动态信息

屏幕捕捉工具软件很多，如 SnagIt7 和 RoboDemo4 都是非常不错的屏幕、文本和视频捕获软件，它可以捕获 Windows 屏幕或 DOS 屏幕上的电影画面、游戏画面、静态图片、滚动文本以及鼠标活动事件等多种信息。这里主要介绍利用 RoboDemo4 捕获屏幕动态信息。

打开 RoboDemo4 程序，选择"新建工程"→"应用程序"，这是可以看见当前你已经打开的应用程序列表，选择一个应用程序，即可进行屏幕录制，当然在录制的过程中，若已连接好麦克风，也可将声音和动画一起采集。当采集完毕后，可以选择 AVI 和 SWF 等格式保存文件，图 7-15 所示 RoboDemo4 操作界面。例如，可以制作各种视频教学的案例。

3. 视频编辑软件 Premiere

Adobe Premiere 是由美国 Adobe Systems Inc 公司开发的一套功能强大的非线性编辑软件，它实现了视频、音频素材编辑合成的特技处理的桌面化。它集众多剪辑剪裁、特技应用、场景切换、字幕叠加、配音配乐等功能于一身，支持多种素材和输入、输出文件格式，制作费用低廉。Premiere 操作非常简单，作品却是精美绝伦，已被广泛地应用于电视节目，特别是广告的编辑制作。

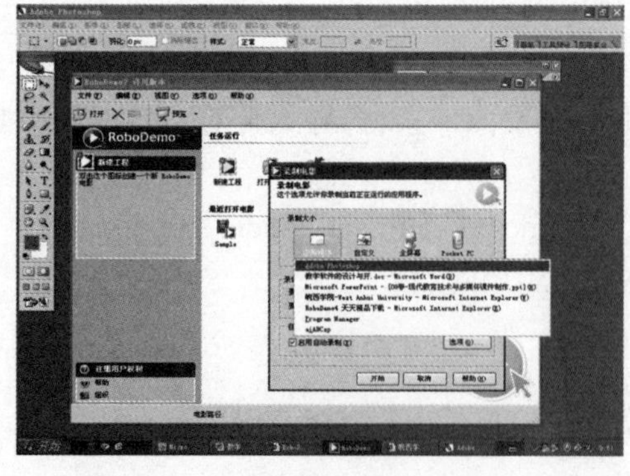

图 7-15　RoboDemo 4 操作界面

图 7-16　Premiere 的界面

图 7-16 所示为 Premiere 的界面，这就是进行视频编辑、制作的"工作台"。它由菜单条和几个小工作窗口组成，风格与 Adobe 家族的其他成员基本一致。

4. 动画编辑软件 Flash

由于第二节内容包含 Flash 多媒体课件的设计内容，所以在此将不再讲述。

第三节　多媒体教学软件设计与开发

一、多媒体教学软件的系统结构设计

多媒体 CAI 是一种教学程序。多媒体教学软件的开发需要多方面的人员协调完成，如计算机设计人员、某学科方面的专业教师、美工人员等，他们组合成一个计算机多媒体教学软件开发小组，按照开发流程展开各自的工作。下面先来讨论计算机多媒体 CAI 的开发流程。由于不同类型的多媒体教学软件各具特点，经过多年的探索，不懈的努力，教育技术专家已经总结出一套通用的多媒体教学软件开发流程，这个开发流程对计算机多媒体教学软件的开发有一定的帮助和指导。从图中可以发现，多媒体教学软件的开发包括五个步骤，共 13 个环节。每个环节都有各自的特点，又是不可缺少和灵活安排的，可以用图 7-17 表示。

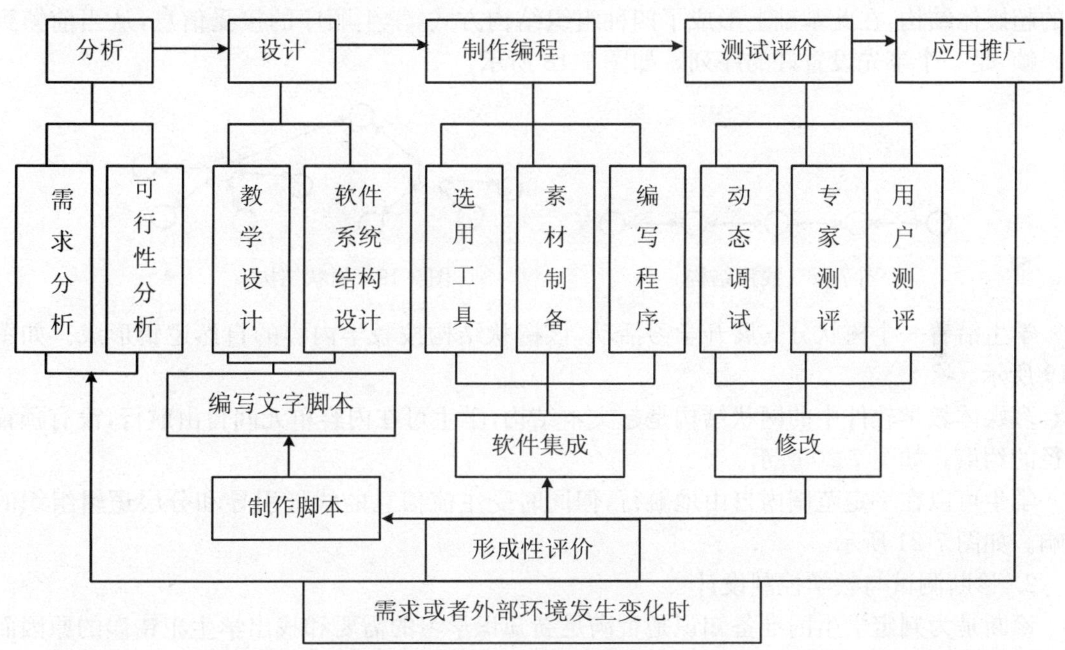

图 7-17　多媒体教学软件的开发流程

但需要指出：多媒体教学软件开发的这些环节并不是一成不变的，而是一个动态循环的过程。设计者和开发者在经过了需求分析、教学设计、制作编程和动态调试等环节之后，需要对开发出来的多媒体教学软件进行形成性评价，并根据评价的结构进行修改。经过多次循环之后，才能符合教学的要求。此外，在多媒体教学软件的使用过程中，当教学需求或外部环境发生变化时，还需要重新进行修改，以适应新的变化。下面我们对最能体现多媒体教学软件开发特点的几个环节着重进行讨论。

（一）教学设计

多媒体教学软件是一种教学系统，它和通常的教学系统——课堂教学系统的根本目的是一致的，不同的只是所采用的形态不同。如何确定多媒体教学软件的教学目标、教学内

容、教学策略、分析学习者特征、选择合适的媒体信息、实现教学过程的控制以及实现诊断评价都是多媒体教学软件开发中教学设计环节需要解决的问题，教学设计是多媒体教学软件成功的关键。

（二）软件系统结构设计

经过上面所述的教学设计工作之后，就可确保教学软件的教学性和科学性要求，但如何将这些知识内容在计算机上通过灵活多样的形式加以表达，发挥多媒体的优势，突破教学难点，突出教学重点，培养学生的能力和素质，还需要进行教学软件的系统设计。多媒体教学软件的系统设计是指对组成多媒体教学软件的各个要素功能和框架进行系统的规划，主要包括结构设计、诊断测试与教学控制设计、反馈设计、导航策略的设计、屏幕界面的设计等内容。

1. 教学软件的结构设计

多媒体教学软件的系统规定了教学软件中各部分教学内容的相互关系及呈现的形式，它反映了教学软件的主要框架及其教学的功能。多媒体教学软件的系统结构大多采用非线性的超媒体结构，在此基础上形成了四种组织结构方式，学生顺序的接受信息，从当前帧到下一帧，是一个事先设置好的序列。如图 7-18 所示。

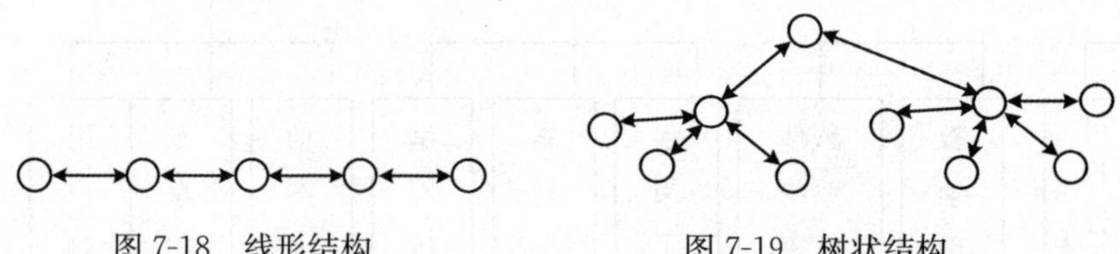

图 7-18 线形结构　　图 7-19 树状结构

学生沿着一个树状分支展开学习活动，该树状结构按教学内容的自然逻辑形成。如图 7-19 所示。

多媒体教学软件中的网状结构是超文本结构，学生可在内容单元间自由航行，没有预置路径的约束。如图 7-20 所示。

学生可以在一定范围内自由地航行，但同时受主流信息的线形引导和分层逻辑组织的影响。如图 7-21 所示。

2. 诊断测试与教学控制设计

诊断是为判定学生的准备知识是否满足新知识学习的需要和找出学生犯错误的原因而设计的教学环节。在以传授知识为主的多媒体教学软件中，诊断处理是必不可少的。在多媒体教学软件中，诊断一般通过测试来实现，测试题目要设计得具有诊断性，使之能够发现

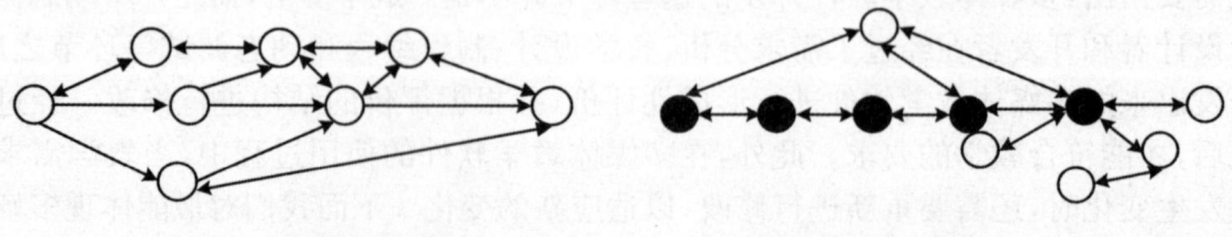

图 7-20 网状结构　　图 7-21 复合结构

学生出错的原因或判断出学生的预备知识是否够用。根据诊断测试的结果，就可以由程序或学生来控制教学分支的转移，这也就是教学控制。诊断测试设计包括：要设计出能发现问

题的提问(或测验题目)和对诊断结果的处理两个方面。诊断结果是各种可预期的问题或原因,通过教学控制转移到相应的教学分支以提供有针对性的知识或采取某种补救措施。诊断测试一般安排在进入新知识的学习之前或用于检测学习者对教学内容掌握的程度。

根据诊断测试的结果,我们可以选择相应地教学控制策略,这些教学控制策略有以下几种：

(1) 计算机主动控制:教学流程完全由计算机控制,每一教学步骤都由计算机根据诊断测试的结果决定下一步向学生呈示什么内容。以程序教学方式建立的教学软件大多采取这种控制策略。

(2) 学生主动控制:教学流程完全由学生控制,计算机根据学生的选择,检索教学信息并呈现给学生,学生主动参加测试和诊断,自主获取补救信息。以超文本方式建立的多媒体教学软件大多采取这种控制策略。

(3) 计算机-学生交互控制:教学流程受计算机和学生双方交互活动的共同影响,允许学生与计算机间进行对话。此类控制策略主要用于智能计算机辅助教学系统。

(4) 教师控制:教师通过计算机对教学信息加以控制并传播给学生,电子教室软件多采取这种控制策略。

(5) 协同控制:学生之间以及教师和学生之间按照某种约定,选取教学信息和控制信息的流向。计算机支持的合作学习软件多采用这种策略。

3. 反馈的设计

在学习者做出反应、表现出行为之后,应及时让学习者知道学习结果,这就是反馈。通过反馈信息,学习者能知道自己的理解与行为是否正确,以便及时改正。提供反馈的目的是要促进内部学习过程,通过反馈,学习者的成功学习得到肯定,受到一定的鼓励,从而增强信心。

4. 导航策略的设计

由于超媒体系统信息量巨大,内部信息之间的关系很复杂,一旦进入该信息系统,用户容易迷失方向,不知道自己处在信息网络中的什么位置,因此,需要系统提供引导措施,这种措施就是导航。导航策略实际是教学策略的体现。这是一种避免学生偏离教学目标,引导学生进行有效学习,以提高学习效率的策略。在多媒体系统中,这种导航策略通常包括有检索导航、帮助导航、线索导航、浏览导航、演示导航、书签导航等。

5. 屏幕界面的设计

界面设计一般包括屏幕版面设计、显示次序设计、颜色搭配设计、字体形象设计和修饰美化设计等内容。用来进行计算机辅助教学的多媒体软件,其屏幕的设计比一般的多媒体产品的要求更高,即除了追求屏幕的美观、形象、生动之外,还要求屏幕所呈现的内容具有较强的教学性。

(三)CAI课件脚本的编写与制作

现代教育技术正在深刻地冲击着教育的现有观念。以计算机为主体的教育技术将为高等教育面向21世纪实现“质量”和“效益”的两个根本性转变发挥巨大作用。随着计算机科学和现代通信技术的发展,计算机辅助教学(CAI)正以其独特的魅力在教育教学实践中扮演着重要角色,可以预言:以多媒体计算机为主要介质、以网络为框架的现代教育技术,将彻底改变教育的既有模式,配合传统教育中利用黑板加粉笔的原始教学形态,以其精致、高效、集约、有序的品质渗入到教育教学实践中去，为教育走向世界、未来、实现现代化提供坚实的技术保障。

稿本的编写是多媒体辅助教学(MCAI) 软件系统设计与制作中的首要一环，这一环分为两个方面：文字稿本的编写和制作脚本(又称编辑稿本)的编写。

1. 多媒体课件脚本编写应遵循的主要原则

多媒体课件脚本所具有知识的科学性、知识的趣味性和知识的创造性等特征，对脚本写作过程及参与编写人员的素质提出了较高的要求。为此，脚本的编写应遵循如下原则。

(1)脚本应反映现代教育思想。现代教育已明确了教师和学生的主体地位，即教师是教学的主体，学生是学习的主体，教与学是相辅相成的统一过程。教育是基于学习者的认知特点、认知能力和认知风格的教学策略的实施过程，是学习者以问题为中心，而不是以学科为中心的主动探究的学习过程。为此，多媒体课件脚本的写作一定要体现学习者主动参与、交互式发现和探究学习的主导思想，使脚本尽量在空间上为学习者保留一块自主学习的园地，使得自我导向(self directed) 学习倾向得以实现；同时，在兼顾多数学习者的平均程度和学习能力的基础上，在知识点的扩充、相关背景知识的纳入以及习题的增删等方面，尽量满足个别学习者提高的需要，贯彻因材施教、个别化教育的思想。

(2)脚本写作需与高性能电子计算机的特点相契合。计算机的主要特点就是信息存储容量惊人，运算速度极快，更为可贵的是计算机对各类信息资源能够多采取并行处理，提高了各信道信息资源的使用效率。为此，在脚本写作时，应尽量提供更多的相关知识，超脱那种黑板加粉笔式教学形态的时空制约；同时，脚本的写作要反映计算机对多种介质信息资源的并行处理能力，体现成人对信息资源加工的多通道性。认知科学早已揭示出学习的过程其实是对各信道的信息资源加以识别、输入、加工、输出的过程，是视觉、听觉、味觉、触觉等信道对信息进行综合处理的过程。据研究：仅靠视觉信道对信息进行加工，只能达到学习效果的80%，仅靠听觉信道，能达到学习效果的60%，而将视觉和听觉信道综合利用，就能增强学习效率70%。可见，对信息的多信道综合利用是提高学习效率的有效途径。为此，脚本应在计算机功能整体运行的可能范围内，把学科知识的学习过程尽量演化为对文字、图像、声音、卡通、图形等多媒体信息资源的综合利用过程，增强学习的效果。

(3)体现学科知识的内在逻辑关系。每门学科的发展都经历了漫长的岁月，从零星学说的提出，逐步发展为枝繁叶茂的参天大树，直到形成自成一体的学科体系。其间，现有学说不断受到挑战，既有的范式(paradigm) 不断受到冲击，在新旧学说撞击矫正的过程中，学科知识得以“螺旋式上升”，最终成为一门独立的学科体系。因此，学科自身是否具备严密的逻辑关系是检验学科自身价值是否成熟的关键因素。学说的无序罗列不能成其为学科体系。因此，学科体系的完善首先是各学说之间有序有机的结构化，反映学科体系内各类范式、各种学说的从属序列关系。基于学科知识本身的内在逻辑关系，在对学科知识展开充分研讨的基础上，脚本在呈现知识内容时必须具有承递性、层次性和相属性，符合知识本来的内在逻辑。

2. 制作脚本的特点

根据文字稿本的总体构思，将要表达的教学内容，分成一系列声画结合，可供制作处理的单元，并提出具体的技术要求，特别是交互性和可控性方面的技术要求，这就是制作脚本。

制作脚本的编写同样是一个艰苦的劳动过程，它绝不是简单的将文字稿本形象化，搬上屏幕就行了，而的确是一个艰巨的创作过程，甚至于绞尽脑汁。制作脚本的主要特点如下：

（1）制作脚本的加工对象。制作脚本不是“白手起家”的，文字稿本是它的加工对象和“输入数据”，即是说，制作脚本是依赖于文字稿本而再创作的。

（2）制作脚本的输出对象。制作脚本是创作 MCAI 软件的蓝本，它的使用对象或输出对象是具体实现 MCAI 的计算机技术人员，当然，它的编写者和使用者也可能同为一人。

（3）较强的交互性和可控性描述。制作脚本与文字稿本、影视剧本不同。一般影视剧本都是线性结构，没有什么交互性和可控性。多媒体教学软件一般具有非线性结构，具有较强的人机交互性和对学习内容进行控制选择的自由度，制作脚本中对此必然有所体现。因此，它具有较强的人机交互性和控制选择的设计描述，来实现 MCAI 软件的非线性超文本结构。

（4）比文字稿本更具体。由于文字稿本的作者一般对 MCAI 的制作技术可能了解不多，因而在教学内容的表达、画面的设计、解说的节奏、交互和控制等方面把握不准，也很难做到具体化。举例来说，文字稿本规定了一段教师讲述的内容，但是对于 MCAI 的实现来说，这段讲述内容究竟用男音还是女音，语速多少，是否配字幕，字幕如何呈现等可能并未述及。所以需要对文字稿本进一步加工，使之具体化，变得易于制作处理，这正是制作脚本所要解决的问题。

（5）使用多媒体专业术语和技术行话。制作脚本是 MCAI 软件设计和制作的技术施工图，设计者和施工者是计算机技术人员或多媒体技术人员。因此，要求在制作脚本中使用计算机多媒体专业术语和技术行话，如“交互”、“马赛克”、“淡入淡出”、“以开门方式展示”、“以百叶窗方式展示”、“按钮”、“热区”等等。从制作脚本到 MCAI 软件产品。中间的距离只有一步之遥了。

3. 制作脚本的要求

（1）完整的总体构思。相对来说，原始文字稿本的编写较容易些，从文字稿本改编成创作脚本却是非常复杂的。它要考虑怎样开头，怎样结尾，怎样铺开阐述以及许许多多实现的细节，同时又要保证每个细节都紧紧围绕教学主题，恰如其分地表现教学内容。单元与单元之间，细节与细节之间联系有机，总体结构严谨，没有漏洞。

（2）明晰的结构层次。在总体构思的基础上，应形成明晰的软件层次结构。为此，应以文字稿本为依托，详细分析其知识结构和内容层次，恰当地划分出知识单元序列，形成网状或树状的结构流程图。只有结构明确、层次清晰，才能使设计制作“有从下手”，也避免编辑制作中的盲目性和支离破碎、无法收拢的局面出现。MCAI 课件计算机基础知识教学一语言分类的制作脚本就有着清晰的层次结构，如图 7-22 所示。

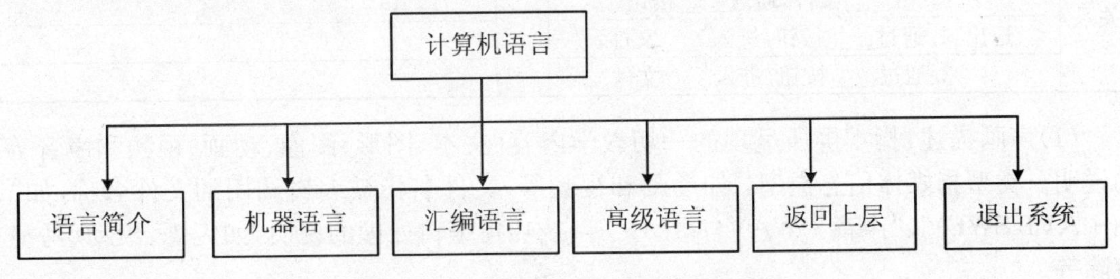

图 7-22 计算机语言树状结构流程图

（3）方便制作，易于实现。既然制作脚本是一份 MCAI 软件的技术施工图，那么，就应该充分考虑将来施工制作时的方便性，了解设计和制作中所采用的软硬件环境以及当前所能达到的技术水平。例如，如果要在 MCAI 中引入 AI（人工智能）技术的话，就要兼顾当前机器模拟智能的智能化程度，以保证 MCAI 制作脚本是易于实现的，避免没有坚强技术和物质支持的“海市蜃楼”。

(4)交互控制详细具体。在 MCAI 制作脚本的编写中，一定要高度重视交互性和可控性设计，因为这是 MCAI 与影视剧本的重要区别，是 MCAI 成功与否和水平高低的重要标志。人机交互的方式有十种之多，对每一种交互方式的特点都要了如指掌，恰当选择，具体加以规定。

(5)屏幕设计生动形象。MCAI 主要以形象与形象、声音与声音、形象与声音之间的组接来表现教学内容。因此，必须用多媒体表现语言描述出形象的画面、生动的解说、美妙的音响来撰写制作脚本，保证将来呈现给学习者和使用者的每一屏幕都是高质量的。屏幕设计一般包括屏幕版面设计、显示方式设计、颜色搭配设计、字体字号设计、修饰美化设计以及声音同步设计等，应该做到布局合理、整洁美观、形象生动、符合教学要求，实现教育性、科学性、艺术性和技术性的完美统一。

4. 制作脚本的格式

MCAI 软件是以一屏一屏的教学内容呈现给学习者供学习者使用的。每一屏幕的内容包括与画面同步的声音如何设计与制作，应该有相应的说明，这样就形成了制作脚本，作为软件制作的直接依据。

多媒体计算机辅助教学软件每屏幕所呈现的教学媒体信息是十分丰富的，从而导致其制作脚本的描述复杂性。它是对文本、图形、图像、动画、视频和声音以及交互方式等多媒体信息的综合描述和同步设计。制作脚本的一般格式见表 7-1 所示。

表 7-1 MCAI 脚本格式

编辑文件名						类型	序号			
	呈现内容	呈现时间	类型	文件名	技巧		名称	类型	形状	位置
声画描述						互述				
链接关系	进入：1. 由____文件，通过____按钮；									
	2. 由____文件，通过____按钮；									
	3. 由____文件，通过____按钮									
	退出：1. 通过____按钮，进入____文件；									
	2. 通过____按钮，进入____文件									

(1)声画描述：指本屏所呈现的一切教学内容（文本、图形、图像、动画、视频和声音等）的说明。类型指媒体信息类型，如动画和视频等；文件名指被编辑调用的文件名称，如“动画·AVI(SWF)”、“声音·WAV(MIDI)”等；技巧指编辑处理的说明，如闪烁、滚动、马赛克擦除等。

(2)交互描述：各种交互按钮或其他交互对象的有关说明。交互的类型很多，有按钮、按键、热区、热对象、目标区响应等 10 余种。对所采用的每一种类型都应指定具体的名称，如

“返回上层”、“退出系统”等等。并且还应具体指定其形状以及在屏幕上的位置安排。

(3)链接关系：这是关于教学内容结点之间相互关系的链接的描述，依此实现 MCAI 软件的非线性超媒体结构。

(4)呈现说明：教学内容的呈现顺序和呈现方式等的说明。如顺序呈现、同时呈现等。

可以将上述格式预制成脚本卡片，使用中只需依实际情况，将有关内容填入即可，非常方便。一系列的脚本卡片叠加起来，即形成编辑稿本。

实际的 MCAI 软件制作脚本和上述格式不一定完全相同，这是因为具体的 MCAI 软件教学内容、教学目的不同，所取的多媒体素材不同，所用的软件工具和设计思想不同，描述的方便性不同。对上述基本格式依实际情况有所取舍和稍加变动，不仅是允许的，也是应该的，总之，以准确具体地描述屏幕设计为原则。

(四)CAI 课件的制作、合成、测试与维护

1. CAI 课件的制作

课件的系统设计和编写制作脚本的工作完成以后，就可以将有关文档交付计算机软件制作的技术和艺术人员，开始课件的制作工作。课件的制作过程一般有以下几个步骤：选用工具软件、制备媒体素材、集成和写作课件。

2. 课件的合成

课件的合成就是根据课件制作脚本的要求，将用于呈现课件内容的各种媒体，按照一定的原则、结构方式组合起来，使课件的内容呈现稳定、连续、平滑，符合设计要求。该过程是课程内容再创作过程。在利用课件著作系统整合素材的过程中，要充分遵循认知学习理论、教育学原理、心理学，并考虑学习者的学习风格、认知水平、接受能力，使得学习内容的呈现达到最佳效果。

3. 软件测试与纠错、维护升级

软件测试是为了发现程序中的错误而执行程序的过程，测试的目的是尽可能多地暴露程序存在的问题。软件测试的方法通常有黑盒测试和白盒测试两种。在实际测试过程中往往是采用二者相结合的方式。

软件测试过程包括模块测试和系统测试。模块测试是为了保证每个模块作为一个独立单元能正确运行，在这个测试步骤中所发现的是编码和具体设计的错误。系统测试是把经过测试的子系统装配成一个完整的系统来测试，在这个步骤中不仅应该发现具体设计和编码的错误，还要验证系统确实能实现系统说明书中指定的功能，而且系统的动态特性也应符合预定要求。测试的目的是发现错误，而纠错的目的是确定错误发生的确切位置，并找出原因以改正错误。常用的方法有归纳法和演绎法。归纳法就是从个别推断一般，这种方法从错误征兆出发，通过分析这些错误之间的关系，而找出故障；演绎法从一般原理或前提出发，经过排除和细化的过程推导出结论。用演绎法纠错时，开始先列出看来可能成立的所有原因或假设，然后一个一个地排除列举出的原因，最后证明剩下的原因确实是错误的根源。

最后，在多媒体教学软件交付使用以后，随着教学需求或外部环境的变化，对于网上多媒体教学软件，其形式和内容可能需要重新进行分析、设计和修改，以求不断完善。

二、多媒体教学软件的开发

制作多媒体教学课件的软件很多，从大的方面讲，有语言类和创作类之分。常见的创作

工具有 PowerPoint2003，Flash 8.0，Authorware7.0，金山演示，方正奥思，Direct、课件大师等，本书将重点介绍前三个创作工具软件，工具软件介绍的主线是按照引入素材的顺序来展开的，素材的顺序是文本、图形图像、动画、声音和视频。

（一）利用 PowerPoint2003 制作多媒体课件

PowerPoint 是制作和演示幻灯片的软件，能够制作出集文字、图形、图像、声音、动画以及视频剪辑等多媒体元素于一体的演示文稿，把自己所要表达的信息组织在一组图文并茂的画面中，用于介绍公司的产品、展示自己的学术成果。用户不仅在投影仪或者计算机上进行演示，也可以将演示文稿打印出来，制作成胶片，以便应用到更广泛的领域中。

1. PowerPoint2003 的特点

（1）简单易学，方便使用。PowerPoint 俗称电子幻灯片，早期的幻灯片有幻灯机放映出来的实物幻灯片，而 PowerPoint 制作的是非实物的电子幻灯片。操作界面友好，标识形象，很容易掌握该软件的操作步骤。

（2）模板的多样化。在幻灯片页面的空白处，右键→“幻灯片设计”，就可以看到如图 7-24 所示的各式各样的幻灯片模板，供你设计多媒体课件时所选用。

（3）交互方式的多样化。PowerPoint 的交互方式有四种“外交互”（幻灯片之间），还有一种“内交互”（某张幻灯片内部），内交互也叫触发器交互。

“外交互”包括文本、文本框、图形图像和按钮交互。操作步骤：选定某种交互后，右键→“动作设置”/“超链接”，弹出对话框后，选定“超链接到”某张幻灯片即可。每种交互都有自己的特点：

文本交互设计后，字体的颜色发生变化，可以打开下图 7-23 界面，选择“配色方案”→“编辑配色方案”，打开对话框后，将“强调文字和超链接”和“强调文字和已访问的超链接”两个选项的文字改成自己满意的颜色即可。

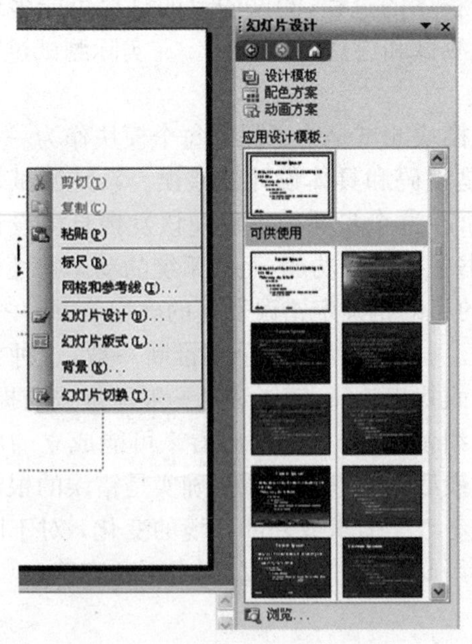

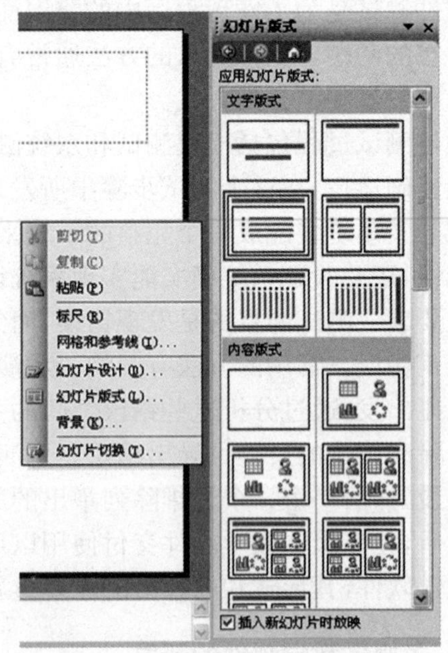

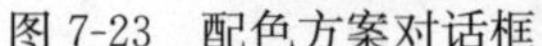

图 7-23 配色方案对话框

图 7-24 幻灯片版式对话框

文本框交互设计后，在“动作设置”对话框中，“单击时突出显示”选项激活，在文本交互中是不能用的。当选中该项时，文本框在单击时，发生颜色的变化。

图形图像交互设计后，在“插入超级链接”对话框中，可以对图像交互区设计屏幕提示。

按钮交互设计后，主要形象直观。

(4)幻灯片版式的多样化。在幻灯片页面的空白处，右键→“幻灯片版式”，就会看到如上图 7-24 所示的幻灯片版式。幻灯片版式分为四大类(31 个样式)，文字版式(6 个样式)、内容版式(7 个样式)、文字和内容版式(7 个样式)和其他版式(11 个样式)。

2. 素材采集

(1)引入文本素材。由于文本素材应用相当于 Word 的操作，比较简单，在此不展开论述。

(2)引入图形图像素材。PowerPoint 课件中引入图形图像素材分为三种情况。第一，PowerPoint 本身自带的剪贴画，这些剪贴画都是矢量图形；第二，PowerPoint 本身具有自选图形工具，可以创作出一些简易的图形，如线条，矩形等；第三，导入外部图像，例如通过各种方式采集来的图像，可以引入 PowerPoint 中，操作步骤，“插入”→“图片”→“来自文件”，在弹出对话框中找到你需要的图像即可。

(3)引入动画素材。PowerPoint 课件中引入动画素材分为两种情况。

第一，PowerPoint 本身自定义动画，操作步骤：选定文本后，右键→“自定义动画”，在弹出的自定义对话框中可以看出自定义动画形式有四种——“进入”、“强调”、“退出”和“动作路径”，然后进行相应的设置即可。

第二，引入外部动画，如 Gif 和 Flash 动画等，Gif 动画的应用就像插入外部图像一样。而 Flash 动画的引入比较复杂，常用的有两种方法。

第一种方法：插入“对象”的方法，步骤：“插入”→“对象”，在弹出的“插入对象”对话框中选择“由文件创建”，单击“浏览”，找到你的 Flash 动画，这是 Flash 动画图标已经插入幻灯片中，最后，选中 Flash 图标，右键→“动画设置”→“对象动作”→“激活”即可。

第二种方法：插入控件的方式，选择“视图”→“工具栏”→“控件工具箱”，打开“控件工具箱”面板。“控件工具箱”面板中打开系统安装的 ActiveX 控件，从中选择“Shockwave Flash Object”。此时光标变成“十字型”，用鼠标在幻灯片上拖出一个任意大小区域，以后 Flash 动画就将在其中播放；在这个区域中，右键→“属性”→“自定义”，打开“属性页”对话框中输入 Flash 动画(*.swf)文件的路径(当然也可以是相对路径)，然后选择“嵌入影片”，按“确定”按钮退出，最后需要保存 PowerPoint 文件，下次打开该文件就可以看出 Flash 动画的演示效果。

(4)引入声音素材。PowerPoint 课件中引入声音素材一般有两个作用，一个是解说声，一个是背景声。

● 解说声：将文本设置为自定义动画，双击自定义动画样式，出现如下对话框(图 7-25 动画样式效果对话框)，选择“效果”标签，打开声音下拉列表，找到所要解说的声音即可。

● 背景声：操作步骤：“插入”→“影片和声音”→“文件中的声音”，找到所需要的声音，此时幻灯片上就出现了小喇叭的图标，在自定义动画列表中也出现声音自定义动画样式，双击该样式，就会出现如下图(图 7-26 声音效果对话框)所示的对话框，就可以对背景声音的开始位置和结束位置进行设置，比如将背景声音在第 10 张幻灯片之后停止播放。另外在“计时”标签中，可以设置声音循环播放的次数。

(5)引入视频素材。

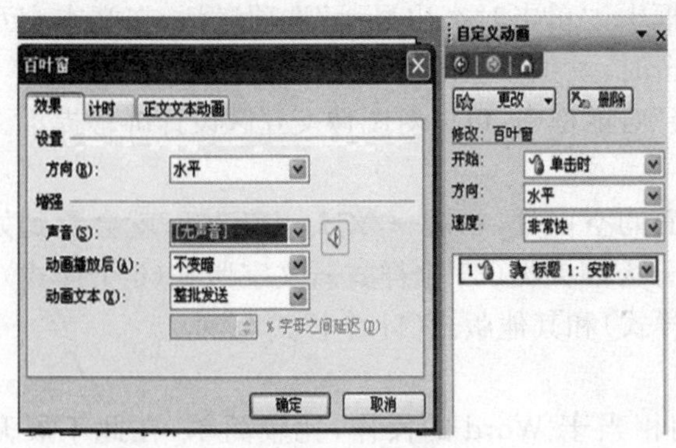

图 7-25 动画样式效果对话框

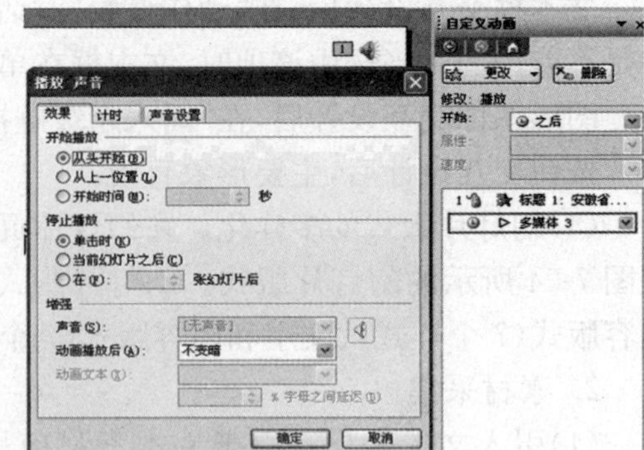

图 7-26 声音效果对话框

● 常用方法:"插入"→"影片和声音"→"文件中的影片",插入影片即可。

● 调用控件方法:如调用 Flash 动画一样,找到"windows media player"控件,在幻灯片上画一个播放窗口,单击右键,选择"属性",在属性对话框中,找到所需要的视频即可。这种方法调用视频,可以对视频进行控制,就相当于播放器来播放视频一样。对于其他格式的视频,调用相应的播放器控件即可。

(二)利用 Flash8 制作多媒体课件

1. 认识Flash8 的用户界面

当我们安装完 Flash8 后,启动 Flash8 程序。出现如图 7-27 所示的 Flash8 窗口。

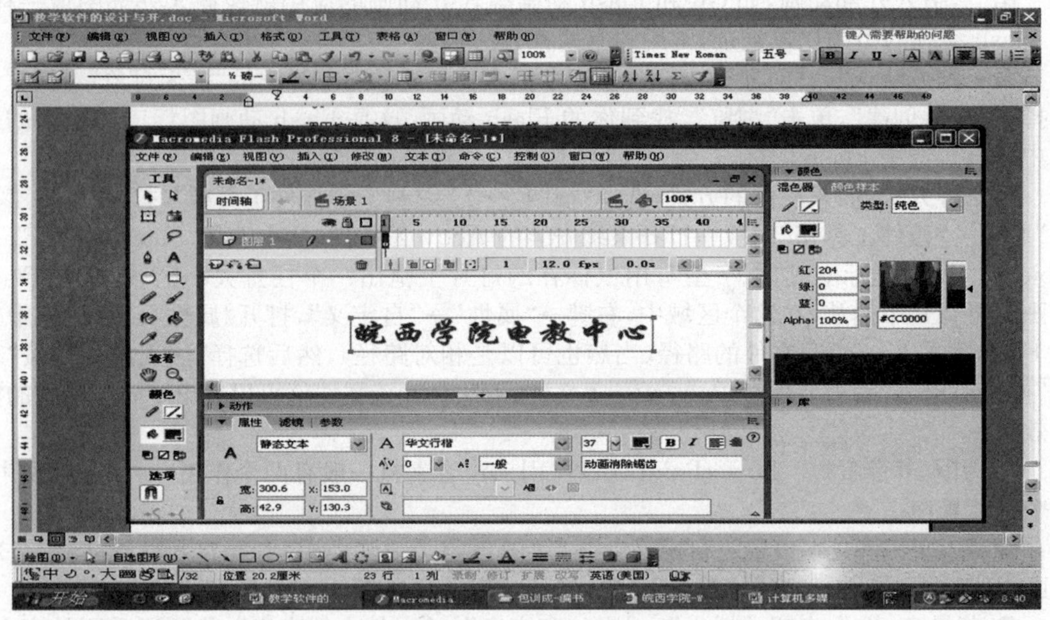

图 7-27 Flash 8 用户界面

● 主要菜单栏:可以进行各种基本的操作和设置选项。

● 工具栏:常用工具的选择;名称如下图 7-28 所示;功能如表 7-2 所示。

● 时间线:关于图形进程的设计操作,是一个直观且重要的工具栏。

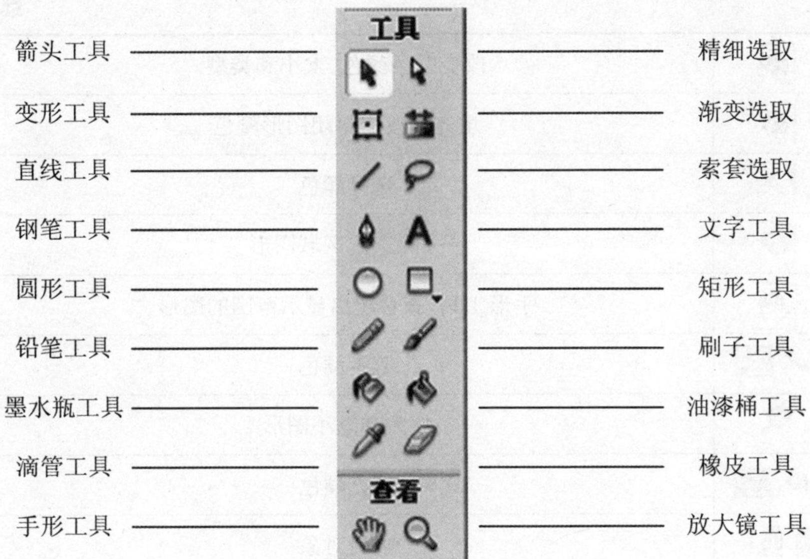

图 7-28 工具栏各个工具名称

● 舞台:舞台是制作电影中关键帧内容的区域。在舞台中可以直接对电影进行创建、修改和组织,是电影的制作区域。

● 目标属性:电影制作过程中可以在此类工具栏中修改对象属性。

● 控制面板:控制面板用于创建、观看、组织和修改对象。

表 7-2 各个工具按钮的作用

	选择图形、拖曳、改变画形形状
	选择图形、拖曳和分段选取
	制作直线条
	对象选择
	制作直线和曲线
A	制作和修改字体
	制作椭圆形和圆形
	制作矩形或者圆角矩形
	制作线条和曲线
	制作闭合区域图形或线条
	变换图形形状
	用于颜色变化的设置,如颜色渐变图形的变化

续表

	改变线条颜色、大小和类型
	填充和改变封闭图形颜色
	选择颜色
	去除选定区域图形
	手形工具,查看超出显示范围的图形
	笔画颜色
	放大和缩小图形
	填充颜色
	吸附对象

2. Flash 动画的基本概念

(1)时间轴、帧、关键帧、空白关键帧和播放头。电影用连在一起排列的胶片来组织胶片播放的先后,这样投在屏幕上反映的就是哪个胶片先播放,哪个胶片后播放。Flash MX 动画中当然也必须要组织图形元素播放的先后次序,这个任务由时间轴来完成,在 Flash 中时间轴代表一段时间的过程(就是动画播放的时间),时间轴长代表动画要播放的时间也会较长。时间轴是由一个个呈小格子状的帧组成的,这种小格子的帧就代表一个短的时间过程,缺省时间一般是 1/12 秒。

在一些帧上有小圆黑点,这表示什么呢?带有小圆黑点的帧就是关键帧,关键帧是指在动画的播放过程中,帧对应场景中的图形元素对该动画的表现形式起决定作用的帧,我们以后在做动画时经常用到关键帧。

关键帧上有图形元素(准确的说应该是场景上的,这里为了便于表达和习惯说法,以后都按这样表述)。如果我们不在帧上放置任何图形元素,那么这个帧就是一个空白关键帧。时间轴上的白色带小黑圆圈的格子就是空白关键帧。在时间轴上有一个红色竖线和小方框组成的标志,这就是播放头。播放头有点像电影幻灯片机上照射胶片的灯光,播放头停在哪个帧上,场景中就显示该帧中所对应的图形元素,播放头跳到另一帧,场景中就显示这个帧对应的图形元素,播放头连续在帧上跳动,便形成了一个连贯的动画。

(2)层与层的管理。如果你用过图形图像处理软件 Photoshop,就知道层是一个怎样的概念。Flash MX 中层的作用和 Photoshop 中的基本相同,它只是图形处理中的一个辅助工具。我们要在场景中画一个图形,以本节中小球单摆的动画为例,动画中有一个图形元素是变化的,另一个是静止的,一个是单摆 qiu 的图形,另一个是 ding 的图形。为了便于图形处理,就把这两个图形分别放在两个层中,分别命名为 ding 和 qiu,如图 7-29 所示。

层只是方便动画设计者处理场景中动画元素(包括图形、动作脚本和声音等等)的一个工具,有了他就可以把场景中的动画元素分开,以便设计者处理和组织动画元素,层有上下之分,一个层总是在另一个层的上面或者下面,比如图 7-29 中的 ding 层就在 qiu 层的上面,上层中的元素总是遮住下一层中的图形，即我们在场景中看到的是上面层的图形元素和下面层中没有被上面层遮蔽的图形元素。对层的操作管理有如下几点：

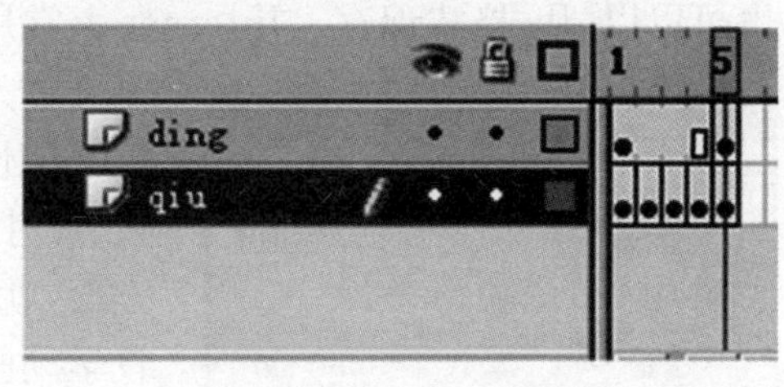

图 7-29　图层的位置

● 添加和删除层；

● 改变层的上下关系；

● 给层命名；

● 设置文件夹层；

● 隐藏、锁定和现实轮廓层；

● 层的类型设置，如引导层和遮蔽层。

(3)组化和打散。Flash MX 是一个矢量图形软件，通过图形工具得到的图形都是矢量的，矢量图形是通过特殊的数学计算得到的图形。这些图形可以群组化，群组化后的图形作为一个整体对待。用圆形工具在场景中画一个圆，再用选取工具选中该整个图形，执行"修改"→"群组"操作，或者按快捷组合键 Ctrl+G，图形就被群组化。

(4)元件、实例和库。元件(Symbol)是指可在动画中重复使用的元素，创建的元件会自动存放到库中。当将元件从库中拖放到舞台或其他元件中时，就创建了该元件的一个实例，实例是指位于舞台中或嵌套在另一个元件内的元件副本。

运用元件可以显著减小动画文件占据的存储空间，因为无论同一元件使用多少次，Flash 只在文件中保存它的一个副本，如果某个元素要在动画中反复使用，则应将它作为元件来处理。

对元件做了修改后，程序会自动对该元件的实例进行更改。对元件的一个实例应用各种效果，只对该实例产生影响，而不会影响元件和其他实例。

Flash 中常用元件有图形、影片剪辑和按钮三种形式，操作步骤："插入"→"新建元件"(Ctrl+F8)，将一个图形转化为元件的方法是："修改"→"转化为元件"(F8)。

● 图形元件：主要用于制作静态图形。图形元件具有自己的时间轴，可以加入其他元件和素材，但不具有交互性，不能加入声音。

● 影片剪辑元件：本身是完整的动画，可包含一切的素材，可以有时间轴、交互性控制、声音，还可以包含其他的动画片断。当一个动画需要多次使用时，最好将它直接定义为影片剪辑。

● 按钮元件：主要用于交互性动画激发事件。创建按钮元件后，可以看到事件轴上只有四个关键帧，也就是按钮的四种状态，分别是"弹起"、"指针经过"、"按下"和"点击"。前三种状态容易理解，第四种状态是设置按钮的激活区，只与该关键帧上的图形大小与形状有关，与图形的颜色无关，在动画播放时是看不见的，根据这一特点，可以设置隐性按钮。

库(Library)用于集中存放、管理和组织需要重复使用的动画元件和素材，利用它可以方便的查找、编辑、设定和重复利用素材。调用库的步骤："窗口"→"库"(Ctrl+L)。

3. Flash 动画制作的一般过程

一般制作 Flash 动画的流程是：新建文件、设置文档属性、创建加工对象、设置变化、测试和发布。

(1)新建和保存动画文件。Flash 软件新建的动画文件为. fla 格式，制作好的动画源文件也可以以.fla格式保存。Internet上常用的格式.swf文件。

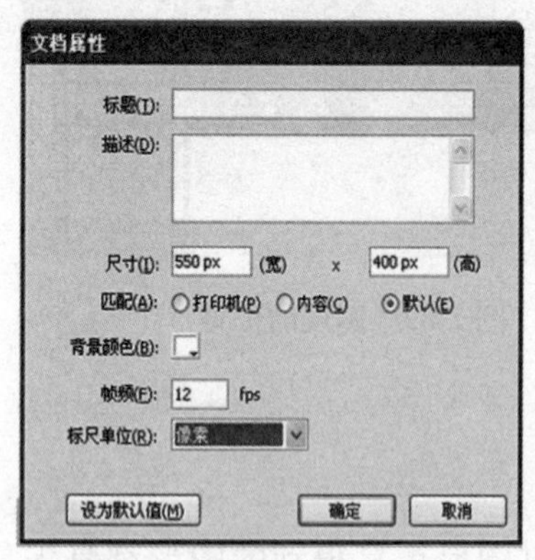

图7-30 文件属性对话框

(2)设置文档属性。执行"修改"→"文档"(Ctrl+J),打开属性对话框,如图7-30所示,根据需要设置合适的帧频、尺寸和背景颜色。制作Flash动画前应通盘考虑这几方面,就像演戏前必须考虑舞台背景及舞台大小一样。教学动画以像素量表示显示尺寸,一般不得大于显示器和投影机的像素量。帧频以8到12fps为宜,帧频过高将导致动画文件占据的存储空间较大,帧频过低动作将导致各帧画面无法连贯播放。以上设置也可利用"属性面板"设置。

(3)创建动画对象及设置渐变。

● 创建动画对象;

● 建立关键帧;

● 设置动作或形状渐变。

(4)测试或播放。设置好关键帧的内容并确定了渐变形式后,执行"控制"→"测试影片"(Ctrl+Enter),屏幕上就会显示与发布后完全相同的效果。也可执行"控制"→"播放"(Enter),从播放头开始直接播放动画,但是影片剪辑元件是不能播放的。

(5)发布动画。发布动画是指将Flash动画创建为能Flash播放器播放的.SWF文件格式,或根据需要生成HTML文件、.exe文件,从而可以流通浏览器播放动画或在操作系统中直接播放动画。

执行"文件"→"发布设置",在发布设置对话框中选择发布文件的类型。

4. 常见的Flash动画类型

(1)逐帧动画与补间动画。逐帧动画又称帧并帧动画,是必须对时间轴轨道中的每一帧进行定义的动画,即所有帧都为关键帧的动画。帧并帧动画具有能随心所欲地创建各种动画效果的优势,但制作费时费力,生成的动画占据的存储空间大。

补间动画又称渐变动画,只需要创建开始关键帧的对象和结束关键帧的对象,并设置两关键帧之间的变化形式,Flash能根据给定的设置自动生成中间各帧的动画。具有设计制作效率高、动画文件占据的存储空间小的特点,是教学动画的主流形式。

(2)补间动画形式。

①形状补间动画制作方法。一个对象逐渐过渡变化为另一个对象的动画,或一种形状逐渐变化为另一种形状的动画,为形变(Shape)动画,又称形状补间动画。

制作形状补间动画的一般过程为:

第一步:建立动画开始关键帧,并在舞台中建立起始对象,也可事先将起始对象建立为元件,然后从库中将其拖放到舞台加以使用。

第二步:在时间轴的合适帧位建立结束关键帧,在结束关键帧删除舞台上的原有对象,再建立结束关键帧对象。合适的结束关键帧帧位根据形变动画需要持续播放的时间和帧频确定。

第三步:选中时间轴上的开始关键帧,然后在"属性"面板的"补间"栏中选择"形状"并对"简易"、"混合"栏进行设置,如图7-31所示。

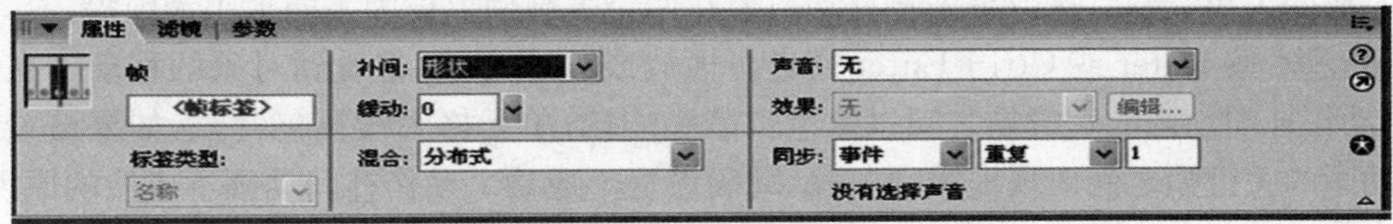

图 7-31 “补间”为“形状”的属性面板

在“属性”面板中,“简易”栏用于设定动画从开始到结束变化的加速度,用鼠标单击该栏的下拉箭头将出现滑标,向上拖动滑标(或输入 1～100 之间的数)形变速度先快后慢;向下拖动滑标(或输入－1～－100 之间的数)形变速度先慢后快。“混合”栏用于设定形变过程的细致程度,选择其中的“分布式”,动画的过渡较为平滑;选择其中的“角形”,则在形变过程中尽可能保持角和直线的形状。

第四步:按 Enter 或 Ctrl＋Enter 键进行播放或测试,此时应能看到所设置的动画效果。如果动画形变时间过长或过短,可用鼠标拖动该动画的结束关键帧使其向前/后移动,以改变帧序列的长度。

在时间轴上,形状补间动画的关键帧之间以黑色长箭头连接,单元格为浅绿色背景,如果设置形状补间动画后的关键帧之间出现的是虚线,表示设置不成功。制作形状补间动画成功的关键是:要执行“修改”→“分离”命令或利用快捷键 Ctrl＋B,将有些对象(如文字、从库中调出的元件)“分离”。分离又称为“打散”。形状补间动画两关键帧之间各帧的变化,由软件自动完成。如果认为中间的形变不符合要求,可采用在两个关键帧的对象上添加形状提示点的方法,指定对象的形变规则,控制形变过程。

添加形状提示点的方法为:在时间轴上选中起始关键帧后,反复执行“修改”→“形状”→“添加形状提示”(Ctrl＋Shih＋H),当对象上出现合适数量的 a、b、c、d 等字样的红色提示标志点后,将这些标志点移到对象上拟变形控制点上,同样,在结束关键帧上将提示标志点移到对象的合适位置,使结束关键帧和起始关键帧的提示标志点一一对应。

右键单击起始关键帧上的提示标志点可以利用快捷菜单进行“添加提示”、“删除提示”、“删除所有提示”和“显示提示”等操作。

②动作补间动画基本制作方法。动作(Motion)补间动画的“动”,包括移动、转动、颜色的变化、沿特定路径的运动以及遮罩等形式。

移动动画的一般制作过程如下:

第一步:将要移动的对象建立为元件。如果只是制作简单动画,可以选择元件的行为为“图形”。建立元件时,要养成给元件命名的习惯。

第二步:创建需要放置元件的图层和关键帧,将元件拖到起始关键帧的舞台上。如果希望设置的起始关键帧不在时间轴上第一帧的位置,则先选择时间轴上合适的帧位建立关键帧,再在选中此起始关键帧的情况下将元件拖放到舞台上。

第三步:建立移动动画的结束关键帧。根据动画对象需要移动的时间以及帧频,确定结束关键帧的位置。选择合适的帧位后建立关键帧,并用选择工具或部分选择工具将舞台上的运动对象拖放到运动结束该处于的位置。

第四步:设置变化形式。选中时间轴上的起始关键帧,在“属性”面板的“补间”栏中选择“动作”,如图 7-32 所示。若同时选中了“属性”面板中的“缩放”复选框,则允许对象在移动的同时改变大小，当然，这以事先将移动对象在两个关键帧上设为不同大小为前提。

第五步：按 Enter 或 Ctrl＋Enter 键进行播放或测试，此时将看到对象的移动。在时间轴上，动作补间动画的关键帧之间以黑色长箭头连接，单元格为浅蓝色背景，如果设置动作补间动画的关键帧之间出现虚线，则表示动画设置不成功。动作补间动画不成功的原因，多半是未将运动对象预设为元件。

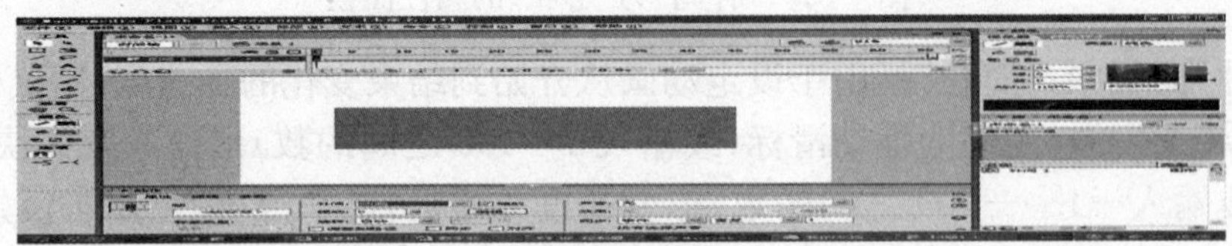

图 7-32 “补间”为“动作”的属性面板

要确保动作补间动画的成功，既要将运动对象从库中拖出加以使用(文字动画例外)，又要保证在两关键帧上使用的是同一元件。

③转动动画的制作方法。转动动画分为转动中心在指定位置不移动和转动中心不断移动两种形式。制作转动中心不断移动的转动动画是在移动动画制作的基础之上，在“补间”栏选择了“动作”的“属性”面板上，选择“旋转”栏中的“顺时针”或“逆时针”，并输入旋转的次数。

制作转动中心不移动的转动动画与制作转动中心不断移动的转动动画方法相仿，区别仅在于运动对象的动画结束帧与起始帧在舞台上的位置是否相同。

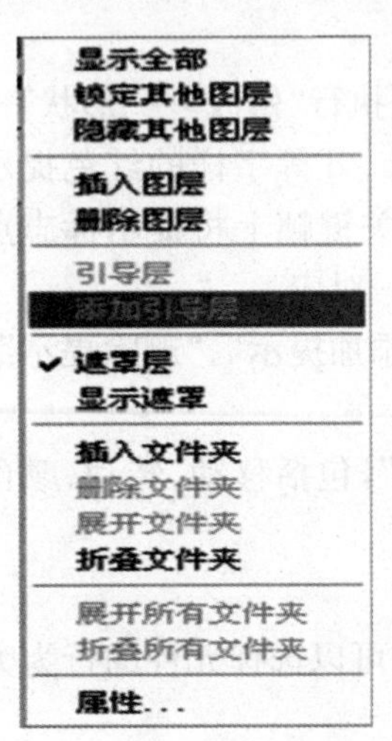

图 7-33

④沿特定路径运动动画的制作方法。沿特定路径运动动画的制作是在移动动画制作的基础上增加引导层，在引导层中关键帧的舞台上绘制作为运动路径的曲线，再在原移动动画图层的起始关键帧和结束关键帧上，将运动对象分别拖放到运动路径曲线的两端。通常是用时间轴图层区下方的按钮创建引导层。制作沿特定路径运动动画的关键是：在起始关键帧和结束关键帧中将运动对象分别拖放到路径曲线的端点时，要注意运动对象的中心点与路径曲线端点的吻合。如果给选择工具设定了吸附属性(单击按钮)，则很容易实现此种吻合。

如果希望对象沿特定路径运动时，能够根据路径的切线方向调整其自身的方向，则应在选中起始关键帧后，在图 7-32 所示的“属性”面板上选中“调整到路径”复选框。

⑤颜色变化动画的制作方法。颜色变化动画是指对象从某种颜色逐渐变化为其他颜色的动画。充分利用对象亮度、色调、透明度的变化，可使动画表现得精彩纷呈。

颜色变化动画的制作是在移动动画制作的基础上，在时间轴上选中关键帧后单击动画对象，然后在“属性”面板的“颜色”栏中进行选择。“颜色”栏中提供了亮度、色调、Alpha、高级等选项，可根据需要选择和设置。也可在设置补间动作之前，直接对舞台上的元件对象设置颜色。

⑥遮罩动画的制作方法。遮罩动画是利用在遮罩层中创建一些区域，展示位于它下面

的被遮罩的对象，从而创建诸如灯光移动、颜色转变等效果的动画。

遮罩动画至少由两层构成，即由遮罩层和被它遮罩的层（又称被遮罩层）组成。动画运行时，被遮罩层上的对象只能透过遮罩层上存在的对象区域展示，若遮罩层中的对象移动，就可以产生类似于聚光灯扫射的效果。

设计遮罩动画的关键是把握遮罩规律即遮罩层中的对象会对被遮罩层的对象产生遮罩，被遮罩层中对应于遮罩层中对象之外的部分，在动画中无法显示。

定义遮罩层的方法是：在时间轴图层区的相应图层上右键单击，在出现的如图 7-33 所示的快捷菜单中选择"遮罩层"命令，将该层设为遮罩层后，紧靠在它之下的一个图层自然而然地变为被遮罩层。

5. Flash 动画的交互与控制

交互动画是指播放过程中能与用户进行交互对话，并根据用户的操作给以不同反馈的动画。交互是教学动画有别于其他动画的特点。交互动画的形式多种多样，较常见的是按钮交互，下面来讲几种交互的方式。

(1)Flash 按钮控制语句。按钮必须是通过鼠标和键盘的操作（鼠标按下/释放，按回车键 Enter 等），来触发捆绑在按钮上的脚本代码。鼠标或键盘对按钮的执行动作过程称为事件。比如鼠标按下一个按钮的过程就是一个事件，释放又是一个事件。这些事件用脚本代码表示如下表 7-3 所示。

表 7-3　按钮事件列表

事件模型	函数
鼠标按下	on (press)
鼠标按下后释放	on (release)
鼠标在按钮上滑动	on (rollOver)
鼠标清除按钮	on (rollOut)
鼠标释放并停在按钮外	on (releaseOutside)
鼠标拖曳并在按钮上滑动	on (dragOver)
鼠标拖曳并清除按钮	on (dragOut)
键盘控制按钮	on (keyPress)

选中要捆绑脚本代码的按钮，单击按钮动作属性面板，在函数列表中"影片剪辑控制"的目录夹，可以看到执行按钮事件的函数语句 on，用鼠标双击 on 函数语句，在右侧的程序代码编辑区上侧有按钮的全部事件模型（图 7-34 所示）。

(2)按钮链接到网页。

第一步展开动作属性。面板在主场景中，选中按钮，单击按钮动作的脚本。

第二步写脚本。在右侧程序代码列表区执行"影片剪辑控制"，双击语句 on，在左侧程序代码编辑区选择"释放(release)"；回到右侧程序代码列表区执行"浏览器"/"网络"，双击语句 getURL()，在左侧程序代码编辑区参数"URL"里写上"http://www. wxc. edu. cn"。

最后语句：on (release){ getURL("http://www. wxc. edu. cn")；}

第三步测试按钮。按 Ctrl＋Enter 组合键，就可以预览生成的. swf 文件，单击按钮是否能链接到皖西学院的主页，当然此时你的网络要是通的。至此，按钮动画超级链接就制作完毕了。

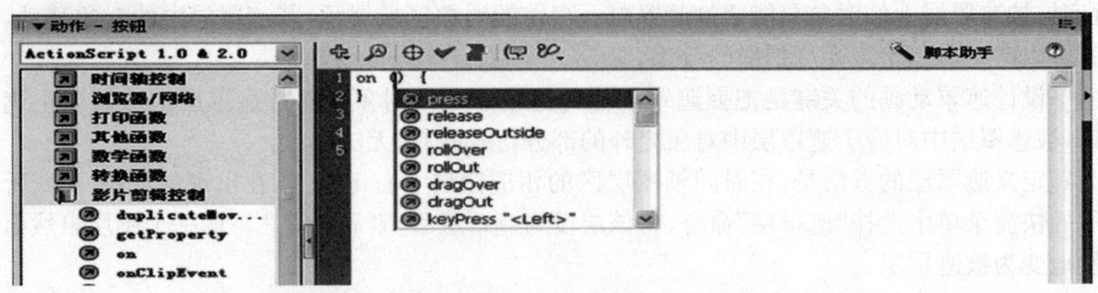

图 7-34 动作属性面板

(3)按钮链接到帧。

第一步场景设置。新建一文件，大小尺寸为 550×400 像素，背景色为♯FFFFFF，帧频率为 12fps。

第二步设置一个移动动画。绘制一个圆，变成图形，在 35 插入关键帧，并把图形变大，而中心位置不变。将帧属性面板参数"中间"选为"移动"。

第三步写帧脚本。在选中第一帧，在帧脚本中输入"stop();"语句。

第四步设置按钮。在主场景中，增加一个层，命名为 anniu，新建一个按钮。

第五步写按钮脚本。选中按钮，单击动作属性面板，在按钮脚本程序编辑区中，输入下面语句。

从头播放按钮代码：on (release) {gotoAndPlay(1); }

停止按钮代码：on (release) {stop(); }

继续播放按钮代码：on (release) {play(); }

第六步按 Ctrl＋Enter 组合键，就可以预览生成的. swf 文件，单击按钮才能使动画运动。至此，按钮动画帧链接就制作完毕了。

6. 声音

教学动画配上音乐或解说，可以使形象生动、有声有色，并提高信息的表达效果。动画控制中添加的声音，往往分为背景音乐、解说声和交互操作声等几种形式。无论哪种形式，都要先将声音文件导入。

(1)导入声音文件。执行"文件"→"导入到库"，可方便地将声音文件导入到库中。Flash 支持多种格式的声音文件。可导入采样频率为 11kHz、22kHz 和 44kHz，量化位数为 8b 和 16b 的声音文件，在录制供 Flash 动画使用的文件时，要使之符合这些规则要求。

(2)为动画添加背景音乐。在动画制作中添加背景音乐的操作为：

第一步：新建名为"音乐"的图层，在"音乐"图层为当前图层的情况下，将音乐文件从元件库中拖放到舞台上。背景音乐往往应该贯穿动画的始终，如果希望音乐在动画播放一段时间后才开始，则建立音乐图层后，首先在相应的帧位建立关键帧，然后再拖声音文件到舞台，如此设置后动画将到播放该帧时才开始播放音乐。

第二步：在时间轴上选择包含声音文件的第一帧，在"属性"面板中利用"效果"下拉列表框为声音增加效果。其中的"左声道/右声道"是指仅使用左声道或右声道播放声音；"从左到右淡出/从右到左淡出”用于在两个声道间进行切换；“淡入/淡出”指动画播放时声音逐渐加大或减小；选择“自定义”会弹出图 7-35 所示的能对声音进行调整的“编辑封套”对话框，在该对话框中可通过声音幅度控制手柄设置淡入、淡出，通过声音大小控制线调整音量大小。一般要将背景音乐的音量设置得低些。

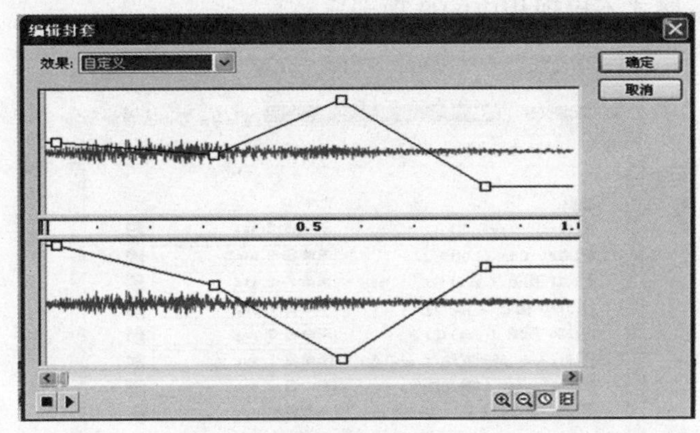

图 7-35　“编辑封套”的对话框

第三步：设置“同步方式”。在“属性”面板的“同步”下拉列表框中，在“事件”、“开始”、“停止”、“数据流”四种同步方式中选择一种。背景音乐通常应采用短小的音乐文件，选择“事件”同步方式，并在“重复”下拉列表框中选择“循环”选项。

(3)为动画添加解说。为动画添加解说，与给动画添加背景音乐在操作上相似，区别在于以下三点：

● 解说的开始必须与相关内容的关键帧相结合，以保证“声画同步”。

● 必须选择“数据流”同步方式。

● 在“重复”栏下不能选择循环。

(4)为按钮添加声音。为按钮添加声音的操作如下：

在按钮元件上右键单击，在出现的快捷菜单中选择“编辑”命令，进入按钮元件编辑模式。

新增“声音”图层，如图 7-36 所示。

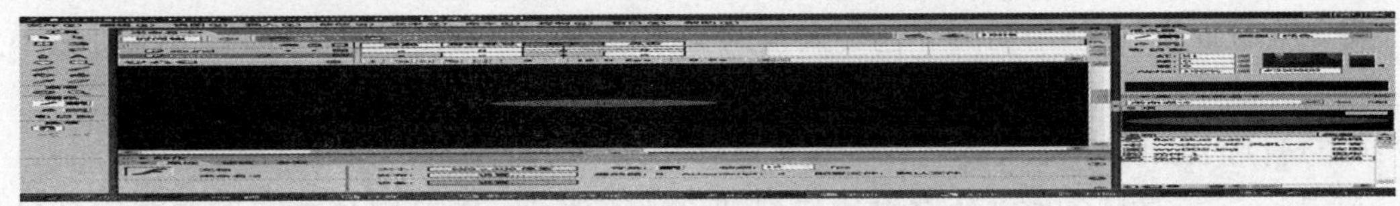

图 7-36　为按钮元件增加声音图层

在“sound”图层中创建关键帧，使之与要出现声音的按钮状态相对应，比如要在按钮被单击时播放声音，则在“按下”帧中创建关键帧。

选中创建的关键帧，在“属性”面板中的“声音”下拉列表中选择短小的声音文件(声音文件要事先导入)，并设置声音的相关属性，尤其要在“同步”下拉列表框中选择“事件”项。

7. 动画的发布

用 Flash 软件制作的动画必须进行发布，这既是保护自己知识产权的需要，又是使动画体积小巧的需要，同时也是方便使用的需要，并且 Flash 的源程序只能在 Flash 中打开和应用。

动画发布前，应首先执行“文件”→“发布设置”命令，调出图 7-37 所示的对话框，选择和指定所需要的发布用文件格式。选择文件格式后，就在对话框的当前界面上添加了对应的选项卡，但选择. exe 格式不出现相应的选项卡。

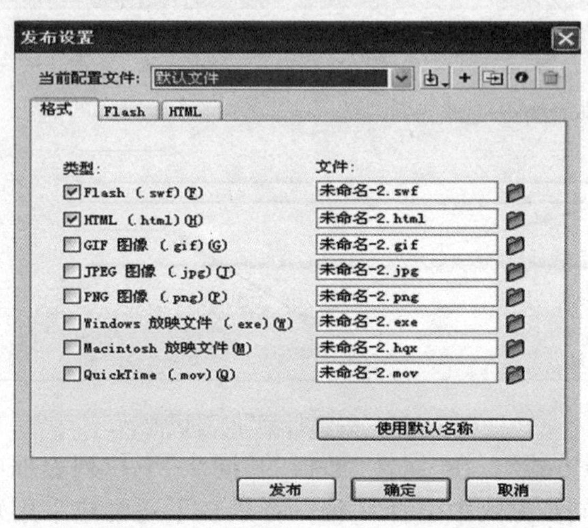

图 7-37 “发布设置”对话框的“格式”选项

扩展名为. swf 的发布格式是 Flash 的动画文件格式，是 Flash 源程序的压缩版本。它为通过网络查看进行了优化，可以在浏览器中播放，但无法在 Flash 程序中进行再编辑。在网页中、多媒体课件中插入 Flash 动画时，应插入. swf 格式的文件，而不是. fla 格式的文件。当将 Flash 动画以. swf 格式发布时，要在 Flash 的“发布设置”选项卡中（如图 7-37 所示）重点设置好以下几项：

● “版本”。指定导出的动画将在哪个版本的 Flash 播放器中播放。有些功能在低版本的 Flash 播放器中无效，比如“压缩影片”只对 Flash Player6. 0 以上版本有效。

● “防止导入”。选择该项后，可防止别人从网上下载后再利用 Flash 进行修改，可更好地保护自己的劳动成果。

● “压缩影片”。如果动画中包含大量的文本或 Actionscript 脚本，选择该项将减小文件占据的存储空间，但压缩后的动画只能在 Flash Player6. 0 以上版本中播出。

（三）利用 Authorware7. 0 制作多媒体课件

Authorware 是最负盛名的多媒体 CAl 课件制作软件，它采用基于图标流程图的设计方法，具有易学易用、不用编写复杂的程序代码的优点，能让广大的课件制作人员得心应手开发出形式活泼、功能强大的多媒体 CAl 课件，因此适合制作专业型的课件。

1. Authorware7. 0 操作界面简介

Authorware 的操作界面如图 7-38 所示，主要包括菜单栏、常用工具栏、图标工具栏、程序设计窗口、展示窗口、知识对象窗口等几部分。

(1)常用工具栏。Authorware 的常用工具栏如图 7-39 所示，它集中了常用的命令按钮，其中与其他软件中不同的按钮名称和功能，如表 7-4 所示。

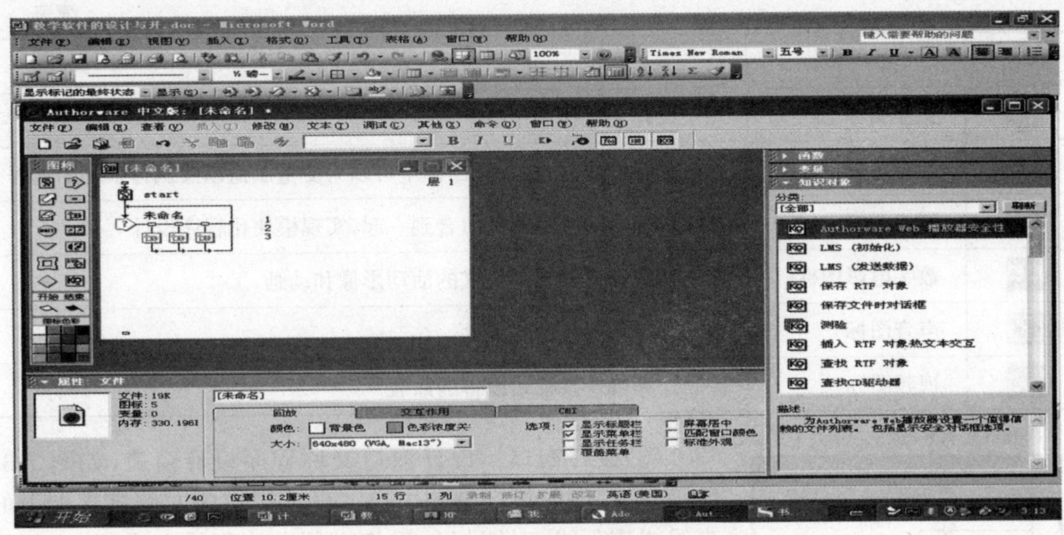

图 7-38　Authorware7.0 的操作界面

表 7-4　Authorware 常用工具栏中的特殊按钮

按钮	名称	功能
	运行按钮	运行当前正在编辑的课件
	控制面板按钮	调出程序运行控制面板
	函数按钮	调出函数窗口
	变量按钮	调出变量窗口

(2)图标工具栏。图标工具栏又称设计图标栏，是 Authorware 特有的工具栏，位于 Authorware窗口的左侧呈竖条形排列，其中每个图标具有丰富而独特的作用，各图标的名称及作用如表 7-5 所示。

表 7-5　Authorware 图标工具栏中各图标功能简介

按钮	名　称	功　能
	显示图标	显示文字、图形、静态图像等以及函数的即时变化
	移动图标	使选定图标中的内容(文字、图片、动画等)实现简单的路径动画
	擦除图标	擦除选定图标中的文字、图片、声音、动画等
	等待图标	暂停程序运行，直到设计者设定的响应条件满足为止
	导航图标	建立超链接，实现超媒体导航
	框架图标	与导航图标相互配合，建立页面系统、超文本和超链接
	决策判断图标	控制程序的走向等

续表

按钮	名　　称	功　　能
	交互图标	用于设计交互作用结构
	计算图标	存放程序的地方，在计算图标中可以为变量赋值以及执行系统函数等
	群组图标	把流程线上的多个图标组合到一起，实现模块化程序设计
	数字电影图标	用于加载和播放不同格式的活动影像和动画
	声音图标	用于加载和播放声音文件
	视频图标	控制计算机外接视频设备的播放

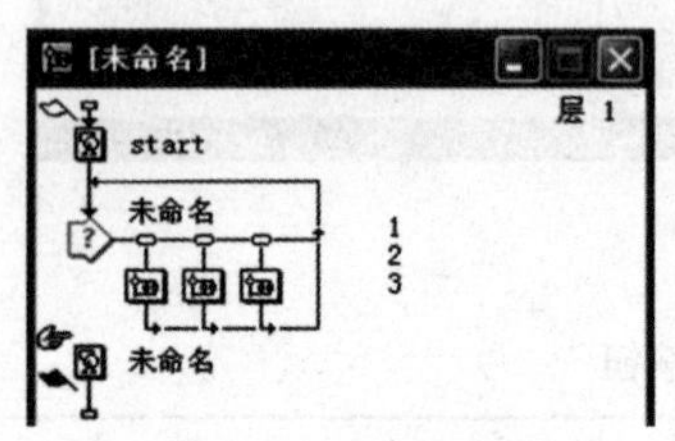

图 7-39　Authorware 的设计

(3)设计窗口。设计窗口又称程序设计窗口，如图 7-39 所示，是程序的设计编制中心。设计窗口内左侧贯穿上下的直线叫流程线，对图标的操作必须在流程线上进行，流程线上下两端的两个矩形标记，用于标记多媒体软件的开始和结束，主流程线左侧的手形标记称为粘贴指针。

(4)展示窗口。展示窗口是呈现程序的最终执行结果以及编辑各图标内容的场所，它的大小和样式，将直接影响最后生成的多媒体课件的演示效果。

2. 利用 Authorware 制作课件的一般方法

利用 Authorware 制作课件的一般方法是：新建文件后，根据需要将合适的图标拖到流程线上，然后设置图标属性的各个选项及输入、设置内容，再控制相应程序的流向，必要时试运行程序以检验效果。整个课件制作结束后，打包为可执行文件，必要时刻录为光盘或上网发布。

用 Authorware 制作的课件文件很大，给文件拷贝和转移带来诸多不便，为此 Authorware 提供了压缩保存的方式→执行"文件"菜单中的"压缩保存"命令。压缩保存的文件所占据的存储空间将大大减小，但在程序运行时，速度会有所减慢。

课件编制好后，必须将相应程序打包(Package)为可执行文件，这一方面可使课件脱离 Authorware 而在大多数操作系统下直接运行，使得作品具有平台无关性，而是解决制作技术技巧保密问题。

3. 人机交互设计

在开发多媒体课件时，如果仅仅是将各种媒体素材简单地组合在一起，则所制作的课件就只能局限于"展示"，而不能吸引学习者的参与，学习者在个别化学习中往往会对自己无法控制的演示失去兴趣。要使课件能够真正让学习者参与，让他们根据需要选择感兴趣的内容，获得所需要的信息，就必然要求制作时设置交互。

交互是 Authorware 强大功能的集中体现，是设计交互式多媒体课件的重点。

(1)交互要素。交互课件有三大要素，即交互方式、用户响应和课件程序的反应结果。

交互方式又称交互作用的途径，是提供给用户进行响应的方式。用户响应又称交互作用的触发，是用户的具体操作，如单击鼠标、按键盘上某个键等。由于课件要面向不同层次的学习者，在设计时要将用户所有可能的响应包括进去。用户响应后，课件必须有反馈结果，只有如此才能取得好的互动效果。

(2)交互类型。Authorware 提供的主要交互类型如下：

● 按钮响应(Button)。用户通过单击屏幕上出现的按钮获得程序的响应。

● 热区响应(Hot Spot)。用户通过单击、双击鼠标或将鼠标经过展示窗口上某一特定的区域获得程序的响应。

● 热对象响应(Hot Object)。用户通过单击、双击或拖动特殊的对象获得程序的响应。

● 目标区域自由响应(Target Area)。用户通过拖曳或释放对象获得程序的响应，主要用于希望用户按一定的要求将显示对象移到指定区域的情况。

● 下拉菜单响应(Pull-down Menu)。用户通过选择下拉菜单中的命令获得相应的响应。

● 条件响应(Conditional)。根据所设置的条件是否满足来匹配响应。

● 文本响应(Text Entry)。用户通过输入字符来获得程序的响应。

● 按键响应(key press)。用户通过按键盘上的按键获得程序响应。

● 重试限制响应(Tries Limit)。对用户响应重试的次数进行限制。

● 时间限制响应(Time Limit)。对用户响应重试的时间进行限制

● 事件响应(Event)。跟踪用户和事件发送者之间的交互，并对这种交互进行响应。

尽管 Authorware 交互功能强大，但由于用它制作课件操作复杂、调试较难，生成课件的存储空间较大，不利于存储与传输，因此用它制作课件的教师不多，故本书不详细探讨用其制作课件的方法。

学习思考题

1. 简述课件的定义和基本类型。
2. 多媒体的在教学中的应用有哪些？
3. 简述在 PowerPoint 2003 平台上制作课件的设计和制作过程。
4. 简述在 Flash 平台上制作课件的设计和制作过程。，
5. 简述在 Authorware 平台上制作课件的设计和制作过程。
6. 设计多媒体课件应该注意哪些关键问题？

第八章 实 验

实验一 多媒体演示系统实验

1. 实验目的

(1) 熟悉多媒体教室的系统设备配置。

(2) 熟悉和掌握投影机的使用。

(3) 熟悉和掌握视频展示台的使用。

(4) 掌握投影机的维护与保养方法。

2. 实验器材

投影机;视频展示台;计算机(手提电脑);VGA 分配器;各种必需的连接线。

3. 实验方法及要求

将投影机与有关信号输入源设备正确连接,开启信号输入源设备和投影机,在投影机上进行如下调节:

(1) 用改变镜头焦距(手动变焦或电动变焦)和改变放映距离两种方法,改变投影机投射在银幕上(或墙上)光斑的大小。

(2) 通过 ctrl 和 F7 键的操作使计算机的信息在投影机上播放。

(3) 手动或电动聚焦,使投影画面由清晰到不清晰,再由不清晰到清晰。

(4) 左右转动机身和旋转升降足,改变投射光斑的左右和上下位置。当投射在银幕上的光斑不为矩形时,通过移转、升降机身和利用梯形校正功能使之变为矩形。

(5) 调出菜单,使投射画面上下颠倒、左右翻转,改变亮度、对比度、色饱和度、色调和幅型比。

(6) 调出菜单,使画面在投射光斑中的上、下、左、右位置发生变化。

(7) 调出菜单,进行其他各项调节。

(8) 利用投影机面板和遥控器上的按钮切换信号输入源,并将画面冻结等调节。

(9) 将计算机的分辨率调得很高、很低以及改变刷新频率,观察投映效果是否变化。

(10) 将菜单设直于英文方式下,了解投影机各功能的英文表示方法。

进行以上操作后,归纳出投影机所具有的调节项,并述说各种调节下画面的具体变化。在投影机与视频展示台相连、开启、并且投影机正呈现视频展示台所摄取影像的前提下,在视频展示台上进行改变摄取信号强度、聚焦使获取影像清晰、变焦(缩放)改变摄取范围、使正像负像互转、调整色调、冻结画面、同屏对比等操作。

4. 实验注意事项

（1）操作中要谨慎小心，防止拖曳电源线、连接线导致投影机等设备从桌面跌落，严禁在投影机光源开着的情况下直接切断电源。

（2）实验中途可关闭投影机光源，但不要切断电源。

（3）不得将衣物、书包紧靠投影机放置。

5. 问题讨论

（1）在视频展示台上，供正像负像转换、彩色黑白转换、摄取信号强度改变、摄取影像范围大小调整、摄取影像清晰调整等调整部件（按钮、开关、旋钮）和功能各是如何表示的？

（2）视频展示台和投影机上有多种可视化信号连接插口，这些插口按传输可视化信号清晰度高低的排序如何？

实验二　微格教学系统及其教学技能训练实验

1. 实验目的

（1）熟悉和掌握教学技能训练方法。

（2）掌握在教学过程中可能发生的问题的处理方法。

（3）了解教学技能的种类。

2. 实验器材

微格教学系统；基本教具。

3. 实验方法和要求

（1）理论组织准备。确定教学小组，5～7 人为宜，并委派一名组长。

（2）技能分析示范。微格教学最基本的做法就是将复杂的教学过程细分为若干单一的技能并逐项培训。其基本技能主要有语言技能、导入技能、讲解技能、提问技能、结束技能、演示技能、板书技能、变化技能以及强化技能等，选择某一技能进行训练。

（3）微格教学设计。微格教学与普通课堂教学的设计一样，要明确教学目的，安排教学过程，选择教学方法等。

（4）角色扮演实录。角色扮演就是教师凭借教案向学生施教，为了更好地提供反馈，教学过程要求做忠实记录，每位执教者大约是 10～12 分钟。

（5）回放观摩录像。执教者通过观摩从执教时的“内观”感受此时的“局外旁观”，力求对自己的教学表现有一个立体的认识，尤其要注意观察自己的实际表现与自己原先的设想有出入之处。

（6）评议反馈教学。评议一般有执教者本人先讲述自己的教学设计基本思路以及观看录像后发现的得失，然后由其他听课的组员给执教者提出赞成性意见和改进性意见，最后，由指导老师发表看法。

(7) 反思总结经验。技能训练结束后，执教者要进行反思，总结出得失，其基本的方式是写教学后记，并交给指导老师，作为成绩的一个部分。这一部分微格训练完一星期后完成。

4. 注意事项

(1) 本实验使学生熟悉微格教案的设计方法，掌握课堂教学的基本技能，如教学语言技能、板书技能、讲解技能、提问技能、演示技能和教态变化技能。

(2) 掌握调控教学过程的有关技能，如导入技能、强化技能、组织教学技能、试误技能、结束技能等。

(3) 板面清晰，字迹清楚。

(4) 吐字清晰，表达准确，逻辑分明。

(5) 演示步骤完整、简练。

(6) 教态大方，举止得体。

实验三 数字化拍摄实验

1. 实验目的

(1) 掌握数字照相机的使用方法。

(2) 掌握控制曝光的方法。

(3) 掌握获取清晰影像的方法。

(4) 掌握拍摄中的色彩控制技术。

(5) 加深对影像美感表现的认识。

2. 实验器材

数字照相机；计算机；存储卡；充电器及充电电池；读卡器。

3. 实验方法及要求(3 个阶段)

第一阶段：准备

在数字照相机中装入电池和存储卡，开启数字照相机电源后，操控各键钮，了解各键钮的作用。调出各菜单，了解菜单中选项的作用，重点分析并熟悉数字照相机所提供的曝光模式、图标程序、测光方式、自动曝光锁定方式、光圈和快门速度的范围、聚焦方式、自动聚焦锁定方式、影像文件格式、拍摄质量模式、拍摄像素量档位、白平衡调整方式、色彩空间种类、色彩模式种类、驱动模式种类、最高连拍速度、最大连拍帧数等，据此评判实践用数字照相机的档次。

第二阶段：拍摄

在以上分析并对各控制性能有正确认识的基础上，改换各种拍摄模式和控制方式，在校园内拍摄室内室外的人和景。每人至少要拍摄得到曝光准确，色彩还原准确、清晰，景深大小符合要求，有一定艺术性的影像 10 幅。此阶段要尽可能进行以下对比拍摄：

(1) 在光圈先决式自动曝光模式下,用最大光圈和最小光圈分别从斜侧拍摄纵深长的栏杆或树丛,以探讨光圈对景深的影响。

(2) 在快门先决式自动曝光模式下,用不同的快门速度拍摄同一运动对象,以探讨快门速度对拍摄运动对象所得画面清晰度的影响。

(3) 用最高像素量和最低像素量拍摄同一景物,以探讨像素量对影像细节表现和文件占据存储空间大小的影响。

(4) 用最高质量模式和最低质量模式拍摄同一景物,以探讨质量模式对影像质量的影响。

(5) 手持数字照相机分别用快门速度 1、8、15、60、250 拍摄同一景物,以测试能保证所拍摄影像清晰的徒手持握数字照相机的快门速度。

(6) 以天空为背景拍摄全身人像,分别用近距测光和机位测光拍摄,以探讨如何从测光方式上保证自动曝光的准确。

第三阶段:评价

将拍摄的所有影像文件转存到计算机中,利用浏览软件播放观看拍摄的影像,从技术角度和艺术角度分别分析每幅影像的成功与不足,必要时查看其属性或元数据。

与同对比组的一幅幅影像对比,找出差异,据此分析得出结论,将实践知识上升为理论知识。将得出的结论与教材中相关知识点进行比较。

4. 实验注意事项

(1) 实践前要全面复习和把握相关内容,并对数字照相机维护的内容有准确的理解。

(2) 实践中一定要谨慎操作。动作要轻缓。同学间交接传递数字照相机时,一定要待对方接妥后再松手。开启电池仓、存储卡仓以及连接插口线,一定要看清方向和位置,规范操作。

(3) 手指不得触及镜头镜片。

(4) 实践中要努力记住各种功能的表示方法。

(5) 实践中要注意培养锐利的眼光、敏捷的思维和多思考多分析的习惯。

实验四 教学设计实验

1. 实验目的

(1) 掌握教学设计的过程。

(2) 理解教学设计的评价。

2. 实验器材

中小学教材;基本教具;多媒体教学设备。

3. 实验方法和要求

(1) 确定一个教学内容的主题,中小学教材某个知识点。

（2）教学设计过程

● 学习需要分析

是通过内部参照分析或外部参照分析等方法，找出学习者的现状和期望之间的差距，确定需要解决的问题是什么，并确定问题的性质，形成教学设计项目的总目标，为教学设计的其他步骤打好基础。

● 学习内容分析

是在确定好总的教学目标的前提下，借助于归类分析法。图解分析法、层级分析法、信息加工分析法等方法，分析学习者要实现总的教学目标，需要掌握哪些知识、技能或形成什么态度。通过对学习内容的分析，可以确定出学习者所需学习的内容的范围和深度，并能确定内容各组成部分之间的关系，为以后教学顺序的安排奠定好基础。

● 学习目标的阐明

也就确定了教学的起点，并确定了教学内容的广度和深度以及内容间的内在联系，这就基本确定了教与学的内容的框架。在此基础上需要明确学习者在学习过程中应达到的学习结果或标准。

● 学习者分析

分析学习者的具体情况，从而确定教学内容的体系结构。

● 教学策略的制定

是根据特定的教学目标、教学内容、教学对象以及当地的条件等，来合理地选择相应的教学顺序、教学方法。

● 教学媒体的选择和利用

各种教学媒体具有各自的特点，须从教学目标、教学内容、教学对象、媒体特性以及实际条件等方面，运用一定的媒体选择模型进行适当的选择。、

● 教学设计成果的评价

最后要确定教学和学习是否合格，即进行教学评价。包括：① 确定判断质量的标准；② 收集有关信息；③ 使用标准来决定质量。

4. 实验注意事项

（1）实验过程中，必须遵循教学设计过程，合理规划。

（2）要准备充分，精心组织，认真实施。

5. 问题讨论

（1）在实验中，若缺少教学设计的某个环节，会造成什么影响？

（2）在实验中，教学设计的过程可以逆向实施吗？为什么？

实验五　扫描及其文字识别实验

1. 实验目的

（1）掌握影像处理的基本方法。

(2) 熟悉各种工具、命令、对话框和调板的使用。

(3) 掌握精确选取复杂选区的方式、方法及技巧。

2. 实验器材

计算机、Photoshop cs2 等软件。

3. 实验方法及要求

此实践分为简单操作和熟练操作两个阶段进行。

(1)简单操作。在 Photoshop 中打开自己用数字照相机拍摄的影像，尝试用各菜单、命令、工具、调板对其操作，领会各菜单、命令、工具、调板的作用。操作时要用心体会。

● 利用各种选择工具在画面中精确选择主体。

● 对选出的主体或主体之外的区域(执行反选命令)，施以各种调整、变换操作。

● 尝试用各种不同的方式改变影像文件尺寸。

● 以 JPEG、PSD、TIFF 等不同的格式保存影像，比较不同格式影像的文件占据的存储空间以及质量。

(2)熟练操作。重点围绕快捷、精细、综合运用各种加工手段做文章，力求用快捷键调用工具和命令，少进行以下操作：

● 将影像中杂乱的背景变简洁。

● 去除人物影像面部的斑、痞等瑕疵。

● 将影像表现出加柔光镜拍摄的似朦胧非朦胧、似清晰非清晰的效果。

● 选取一幅数字影像，构思设计深度加工效果，综合应用各种手段加工处理，力求达到所设计的目标。

● 试验结束后提交自己拍摄、加工的电子作品两幅，并将更多的影像存于自己的电子文档中。

4. 实验注意事项

本实验要在对软件的深入了解方面下工夫，要对各命令、工具的作用，在头脑中留下深刻印象，力求能融会贯通地应用各命令和工具。

同一效果可通过多种加工方法达到，实践中要比较各种加工方法的优劣，影像处理时力求选择最优的方式和手段，熟记各种快捷键。

实验六　数字图像加工处理实验

1. 实验目的

(1) 掌握扫描仪的扫描方法。

(2) 掌握扫描的技术技巧。

2. 实验器材

平板扫描仪；计算机；扫描仪驱动程序；数据线。

3. 实验方法及要求

本实验分为 3 个阶段进行。

第一阶段:了解扫描仪的性能、基本使用方法以及各调节项的作用。

第二阶段:扫描黑白文字稿、有层次的印刷图片和彩色扩印的照片。

● 在 OCR 软件中启动对黑白文字稿的扫描,并进行光学字符识别。选择单纯的文字稿和图文混排的文字稿,分别进行扫描和识别。

● 扫描有层次的印刷图片,进行去除网纹与不去除网纹以及采用不同的线对所去网纹的对比试验。

● 扫描彩扩的照片,分别按照制作多媒体课件满屏显示的要求,以及扫描后的数字文件彩扩为 7 寸和 10 寸照片的要求,合理设置分辨率。

第三阶段:尝试使用扫描仪驱动程序界面上的各项调整,仔细观察各调整的效果,体会各调整的作用。

4. 实验注意事项

(1) 若开启扫描仪后有咯咯声,应将扫描仪的锁开关打开。扫描仪的锁开关用于防止运输和搬移过程中光学系统因运动撞击而受损。在搬移扫描仪时,应先关上锁开关,搬移到位后再将锁开关开启。

(2) 切忌震动处于工作状态的扫描仪。

(3) 要保持扫描仪工作区玻璃的洁净。

实验七　音频数字化采集及其加工实验

1. 实验目的

(1) 掌握数字化录音的方法。

(2) 加深对数字化录音的质量影响因素的理解。

(3) 掌握利用软件编辑加工音频的方法。

2. 实验器材

计算机;传声器;音箱或耳麦;音频编辑软件。

3. 实验内容及要求

学习者利用课余时间进行本实践。

(1)数字化录音。利用计算机和耳麦进行,或利用计算机与传声器进行。在数字化录音时,利用 Cool Edit Pro 软件,尝试对采样频率、量化位数、声道数、录音电平等进行控制。

(2)音频数字化编辑。从 Internet 上有选择地下载两个音乐文件,利用 Cool Edit Pro 软件,将与自己录制的声音文件合成,并进行均衡、增益、延时效果调整等各种调整和修饰。

实验八　数字化摄像及其加工处理实验

1. 实验目的

通过实践加深对视频教材设计的认识和理解，掌握设计要领。

掌握数字摄像机的使用方法。掌握非线性编辑的一般方法。

2. 实验器材

数字摄像机；计算机；Premiere Pro 或更高版本的软件；耳麦；IEEE1394 接口卡。

3. 实验内容及过程

此实验分为稿本编写、摄像和非线性编辑 3 个阶段进行。每个同学在实验结束后要提交包括至少 10 个镜头的 DV 短片。所交 DV 短片的时间长度 2～3min，要配有解说、音乐，并加有字幕。

(1)稿本编写阶段。确定一个与学习、生活相关的选题，给其起一个很贴切的名字，然后完成文本稿本和分镜头稿本的撰写。稿本的编写利用课余时间进行。在教师确认编写的文字稿本和分镜头稿本符合要求后，方可进入下一阶段的实践。分镜头稿本完成后还要在课余时间下载、录制分镜头稿本所要求的音乐和解说。

(2)摄像阶段。此阶段先在教师的指导下熟悉数字摄像机的基本操作，然后仔细研究摄像控制技术，把握摄像要领，力求达到稳、平、准、清、匀的摄像要求。在此基础上根据自己编写的分镜头稿本，完成所有镜头的摄像。摄像后将视频素材输入教师指定的计算机，留作后期编辑加工。

(3)非线性编辑阶段。此阶段先熟悉 Premiere Pro 的界面和练习视频编辑的一般方法，然后对自己根据分镜头稿本摄取的视频素材和音频素材进行加工、合成，并配上字幕，输出为 MEPG-2 格式的文件，完成 DV 片制作。

完成以上实践后，一方面将最终的 DV 片在全班展演，评定成绩；另一方面将所有素材和最终的文件妥为保存，以作后续 DVD 刻录实践用。

4. 实践要求和注意事项

(1) 此实践内容多、周期长、要求高，是一系统工程，每位同学要高度重视，每一环节。

(2) 绝不能以会作为目标，而要以做得好为追求。要使自己制作的 DV 片在科学性、教育性、艺术性等方面经得起推敲，而不是平庸之作。

(3) 摄像阶段既要严格要求，又不能过长时间占用摄像机，摄像操作还要谨慎小心。

实验九　视频光盘刻录和格式转换实验

1. 实验目的

(1) 掌握多声道、多语言字幕、交互型DVD节目制作方法。

(2) 掌握DVD光盘刻录方法。掌握DVD机的使用方法。

2. 实验器材

计算机；Premiere Pro、Nero等软件；DVD刻录机；DVD播放机；电视机；DVD刻录光盘。

3. 实验内容及过程

此实验分为DVD节目制作和DVD光盘刻录两个阶段进行。

(1)DVD节目制作。本阶段的实践首先熟悉Nero软件，在此基础上将自己的和与自己同一协作小组同学制作的DV节目，汇编到同一DVD节目中。在该节目中要包括片头、标题、菜单，要具有多样的链接。

(2)DVD光盘刻录。此阶段的实践中将前面制作的DVD节目刻录为DVD光盘，刻录后用DVD播放机播放，分析其优点和不足。

实验十　多媒体课件制作实验(PowerPoint或Authorware)

1. 实验目的

(1) 了解各种多媒体课件制作软件的一般特点以及制作课件的一般方法。

(2) 熟悉课件开发的全过程，加深对设计开发关键点的理解。

(3) 熟练掌握用PowerPoint和Authorware开发课件的技法技巧。

2. 实验器材

计算机；PowerPoint、Authorware；专业教学软件。

3. 实验方法

本实验分为计划、设计与编写脚本、准备素材与课件制作、评价与修改、课件制作软件比较等阶段。

(1)计划阶段。学习者通过网络和书刊广泛了解与自身所学专业相关的已有课件，分析其长短，找出本学科教学中课件开发的盲区或薄弱环节，进行课件开发的可行性分析，确定一个合适的课件开发选题，并拟写几百字的选题论证报告。

(2)设计与编写脚本阶段。针对确定的课件选题，进行教学策略、教学信息组织结构、教学信息表现形式、媒体元素选择、交互界面等方面的设计，并编写文字脚本、制作脚本，对相应的屏幕画面进行设计。

(3)素材准备与课件制作阶段。拍摄生成或利用计算机设计制作所需要的多媒体素材，部分素材可通过网络下载(下载使用他人的素材必须在课件中标注来源)。力求使所有素材都完全符合课件制作的高标准要求。

在制作过程中要尽可能全面运用各种技法技巧，力求使制作的课件符合教育性、科学性、技术性、艺术性的要求。采用 PowerPoint 制作课件，所制作课件的幻灯片数，必须在 10 张以上。采用 Authorware 制作课件，所制作的课件必须体现友好的交互、良好的媒体整合能力等特点。

(4)评价与修改。在同学间进行课件互评。每位同学必须找三名同学对自己的课件进行定性与定量相结合的评价。每位同学在评价他人所制作的课件时，要填写评价表。根据同学评价的意见对课件进行修改。

(5)课件制作软件比较。启动各种课件制作软件，大体了解其构成以及用其制作课件的一般方法，结合网上收集的软件评价信息，列出各种软件的主要特点。

4. 实验要求

(1) 本实验是课件设计、制作、评价的综合性实践，要理论与实践相结合，设计与制作相结合，课内与课外相结合，自己开发与收集分析他人课件相结合。进行该实践，每位学习者至少要花两天时间。

(2) 要高度重视实践的每一个环节。实践前以及实践过程中，要反复研究书本内容，通过书刊、网络进行其他相关的学习。每一环节都要独立完成或者与同学共同研究完成，决不容许“克隆”。

(3) 此实验的文字设计、评价材料以及开发的课件，在本章教学内容结束后的两周内以压缩文件(.rar)的形式提交老师。

实验十一 Flash 动画设计实验

1. 实验目的

(1) 通过实践加深对 Flash 动画特点的认识。

(2) 掌握 Flash 动画制作的一般方法。

(3) 引发对教学动画设计的思考。

2. 实验器材

计算机；Flash 8.0 软件。

3. 实验方法及要求

本实验分为熟悉与模仿操作和提高与设计制作教学动画两个阶段进行。

(1)熟悉与模仿操作阶段。此实验阶段的“熟悉”主要是熟悉 Flash 的界面，了解各菜单所包含命令的作用，了解工具箱中各个工具的作用并掌握其使用方法，了解面板的种类、各面板的作用以及包括的主要调节项，通晓时间轴的操作。

此实验阶段的“模仿操作”，必须根据教材内容一一进行操作实践。

(2)提高与设计制作教学动画阶段。此阶段的提高是自己构思多对象动画、复合运动动画、多场景动画、交互动画，并实践制作，加深对动画制作规律的认识与把握。要将构思制作的动画与同学进行交流。此阶段要根据本学科中相应的中学教学内容，设计至少包括两个场景、有按钮交互、具有多种变化效果、配有解说的动画，并加以制作。所设计制作动画的源文件和发布的. swf 文档，作为实践作业提交。

4. 实验注意事项

本实验的关键是全面掌握各种 Flash 基本类型动画的制作方法，并在此基础之上融会贯通地进行教学动画的设计与制作。技术是手段，应用是目的。实践过程中要思考在将来从事的教学中，哪些内容可用动画形式表现，以及如何表现才能取得好的教学效果。在提高与设计制作教学动画阶段之前，要上网查看已有的教学动画，分析已有教学动画的设计思路和教学思想，剖析其应用的技术及成功与不足，从而使自己的动画设计有高起点，所设计动画有独特性，力求达到科学、合理、创新、实用的要求。

5. 问题讨论

(1) 矢量动画在播放时放大或缩小，一般并不影响其清晰度，那么在开始制作动画时设置动画画面尺寸大小有必要吗?

(2) Flash 公共库中包含哪些有关学习交互的内容，这些学习交互对学习有哪些实用价值?

(3) Flash 工具箱中与 Photoshop 工具箱中名称相同的各个工具，在功能和应用上各有哪些区别?

(4) 时间轴特效有哪些类型? 可以应用于哪些对象? 怎样才能有效应用时间轴特效?

(5) 矢量动画文件占据的存储空间较小，那么在制作动画时还可采取哪些措施进一步减小动画文件占据的存储空间呢?

(6) 如何制作百叶窗效果动画?

(7) 如何制作 MTV 动画?

(8) 如何制作渐变效果文字?

(9) 如何制作人行走的动画?

实验十二　建立第一个本地 FTP 服务器

1. 实验目的

(1) 通过实践加深了解建立本地 FTP 服务器的方法。

(2) 学会访问所建立的服务器来获取相关资源。

(3) 学会服务器端的设置。

2. 实验器材

计算机；Serv-U 软件。

3. **实验方法**

Serv-U 软件安装完成后程序会自动运行，你也可以在菜单中选择运行。

(1) 第一次运行程序，它会弹出设置向导窗口(实验 12 图 1)，将会带你完成最初的设置。

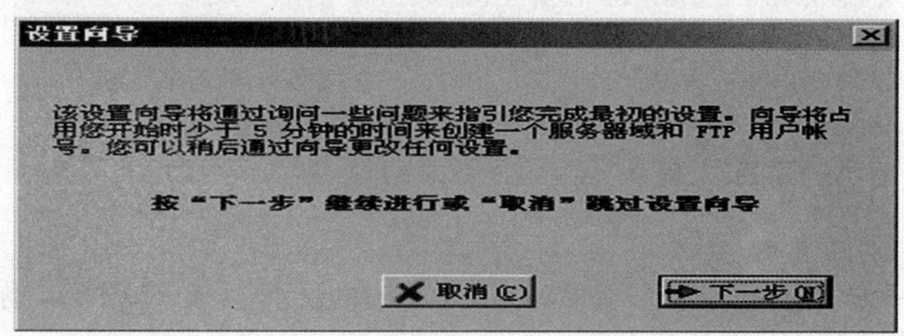

实验 12 图 1

(2) 单击“下一步”，出现“显示菜单图像”的窗口，问你是否在菜单中显示小图像，看各人喜欢了。

(3) 单击“下一步”，这个窗口是让你在本地第一次运行 FTP 服务器，只要“下一步”就行了。

(4) 接下来要输入你的 IP 地址(实验 12 图 2)。如果你自己有服务器，有固定的 IP，那就请输入 IP 地址，如果你只是在自己电脑上建立 FTP，而且又是拨号用户，有的只是动态 IP，没有固定 IP，那这一步就省了，什么也不要填，Serv-U 会自动确定你的 IP 地址，“下一步”。

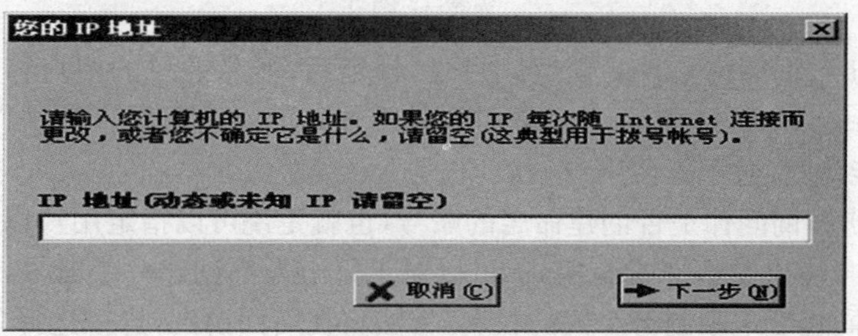

实验 12 图 2

(5) 在这儿要输入你的域名(实验 12 图 3)。如果你有的话，如：ftp. abc. com，没有的话，就随便填一个。

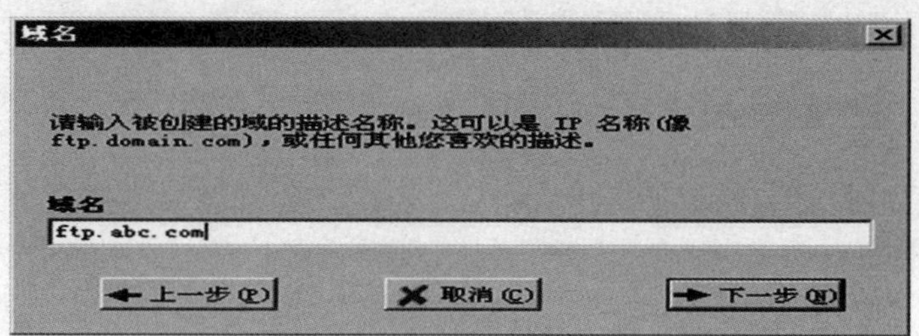

实验 12 图 3

(6) “下一步”，询问你是否允许匿名访问(实验 12 图 4)，一般说来，匿名访问是以

Anonymous为用户名称登录的，无需密码，当然如果你想成立一个会员区什么的，就应该选择“否”，不让随便什么人都可以登录，只有许可用户才行，在此我们填“是”；

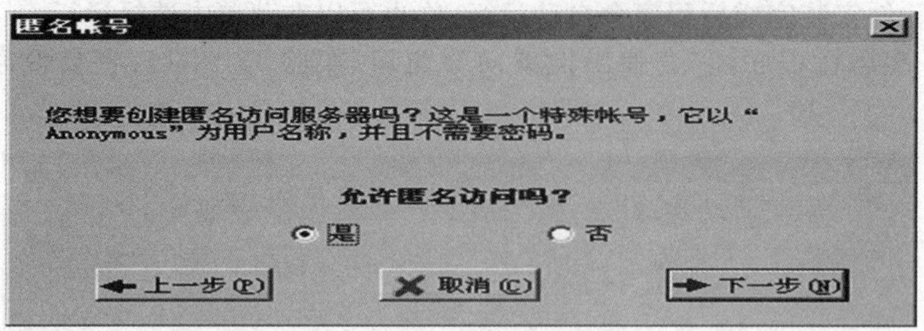

实验 12 图 4

(7)“下一步”，问你匿名用户登录到你的电脑时的目录(实验 12 图 5)。你可以自己指定一个硬盘上已存在的目录，如 F:\temp\xyz；

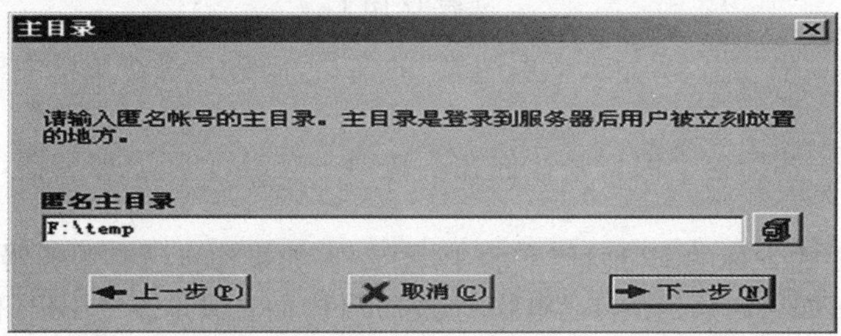

实验 12 图 5

(8)“下一步”，询问你是否要锁定该目录，锁定后，匿名登录的用户将只能认为你所指定的目录(F:\temp\xyz)是根目录，也就是说他只能访问这个目录下的文件和文件夹，这个目录之外就不能访问，对于匿名用户一般填“是”。

(9)“下一步”，询问你是否创建命名的账号，也就是说可以指定用户以特定的账号访问你的 FTP，这对于办会员区非常有用，你可以对于每个人都创建一个账号，每个账号的权限不同，就可以不同程度地限制每个人的权利，方法将在后面讲到，这里选择“是”。

(10)“下一步”，请你填入所要建立的账号的名称(实验 12 图 6)，如：ldr。

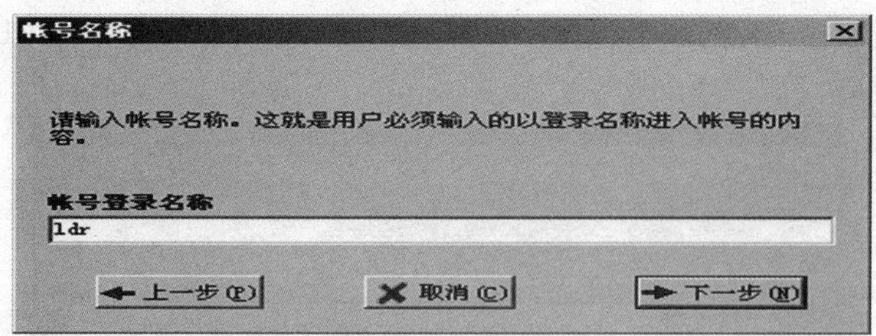

实验 12 图 6

(11)“下一步”，请输入密码，如：123。

(12)“下一步”，询问登录目录是什么，这一步与第 7 步一样，如：F:\temp

(13)“下一步”,询问你是否要锁定该目录,同第 8 步,这里选择“否”。

(14) 接下来询问你这次创建的用户的管理员权限(实验 12 图 7)。有几项选择:无权限,组管理员,域管理员,只读管理员和系统管理员,每项的权限各不相同;这里选择“系统管理员”;

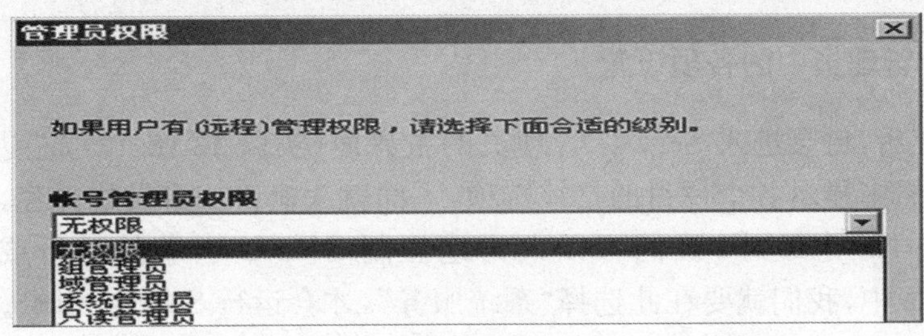

实验 12 图 7

(15) 最后一步,点击“完成”就 OK 了,你有什么需要修改的,可以点“上一步”,或者进入 Serv-U 管理员直接修改。

至此,我们建立了一个域 ftp. abc. com,两个用户,一个 Anonymous,一个 ldr。

既然我们已经建立好 FTP 服务器,那么我们就可以用 FTP 客户端软件来尝试登录。怎么办呢?其实很简单,我们不用上网,就可以测试。我们知道,不上网时,本地机的 IP 地址默认就为 127. 0. 0. 1,FTP 端口号为 21。打开 FTP 客户端软件,我就用 FlashFXP 来说明,打开快速连接,填入相应内容(实验 12 图 8)。

实验 12 图 8

然后连接,从实验 12 图 9 可以看到,我左边窗格以 Anonymous 登录,右边窗格以 ldr

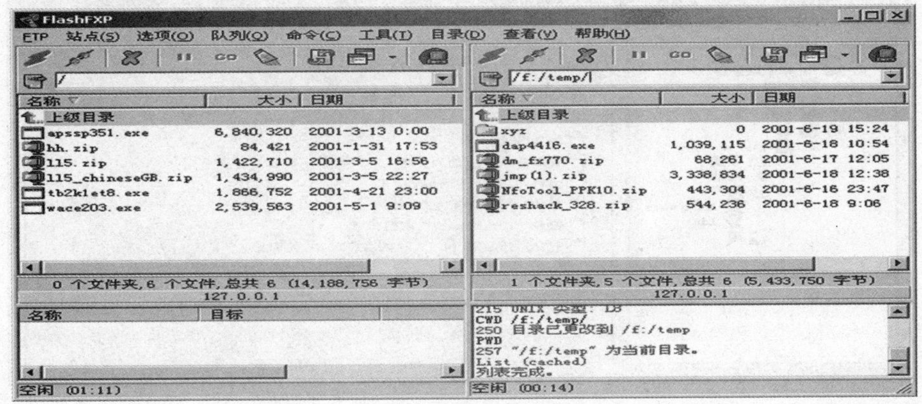

实验 12 图 9

登录，由于是本地机，所以速度奇快，上网后，假如我要让你登录到我的电脑上，我只要把我的上网时的 IP 地址给你，你就可以匿名访问我的电脑了（注意不要开防火墙），是不是很方便？

四、Serv-U 管理员中的各项设置

在设置完成后，将会进入 Serv-U 管理员的主界面（实验 12 图 10），左边窗格中显示各个栏目，右边窗格中显示各个栏目的具体选项，下面就大概讲一讲设置内容。

(1) 在实验 12 图 10 中，我们可以人为地控制 Serv-U 引擎的运行或停止，记住，在 Windows 9x/Me 中，我们就要在此选择"系统服务"，才会运行 Serv-U 引擎。

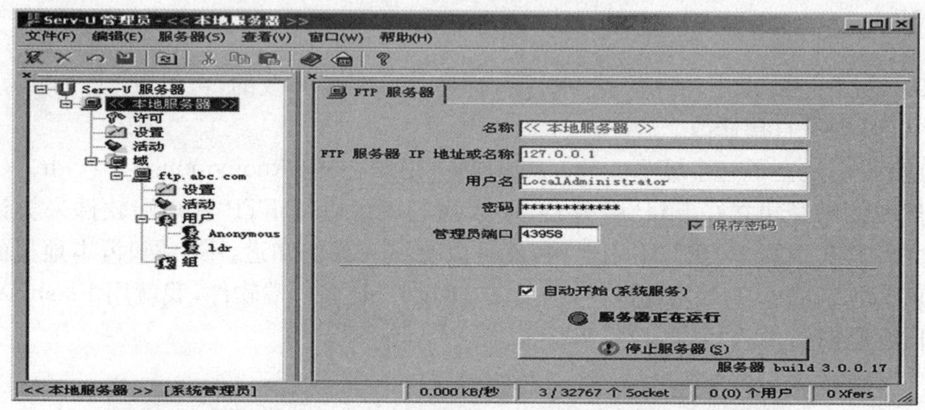

实验 12 图 10

(2) "许可"，如果你花美元买了注册号，就可以在此输入。

(3) "设置"，这个设置是对于"本地服务器"来说的。"常规"设置中（实验 12 图 11），可以限制服务器的最大速度，可以拦截 FXP（站点到站点传送），也可以限制用户的数量，这样不至于你的服务器被拖垮。"目录缓存"设置中（实验 12 图 12），允许你自己确定目录列表的个数以及超时时间，在 Windows 95 和 NT 下，目录列表默认设置为 25，当缓存满了之后，新的请求将替换老的请求。"高级"设置中（实验 12 图 13），可以让你自己定义服务器、

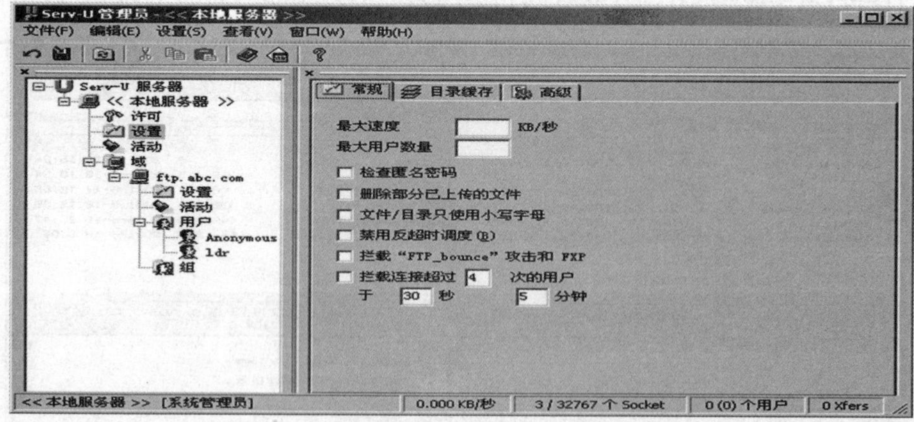

实验 12 图 11

Socket、文件的上传和下载的各项设置。

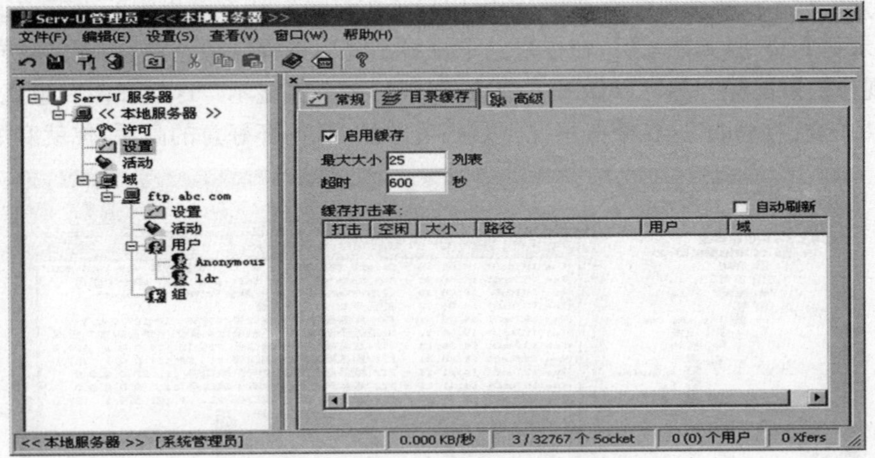

实验 12 图 12

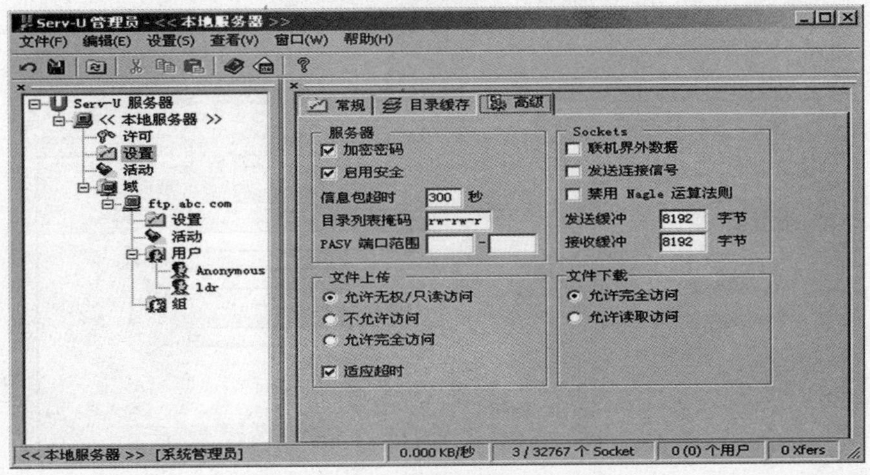

实验 12 图 13

(4)“活动”,在这里记录了用户的活动日志,已封锁的 IP 的活动日志,以及任务日志;任务日志中显示的就是你开始停止的各项操作记录,你可以点击右键,选择一些过滤文本,使其只显示你所想见的内容(实验 12 图 14)。

(5)“域”,这里包含了你一开始根据向导所建立的用户、设置、域等。“域设置”中所设置的内容其实与第 3 步差不多,只是它更加具体,可对于每一个不同域定制。“域活动”中记载了这个域下所有用户的活动情况。

(6)“域-组”,我们可以自己建立一些便于管理的组,然后把一类的用户归到一个组中。

(7)“域-用户”中,大家可以看到一开始我们建立的两个账号,一个 Anonymous,一个 ldr。现在就账号 ldr 来对其中的细节设置说明一下。

A. “账号”栏(实验 12 图 15):

对于一些不守规则的人,我们可以选择“禁用账号”,虽然有账号,但可以使用户一时间无法登录;你也可以设置让程序到达某个日期后自动删除某个账号;下面几栏是这个账号的基本信息，我们都可以在此更改，其中密码改过后并不显示，而是统一显示<<Encrypted>>，特别要注意选项“锁定用户于主目录”，什么意思呢？大家应该碰到，每次我们登录到FTP服务器上后，在根目录下只显示“/”，选择这项选项后，就是这样，如果不选，会出现什么情况呢？你可以做一下试验，在根目录下将显示“/f:/temp/”，也就是说显示了你硬盘中的绝对地址，这在某些情况下是很危险的，有不怀好意的高手，你就麻烦了！

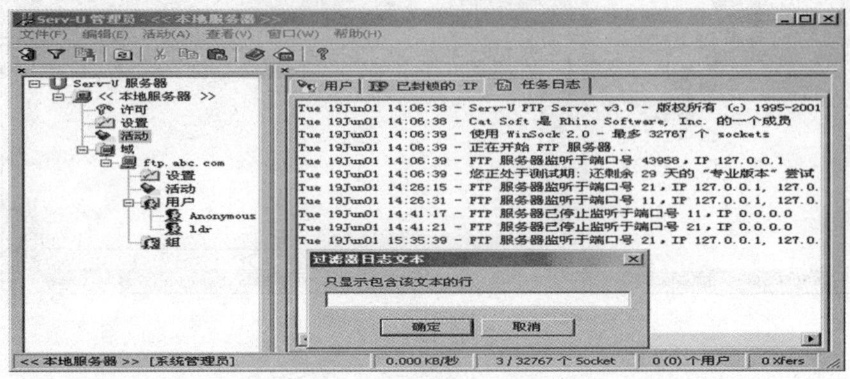

实验12图14

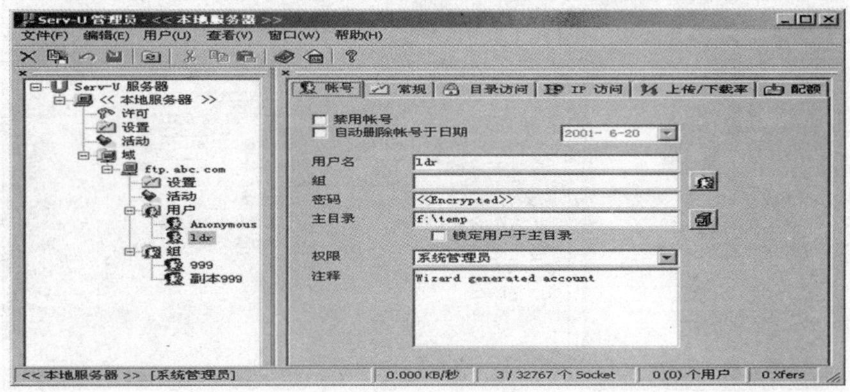

实验12图15

B.“常规”栏(实验12图16)：

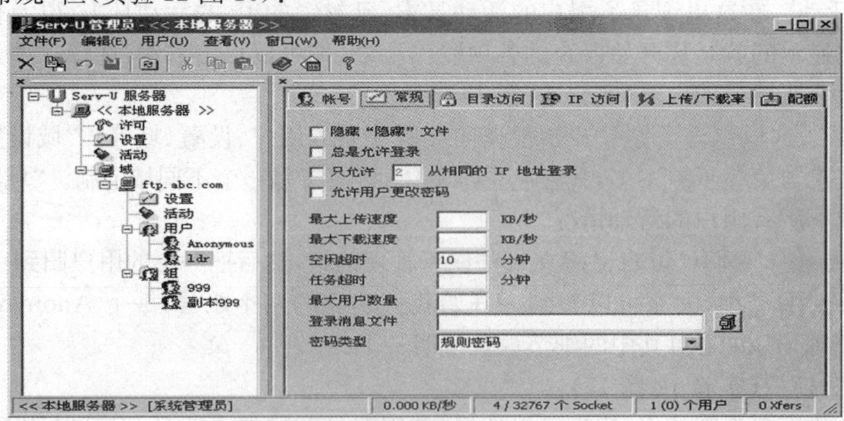

实验12图16

你可以隐藏属性为隐藏的文件，可以限制同一 IP 的登录个数，是否允许用户更改密码(这需要客户端软件的支持)，最大上传下载的速度，超时时间以及空闲时间，你也可以限制最大用户数量，如 20，说明同时只能有 20 个用户登录。

C. “目录访问”栏(实验 12 图 17)：在此你可以控制用户对于文件目录的权限，对文件有读取、写入、删除、追加、执行等操作，对于文件夹有列表、创建、删除，以及是否继承子目录；

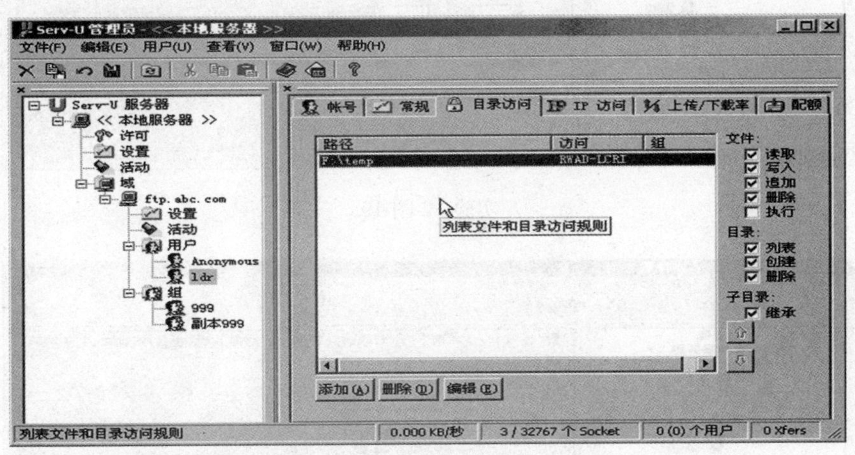

实验 12 图 17

如果觉得目录不够，你也可以添加可访问的目录。

D. “IP 访问”栏(实验 12 图 18)：在这里你可以规定某个 IP 是否可以访问你的 FTP 服务器，你可以拒绝它的访问，只要填上相应的 IP 地址，以后由这个 IP 的访问通通被拦下。

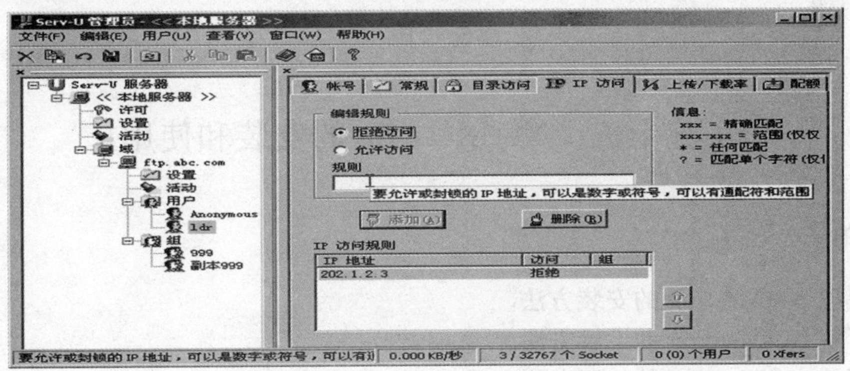

实验 12 图 18

E. “上传/下载率”栏(实验 12 图 19)：

在这里你可以设置上传和下载之间的比值，控制好上传和下载之间的数据流量关系。

F. “配额”栏(实验 12 图 20)：

这里你可以为每个 FTP 用户设置磁盘空间，点击“计算当前”，可以知道当前目前下的所有空间大小，在“最大”一栏中填入你想要限制的容量。

最后，改过设置后一定要点击右键，选择“应用”使设置生效才行，否则一切都白做了！

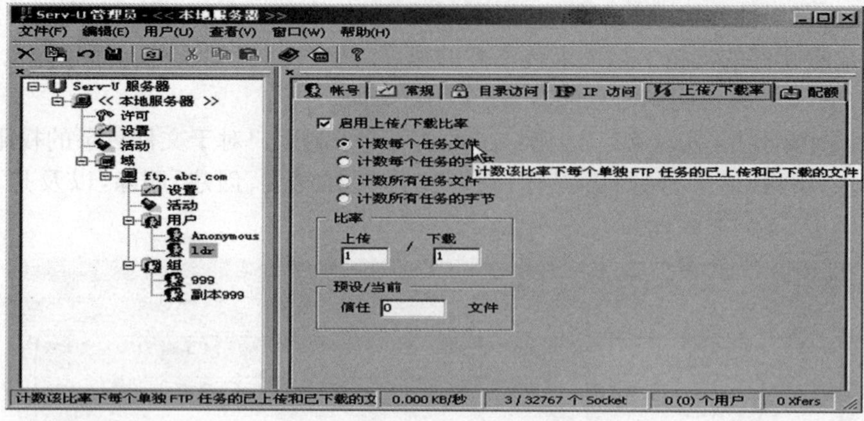

实验 12 图 19

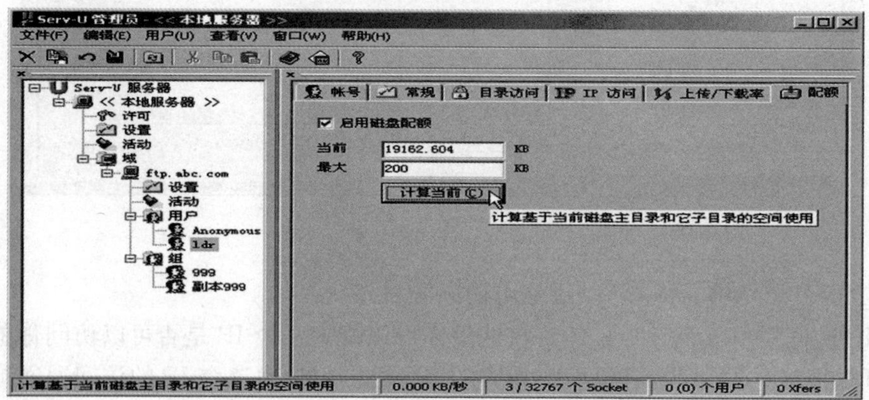

实验 12 图 20

实验十三　NetMeeting 的安装和使用

1. 实验目的

(1) 熟悉 NetMeeting 的安装方法。
(2) 了解 NetMeeting 的设置方法。
(3) 了解 NetMeeting 的使用方法

2. 实验器材

Windows 系统安装盘。

3. 实验方法

NetMeeting 的安装：

(1) 需要的硬件设备：32MB 内存的奔腾级主机（当安装的操作系统是 Windows 2000 Server 时，这样的内存是不够的，至少要 128MB）、话筒、音箱（声卡）、视频摄像机（视频捕获卡)等多媒体设备和 Modem。

(2) 安装步骤:如果你的服务器安装的操作系统是 Windows 2000 Server 版,则 NetMeeting 已经在安装操作系统时安装了(捆绑在操作系统中)。对于安装 Windows 98 操作系统的用户,在进行系统安装时通过点击"控制面板→Windows 安装程序→通讯→NetMeeting",确定后 NetMeeting 即安装成功(如实验 13 图 1)。

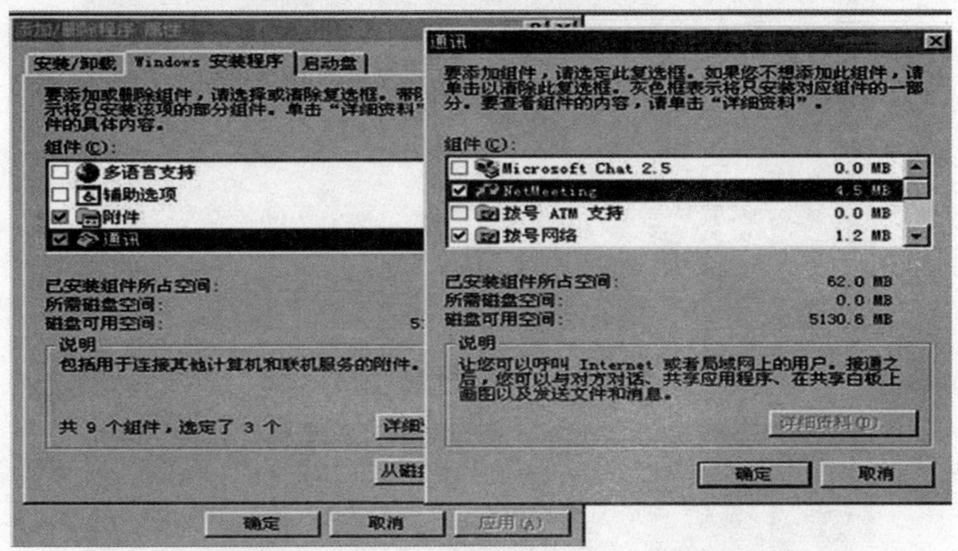

实验 13 图 1

(3) NetMeeting 的设置

第一次使用 NetMeeting 时,可以根据 NetMeeting 向导程序进行必要的系统设置。

①运行 NetMeeting 程序,当向导出现时,单击"下一步"。

②单击"当 NetMeeting 启动时登录到服务器",然后在下拉列表选中一个你所需要的目标服务器,单击"下一步"。

③根据屏幕提示输入你的个人信息,如姓名、电子邮件地址等(如实验 13 图 2),再单击"下一步"。

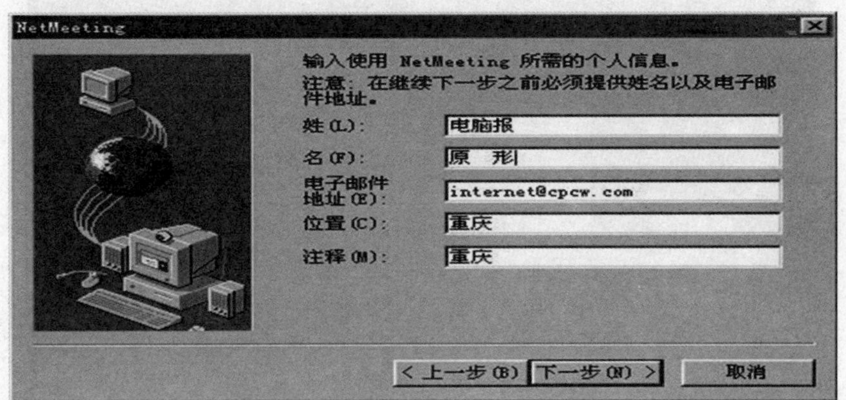

实验 13 图 2

④选择“业务使用”单击“下一步”。

⑤然后根据你的实际情况选择连接 Internet 速度 56Kbps、ISDN 或局域网连接等(如实验 13 图 3),单击“下一步”。⑥调整音量大小,单击“测试”按钮,阅读屏幕上的文字(如实验 13 图 4),单击“下一步”,出现如实验 13 图 5 所示的画面,点“下一步”直至最后“完成”。

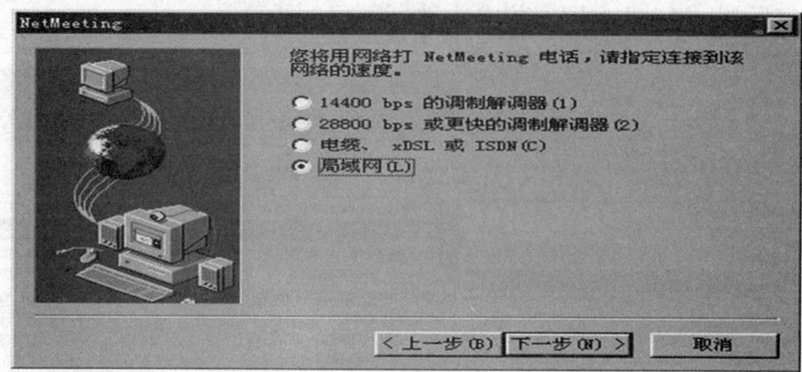

实验 13 图 3

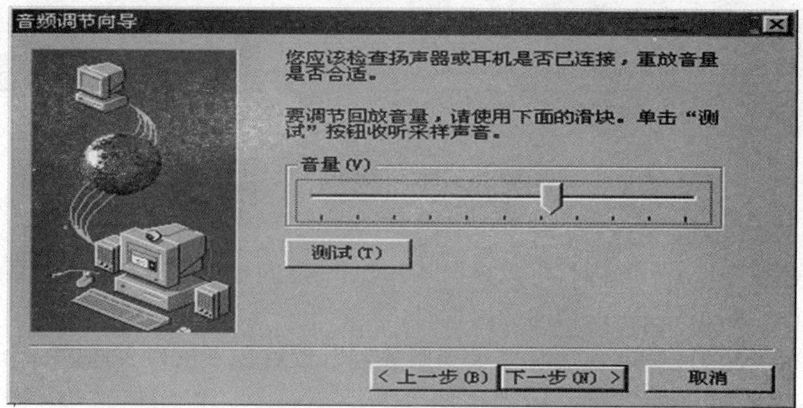

实验 13 图 4

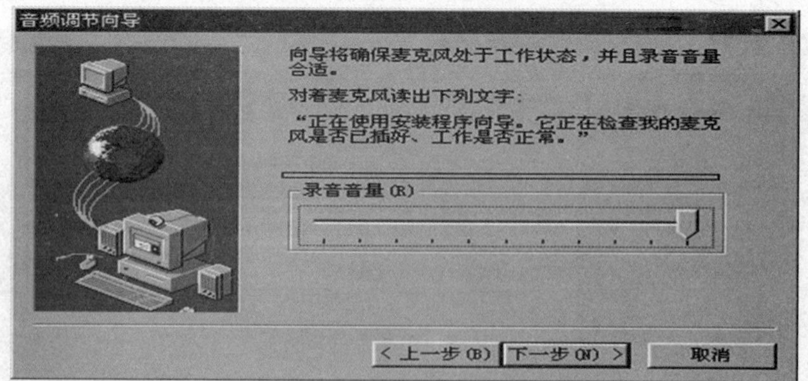

实验 13 图 5

(4) NetMeeting 网上会议软件的使用

①运行 NetMeeting 出现主画面。在主菜单中选择“呼叫→主持会议”，弹出一个设置对话框。在这里你可以输入会议名称和会议密码，也可以启用共享、聊天、白板、文件传输等功能。

②设置完成后单击“确定”按钮，即启动会议。先呼叫主持人，就可以与其他非主持人联系。

③连接服务器。第一次使用设置完信息后，NetMeeting 就会和你设置的目录服务器连接，或直接输入对方的 IP 地址进行连接，并启动 NetMeeting 软件。单击主画面屏幕右侧的“进行呼叫”按钮，把你引入目录服务器当前登录的用户列表，出现联机用户名单窗口。

要显示其他服务器的用户列表，单击列表上的“服务器”下拉列表框，从中选择另外一个服务器进行登录(如果列表中没有你想要的，你也可以添加自己的服务器)。

④若你在 NetMeeting 窗口中不选择目录服务器的地址，也可以单击“进行呼叫”按钮，在“发出呼叫”窗口中，键入要呼叫的地址，选择“自动”选项，然后单击“呼叫”。也可以连接到你需要的目的地址。

⑤发送呼叫。双击你选中的名称，再按下呼叫按钮，开始呼叫对方。在呼叫过程中，可以通过 NetMeeting 主窗口最下方的状态栏，得知呼叫正在进行。(注意：如果想和某个网友通话，必须知道他的目录服务器地址，在此基础上，才会在登录的成员列表中找到他。)

⑥接受呼叫。他人拨电话进来，你按下“接受”按钮接受，反之，单击“忽略”。若想停留在目录服务器上，但禁用呼叫，单击“呼叫”菜单上的“请勿打扰”。

⑦通话。开始通话后，可以将话筒和音箱当作电话。通话效果受多方因素的影响，如声卡的优劣、网络连接的速率等。另外网络电话双方在通话时会有一定的滞后感，这是正常的。

⑧调节音频属性。若是在通话中感到音量不合适也可调节音频属性。方法是：单击“调整音频音量”按钮来调整话筒和音箱的音量大小。选中“话筒”图标下面的调节滑块，调节话筒音量；选中“喇叭”图标下面的调节滑块，调节音箱音量。另外，还可以在 NetMeeting 的选项中，根据音频调节向导设置音频的属性。方法是：单击 NetMeeting 菜单中的“工具→音频调节向导”，根据向导来一步步设置音频。

⑨利用白板进行图文交流。单击“白板程序”按钮，弹出一个“白板”窗口，它是一个共享式的绘图窗口。在会议中，所联网的人都可以在这个“白板”中用图形形式与其他人交流，并可以充分发挥你的想像力。

⑩利用“共享应用程序”进行交流。单击“工具→共享应用程序”，选择 Word 程序，这时，在对方的计算机上，就可以看到你正在编写的报告(完全是 Word 软件的界面，即使对方的计算机上没有安装 Word 软件)，这时，你在 Word 中输入的每一个字在联网的计算机上都可以看到。如果选择“工具”菜单下的“开始协作”。这样，所有人都可以在你的报告中输入各自的意见，当满意后，单击“停止协作”即可将控制权收回。要停止共享应用程序，只需单击“工具→共享应用程序”，然后再次选择先前选择的 Word 程序即可。

⑪传送文件。单击“传送文件”按钮，就可以把文件发送到你需要传送的人所在的计算机中，并且也可以查看你所接收的文件。

⑫聊天。NetMeeting 也具有聊天功能，当你选中聊天对象后。单击“聊天”按钮，即开始聊天。输入你的聊天内容后，单击“发送信息”按钮即可。

⑬单击“开始视频”按钮，就可以启动摄像头，对方就可以看到你。若对方也安装了摄像头，你也可以了解对方的情况，这样的一个会议，可以覆盖全国乃至全世界。

⑭单击“在目录中找到某人”按钮，在出现的对话框中，可以选中一个目录地址，也可直接键入地址，通过服务器，你就可以找到这个人。

参考文献

1. 江泽民.加快我国的信息化建设(序)[J].中国信息化探索与实践,新华社北京2001年12月26日电(记者李佳路).
2. 陈至立.应用现代教育技术,推动教育教学改革[N].中国教育报,1998-5-18.
3. 南国农,李运林.电化教育学[M].2版.北京:高等教育出版社,1998.
4. 南国农.电化教育学[M].北京:高等教育出版社,1985.
5. 萧树滋.电化教育概论[M].北京:北京师范大学出版社,1988.
6. 顾明远.教育技术[M].北京:高等教育出版社,1999.
7. 尹俊华.教育技术学导论[M].北京:高等教育出版社,1996.
8. 李运林,李克东.电化教育导论[M].北京:高等教育出版社,1986.
9. 李运林.学校现代教育技术环境建设[M].北京:学校教育现代化建设,中央广播电视大学出版社,1998.
10. 乌美娜.现代教育技术[M].沈阳:辽宁大学出版社,1999.
11. 乌美娜.教学设计[M].北京:高等教育出版社,1994.
12. 祝智庭.现代教育技术:走向信息化教育[M].北京:教育科学出版社,2001.
13. 祝智庭.现代教育技术:走向信息化教育[M].北京:教育科学出版社,2002.
14. (美)巴巴拉·西尔斯,丽塔·里齐.教育技术:领域的定义和范畴[M].乌美娜,刘雍潜,等,译.北京:中央广播电视大学出版社,1999.
15. (美)罗伯特·M·加涅.张杰夫主译.教育技术学基础[M].北京:教育科学出版社,1992.
16. 何克抗,李文光.教育技术学[M].北京:北京师范大学出版社,2002.
17. 黎加厚.教育技术教程——教育信息化时代的教与学[M].上海:华东师范大学出版社,2002.
18. 何克抗.论现代教育技术与教育深化改革[J].电化教育研究,1999(1).
19. 何克抗,李克东.信息技术与语文教学改革—语文"四结合"教改试验研究优秀论文集[M].北京:北京师范大学出版社,1999.
20. 何克抗.网络教育新发展[J].教育技术通讯.
21. 李克东.数字化学习[J].电化教育研究,2001(8).
22. 李克东.应用现代教育技术建构新型教学模式,学校教育现代化建设[M].北京:中央广播电视大学出版社,1998.
23. 桑新民.当代信息技术在传统文化教育基础中引发的革命[J].教育研究,1997(5).
24. 黎加厚博士谈教育信息化[J].中国电化教育,2002(1).
25. 张祖析.从教学设计到绩效技术[J].中国电化教育,2000(7).
26. 高利明.教育技术学的AECT1994定义及启示[J].电化教育研究,1995(1).
27. 黄荣怀,曾兰芳,余冠仕.教育技术大检阅(上、下)[N].中国教育报,2001-11-16.
28. 黄荣怀.教育技术学导论[M].北京:高等教育出版社,2006.
29. 联合国教科文组织国际教育发展委员会.学会生存——教育世界的今天和明天

[M]. 上海:教育科学出版社,1996.
30. 尼葛洛庞帝. 数字化生存[M]. 海口:海南出版社,1997.
31. 李文光,杨开城. 信息技术环境下的现代教育技术观念[J]. 教育技术通讯.
32. 杨开城. 对我国教育技术研究领域发展现状的反思[D]. 北京师范大学学报(社科版), 2000(4).
33. 信息技术与课程整合:何处是大道[N]. 中国教育报,2001-10-27.
34. 王珏,梳理. 课程整合的研究与实践走势[N]. 中国教育报,200-1-24.
35. 荣静娴,钱舍. 微格教学与微格教研[M]. 上海:华东师范大学出版社,2000.
36. (美)霍华德·加德纳著,沈致隆译. 多元智能[M]. 北京:新华出版社,1999.
37. 胡继渊,徐炳荣. 多元智能理论和素质教育[J]. 外国中小学教育,(上海师范大学主办)2001(1).
38. 李建平. 多元智能:挑战传统评价观念[N]. 中国教育报,2001-4-10.
39. 李坚. 什么是人们获取信息的最佳方式——高校数字图书馆互联给你答案[N]. 中国教育报,2002-6-6.
40. 袁振国. 当代教育学[M]. 北京:教育科学出版社,1999.
41. 晓余. 面对现代教育技术教师该怎样当[N]. 中国教育报,2002-5-9.
42. 吴小红,张剑平. 中国的远程教育网站及其分析[J].《教育技术研究》网站.
43. 冯哲. 美国正大步跨向 e 教育[N]. 文汇报,2002-6-17.
44. 刘序明,杨小勤. 现代远程教育的几个要素[J]. 中国电化教育,1999(5).
45. 万新恒. 信息化校园:大学的革命[M]. 北京:北京大学出版社,2000.
46. 上海交大与美国康乃尔大学合作开展国际化远程教育[N]. 中国教育报,2002-5-12.
47. 北京师范大学. 切不可少的四种素质[N]. 中国教育报,2001-11-14.
48. 王桂儒. 入世后学校教育新观念[N]. 中国教育报,2002-1-19.
49. 田建国. WTO 与转变教育观念[J]. 中国教育科研网.
50. 郑永柏. 教育技术蓬勃发展——教育技术 50 年(上、中、下),中国基础教育网.
51. 游泽清. 现代教育技术学[M]. 北京:人民教育出版社,2001.
52. 东箭工作室. PowerPoint 97 中文版快递[M]. 北京:电子工业出版社,1997.
53. 徐斯军. 闪客制片厂——Flash MX 经典动画实例教程[M]. 北京:中国青年出版社,2003.
54. 丁新豫,高芓辉等. Authorware 5 attain 多媒体程序开发应用指南[M]. 北京:人民邮电出版社,1999.
55. 现代教育技术应用基础[M]. 合肥:安徽教育出版社,1999.
56. 施良方,崔允郭. 教学理论:课堂教学的原理、策略与研究[M]. 上海:华东师范大学出版社,1999.
57. 师书恩. 计算机辅助教育[M]. 北京:北京师范大学出版社,1995.
58. 电化教育研究,1995～2008.
59. 中国电化教育,1995～2008.
60. 中国教育和科研计算机网. 参考文献.

61. 东箭工作室. PowerPoint 97 中文版快递[M]. 北京:电子工业出版社,1997.
62. 徐斯军. 闪客制片厂——Flash MX 经典动画实例教程[M]. 北京:中国青年出版社,2003.
63. 余武. 教育技术学[M]. 2 版. 合肥:中国科学技术大学出版社,2006.
64. 李怀中. 教育技术基础[M]. 合肥:中国科学技术大学出版社 2006.
65. 李艺. 信息技术课程与教学[M]. 北京:高等教育出版社,2005.
66. 丁兴富. 远程教育学[M]. 北京:北京师范大学出版社,2002.
67. 丁兴富. 远程教育学基本概念与研究对象之我见[J]. 开放教育研究, 2005(1).
68. 黄清云,汪洪宝,丁兴富. 国外远程教育的发展与研究[M]. 上海:上海教育出版社,2000.
69. 刘微. 教育信息化应被看做一个过程[N]. 中国教育报,2002-1-10.
70. 丹尼尔,丁兴富译. 巨型大学和知识媒体:发展高等教育的技术战略[M]. 北京:中央广播大学出版社,2000.
71. 德斯蒙德・基更,丁新等译. 远距离教育基础[M]. 北京:中央广播电视大学出版社,1996.
72. 德斯蒙德・基更编,丁新等译. 远距离教育理论原理[M]. 北京:中央广播电视大学出版社,1999.
73. 王继新. 远程教育原理与技术[M]. 武汉:湖北科学技术出版社,2005.
74. 武法提 . 网络教育应用[M]. 北京 :高等教育出版社 ,2003.
75. 胡晓玲,杨改学. 现代远程教育发展趋势探讨[J]. 中国远程教育, 2001(5).
76. 吴汉强 . 网络课程设计策略[D]. 南京广播电视大学学报 ,2003(4).
77. 嘉格伦. 网络教育——21 世纪的教育革命[M]. 北京:高等教育出版社,2000.
78. 拉彻姆,丁兴富译. 开放与远程教育:为社会增添价值. 中国远程教育,1999(9/10).
79. 尼古拉斯・法内斯 ,宋志勤 . 开放远程教育网上资源库开发的质量保证 . 中国远程教育 ,2003(1) .
80. 吴汉强 . 网络课程设计策略[D]. 南京广播电视大学学报 ,2003(4).
81. 托尼・贝茨. 国外远程教育的发展与研究[M]. 上海:上海教育出版社,2000.
82. 王洪兵 ,郑江淮 . 浅议现代远程教育的网络课程建设[D]. 湖北广播电视大学学报,2002(3).
83. 王鑫,吴先球. 美、英、法、加的现代远程教育[N]. 中国教育报. 2003-4-12.
84. 尚冬梅 ,李光明 . 浅谈网络课程中媒体素材的构建[J]. 信息技术 ,2003(4).
85. 谭业武 ,张首翔 . 网络课程的教学设计[D]. 滨州师专学报 ,2001(4).
86. 陈丽. 远程教育学基础[M]. 北京:高等教育出版社,2004.
87. 王以宁. 教学媒体理论与实践[M]. 北京:高等教育出版社 2007.
88. 谢幼如. 教育技术学研究方法基础[M]. 北京:高等教育出版社 2007.